ASSOCIATION FRANÇAISE

POUR L'AVANCEMENT DES SCIENCES

21ME SESSION — SEPTEMBRE 1892

PAU

ET LES

BASSES-PYRÉNÉES

NOTICES HISTORIQUES, SCIENTIFIQUES & ÉCONOMIQUES

PAU

IMPRIMERIE-STÉRÉOTYPIE GARET, RUE DES CORDELIERS, 11

1892

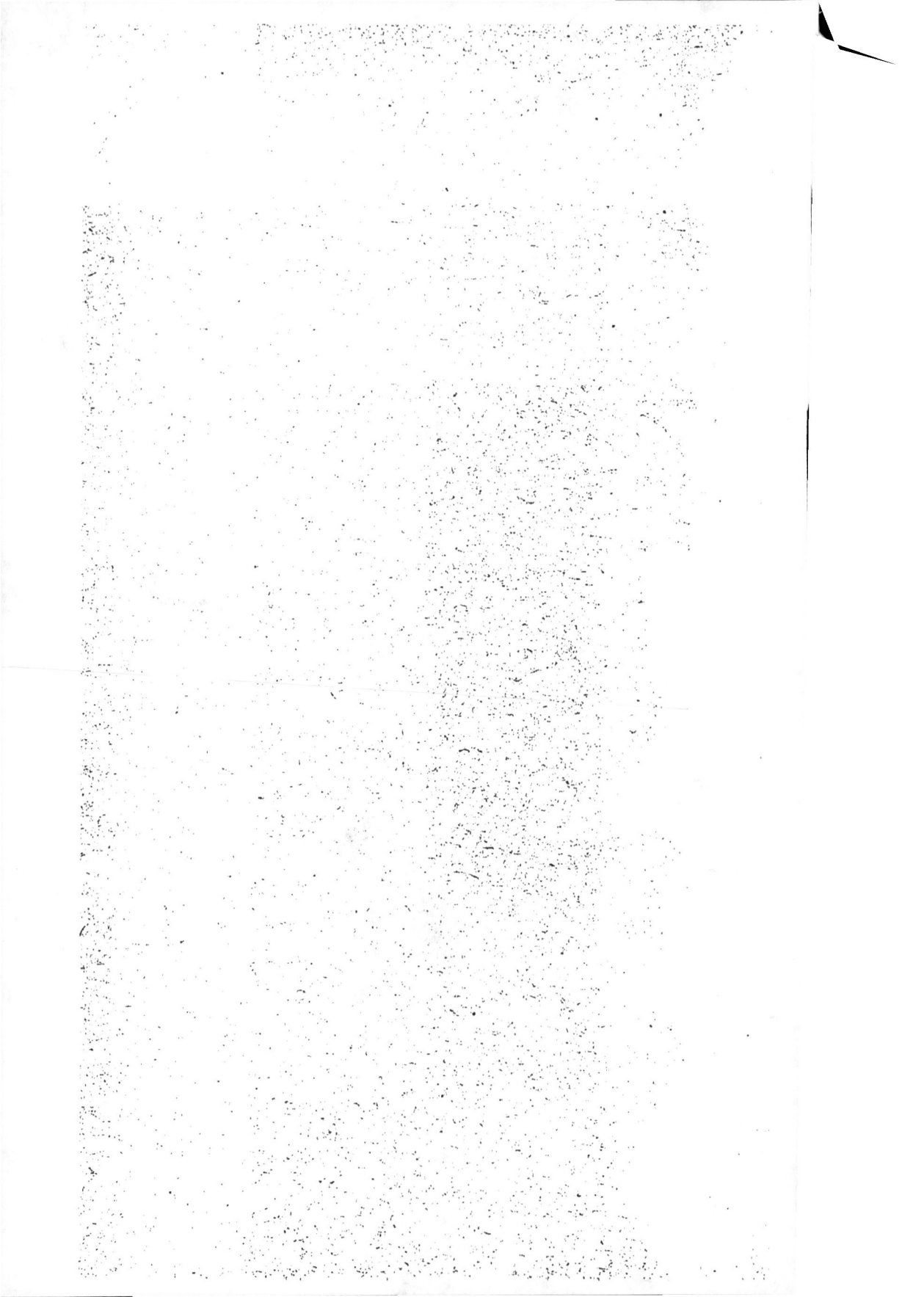

PAU

ET

LES BASSES-PYRÉNÉES

ASSOCIATION FRANÇAISE

POUR L'AVANCEMENT DES SCIENCES

21me SESSION — SEPTEMBRE 1892

PAU

ET LES

BASSES-PYRÉNÉES

NOTICES HISTORIQUES, SCIENTIFIQUES & ÉCONOMIQUES

PAU

IMPRIMERIE-STÉRÉOTYPIE GARET, RUE DES CORDELIERS, 11

1892

ASSOCIATION FRANÇAISE

POUR L'AVANCEMENT DES SCIENCES

SESSION — SEPTEMBRE [illegible]

PAU

ET LES

BASSES-PYRÉNÉES

NOTICES HISTORIQUES, SCIENTIFIQUES ET ÉCONOMIQUES

PAU

IMPRIMERIE-STÉRÉOTYPIE GARET, RUE DES CORDELIERS, 11

[illegible]

ERRATA

P. 44,	l. 22,	*au lieu de :*	1709,	*lisez :*	1789.
51,	21,	»	devaient,	»	devait.
96,	23,	»	qui,	»	que.
97,	note 6,	»	contagions,	»	contagious.
296,	note,	»	Lefort-Lemonnier,	»	Lefort, Lemonnier.
303,	l. 7,	»	le boudé,	»	la bande.
»	14,	»	le perd,	»	la perd.
»	19,	»	sur,	»	sous.
»	20,	»	infléchissant,	»	s'infléchissant.
320,	16,	»	synelinal,	»	synclinal.
322,	20,	»	Saint-Pé,	»	Saint-Pée.
323,	1,	»	La Baure,	»	Baure.
325,	4,	»	Fresvillensis ;	»	Fresvillensis,
331,	1,	»	Binou,	»	Bénou.
375,	22,	»	imprimé,	»	imprimée.
376,	4,	»	étudiants,	»	étudiant.
»	28,	»	lieu,	»	lien.
398,	5,	»	123 et 229,	»	123 à 229.
403,	29,	»	Medalou,	»	Medalon.
»	32,	»	Guasci,	»	Guasco.

A Messieurs les Membres de l'Association Française pour l'avancement des Sciences.

MESSIEURS,

En souvenir de l'honneur que vous avez bien voulu nous faire en choisissant la ville de Pau pour siège de votre 21me Congrès, nous vous offrons ce Volume dans lequel nous nous sommes attachés à grouper tout ce qui, à un titre quelconque, peut mettre en relief, à vos yeux, le département des Basses-Pyrénées, ou pour mieux dire, le Béarn, le Pays Basque et le Pays de Labourd, dont il est aujourd'hui la représentation administrative.

Chaque année, la présence des Étrangers à Pau fait éclore des GUIDES, *et il eût pu nous suffire d'en rééditer un à votre intention ; mais il nous a semblé qu'une œuvre originale, dégagée de tout esprit de réclame, correspondait mieux à ce que vous êtes en droit d'exiger de nous.*

Aussi, chacun des auteurs s'est-il attaché à ne vous présenter, sous une forme claire et succincte, que le résumé des documents certains concernant les matières qu'il avait bien voulu accepter de traiter.

Si quelques-uns, en raison de la nature spéciale du sujet qui leur était échu en partage, ont laissé la porte grande ouverte à LA FOLLE DU LOGIS, *songez que Pau n'est une ville ni industrielle ni commerciale, que les yeux y sont constamment fascinés par le splendide panorama des Pyrénées qui se déroule devant eux, et que, par ce fait, les impressions sont vives et ardentes.*

Vous voudrez bien, dans tous les cas, nous tenir compte de nos intentions à votre égard.

PAU AU MILIEU DU XVIIe SIÈCLE

CHAPITRE Ier

LE

DÉPARTEMENT DES BASSES-PYRÉNÉES

I. Sa Géographie. — II. Son Ethnographie : Béarnais, Basques, Bohémiens. — III. Son Histoire.

I — GÉOGRAPHIE

Le département des Basses-Pyrénées est borné au nord par les Landes et le Gers ; à l'est par le Gers et les Hautes-Pyrénées ; au sud par la chaîne des montagnes qui séparent la France de l'Espagne ; à l'ouest par l'Océan.

Il est compris entre 40° 42' et 43° 38' de latitude septentrionale et entre 2° 18' et 4° 6' de longitude occidentale du méridien de Paris.

Sa longueur de l'est à l'ouest est de 146 kilomètres ; sa

largeur de 88 kilomètres ; sa superficie de 762.265 hectares 59 ares.

Le département est divisé en cinq arrondissements : Pau, Oloron, Orthez, Bayonne et Mauléon, comprenant quarante cantons ; sa population totale s'élève à 425.027 habitants d'après le recensement de 1891.

Le département des Basses-Pyrénées est traversé de l'est à l'ouest par trois grands cours d'eau nommés *Gaves,* mot qui signifie *torrent* en béarnais.

Le *Gave de Pau* prend sa source au Cirque de Gavarnie, dans les Hautes-Pyrénées, à la cascade célèbre que l'univers entier connait ; il pénètre dans le département des Basses-Pyrénées, à Lestelle, arrose la riche vallée de Nay, baigne les pieds du Château de Pau et s'étale dans la large vallée à l'extrémité de laquelle se trouve Orthez.

Là, il se précipite dans une profonde crevasse de rochers qui rappelle les gorges de la montagne et il roule impétueusement sur un lit tourmenté jusqu'auprès de Peyrehorade — dans les Landes — où, grossi des eaux de deux autres Gaves, il prend l'allure imposante d'un grand fleuve.

Bien vite, il rencontre au *Bec du Gave,* l'*Adour* auquel il se réunit pour entrer à Bayonne et se jeter dans l'Océan.

Le *Gave d'Oloron* formé des Gaves d'Ossau et d'Aspe, traverse la plaine de Navarrenx, se réunit à Autevielle au *Gave de Mauléon* et se jette dans celui de Pau en amont de Peyrehorade.

Le nord du département est arrosé par le Luy de France et le Luy de Béarn, qui se jettent dans l'Adour en plein département des Landes.

Une infinité de cours d'eau de moindre importance, mais tous très pittoresques, tant par leur cours sinueux que par le charme des pays qu'ils traversent, complètent le réseau fluvial du centre du département : l'Aran, l'Ardanavie, la Bidouze, la Joyeuse, la Nivelle, le Néez, l'Ousse, pour ne citer que les principaux.

Dans la partie la plus méridionale du département on trouve la Nive, qui grossie de divers cours d'eau traverse St-Jean-Pied-de-Port surnommé la Perle de Vauban, longe une partie de la chaîne des Pyrénées pour infléchir à Cambo sur Bayonne, et venir, au centre même de cette place forte, se jeter dans l'Adour.

Enfin la Bidassoa, qui prend sa source en Espagne, coule, depuis Biriatou, dans l'arrondissement de Bayonne, entre la rive française et la rive espagnole, passe sous le pont international de Béhobie, baigne l'île des Faisans et, devant Hendaye, s'étale en un vaste estuaire, extrême limite majestueuse de la France et de l'Espagne, qu'encadrent magnifiquement les montagnes des provinces Basques.

Le département des Basses-Pyrénées fut formé en 1790, des quatre états pyrénéens, — le Béarn, la Basse-Navarre, la Soule et le Labourd — ainsi que d'une faible partie de la Chalosse et de l'élection des Landes.

L'ancien Béarn, dont nous donnons plus loin un rapide aperçu historique, se composait du pays actuellement compris dans les arrondissements de Pau, d'Oloron et de la plus grande partie de l'arrondissement d'Orthez.

Une large bande de landes ou bruyères l'entourait, le séparant de la Gascogne et du Pays Basque, comme d'une sorte de marche ou frontière militaire.

Du côté du Pays Basque, c'est la lande de Sussotte ; au nord et à l'est, la lande du plateau de Ger et la lande du Pont-Long qui va se prolongeant jusqu'à Bonnegarde, Pomarez, Tilh et Habas dans le département des Landes.

La démarcation entre les deux pays voisins était tellement précise, qu'aujourd'hui même le souvenir n'en est pas perdu : les habitants des environs immédiats d'Orthez diront encore : « nous allons en France » quand ils vont à Bonnut, commune du canton d'Orthez, située de l'autre côté de la lande qui sépare Orthez et son territoire des premiers villages de la Chalosse, en Gascogne.

L'ancien Béarn avait eu trois capitales depuis le sac de Beneharnum : Morlaas, Orthez et Pau.

Il se divisait au XIIIe siècle en dix-sept vics judiciaires y compris les vallées d'Aspe et d'Ossau.

Au XIVe siècle les vics furent remplacés par les bailliages [1] au nombre de dix-sept ; au commencement du XVIe siècle dix-neuf parsans succédèrent aux bailliages et réduits à douze, ils furent, le siècle suivant, transformés en cinq sénéchaussées : Pau, Morlaas, Orthez, Oloron et Sauveterre.

La Cour du Vicomte — *Cour Majour* — formait le tribunal suprême du Béarn jusqu'à la fin du XVe siècle. Elle fut remplacée par le *Conseil Souverain* de Béarn, qu'en 1620 Louis XIII érigea en Parlement en le réunissant à la Chancellerie de Navarre.

Les Princes de Béarn faisaient frapper leur monnaie à Morlaas depuis les temps les plus reculés de leur histoire, et dans les derniers siècles à Pau, où l'on montre encore la *Tour de la Monnaie* devant la terrasse du Château.

Le vieux Béarn se composait de la plupart des communes comprises aujourd'hui dans l'arrondissement de Pau et Orthez.

La Basse-Navarre, avec St-Palais pour capitale judiciaire, comprenait la région qui s'étend dans les cantons de St-Palais, Iholdy, St-Jean-Pied-de-Port et Baïgorry.

C'était la dernière épave sauvée de l'ancien royaume de Navarre, enlevé à Jean d'Albret par Ferdinand le Catholique.

Elle eut son existence distincte avec *ses Alcades et sa Cour du Roi* jusqu'en 1524. A cette époque, la *Chancellerie*

1. — Ce nom de *bailliage* n'avait pas, en Béarn, l'acception qui s'appliquait aux autres provinces. Il ne s'agit pas, en effet, du ressort d'un *bailli*, car il n'en existait pas, mais d'un officier de justice appelé *baile*, dont les attributions participaient de celles du ministère public, de percepteur et d'huissier.

de Navarre fut créée, pour être, en 1620, réunie au Conseil Souverain de Béarn, formant avec lui le Parlement de Navarre. Elle fut remplacée par le Sénéchal de St-Palais. C'est à St-Palais qu'on frappait la monnaie de Navarre.

La Basse-Navarre était divisée en *Vallées et Pays :* les vallées d'Ossès et de Baïgorry, les pays de Cize, Mixe, Arberoue et Ostabaret, dont les noms se sont perpétués et désignent encore certaines communes de cette partie du département.

La Soule avait Mauléon pour capitale : elle comprend les deux cantons de Tardets, de Mauléon et quelques communes voisines de l'arrondissement d'Oloron. Elle relevait du Roi de France, représenté par les châtelains de Mauléon. La Cour de Licharre constituait la juridiction spéciale de la Soule.

Enfin, *le Labourd* formé des cantons de St-Jean-de-Luz, Ustaritz, Espelette, Bayonne et grande partie d'Hasparren, était une vicomté relevant du duché de Gascogne qui ressortissait au Parlement de Bordeaux.

Ces trois anciennes provinces fondues dans le département des Basses-Pyrénées, ont cependant conservé une physionomie particulière et gardent encore, dans leur ensemble, l'appellation générale de *Pays Basque.*

Assurément un guide de Congrès ne saurait être un ouvrage de polémique.

Cependant, devant fournir des données précises, incontestées, aux membres d'une assemblée, qui, sur la foi de ses indications, doivent pouvoir en toute sécurité, s'engager dans l'examen des pays et des choses faisant partie de leur programme, il nous sera permis d'introduire dans celui-ci la rectification d'une erreur grave, naïvement insérée dans un ouvrage important.

Nous ne serions pas surpris que beaucoup de membres du Congrès de Pau, avant de s'engager dans un voyage vers notre région lointaine du Sud-Ouest, aient consulté un certain nombre d'ouvrages relatifs à notre pays.

Parmi les plus répandus peut-être, l'un d'eux s'imposait particulièrement et par l'importance de son édition — *trois* gros volumes, grand in-8° — et par le luxe de son impression et des gravures qui l'accompagnent, enfin, par la haute récompense que l'Académie Française lui a décernée. Nous voulons parler de l'ouvrage intitulé *Les Pyrénées Françaises* — Paris, lib. H. Oudin, éditeur, 1882.

Dans l'intérêt de la vérité historique et géographique, nous sommes heureux de saisir l'occasion qui s'offre à nous de protester, en notre qualité de pyrénéen et de béarnais, contre les erreurs qui fourmillent dans cet ouvrage de longue haleine.

Si l'habile dessinateur — bien connu du reste — qui a monumenté nos sites merveilleux et nos précieuses richesses archéologiques, est venu sur les lieux pour prendre, en personne, le croquis des dessins qu'il nous donne dans ces trois volumes, il nous sera permis d'affirmer que l'auteur du texte a oublié de consulter les documents ou les hommes qui auraient pu l'éclairer utilement, et qu'il n'est guère sorti de l'enceinte attachante de Paris ou des feuillets de quelque vieille édition du Guide Joanne.

Le réfuter de point en point ne serait pas possible dans les quelques feuilles de ce guide, dont on m'a fait l'honneur de me confier la rédaction : il faudrait un volume aussi gros que l'un des trois de la série couronnée par l'Académie Française.

Nous nous arrêterons seulement au titre et à la table du volume uniquement consacré à notre département. Il est intitulé : « *Le Pays Basque et la Basse-Navarre.* »

C'est là un pléonasme inexplicable ! Pays Basque et Basse-Navarre c'est tout un, en ce sens que l'une est la partie de l'autre.

Et la surprise est d'autant plus grande, quand on avance dans la lecture des 488 pages du volume, que l'on s'aperçoit que l'erreur se continue pendant les 488 pages, depuis le sous-titre jusqu'aux sommaires de la table.

L'auteur s'est occupé du Béarn, mais sans le nommer et en le confondant sans cesse avec le Pays Basque.

Les divisions de la table consacrent déplorablement cette erreur.

Le sous-titre eût dû contenir ces mots : Béarn et Pays Basque ; la table eût dû indiquer les divisions si connues de *Labourd, Basse-Navarre, Soule* et *Béarn ;* tandis qu'elle nous donne les trois titres de chapitre suivants : Le Pays Basque — Le Pays de Labourd — Le Pays de Soule ; or ces deux derniers ne font qu'un avec le premier.

Bayonne est rubriqué dans le Pays Basque, tandis qu'étant la capitale du Labourd, elle devait figurer dans le chapitre portant ce dernier titre : le Labourd est un pays gascon.

Sous le titre le *Pays de Labourd,* St-Palais qui est de Basse-Navarre, Peyrehorade qui est des Landes, Orthez qui est la seconde ancienne capitale du Béarn, sont compris dans des développements fort littéraires, il est vrai, mais que la vérité géographique ne saurait admettre.

Dans le chapitre consacré au *Pays de Soule,* Mauléon trouve avec raison sa place..... mais Oloron, les Eaux-Bonnes, Pau, la troisième et brillante capitale du Béarn, Salies et Sauveterre — qui sur les timbres officiels de la poste portent les noms de *Salies-de-Béarn, Sauveterre-de-Béarn* — sont présentés dans les sommaires de ce chapitre comme si le Béarn n'existait pas !

Le lecteur de ce guide comprendra combien cette protestation s'imposait à nous comme un devoir ; l'amour de notre grande patrie nationale ne saurait faire oublier le culte de la petite patrie provinciale : la fidélité aux souvenirs de celle-ci est le meilleur garant de la fidélité aux gloires de celle-là !

Et cette erreur est d'autant plus regrettable qu'elle en

confirme une autre — et celle-ci nous ne saurions l'imputer à l'auteur des *Pyrénées-Françaises* — elle est plus vieille encore. C'est celle qui, s'attachant à la personne même des habitants de notre région du sud-ouest, confond sans cesse Basques, Béarnais et Landais entr'eux.

N'avons-nous pas vu souvent Henri IV et St Vincent de Paul traités de basques...... Henri IV, de Pau ; Vincent de Paul, de Dax.... tous deux basques ! Allons donc !

Que de fois le Parisien, que nous sommes si heureux d'accueillir au pied de nos montagnes, ou qui nous reçoit avec tant de cordialité dans son brillant Paris, ne nous dit-il pas : « Vous êtes de Pau? Donc vous parlez basque ? » « Vous autres basques au berret bleu... » etc., etc.

Le *Dictionnaire Encyclopédique* de A. Dechambre est assurément le plus beau monument qui, de nos jours, ait été élevé à la science médicale. Les princes de la médecine, les plus hautes notabilités de la science y ont collaboré.

Et cependant, il n'a pas échappé au double danger de l'erreur géographique et de l'erreur ethnographique : je n'ai à parler que de celles-là.

Nous y trouvons à l'article *Pau* (station hivernale de), tome XXI, page 641, des choses vraiment surprenantes. Évidemment, l'auteur de l'article est un grand savant ; est-il aussi grand observateur? Il a vécu « un assez long temps à Pau », mais il paraît n'avoir interrogé ni un habitant, ni un guide du touriste ; là où il n'y a qu'une Place Royale, il en met deux : la Place Royale et la Place Henri IV. Le Boulevard du Midi, si connu du monde qui voyage, il le trouve là où les gens de Pau seraient bien embarrassés d'aller le chercher. Tout cela serait encore presqu'excusable, même dans un ouvrage aussi grave que le Dictionnaire de Dechambre : c'est peut-être une simple question d'optique.

Mais où l'erreur s'accentue, c'est quand son enthousiasme pour le panorama splendide des Pyrénées, qui s'étale devant la Place Royale, lui fait entremêler et grouper devant Pau les pics les plus éloignés. Le Pic *du* Ger (pour Pic de Ger) avec le Vignemale ; le Pic du Midi avec le *port d'Urdos,* qui n'a jamais existé et qu'il confond avec le Fort d'Urdos, citadelle enfouie dans le roc escarpé d'une gorge profonde au fond de la vallée d'Aspe, sur l'extrême frontière et que, seul, un mirage saharien pourrait faire apercevoir, miraculeusement, de la terrasse de la Place Royale.

Puis il salue, à côté du mont d'Aule, *le cap Figuier* (!) qui, en sa double qualité de *Cap* et d'*Espagnol,* est au bord de la mer, bien loin de Pau, au pied du mont Jairquibel en Espagne, où il forme la pointe extrême de l'estuaire de la Bidassoa.

Enfin, après avoir placé la lande du Pont-Long à *24* kilomètres de Pau qui la touche, l'auteur de l'article se livre à une appréciation médico-climatologique à laquelle il ne m'appartient pas de répondre, et entre, à pleines voiles, dans l'erreur ethnographique en voulant esquisser le portrait de nos compatriotes.

Vraiment, il ne vaut pas la peine que l'histoire de toutes les époques modernes, les poètes, Voltaire en tête, les vaudevillistes, le monde entier enfin, aient surnommé Henri IV *Le Béarnais,* pour qu'un Français puisse ignorer que le Béarn et les Béarnais existent et que, dans la capitale des Béarnais, il ne rencontre que *des Basques.* « *Si nous avons fidèlement indiqué,* dit-il à la page 645, la topographie (!) et *la climatologie* (!!) *de Pau et de ses alentours, nous allons être plus aisément compris dans ce qui nous reste à dire des caractères physiques, intellectuels et moraux* DES BASQUES AU MILIEU DESQUELS NOUS AVONS VÉCU PENDANT UN ASSEZ LONG TEMPS. » (!!!) Suit un portrait des Basques au milieu desquels il croit avoir vécu un assez long temps, sans se douter que ces basques n'étaient pas plus basques que les Parisiens du Boulevard ne sont Chinois ou Indous.

J'en demande bien pardon à l'auteur satisfait de l'article *Pau* (station hivernale de) : mais ma protestation est et doit être d'autant plus vive que l'erreur part de plus haut et qu'elle s'étale dans un milieu plus grave auquel elle emprunte, en se répandant, d'autant plus d'autorité.

Le Béarn et Pau, sa capitale, occupent, en France, une situation assez considérable et suffisamment en vue, pour qu'au centre même des lumières, à Paris, où l'on sait tout, il ne soit pas permis de les ignorer à ce point.

Ceci, du reste, n'enlève rien au respect que nous professons pour la savante encyclopédie dans laquelle, en ce qui nous concerne, nous avons relevé cette défaillance et, fort de ce respect, nous sollicitons du Congrès le vœu que, dans la prochaine édition, un article nouveau vienne rectifier une série d'aussi regrettables erreurs.

Oui, nous tenons à ce qu'on ne l'oublie pas — et c'est pourquoi nous avons à cœur de le préciser ici, — le Béarn et le Pays Basque sont deux pays fort différents, pays parfaitement limités et distincts ; dont la langue diffère tellement que l'habitant du Pays Basque ne comprend nullement la langue béarnaise et que celle-ci n'a aucune affinité, aucune ressemblance, aucune analogie avec la langue basque.

Pau, chef-lieu du département des Basses-Pyrénées qui comprend une partie basque et une partie béarnaise, est le centre du vieux Béarn, c'est une ville essentiellement béarnaise, de même que Mauléon, St-Palais, Bayonne sont des villes, les deux premières essentiellement basquaises, la troisième absolument gasconne.

Et il est aussi étrange de nous traiter de *Basques,* nous, habitants des vallées du gave de Pau et d'Oloron, que de considérer comme Béarnais les habitants du Labourd, de Basse-Navarre et de Soule.

C'est comme si l'on traitait de Bretons les Normands du Calvados, ou de Flamands les Picards de la Somme, de Parisiens les bons habitants de Pontoise.

Certes, ce n'est pas une injure qu'on nous fait en nous donnant le nom de nos frères basques si aimables et si généreux. Mais chacun de nous est assez fier de sa nationalité pour vouloir qu'on ne la confonde pas, en nous confondant les uns avec les autres.

Donc, chacun chez soi et l'amour du sol natal pour tous.

II — ETHNOGRAPHIE

BÉARNAIS ET BASQUES

Deux races bien distinctes se partagent le département des Basses-Pyrénées ; l'une occupant le Béarn, l'autre le Pays Basque.

Béarnais et Basques vivent en frères, bien que leur sang, leurs habitudes, leur type diffèrent essentiellement.

Le Béarnais est généralement petit de taille, très actif, très alerte ; il a le front bombé, le nez aquilin à la courbe fortement accentuée, la figure d'un ovale allongé, au teint pâle. Son œil brille sous une paupière qui retombe, lui donnant une profondeur saisissante.

Il porte les cheveux ras ; sauf dans la vallée d'Ossau où la race plus élancée laisse flotter, sur de larges épaules, de longues boucles de cheveux, usage auquel le service militaire, pour tous, a porté depuis peu une atteinte décisive.

Le Béarnais, sans être présomptueux, ne doute pas de grand chose ; il a surtout confiance en lui : bon et brave soldat, il apporte à l'armée, comme dans toutes les circonstances de sa vie, un fonds inépuisable de gaieté gouailleuse ; son esprit est vif, ses réparties promptes : on l'a souvent confondu avec le Gascon auquel il ressemble, mais avec plus de finesse de physionomie, plus de réserve dans la tenue, plus de distinction dans le langage.

Il est Béarnais et entend le demeurer. Il a du reste, à son actif, un grand fait historique dont il se réclame constamment, non sans orgueil mais sans forfanterie ; avec Henri IV n'a-t-il pas conquis la France pour l'annexer au Béarn ?

D'où vient la race Béarnaise ? Elle est évidemment une des branches de ces nombreuses familles gauloises qui occupaient l'extrême midi de la province connue sous le nom d'Aquitaine avant l'occupation Romaine.

Les conquérants du monde divisèrent cette province en trois portions, dont la plus rapprochée des Pyrénées reçut le nom de Novempopulanie, des *neuf peuples* qu'elle renfermait.

Les Bénarnenses (Béarnais) et les Osquidates (habitants d'Aspe, Ossau et Baretous) formèrent les premiers éléments de notre race.

La vie pastorale constitua ses premières ressources, ainsi que l'attestent *les vaches de gueules clarinées d'azur* qui décorent le *fond d'or* de l'écusson des armes du Béarn.

La tradition s'est perpétuée : l'agriculture est restée sa principale ressource, ou pour mieux dire sa seule industrie.

Cependant le type Béarnais diffère de celui des autres peuples qui occupaient la Novempopulanie.

Faut-il voir dans la coupe classique de certaines figures, dans le nez arqué, dans le port de la tête, d'où la crânerie n'exclut pas la grâce et qui rappellent les anciens romains, les traces d'un atavisme plus certain ailleurs que chez nous ?

Les Béarnais se mêlèrent moins que les autres peuples aux Romains.

César les cite ; mais il ne parle pas de leur soumission : ils se montrèrent rebelles à l'amalgame avec le grand peuple envahisseur.

Le savant auteur d'une étude considérable sur les Landes et les Landais, M. Dufourcet, président de la Société de Borda, donne la liste des peuples qui se soumirent à César et déclare que les *Bénarnenses* n'avaient pas fait leur soumission [1] ; hommage précieux qu'il est bon de retenir pour l'honneur de nos ancêtres. Une *thèse* récente établit, comme une certitude qui paraît difficile à contester, qu'une partie des Osquidates se réfugia dans la montagne d'Ossau, arrachant ainsi à l'influence romaine son indépendance, ses mœurs et sa langue natale [2].

Le Béarnais est d'une extrême sobriété ; il vit de pain de maïs (méture) et de soupe aux choux (garbure) que le dimanche il accompagne de *petit salé ;* la viande de boucherie, il la réserve pour les solennités de famille et les fêtes locales.

Il boit le plus souvent de l'eau à ses repas, faute de vin, auquel il assure, le jour où il lui est donné d'en avoir sous les lèvres, de copieuses, d'interminables libations.

Il travaille son champ avec amour ; il aime son bétail presque à l'égal de sa famille et celle-ci, il l'élève fortement sans se préoccuper des questions de santé et d'hygiène dont les principes les plus élémentaires lui sont totalement inconnus.

1. — *Les Landes et les Landais :* Histoire et Archéologie, page 39. — Dax, 1892.

2. — Jean Passy : *Thèses.* École nationale des Chartes, 1892.

On lui fait la réputation qu'il ne mérite pas, d'être trop... fin !

D'une courtoisie naturelle qui peut paraître excessive à ceux qui ne le connaissent pas, mais que sa fierté native ne lui permet point de transformer en obséquiosité, il voit souvent dénaturer un vieux proverbe national rendant hommage à son caractère et en faire un qualificatif injurieux.

« *Biarnès féaux é courtès* » — Béarnais fidèle et courtois, disait-on de tout temps.

Des jaloux sans doute ont traduit *fidèle* par *faux* et, le facile plaisir de l'à peu près aidant, on est devenu injuste à son égard.

Le Béarnais n'est pas faux ; il est malin, et, nous le répétons, d'une extrême courtoisie. Rarement il vous dira non, s'il ne peut pas vous répondre oui; sa langue étant assez riche pour lui permettre de ne jamais cesser de se montrer absolument courtois.

Quand il vous rencontre, alors même qu'il ne vous connaît pas, il se découvre, et vous saluant avec empressement, il vous adresse ce mot caractéristique : *Adichats,* « à Diü siats, » *à Dieu soyez,* qu'accompagne un fin sourire.

La femme vous accostera toujours en vous disant : *Servente!* Votre servante, Monsieur ! L'enfant, qui de bonne heure a appris la politesse, vous regardera de ses bons yeux bien ouverts, et se contentera d'ôter brusquement son berret : il y manquera rarement.

C'est le berret de laine : marron dans les vallées des monts d'Ossau et d'Aspe, bleu dans les plaines, toujours largement rond, qui constitue la coiffure nationale, traditionnelle, d'une race exposée au grand soleil du midi.

Jusqu'à ces derniers temps l'homme ne connaissait pas d'autres coiffures, dont l'épaisseur protège suffisamment son crâne pendant les longues heures qu'il reste courbé sur sa charrue ou penché sur ses sillons.

Ce berret a d'ailleurs, comme celui qui le porta le premier, conquis à son tour la France : il s'est répandu partout, jusque dans les rangs de notre armée, qui l'a donné à nos bataillons de chasseurs alpins.

La civilisation avec son bon marché a vulgarisé le chapeau de paille ou de jonc, qui était réservé à la femme aux grands jours de la moisson.

La femme enveloppe ses beaux cheveux dans le macaron élégant d'un mouchoir coquettement posé sur la tête.

Dans les vallées, le Béarnais porte la veste de laine et la culotte courte de velours ; dans les plaines, le pantalon de toile et la blouse de cotonnade bleue, qui recouvre, à l'hiver, quelque tricot fait au logis. La ceinture rouge lui serre la taille en de nombreux replis. La plupart du temps il va en bras de chemise, semblant braver impunément les intempéries des saisons.

La jambe leste et nerveuse, il fait à pied des lieues pour se rendre aux marchés et aux foires, causant et riant, sans trève, tout le long du chemin avec ses compagnons, dont la gaîté communicative lui fait oublier les distances.

S'il monte à cheval, c'est pour lancer sa coquette et agile monture au triple galop. Race étonnante qui, le sourire aux lèvres, s'éloigne de son village pour aller chercher fortune au loin, mais qui y revient toujours avec une larme de douce émotion !

Race charmante, insinuante, qui arrive à tout et « pousse partout » comme le disait avec un jovial orgueil Henri IV, le béarnais par excellence, arrivé lui aussi à force d'habileté, de finesse et de courage, de son petit royaume de Navarre au grand royaume de France.

Race aimable et souple, sachant se faire partout de chauds et fidèles amis.

L'origine des Basques est assez difficile à déterminer.

Ils émettent parfois la prétention amusante de descendre en ligne directe du premier homme ; ils affirment qu'ils parlent la langue d'Adam dans ses colloques avec le Créateur à travers les allées fleuries du Paradis terrestre, et ils trouvent des arguments en faveur de cette filiation antique dans certains rapprochements de mots, dans certaines coïncidences de noms.

Il suffira, croyons-nous, pour leur gloire, de descendre des Ibères par les vieux Cantabres, dont Horace vantait l'énergique, l'indomptable courage : *Cantabrum indoctum juga ferre nostra !*

Tous les auteurs romains leur ont décerné des éloges de nature à donner pleine satisfaction à leur amour-propre.

Il est certain que les Basques « *qui ne craignent que le Ciel* » au dire de Tite Live, confinés dans leurs montagnes, repoussèrent la domination romaine, luttèrent contre les musulmans, et, après s'être unis à ceux-ci, virent se briser devant leur audace l'épée des compagnons de Charlemagne.

Dans ses mémoires manuscrits, dont nous devons la conservation aux soins pieux de sa fille, M. Faget de Baure, le savant auteur des *Essais sur le Béarn,* cite ce mot d'un observateur morose : « Qu'on me donne le corps d'un basque je le fais disséquer et je parie que l'on trouve sa tête autrement faite que celle des autres hommes. »

Nous ne saurions partager cette opinion inspirée, sans nul doute, par quelque vieille rancune de joueur ou de chasseur; mais il est certain que voisin du Béarnais, le Basque ne lui ressemble nullement.

Sa langue euskarienne n'est comprise et parlée que par lui seul.

Généralement plus grand que le Béarnais, plus gros, la tête plus petite coiffée d'un microscopique berret bleu, le teint plus coloré, il est également rude au travail et vaillant à la guerre.

Il a une main de fer ; armé du légendaire *maquila* ou bâton ferré, il se déclare volontiers invincible : il est en tout cas redoutable, avec un fond très grand de générosité et de bonté.

Il est hospitalier comme... *un Basque,* car son hospitalité est devenue justement proverbiale.

Le front éclairé par deux yeux limpides, sa physionomie est ouverte ; il a l'air aimable, l'abord cordial.

Il devient terrible si on le contrarie et son ennemi le trouve sans pitié.

Que de fois n'avons-nous pas vu la belle jeunesse de deux communes voisines vidant en champ clos quelque querelle. Le combat historique des quarante n'est rien à côté des prouesses de ces braves jeunes gens, faits assurément pour s'entendre, mais que divise quelque motif souvent futile, une partie perdue au jeu de paume ou aux jeux..... de l'amour.

Ils s'attendent au nombre de trente ou de quarante, quelquefois moins, quelquefois plus, au sommet d'une côte : on cogne fort, les crânes sont ouverts, les yeux pochés, les épaules brisées ; on rentre en sang au logis, mais l'on se garde bien de porter plainte... ce serait un déshonneur : on retrouvera plus tard l'occasion de prendre sa revanche !

Le cri du Basque est bien connu : *l'irrincina.*

Poussé d'un souffle formidable et enlevé dans une gradation ascendante, il retentit, strident la nuit, répercuté longuement par les échos de la montagne et répété par le voisin dont il va bien loin réveiller l'attention ou la susceptibilité. Salut amical ou défi audacieux, on y répond, heureux quand on ne fait qu'y répondre par un même cri.

Car l'irrincina est aussi le cri de joie des fêtes populaires.

Humbold a dit : « Le peuple basque est un peuple qui danse aux pieds des Pyrénées. »

La danse est en effet en grand honneur au Pays Basque ; mais, pour l'agrémenter, il n'est pas absolument besoin du concours de la femme. Le *saut basque* populaire est dansé par l'homme seul; il est varié, on en compte plus de trente différents, que danse une bande de jeunes gens, soutenus par le violoneux du village et à son défaut par le sifflet infatigable de l'un d'eux, à la grande joie des spectateurs.

Le jarret du basque, comme sa main, est de fer ; il fait des marches étonnantes chaussé de l'espadrille en corde de jute, et arrive à son but, frais et dispos, prêt à se remettre en route après un réconfortant repas.

Cent kilomètres par jour ne l'effrayent pas.

Le Basque se nourrit mieux que le Béarnais : il lui faut le pain de froment, les œufs, la viande salée (chingarra eta arrosiac), le bouillon de mouton.

Il ne faut pas s'en étonner ; il *se démène* plus que ses voisins, et la terre qu'il cultive est presque toute entière en pleine montagne.

Il émigre volontiers vers les régions méridionales de l'Amérique du Sud.

Les soixante-mille basques des Basses-Pyrénées sont représentés sur les bords de La Plata et aux pieds des Andes par cent cinquante mille frères qui les attirent sans cesse, au grand détriment de la mère-patrie abandonnée par eux.

Les fermes se vident : il faut appeler des espagnols pour les garnir.

L'émigration inutile, inefficace, dépeuple les arrondissements de Mauléon et de Bayonne au profit de ces terres lointaines, théâtre désolé de révolutions périodiques.

L'exemple fatal de quelques fortunes rapidement faites — et au prix de quelles sueurs ! — fait rêver d'or ceux qui sont restés au foyer paternel.

Mais pour un qui revient enrichi, combien qui meurent

de misère, loin de la patrie toujours aimée, ou reviennent cruellement désenchantés !

Ce besoin de locomotion et d'expéditions lointaines n'est que la conséquence nécessaire d'un atavisme inéluctable.

Intrépides, audacieux, les marins basques furent les premiers qui tentèrent dans les eaux du nouveau monde la pêche à la morue.

Très fiers de ce passé, ils ont à cœur de prouver que les aventures ne les rebutent point.

Aussi quels excellents marins que les marins de St-Jean-de-Luz et de Biarritz.

Quels admirables soldats que ces chasseurs basques qui, sous la conduite de leur vaillant compatriote Harispe, devenu maréchal de France, défendaient pied à pied, les passes des Pyrénées contre les troupes alliées de Welington et de Murillo.

La femme basque et la femme béarnaise sont toutes deux charmantes, dans leur allure vive, leur taille fine et cambrée.

La béarnaise, plus petite, est le plus souvent blonde. La basquaise est plutôt brune.

Le teint mat des femmes du Pays Basque contraste singulièrement avec le teint coloré de leurs hommes.

La basquaise est très vive : elle parle avec une volubilité exubérante, en donnant beaucoup de voix.

Énergique et résolue, elle fait le voyage d'Amérique pour aller retrouver son frère ou son fiancé, aussi facilement que nous allons de Paris à Versailles.

Si elle a le sourire provocant et le cœur tendre, elle a la main leste et sait défendre son honneur avec une surprenante virilité.

La béarnaise paraît plus timide : elle parle volontiers et son langage figuré emprunte à la vivacité de sa physionomie un charme particulier. Toutes deux portent cranement sur la tête le poids bien lourd de la *cruche* de terre ou de *la Herrade* aux bandes de cuivre, pleines d'eau ; la jupe relevée et les pieds nus, elles vont droites et agiles, sans jamais broncher, de la fontaine à leur cuisine : vieil usage auquel la plus riche paysanne ne peut se soustraire.

Victor Hugo n'a-t-il pas dit :

L'homme ancien ne comprend les femmes
Qu'avec la cruche sur le front !

Les marchandes de sardines de St-Jean-de-Luz — *les Cascarottes* — suivaient autrefois au trot allongé, chantant à gorge déployée et le panier plein sur la tête, la diligence qui entrait à Bayonne avec cette pittoresque et bruyante escorte.

Dans nos pays pyrénéens, la femme est bien la servante de l'homme : il dine assis seul, ou avec vous s'il vous invite ; sa femme ne s'asseoit jamais à table : elle va, vient, s'assurant que le repas se poursuit régulièrement, et se montrant toujours heureuse de servir son maitre et ses hôtes.

La danse est, dans le Béarn, l'un des amusements préférés, auquel s'ajoutent les jeux de quilles, le jet de la barre de fer, tous ceux enfin qui font valoir l'adresse de l'homme et la souplesse de son corps.

Au Pays Basque, le roi des jeux est le jeu de paume : à l'aide de larges gantelets de cuir rigide, ou de longs gants d'osier fortement tressés en corbeille, une lourde pelote est lancée d'un bras puissant, selon les règles compliquées et savantes d'un code qui fait autorité sur les deux versants pyrénéens. Les paris s'engagent : on y perd des sommes énormes.

C'est un sport qui, celui-là du moins, prépare des hommes solides et de gaillards soldats pour les combats de l'avenir.

Le peuple se rend en masse au jeu de paume dont les grandes parties sont annoncées longtemps à l'avance. Des communes entières suivent leurs champions sur le terrain de la lutte, les encouragent, partagent leurs émotions, applaudissent à leurs efforts et, dans leur enthousiasme, triomphent bruyamment avec eux.

C'est, vraiment là, le véritable encouragement pour l'amélioration de la race humaine à laquelle on a, pendant longtemps en France, beaucoup trop préféré l'amélioration de la race chevaline.

Toujours fidèles aux traditions de leur petite patrie dont ils ont conservé le culte filial, les Basques et les Béarnais peuvent être fiers des pages glorieuses qu'ils ont écrites avec leur sang, dans le livre d'or de notre grande patrie.

BOHÉMIENS

Une curiosité ethnographique se présente aux observateurs dans le département des Basses-Pyrénées.

Il s'agit des bohémiens du Pays Basque, véritable race maudite, constituant un État dans l'État, une caste à part dans la nation, avec ses usages distincts, ses mœurs à demi sauvages, ses instincts primitifs.

On a beaucoup écrit sur les bohémiens du Pays Basque; la vie errante qu'ils mènent, les habitudes que la légende leur a prêtées et celles qui leur restent encore; le cadre brillant sur lequel ils font tache; le milieu dans lequel ils se multiplient; français et espagnols tout à la fois, mais par dessus tout bohémiens; leur énergie incomparable, la beauté réputée de leurs formes et jusqu'à la naïveté naturelle et brutale de leurs vices, tout en eux a captivé le philosophe, l'historien, le philologue, et chacun a voulu dire son mot sur cette caste étrange.

Les uns ont essayé, en quelque sorte, de les poétiser, en les représentant comme les derniers vestiges de races anéanties dont l'antiquité de l'origine se recommande, tout au moins, aux hommages des chercheurs.

D'autres, en ont fait une peuplade de monstres, hideux parias sur lesquels ils ont appelé toutes les rigueurs de la loi, en même temps qu'ils invitaient chaque citoyen à tomber sur eux comme sur toute bête fauve, oubliant ainsi le grand principe qui domine toute société organisée : *nul ne peut se faire justice à soi-même.*

Appelé il y a quelques années par des fonctions judiciaires dans le Pays Basque qu'ils désolent et qui les redoute, nous avons pu, observateur désintéressé, les suivre attentivement pendant plus de deux ans, et nous n'hésitons pas à déclarer qu'ils ne méritent

Ni cet excès d'honneur, ni cette indignité !

Nous croyons devoir donner au Congrès un court résumé de nos observations sur cette partie fort intéressante de la population du Pays Basque.

Ils sont installés, au nombre d'un millier environ dans ce beau pays, en véritables conquérants : le voisinage de l'Espagne, l'accès facile des montagnes de la Soule et de la Basse-Navarre, l'eau du torrent, la viande des troupeaux impunément décimés, un climat particulièrement privilégié, en voilà assez pour séduire ces hommes à demi sauvages.

Ils couchent la nuit dans les granges abandonnées. Le jour, ils sillonnent le pays, sans autre frein que la fantaisie du moment ou les rares nécessités d'un travail qu'ils recherchent le moins possible.

Ils vont par famille. Et quelles familles ? L'accouplement plutôt que le mariage règle leur société, et la nombreuse lignée que l'association, le plus souvent temporaire, met au jour, n'est que le lien fort peu solide de la constitution d'une famille dont la prostitution est la première loi.

Dressé dès les premières années au maraudage le bohémien adulte exerce sur une vaste échelle le vol avec toutes les circonstances aggravantes. Il tue rarement, à moins qu'il ne soit en état de légitime défense.

Adroit, souple, agile, il dévalise une maison en moins de temps qu'il ne faut pour le conter, et, grâce à des relais stratégiquement combinés, fait transporter en peu d'heures les objets volés sur l'autre versant des Pyrénées ou dans des gorges profondes où le partage du butin se fait très consciencieusement.

Depuis quelques années on a réglé, mais incomplètement, l'état civil de la famille bohémienne ; néanmoins, tel enfant inscrit sur les registres de la commune où les hasards de la vie errante l'ont fait naître, ne répond pas à l'appel du contingent militaire : il a bien vite disparu. Il ne faut pas s'en plaindre ; il apporterait au régiment de déplorables habitudes.

On a cherché, à l'Hospice de St-Palais, à discipliner quelques fillettes bohémiennes, que l'appât de vêtements et de bons soins, allégeant les charges de la famille, avaient poussé les parents à confier aux bonnes sœurs hospitalières. Au bout de quelques mois, les petites indomptées, refaites de leurs précoces fatigues, escaladaient les murs et regagnaient l'indépendance des bois.

D'une intelligence rare, ils se défendent devant les magistrats en véritables avocats. Ils n'avouent qu'au cas de flagrant délit. Malheur à celui d'entr'eux qui dénoncerait un coupable.

Pendant que l'un d'eux expie sa faute en purgeant une condamnation un peu longue, le conjoint cherche un autre compagnon de vie et fonde un nouveau ménage, sauf à rejoindre plus tard le prisonnier libéré, s'il lui offre plus de garanties de bien-être. Nous avons connu une femme qui se vantait d'avoir eu ainsi, et légalement, à ses yeux, trente maris !

Les hommes sont grands et forts, très bruns ; les femmes brunes aussi, avec d'assez nombreuses exceptions de teint rose et de cheveux blonds qu'une physiologie peu scrupuleuse explique suffisamment.

Parmi eux on trouve rarement des vieillards. Que deviennent-ils ?

On s'est demandé s'ils ne les supprimaient pas comme êtres inutiles à la tribu.

Il est rare qu'ils fassent à l'état civil des déclarations de décès.

On a cru qu'ils incinéraient leurs morts. La version la plus accréditée est qu'ils détournent l'un des nombreux ruisseaux qui abondent dans la montagne, et que, dans son lit même, ils creusent la tombe sur laquelle ils font revenir l'eau un moment détournée.

Leur industrie apparente est la fabrication des paniers, à l'aide des osiers qu'ils dérobent : ils tondent les chevaux et les mulets.

Se mêlant le moins possible à la population, ils s'accouplent entr'eux : un basque est déshonoré s'il épouse une bohémienne.

Très obséquieux devant l'autorité qu'ils redoutent, ils bravent toutes les lois avec un calme sang-froid et un aplomb que l'on serait tenté de qualifier de naïf.

Pourquoi se gêneraient-ils ?

Une légende fort curieuse perpétuée dans les halliers de la Basse-Navarre leur fait un dogme du vol et de la rapine.

— « Pendant la fuite en Egypte, Joseph, fatigué par la rapidité de la marche encore plus que par le poids de l'enfant Jésus, confia celui-ci à un voyageur qui poursuivait la même route.

» L'officieux voyageur, satisfaisant ses instincts de rapine, dévalisa l'enfant et le rendit presque nu à Joseph. Jésus réprimanda doucement le voleur, mais en considération du service qu'il venait d'en recevoir, il octroya à lui et à ses descendants le droit de prendre *cinq sols* à la fois, ou un objet d'un prix équivalent. — »

Le voyageur, tout à la fois obligeant et rapace, était un ancêtre dont les bohémiens modernes se font gloire.

A toutes les époques on a cherché à arrêter leurs déprédations : les vieilles législations pyrénéennes ont édicté des peines sévères contre eux.

On a voulu au siècle dernier les expulser en masse au son du tocsin : on autorisait même de les arquebuser en cas de résistance.

Sous le premier Consul, le pays réclama des mesures énergiques. Le 6 décembre 1802, en une seule nuit, tous les bohémiens du Pays Basque furent saisis et conduits au bord de la mer pour être embarqués et dirigés sur les colonies.

Les croisières anglaises empêchèrent la réalisation de ce projet ; rendus à la liberté ils regagnèrent le Pays Basque, d'où l'on n'a pu les extirper encore.

Les philosophes chercheront dans la moralisation, dans l'instruction, le remède à une aussi déplorable situation : les essais tentés jusqu'à ce jour sont restés infructueux.

Il est des torrents qu'on ne peut endiguer, il est des granits que l'on ne peut polir.

Les bohémiens du Pays Basque resteront ce qu'une destinée fatale les a faits : une curiosité ethnographique à laquelle les caractères d'une race maudite ne sauraient vraiment enlever tout intérêt.

III — HISTOIRE

Les premiers siècles de notre histoire pyrénéenne présentent trop de confusion pour qu'il soit possible de donner en quelques lignes des précisions suffisantes.

Au milieu du conflit incessant des races, des bouleversements, des invasions, les premiers habitants de notre pays, Ibères et Gaulois, se constituèrent, défendus par leurs gaves, protégés par leurs montagnes et prenant, dans l'existence troublée des temps primitifs, le culte de l'indépendance et l'amour de la liberté.

Si nous avons vu les Béarnais refusant leur soumission à César, tandis que les autres peuples Aquitains, vaincus par Crassus, se hâtaient d'entrer dans le moule absorbant de la civilisation romaine, il n'en est pas moins vrai que les Béarnais durent subir le joug des Romains.

Après ceux-ci, les Vandales, les Alains, les Wisigoths se partagent l'Aquitaine jusqu'au jour où les Francs de Clovis s'en emparent après avoir vaincu Alaric à Vouillé.

Les Sarrasins viennent plus tard, et l'on peut suivre encore la longue traînée de leur double invasion dans les tumuli des Landes qui entourent le Béarn.

Le Christianisme avait fait son apparition au IVe siècle avec Saint Julien. Son célèbre évêché de Beneharnum, la vieille capitale du Béarn, est représenté au VIe siècle par Saint Galactoire au Concile d'Agde où figure également l'évêque d'Oloron.

Vers 840, les Normands débarquent sur les côtes de l'Océan, mettent à feu et à sang le pays tout entier et détruisent Beneharnum, dont aujourd'hui encore on discute la situation géographique.

Du choc ardent d'opinions très diverses il semble résulter que Beneharnum occupait le plateau sur lequel est bâtie la ville de Lescar.

Les Normands chassés, les princes de Béarn cherchèrent à réparer les ruines de l'invasion.

L'évêché de Beneharnum fut rétabli à Lescar, et la capitale de l'État fixée à Morlaas.

Le premier vicomte de Béarn investi par Louis-le-Débonnaire fut Centulle Ier.

Avec lui commença la série vraiment glorieuse de ces souverains indépendants, règnant sur des peuples libres avec le consentement de ceux-ci et sur l'engagement réciproque de respecter mutuellement les droits de chacun.

Les nombreuses guerres dans lesquelles ces princes vaillants furent engagés ne sauraient faire oublier l'œuvre qu'avec un soin jaloux ils commencèrent à édifier dès la première heure de la consolidation de leur pouvoir.

Nous voulons parler des *Fors* du Béarn, dont la rédaction en langue romane — en Béarnais — est restée, comme l'expression la plus belle et la plus complète des vieilles règles du droit, *honeste vivere, alterum non lœdere, suum cuique tribuere* :

Justice au pauvre, confiance dans l'arbitrage du bon baron, réciprocité de devoirs, égalité de droits devant la loi fondamentale.

Modèle de Charte constitutionnelle consacrant le contrat synallagmatique passé entre le Souverain et le Peuple !

Le seigneur, avant d'être reconnu et proclamé, devait prêter le serment aux Barons, à la Cour, aux Nobles et autres habitants du Béarn, d'être « fidèle seigneur, de » rendre justice à chacun, au pauvre comme au riche sans » exception de personne, de ne leur faire tort ni préjudice, » ni dans leurs corps, ni dans leurs biens ; de les garder » et maintenir dans leurs Fors, coutumes, privilèges et » libertés, tant en général qu'en particulier. Et de tenir

» pour certain ce que par sa justice aurait été ordonné. »

Le seigneur devait en outre jurer aux Barons, « qu'il ne » vendrait ni aliénerait terre de sa Seigneurie au delà de sa vie ».

Le souverain était aidé dans son administration par les douze grands barons, jurats héréditaires qui formaient la Cour Majour.

Tous les Princes qui se succèderont sur le trône vicomtal prêteront ce serment, imposé depuis l'union du Béarn à la France aux rois successeurs d'Henri IV jusqu'en 1789.

En retour, les Barons *comme tous autres de Béarn* devaient hommage et serment de fidélité.

La formule établie par l'article VIII du For portait que « les Barons jureront sur les quatre Saints Évangiles de » Dieu, qu'ils seront bons et fidèles vassaux et sujets ; qu'en » sa personne, honneur et biens, ils le défendront de tout » leur pouvoir envers et contre tous ; qu'ils ne prendront » part à aucune conspiration contre le seigneur et que, s'il » vient à leur connaissance quelque machination contre » lui, ils l'en avertiront le plus promptement possible, soit » par eux-mêmes, soit par message ».

Et le droit des Barons d'être associés à l'œuvre de la Justice était consacré par la déclaration suivante : « Et » l'assisteront de leurs conseils le mieux qu'ils le pourront, » quand ils en seront requis sans revéler les secrets du dit » seigneur et feront ainsi que sont tenus de faire loyaux » vassaux et bons sujets. »

Les Fors, dont les premiers en date furent concédés par Centulle IV en 1080 et qui furent confirmés en 1220 par Guillaume Raymond, constituèrent la garantie séculaire de l'indépendance dont les Béarnais ne firent le sacrifice que sur l'autel de la Patrie, aux grands jours de la Révolution Française.

Les princes se succèdent augmentant chaque jour leur puissance soit par des alliances qui ajoutent à leur couronne des apanages brillants, soit par des exploits qui portent au loin le renom de vaillance des Béarnais et de leurs souverains.

Un jour, la couronne vicomtale devint vacante faute d'héritier du dernier prince décédé.

Les Béarnais choisirent un seigneur de Bigorre pour les gouverner.

Le nouveau Vicomte, ayant refusé de confirmer ses sujets dans les Fors nationaux, la Cour Majour ordonne sa mort et fait exécuter sa sentence dans le lieu même de ses séances.

Un vaillant capitaine d'Auvergne, renommé par ses faits d'armes, attire l'attention des Béarnais : ceux-ci l'appellent pour remplacer le prince félon.

A son tour, il trahit la confiance de son peuple : au nom de la loi de la nation il est mis à mort.

L'anarchie menaçant la Vicomté, il faut à tous prix sauvegarder l'indépendance du pays.

Les Béarnais vont en Espagne, frapper à la porte d'un seigneur de Catalogne, chef de la célèbre maison de Moncade, alliée au dernier Gaston.

On sait qu'il a deux fils jumeaux : on lui en demande un, pour en faire le *Vicomte de Béarn.*

Justement flatté de ce haut témoignage de confiance de la part d'une nation, petite il est vrai par son territoire, mais grande par sa renommée de vaillance et d'habileté, le seigneur catalan reçut avec les plus grands honneurs les députés Béarnais.

Il leur montra les deux enfants âgés de trois ans environ, couchés côte-à-côte, et dormant dans le même berceau, l'un les poings fermés, l'autre les mains ouvertes..... Ce détail frappa nos ancêtres : ils choisirent celui dont les mains semblaient naturellement se prêter aux actes de libéralité qu'on est en droit d'attendre d'un chef d'État digne de ce titre !

Ils le ramenèrent en Béarn en le proclamant sous le nom de Gaston VI.

Gaston VI fut le premier de cette suite illustre de princes de la maison de Moncade qui balança longtemps l'autorité des rois de France, d'Espagne et d'Angleterre.

C'est de lui que date vraiment l'histoire de *la noble et loyale cité d'Orthez*. Pau n'existait pas encore et Morlaas commençait à être délaissé.

L'un des premiers actes de Gaston VI, quand il parvint à l'âge de combattre, fut de reconquérir la ville et le territoire d'Orthez en 1194 sur le vicomte d'Acqs et de la rendre au Béarn.

Mort à Oloron sans postérité, il eut pour successeur son frère jumeau.

Les Béarnais virent bien par le nouveau règne que les horoscopes, basés sur d'inconscientes manifestations physiques, ne sauraient avoir rien d'absolu.

Car si Gaston *aux mains ouvertes* mérita d'être surnommé *le Bon*, l'enfant *aux poings fermés*, qui fut Guillaume Raymond, laissa des traces plus profondes encore de son règne.

Il fut le véritable législateur du pays, il organisa la Cour Majour qui régularisa l'administration de la justice ; il fit rédiger les fors et coutumes des villes et vallées, fit refondre le for général de Morlaas, donna à Orthez ce for célèbre et fit rendre la justice en langue nationale, *en Béarnais*, abandonnant ainsi l'étrange usage du latin de cuisine qui s'est perpétué en France jusque sous François Ier.

Son petit-fils Gaston VII a laissé dans l'histoire une traînée lumineuse.

Alternativement l'allié et l'ennemi des Anglais, il construisit, en 1242, le château de Moncade sur le plateau élevé qui domine la ville d'Orthez où il fixa sa capitale.

Derrière ses gigantesques murailles il défia les Anglais et ne fut pas vaincu par eux.

Le château noble, car c'est ainsi que l'on désigna désormais le château de Moncade, fut le témoin de l'union des deux couronnes de Béarn et de Foix, union qui éleva les princes béarnais au rang des plus puissants princes de l'Europe.

Au retour d'une de ses nombreuses guerres, Gaston VII n'ayant pas d'héritier mâle, réunit les Barons de Béarn et de Foix.

En leur présence il désigne son gendre, le comte de Foix, époux de Marguerite de Béarn, pour son héritier, en récompense des secours qu'il en a reçus dans sa campagne contre le roi de Castille.

Ce fut au milieu de fêtes magnifiques que cette importante solennité eut lieu en 1286.

Quatre ans plus tard, Gaston VII mourait à Sauveterre et son corps, transporté à Orthez, était enseveli dans la chapelle des Frères Prêcheurs, dont il avait facilité l'installation dans sa capitale, et qui devinrent les gardiens du St-Denis des princes béarnais.

Roger Bernard, gendre et successeur de Gaston VII, sut résister au roi de France Philippe-le-Hardi et imposer à ce prince tout-puissant le respect de la principauté de Béarn et de son intrépide vicomte.

Ses successeurs jouèrent un rôle actif dans les diverses guerres de France et d'Espagne, pendant lesquelles les souverains belligérants se disputaient l'alliance des Béarnais.

Le plus illustre d'entr'eux est Gaston de Foix, connu sous le surnom de Phœbus.

Après avoir été combattre sous les murs de Paris et en Prusse, où il laissa le souvenir du prince le plus vaillant de son époque, il revint s'enfermer dans sa belle et imprenable résidence d'Orthez.

Prince étonnant l'Europe par son habileté, aux Anglais il refuse son concours pour l'offrir au roi de France, qui cherche à reconquérir son royaume ; à l'un et à l'autre sollicitant l'hommage de ses États, il répond fièrement que « le Pays de Béarn est si franche terre qu'il n'en doit hommage à nul autre seigneur qu'à Dieu, fut-ce duc, prince ou roi ».

Le château noble de Moncade devint le rendez-vous de tout ce que l'Europe compte d'illustrations, princes de sang royal, prélats, poètes, savants, trouvères, grandes dames, chacun voulant connaître les magnificences du seigneur béarnais, qui passe dans toute l'Europe pour un prince impossible à égaler : « Le plus gentil et le plus beau qu'on put voir. »

Ceux-ci sollicitent son alliance, ceux-là convoitent ses richesses, tous envient sa gloire et recherchent ses faveurs.

C'est qu'en effet, élevé par une femme éminente, Éléonore de Comminges, et instruit par elle des exemples de ses ancêtres, il a partagé sa vie entre les exercices les plus nobles de la chevalerie de l'époque, fêtes, chasses, tournois, cour d'amour et les jeux plus dangereux de la guerre ; dans tous, il excelle.

Son règne est pour le Béarn une ère de prospérité, grâce à la paix profonde que sa puissance lui assure : la gloire du prince rejaillit sur tout son peuple.

Rien ne peut résister à Gaston Phœbus, tout doit plier devant lui ; l'irréductible vigueur de son caractère lui fait commettre des crimes que sa gloire ne saurait faire oublier.

Son frère naturel, Arnaud de Béarn, défendait le château de Lourdes pour le compte des Anglais contre les soldats du duc d'Anjou. Gaston l'appelle à Orthez, lui donne trois jours de fêtes, et le troisième jour, au milieu du repas, il le somme d'avoir à livrer aux troupes du roi de France le château-fort commis à son honneur. Pierre Arnaud se retranche derrière la foi jurée. Gaston, furieux, tire sa dague et tue le chevalier.

Après le frère, le fils.

Tout le monde connait la douloureuse histoire de l'ange de Foix, presque une légende tant elle est touchante dans son affreuse réalité.

Gaston Phœbus était marié avec Agnès de Navarre, sœur de Charles-le-Mauvais. Celui-ci retenait sa sœur à Pampelune, cherchant à l'indisposer contre son mari.

Le jeune Gaston leur fils, âgé de quinze ans à peine, est envoyé par son père à la cour de Navarre pour tâcher de ramener la princesse.

Charles-le-Mauvais ne veut pas la laisser partir, mais il renvoie le jeune prince en lui remettant une poudre mystérieuse qui doit réconcilier les deux époux ; il lui recommande de verser cette poudre dans la boisson de son père.

Dès son arrivée à Moncade, le prince naïf laisse surprendre son secret : la poudre mystérieuse est un poison violent. Gaston Phœbus fait enfermer dans le donjon la victime innocente de la scélératesse de Charles-le-Mauvais.

L'enfant, désolé, cherche à se laisser mourir de faim.

Averti que les derniers moments de son fils unique approchent, Gaston Phœbus se rend auprès du lit de son enfant qui agonise et qui, d'après les uns, effrayé par la colère de son père, d'après les autres frappé au cou par un canif que celui-ci tient en sa main, expire emportant avec lui l'espoir de la dynastie.

Et comme pour effacer le souvenir de ces deux morts, les fêtes se succèdent à Moncade.

Le prince magnifique comble d'honneurs et de présents les visiteurs de sa gloire ; sa magnificence est sans limites et du chroniqueur Froissard, plus courtisan que naïf, qui nous a rapporté ces faits douloureux, après avoir goûté les douceurs de l'hospitalité princière, il reçoit cet éclatant hommage :

« Brièvement et tout considéré avant que je vinsse en
» cette cour, j'avais été en moult cour de rois, de ducs, de

» princes, mais je ne fus oncques en nulle qui mieux me
» plut; on voyait en la table, en sa chambre, en la cour,
» chevaliers et écuyers d'honneur, aller et marcher et les
» voyait-on parler d'armes et d'amours. Tout honneur était
» là dedans trouvé : toute nouvelle de quelque pays et de
» quelque royaume que ce fut on y apprenait car de tout
» pays pour la vaillance du prince elles y venaient....... »

Grand chasseur, Gaston Phœbus transforme le Château de Pau, qui lui servait alors de rendez-vous de chasse. Et autour de ce château s'éleva la ville qui devint près d'un siècle plus tard la capitale du Béarn.

Le 1er avril 1391, Gaston Phœbus, au retour d'une chasse à l'ours, mourait subitement à L'Hôpital-d'Orion, et son corps était enseveli à Orthez dans la chapelle des Frères Prêcheurs.

Les princes béarnais continuèrent les traditions glorieuses de Phœbus en luttant contre les Anglais. Nous retrouvons, en 1437, Gaston XI avec Dunois s'emparant de Bayonne, devenue la principale citadelle des Anglais en Guyenne.

Il y fait une entrée triomphale. Son autorité s'affirme de plus en plus; les rois recherchent ses bonnes grâces; il épouse Éléonore de Navarre, qui lui apporte, avec des droits éventuels sur le royaume de Navarre, une série de conflits, de luttes et de combats avec le roi d'Aragon.

Louis XI se rend à Bayonne pour mettre la paix entre les princes ennemis.

La renommée de Gaston était venue jusqu'à lui. D'ordinaire peu porté aux enthousiasmes faciles, le roi de France est ébloui par le faste du prince béarnais; celui-ci est venu à sa rencontre et l'accompagne dans son voyage à travers le Midi de son royaume; en approchant du Béarn, Louis XI dit à son écuyer le mot si connu, qui est à lui seul le meilleur éloge qu'on put faire des Béarnais : « Baissez l'épée » de la France, voici la terre de Béarn. »

Gaston XI, fastueux comme son aïeul, établit sa résidence au Château de Pau, agrandi par ses soins : il développe la ville, multiplie ses privilèges, fonde la paroisse de St-Martin et fait revivre, dans sa nouvelle capitale, les beaux jours de la vie princière d'Orthez.

Sa gloire est égale à celle de Gaston VII et de Gaston-Phœbus : Charles VII recherche à son tour son alliance en donnant sa fille au fils aîné du prince Béarnais.

Mais le jeune prince meurt avant son père, laissant un enfant au berceau. C'est le petit-fils de Gaston XI, François-Phœbus, qui lui succède.

La grand'mère, Éléonore de Navarre, règne pour lui et meurt en assurant aux Vicomtes de Béarn la couronne de Navarre, objet de tant de convoitises.

En 1479, François-Phœbus, âgé de 13 ans, accompagné de sa mère, Madeleine de France, va se faire couronner à Pampelune.

Le rêve des princes Béarnais semble réalisé : Foix, Navarre, Béarn ne font plus qu'une seule et même couronne et, le charme du jeune roi aidant, un règne nouveau s'annonce plein de gloire et de prospérité. Le rêve ne fut pas long.

Le 29 janvier 1483 un mal subit emportait le jeune prince dont les premières années du règne avaient fait concevoir à son peuple de si légitimes espérances.

Il avait une sœur, Catherine de Navarre, bien jeune elle aussi. C'est sur elle que reposait tout l'espoir de la patrie.

De nombreux prétendants, appartenant aux familles princières les plus puissantes, sollicitaient dejà sa main.

Les États de Béarn interposèrent, au nom des Fors, leur autorité souveraine et l'on procéda, par la voie du vote, au choix du prétendant qui aurait l'honneur de porter avec Catherine de Navarre la double couronne.

Après une longue et curieuse délibération, dont nos

vieux registres nous ont conservé précieusement le procès-verbal, le choix des États s'arrêta sur le représentant d'une vieille famille gasconne, voisine du Béarn, Jean d'Albret.

Jean et Catherine ne consommèrent qu'en 1491 le mariage décidé par les États en 1483.

On arrivait à cette date fatidique qui marquait l'une des plus grandes étapes de l'humanité.

Les portes du moyen âge venaient de se fermer sur la fin de la guerre de cent ans et sur la chute de l'empire chrétien de Constantinople.

Celles de l'histoire moderne s'ouvraient sur l'écrasement de la domination musulmane en Espagne ; Castille et Aragon trouvaient leur union dans celle de Ferdinand et d'Isabelle *les Catholiques*.

La découverte de Christophe-Colomb donnait à l'Espagne unifiée un monde nouveau avec une gloire nouvelle.

Plus que jamais le royaume de Navarre devenait une proie bien séduisante pour la royauté espagnole dont la puissance d'expansion ne connaissait plus de limites.

Ferdinand chercha un vain prétexte pour envahir la Haute-Navarre que Jean d'Albret ne fut pas en état de lui disputer.

Pampelune, sa capitale, fut prise et la Haute-Navarre conquise jusqu'aux Pyrénées ! Jean mourut en 1516.

Catherine, qui ne cessait de lui répéter : « Si nous fussions nés, vous Catherine et moi Jean d'Albret, nous » n'aurions pas perdu la Navarre », le suivit de près dans le tombeau.

Ils furent l'un et l'autre ensevelis dans le caveau royal de la cathédrale de Lescar, en attendant, demandaient-ils l'un et l'autre dans leur testament, qu'on pût conduire leurs dépouilles mortelles à Pampelune.

Ce vœu suprême des souverains dépossédés se réalisera-t-il ? On le demande en Espagne ; mais la question posée dans le courant de l'année 1891 n'a pu encore être utilement étudiée.

Henri II succède à son père.

Fidèle allié de François Ier, il combat à ses côtés à Pavie, est fait prisonnier avec lui, réussit à s'évader de la forteresse où il était retenu avec le roi de France et doit au généreux élan de son peuple de pouvoir payer le prix de sa rançon à Charles-Quint qui lui rend ce flatteur témoignage : « Je n'ai trouvé qu'un homme en France et » cet homme c'est le roi de Navarre. »

A la délivrance du roi de France, celui-ci retrouve son vaillant compagnon d'armes et, en souvenir de Pavie, le marie avec sa sœur, la belle Marguerite de Valois, la quatrième grâce, la dixième muse.

Veuve du duc d'Alençon, elle apportait au prince Béarnais le Comté d'Armagnac.

C'était là une glorieuse compensation à la perte de la Haute-Navarre que le traité de Madrid avait rendue définitive.

Et pendant que le Château de Pau, restauré magnifiquement, est tout brillant des fêtes qui voient naître le célèbre Heptaméron, Henri II rend à son peuple le plus signalé service que prince intelligent put rendre à de fidèles et loyaux sujets.

Les vieux monuments de la législation béarnaise n'étaient plus qu'un amas informe d'ordonnances, d'établissements, de coutumes sans ordre et rédigés en un langage devenu presque incompréhensible, source inévitable et féconde de procès et de difficultés pour les habitants de son pays de Béarn.

Henri II ordonne la réformation de cette vieille législation qui avait assuré aux Béarnais une si longue période de gloire et de liberté.

Il fallut « réviser, réformer, coordonner, émonder, » corriger, interpréter les Fors et coutumes, les codifier à

» nouveau à l'aide de rubriques et en faire un ensemble » qui serait reconnu comme la loi générale de l'État ».

Il confia cette mission à son « aimé cousin » Monseigneur Jacques de Foix, évèque de Lescar, chancelier de Foix et Béarn, assisté des personnalités les plus notables de la science juridique, choisis parmi les représentants du clergé, de la noblesse et du Tiers-État béarnais.

Ce travail colossal fut mené à bonne fin. Le 26 novembre 1551, les États assemblés à la maison commune de la Ville de Pau, entendaient la lecture du For nouveau, déclaraient l'accepter tant en leur nom qu'au nom de ceux qu'ils représentaient, comme la loi à laquelle ils entendaient soumettre les actes de leur vie judiciaire et extra-judiciaire.

Le lendemain, Henri II promulguait la loi nouvelle qui est restée en vigueur sans subir nulle altération jusqu'à la Révolution.

Prince éclairé, uni à une princesse dont le goût des lettres occupait la vie, il développa l'instruction dans ses États ; il fonda le collège de Lescar devenu célèbre tant par ses vicissitudes que par le mérite de ses maitres, et protégea l'agriculture seule richesse de son royaume.

Au Château de Pau, une large hospitalité était offerte à tous ceux que le grand mouvement de la renaissance des lettres et des arts attirait autour de princes qui en étaient l'un des centres les plus lumineux.

La tolérance de Marguerite et d'Henri II, leur excessive bienveillance facilitèrent le développement des premiers germes de la Réforme en Béarn ; mais ce fut sous le règne suivant que la grande révolution religieuse s'opéra dans un pays qui, avide de paix, se souvient encore avec amertume des cruelles épreuves auxquelles il fut soumis.

Marguerite mourait le 21 décembre 1549, au château d'Odos en Bigorre, pleurée autant qu'elle avait été adorée par ses sujets, heureux de se rappeler et les charmes de son esprit et la grande charité de son cœur.

Du mariage d'Henri et de Marguerite une seule fille était née. A la mort de sa mère, Jeanne d'Albret était âgée de douze ans.

Élevée très brillamment, elle montra de bonne heure une intelligence au dessus de son âge et peu commune à son sexe.

Unique espoir de la couronne de Navarre, François Ier voulut la marier au prince de Clèves.

Les États de Béarn protestèrent par le motif touchant, inspiré par la respectueuse garantie insérée dans les Fors, que « si la future reine suivait son époux en Allemagne, » elle ne serait plus au milieu de ses Béarnais pour faire » à chacun son droit ».

Le mariage, sur l'ordre de François Ier, avait eu lieu le 15 juillet 1540, mais il fut bientôt rompu comme ayant été célébré sans le consentement de la jeune princesse.

En 1548, les États acceptaient l'union de leur future reine avec Antoine de Bourbon.

Deux enfants issus de ce mariage moururent bien vite après leur naissance.

Henri II, à l'annonce d'une troisième grossesse, exigea que sa fille vint recevoir à Pau ses soins attentifs et accoucher sous ses yeux.

Tout le monde sait avec quel courage cette princesse qui « n'avait de femme que le nom » ainsi que l'a dit un de ses historiens, traversa la France et vint à Pau accoucher, en chantant, d'un prince qui fut le grand Henri, — dira l'histoire, — *Lou nouste Henric* — notre Henri, diront les Béarnais.

Fou de joie, Henri II prit aussitôt l'enfant dans ses bras, frotta ses jeunes lèvres d'une gousse d'ail, lui fit avaler une goutte de vin de Jurançon et le présentant aux nombreux gentilshommes empressés à le féliciter, il l'embrasse et s'écrie : « Tu seras un vrai béarnais ! »

Le vieux grand-père ne se savait pas si bon prophète, et, de quel noble orgueil n'eût-il pas senti envahir son cœur, s'il eût pu prévoir que la couronne de France devait ceindre un jour cette tête, pour laquelle, au moment de sa naissance, rien ne pouvait faire croire à un pareil honneur.

Suspendant un moment le résumé de l'histoire du Béarn, voyons quelle était la situation politique des trois anciennes provinces qui, avec le Béarn, ont contribué à former le département des Basses-Pyrénées.

Nous avons trouvé les Vascons ou Basques réfugiés dans leurs montagnes, où selon une fière tradition « ils » n'ont jamais eu d'autres maîtres que leur parole ».

Ils luttent constamment et finalement sont soumis par Louis-le-Débonnaire et englobés dans le Duché de Gascogne.

La Soule est érigée en Vicomté.

Au XIe siècle, Gaston de Béarn s'en empare et lui donne le For de Morlaas.

Au XIIIe siècle, le vicomte de Soule cède sa Vicomté à Edouard d'Angleterre, et des capitaines-châtelains de Mauléon administrent pour le roi d'Angleterre, jusqu'en 1449. A cette époque, le comte de Foix, fidèle allié du roi de France, chasse les Anglais de la Soule et reprend possession de cette Vicomté en vertu d'une donation faite à l'un de ses prédécesseurs par Philippe VI en 1333.

La cour de Licharre, qui administrait la justice en Soule, ressortissait de la sénéchaussée des Lannes-en-Gascogne. Rattachée au Parlement de Bordeaux pendant près de deux siècles, en 1620 elle en fut distraite par ordonnance royale, et remise dans le ressort du Parlement de Navarre.

Le Labourd avait Bayonne ou Lapurdum pour capitale.

Tour à tour cité Romaine, capitale d'une Vicomté, Bayonne est à diverses époques prise et saccagée et, toujours grâce à son commerce qui s'accroît de l'importance de son port, elle renaît brillamment de ses cendres.

Elle dépend du duché d'Aquitaine jusqu'au jour où par le mariage d'Éléonore de Guyenne avec Henri II Plantagenet, elle passe sous la domination des Anglais.

Bayonne devient leur principal boulevard, elle jouit pendant une occupation de trois cents ans, d'une prospérité considérable et de privilèges qui firent sa force en lui assurant une administration locale des mieux organisées.

Dunois et Gaston de Foix s'emparèrent de Bayonne et la rendirent à Charles VII, devenu enfin maître de son royaume.

A partir de ce moment, son histoire se confond avec celle de la France qui s'honore des éminents services de tant d'hommes illustres et utiles, enfants de Bayonne, dont le patriotisme, les talents et l'intrépidité demeureront toujours comme l'une des parts les plus précieuses du glorieux patrimoine de la nation.

Quant à la Navarre, nous l'avons vue, séculaire appât des convoitises, du Béarn, de l'Espagne et de la France, devenir l'apanage de princes dont la destinée est certainement l'une des plus étonnantes surprises de notre histoire nationale.

Henri II, vicomte de Béarn, roi de Navarre, mourut à Hagetmau en 1555.

Son gendre, Antoine de Bourbon, succombait en 1562 aux suites de la blessure reçue au siège de Rouen.

Jeanne d'Albret règne seule en attendant la majorité de son fils.

Au milieu de difficultés sans nombre, qu'elle ne craignit pas d'augmenter encore, en abjurant le catholicisme et en imposant la religion nouvelle à son peuple fermement attaché à la foi de ses pères, elle montre une énergie peu commune et une intelligence que beaucoup de princes lui envieraient.

Les guerres de religion ensanglantèrent tristement le Béarn et la Basse-Navarre.

Terride, au nom du roi de France, Montgommery au nom de la reine Jeanne, se disputèrent le pays et le couvrirent de ruines.

Le siège d'Orthez en 1560, le sac de cette ville, la destruction de ses monuments, le massacre de ses habitants par les troupes de Montgommery, le guet-apens, dans lequel, malgré la foi jurée, une partie de la noblesse béarnaise périt, assassinée par ordre du lieutenant de la reine Jeanne, sont restés dans le souvenir de tous comme une des pages les plus désolantes de cette douloureuse époque.

En 1570, la reine interdisait l'exercice du culte catholique en Béarn et faisait procéder à la saisie des biens ecclésiastiques.

En 1572 elle mourait à Paris.

Pendant ce temps, son fils Henri, né au Château de Pau, nourri chez les époux Lassensàa, à Billère, près Pau, élevé à Coarraze sur les bords du gave, au milieu des jeunes béarnais, dont il partage la rude existence, a grandi. Il est devenu *le Prince de Navarre*.

Marié à Marguerite, sœur du roi Charles IX, il échappe miraculeusement à la nuit de la St-Barthélemy, que, a-t-on dit, les massacres béarnais avaient inspirée, sous prétexte d'odieuses représailles; se met à la tête du parti protestant et, avec ses fidèles béarnais, entreprend l'œuvre merveilleuse de la conquête de la France. On sait le reste.

Ce n'est pas sans une fierté bien légitime que les Béarnais saluent le Prince vaillant — vrai cadet de Gascogne — portant *le gousset vide et le pourpoint troué*, chevauchant à travers le pays, toujours jovial, gouailleur, intrépide, riant de tout et ne doutant de rien; ayant, au suprême degré, le triple talent consacré par la chanson populaire, réalisant le problème, en apparence irréalisable, de vaincre, avec une poignée de braves, les armées puissantes de la plus formidable coalition que l'histoire nous signale, et de laisser sur tous les points de la France, qu'il sillonne en tous sens, les souvenirs de son passage, toujours vivants, dans l'esprit de populations que subjuguent, encore plus que ses armes, sa générosité, sa bonhomie narquoise et sa surprenante habileté !

Il a confié la régence de ses États à sa sœur la princesse Catherine.

L'Édit de Nantes pacifie la France : en 1599, Henri IV rétablit le culte catholique en Béarn avec sa hiérarchie ecclésiastique, à la tête de laquelle il replace les évêques de Lescar et d'Oloron.

Mais il n'oublie pas que la terre de Béarn est terre franche : en 1607, il déclare que les souverainetés de Béarn et de Navarre demeureront indépendantes de la couronne de France et continueront à jouir de leur autonomie.

A sa mort, Louis XIII dut intervenir en Béarn : la mainlevée des biens ecclésiastiques ayant provoqué les protestations du Conseil Souverain de Béarn, en partie composé de membres appartenant à la religion réformée, le roi de France vint à Pau à la tête d'une nombreuse armée. En 1620, il réunit le Béarn à la France, après avoir fondu la Chancellerie de Navarre dans le Conseil Souverain de Béarn et, de cette fusion, créé le Parlement de Navarre.

Les rois de France ajoutèrent à leur titre celui de roi de Navarre. Le Parlement de Navarre administra la justice conformément aux Fors du pays que chaque roi de France s'engagea par serment à respecter scrupuleusement.

L'amour de la liberté n'était pas éteint dans le cœur des Béarnais par l'édit d'union.

S'inspirant des sentiments du peuple, le Parlement, la noblesse et le clergé ne cessèrent de lutter contre les empiètements de l'autorité royale.

Les exigences des intendants royaux se butèrent constamment contre l'indépendance des magistrats et, à diverses reprises, ceux-ci payèrent de la prison et de l'exil l'énergie qu'ils mettaient à défendre les privilèges et les droits de la province.

Quand vint la Révolution, le Béarn et la Navarre éprouvèrent une douloureuse surprise : ils sentaient que la transformation nouvelle de la Société Française ébranlait leur vieille constitution, et que les idées de centralisation, qui planaient sur les programmes des États Généraux, allaient porter une irrémédiable atteinte aux franchises et libertés jusqu'à ce jour si vaillamment défendues par eux.

Les États de Béarn mirent en délibéré la question de savoir s'ils enverraient des députés aux États Généraux.

Ils voulaient résister au nom d'un passé glorieux et d'intérêts qui ne se pouvaient prescrire.

Devant le grand courant de rénovation qui emportait les vestiges de l'ancienne France, le bon sens séculaire des Béarnais se retrouve et « considérant qu'il n'existe pas » sous le Ciel un plus beau titre que celui de François » depuis que les trois bases de la Constitution nouvelle » sont posées : *la liberté, l'égalité des hommes et le res-» pect de la propriété*, le 28 octobre 1709, ils offrent » pour tribut à la patrie une constitution antique qui leur » est chère et qui rendait leur situation plus heureuse » que celle des autres provinces ».

Le sacrifice était fait sans arrière-pensée....

Le vieux Béarn ne vit plus que dans les souvenirs pieux de ses fils, toujours aussi fiers de revendiquer leur vieux titre de Béarnais, que jaloux de se montrer de loyaux et bons Français.

Adrien Planté,

Inspecteur de la *Société française d'Archéologie*
pour le département des Basses-Pyrénées.

LE CHATEAU DE PAU VU DU NORD

(XVIIe SIÈCLE)

CHAPITRE II

LA

VILLE DE PAU

Son origine. — Son nom. — Ses diverses transformations.

« Qui n'ha vist lo casteig de Pau
« Jamay n'ha vist arré de tau. »

A QUELLE date remonte ce dicton ? Est-ce au moment de la restauration du Château entreprise par Gaston-Phœbus en 1375 — ou bien n'a-t-il pris naissance qu'à la suite des agrandissements successifs dont Gaston XI et Henri II de Navarre l'embellirent et qui faisaient dire, en parlant des jardins, *qu'ils étaient les plus beaux qui fussent en Europe ?*

Quoiqu'il en soit de la solution de ce problème peu intéressant en apparence, ce dicton cependant met en relief le Château de Pau et nous amène à parler de l'origine de la Ville qui se groupa autour de lui.

C'est au xe siècle, en effet, raconte la tradition, que les

Vicomtes de Béarn, grands chasseurs devant l'Éternel, et dont la résidence officielle était Morlaas, sollicitèrent des montagnards de la vallée d'Ossau, propriétaires des terrains connus sous le nom de Pont-Long et qui s'étendent encore au nord de la ville, la concession d'un emplacement pour y élever un rendez-vous de chasse.

Pour en marquer les limites, trois pieux y auraient été plantés, d'où des esprits ingénieux en auraient tiré la conséquence que la construction dût recevoir le nom de Château de Pieu (en béarnais Paü).

Cette origine du nom de la Ville se trouverait, ajoute-t-on, justifiée par les armes concédées en 1482, et que l'ordonnance du 30 juin 1829 a confirmées en ces termes :

« D'azur *à la barrière de trois palis* aux pieds fichés » d'argent, sommée d'un paon, rouant d'or, et accompagnée » en pointe et intérieurement de deux vaches affrontées » et couronnées de même. »

Tout en mentionnant que cette dernière ordonnance accordait, en outre, à la Ville de « surmonter ces armoiries » d'un chef d'or chargé d'une écaille de tortue au naturel, » surmontée d'une couronne d'azur rehaussée d'or et » accompagnée à dextre d'un H et à senestre du chiffre IV » d'azur, et de placer au-dessus de l'écusson des dites » armoiries la devise suivante : *Urbis palladium et* » *gentis* », nous devons dire, avec le savant et regretté M. Paul Raymond, que les armes elles-mêmes rendent cette induction plus que discutable. Si la légende eut été vraie, en effet, elles représenteraient trois pieux séparés ; or, ils sont réunis par une barre, ce qui donne au mot *Pali* la signification de palissade, appelé aussi en béarnais *Pau,* et la conséquence logique est que de toute ancienneté l'emplacement occupé par le Château était un point fortifié, entouré d'une *palissade* de bois, palissade qui servit à le désigner, de même que, dans le langage du nord on aurait dit *Plessis,* ainsi que cela eut lieu pour la résidence favorite **de Louis XI**, le château de Plessis-Lez-Tours [1].

Le choix de cette position, du reste, ne laissait rien à désirer tant au point de vue artistique que sous le rapport de la défense.

Le plateau, en effet, sur lequel le Château était construit faisait face aux riches vallées arrosées par les eaux du Gave et bornées au sud par les verdoyants coteaux de Jurançon et de Gelos qui semblent s'abaisser pour laisser découvrir en son entier le Pic du Midi d'Ossau, dominant majestueusement la chaîne des Pyrénées.

Il était, d'autre part, sur trois de ses côtés, entouré de moyens de défense naturels, le Gave au Sud, le ruisseau du Hédas au Nord et à l'Ouest.

Comme centre populeux dans l'avenir, il ne laissait cependant de développement que dans sa partie Est, et c'est ce qui explique la configuration primitive de la Ville de Pau qu'un intendant de la Province, à la fin du XVIIe siècle, disait n'être qu'une ville composée de deux longues rues.

La ville, proprement dite, n'avait pas même, à son origine, une extension aussi étendue car elle ne comprenait que l'espace restreint compris entre le Château et la place Gassion.

Au milieu de celle-ci s'élevaient les murailles que l'on ne franchissait que par deux portes : l'une, au Sud, dont les vestiges subsistent encore, et qui est au bas de la rue du Moulin, l'autre, appelée successivement *Portau deu Miey*, *Portau deu Bascou*, *Portau deu Relodge* [2], et qui,

1. — Voir *Bulletin de la Société des Sciences, Lettres et Arts de Pau*, 1874-1875, t. 4, p. 173, où M. Lespy démontre, avec l'autorité qui s'attache à ses publications, que les habitants de Pau doivent s'appeler des *Palois* et non *Pauniens* ou *Palésiens* ainsi qu'on a voulu le prétendre quelquefois.

2. — Ce portail a été improprement *Portail du Bâton*. — Voir, au sujet de cette dénomination erronée, le *Bulletin de la Société des Sciences, Lettres et Arts de Pau*. — Vol. 9, p. 88 et suiv.

placée perpendiculairement à la rue de la Préfecture sur une ligne comprise entre le coin de la rue Sully et les maisons démolies plus tard pour ouvrir la rue Bordenave-d'Abère, commandait, à l'Est, l'entrée de la ville.

C'était dans ce petit quadrilatère qu'étaient l'Église paroissiale, le Palais du Parlement, l'Hôtel de Ville, la Ville en un mot, qu'en 1487 on appelait le *Borguet* ou *Borc Mayor*, de 1507 à 1587 la *Clausion de la Ville* et de 1598 à 1659 l'*Enclos de la* Ville, par opposition à ce qui n'était pas compris dans ce périmètre et qui portait le nom de *faubourg*.

Bien que le portail de l'horloge n'eut été démoli qu'au mois de juillet 1713, le faubourg cependant avait depuis 1652 été réuni à la Ville proprement dite, car en vertu d'une ordonnance du 5 septembre 1629 la rue Lacoudure, aujourd'hui la rue Henri IV, dont l'extrémité ouest aboutissait à la rue Sully, « devait être continuée à travers » les fossés et murailles anciennes de la ville jusqu'au » palais et grande place qui est devant le Château », et, le 7 mai 1632, les Jurats constataient « qu'ils avaient comblé » les fossés et abattu les murailles ».

Pau devenait ainsi une ville ouverte, et si, le 15 octobre 1651, le duc de Gramont ordonnait « qu'il serait incessamment travaillé à la fermeture de la ville par un fossé partant de la Porteneuve [1], jusqu'à la muraille des Pères » Jésuites [2] », on doit conclure du procès-verbal d'estimation de la ville de Pau dressé le 23 décembre 1693 que ce fossé n'existait plus, car sous le nom : *Dans l'enceinte de la ville* [3], il est remplacé par une rue qui comptait vingt-quatre maisons évaluées de 12 à 100 livres.

Nous ne rappellerons que pour mémoire le dénombre-

1. — Cette porte était située perpendiculairement à la place Bosquet en face de l'Hospice. Elle a été démolie en 1745.

2. — Cette muraille est celle du Lycée qui longe la rue Barbalat.

3. — Aujourd'hui la rue du Musée.

LE PALAIS DU PARLEMENT

ment général des maisons de la Vicomté de Béarn en 1385 et qui porte à cent vingt-huit le nombre de celles de Pau qui n'était alors qu'un village, mais, peu après, ce village devenait une ville et, en passant par dessus trois siècles, nous la trouvons le 23 décembre 1693, possédant quinze rues et cinq cent cinquante-neuf maisons y compris trois quartiers — La Basse Ville — La Porteneuve et le faubourg de la Fontaine.

Quant à ses monuments, c'étaient l'Église St-Martin érigée en paroisse en 1473, transformée en collégiale le 5 janvier 1551 ayant un abbé à sa tête et des chanoines pour prébendiers et qui, par arrêt du conseil du Roi du 27 octobre 1637, redevint paroissiale [1] ; une autre église appelée la succursale de Notre-Dame des Morts, car elle était adossée au cimetière, et dans laquelle les offices catholiques furent célébrés quand l'Église St-Martin fut affectée au culte protestant (1570-1620) ; la maison de Ville ou Sénéchal dont la construction remontait au mois de décembre 1515 ; les halles édifiées en vertu de Lettres-Patentes du 31 décembre 1590 ; le Palais du Conseil, devenu plus tard le Palais du Parlement (26 novembre 1585) ; le couvent des Capucins (1626) ; celui des Religieuses de Notre-Dame (1633) ; des Dames de la Foi (1684) ; le collège des Jésuites fondé en 1620 ; le Séminaire (1686) ; les Ursulines (1675) ; les Orphelines (1652), et l'hôpital, existant depuis 1520 dans la rue de la Poudge (aujourd'hui rue de la Préfecture, nº 4) et transporté en 1671 sur son emplacement actuel.

Un seul monument existait dans le faubourg de la Fontaine, c'était l'église des Cordeliers (1659).

Ce faubourg, situé au nord de la ville, dont il était séparé

1. — Cette église située à l'extrémité de la rue Henri IV en face du Château et dont l'emplacement est occupé par le préau de l'école communale, a été démolie en 1884. Une monographie lui a été consacrée dans le *Bulletin de la Société des Sciences, Lettres et Arts de Pau*, vol. 1886.

par le vallon du Hédas, n'avait alors à proprement parler qu'une rue, la rue *Tran* actuelle, qui depuis au moins 1548 jusqu'en 1722 portait le nom de *Beigbeder*. Quant aux autres voies de communication, ce n'était que des chemins ou des sentiers.

Il allait emprunter cependant une vie nouvelle à la construction du pont jeté sur le Hédas, qui avait été adopté en principe le 22 janvier 1655, mais qui cependant ne fut achevé qu'en 1672. Jusqu'alors il n'était mis en communication avec le surplus de la ville que par la *rue de la Fontaine* qui formait à l'origine la seule voie d'accès en venant du nord et aboutissait à la *rue de la Poudge* (rue de la Préfecture) par un portail appelé, en 1487, *Portail deu Borguet* et devait s'appeler plus tard *Portail d'Arribère*.

Cet acte de 1693 ne nous fait malheureusement pas connaître le chiffre de la population de Pau, à cette époque, et il faut nous reporter au dénombrement de 1776 pour être fixés sur ce point important. Il constate, en effet, que la population, y compris les religieux et les paysans, s'élevait à 7.771 habitants.

Quant aux rues et places elles avaient alors sensiblement augmenté, et un plan dressé par l'ingénieur Moisset à une époque concomitante (1773) nous en donne la représentation exacte. Il ne change pas, il est vrai, la configuration primitive de la ville, que deux longues rues parallèles la *Grande rue* et la rue de *Nay* traversaient de l'Est à l'Ouest, mais la rue St-Louis avait été créée en 1709 pour mettre la Place Royale en communication avec la rue des Cordeliers ; la Place Royale sur laquelle avait été élevée une statue en pied de Louis XIV avait été considérablement augmentée (1700-1708) [1]. Le pont sur le Hédas qui devait

1. — Cette statue dont le modèle en cire avait été fait par Girardon et qui fut coulée en bronze par d'Arcis, fut détruite en 1792. Voir pour plus amples renseignements la *Notice sur la Place Royale de Pau 1688-1878*, publiée par la Société des Bibliophiles du Béarn. — Pau, Léon Ribaut, 1879.

aboutir au grand chemin qui avait été pratiqué dans le jardin du Roi, devenu depuis la place Gramont, venait d'être terminé (1773), bien que son utilité ait été reconnue par une délibération du 21 octobre 1746 et que l'on eut acheté pour ouvrir cette grande artère au nord-est de la ville deux maisons qui faisaient face à la rue Sully. Les places de Day et Gassion avaient été créées à droite et à gauche de l'extrémité Ouest de la rue des Capucins. Dans le faubourg de la Fontaine, la rue Neuve, aujourd'hui la rue Bernadotte, avait été ouverte pour mettre en relation la Plante du Roi avec la plate-forme du Couvent des Cordeliers. Celle de St-Jacques, appelée alors rue Maubec, devenait le prolongement de la rue Tran, et plus tard avec la rue Gassies (1782) devait mettre en relation par un chemin au Nord les parties Est et Ouest de la ville, formant ainsi dans ce quartier une voie parallèle aux deux grandes rues que nous avons indiquées dès l'origine. Les jardins du roi avaient été dans la partie septentrionale transformés en quinconce ; enfin des concessions particulières effectuées en 1769 à M. Manescau étaient le prélude de la création de la place Gramont que devaient consacrer un arrêt du Conseil d'État du 4 février 1783 qui adjugea à l'ingénieur Flamichon 8.550 toises carrées dépendantes des jardins du Roi pour y former, dans un délai de six ans, une place elliptique autour de laquelle au Nord et au Sud devait régner un portique de 21 arcades.

Si, à ce moment, l'auteur de l'*Idée historique et géographique du Béarn* [1], constatait que « Pau était d'une grandeur médiocre », il ajoutait cependant :

« La plupart des maisons y sont bien bâties et couvertes » d'ardoises. C'est le siège d'un Parlement, d'une Université, d'une Académie de belles lettres et d'un Hôtel des » Monnaies. La plus grande partie de la noblesse du Béarn » y fait sa résidence ordinaire. »

1. — Pau. Dugué et Desbarrats, imprimeurs, 1776.

La période révolutionnaire ne ralentit pas le mouvement ascensionnel de Pau. La rue Marca, créée depuis le Cours Bayard jusqu'au pont du Gave, « pour faciliter l'arrivée » des étrangers à la Ville et des troupes nationales à l'autel » de la Patrie, et pour procurer les moyens de subsistance » à la classe du peuple » (Délibération du 31 janvier 1792), la rue Serviez ouverte sur l'emplacement de l'ancien Séminaire, formant une communication du centre de la Grande Rue à la rue Gassies (Arrêté du Directoire du département du 7 mars 1793), contribuèrent à ce résultat, et si la loi du 19 vendémiaire an IV, en transportant à Oloron le siège de l'administration centrale menaça Pau dans son avenir et la décapita de son titre de chef-lieu de la Province, la loi du 9 floréal an VII la rétablit dans ses anciennes prérogatives.

Son Université et son Académie avaient disparu dans la tourmente, mais elle conservait la Préfecture qui fut installée dans l'ancien hôtel de la Première Présidence, construit par les États sur des terrains sis rue de la Préfecture et acquis du marquis de Mesplès ; elle était en outre le siège d'un Tribunal d'appel.

Visitée le 22 juillet 1808 par l'Empereur, celui-ci rendit le même jour un décret qui ordonnait le transfert des prisons de la tour du Château à l'hôtel dit de Gassion, celui de l'Hôtel de Ville dans les bâtiments dits de Notre-Dame, la construction d'une halle dans les jardins dépendant de ces bâtiments, et surtout l'agrandissement de la Place Royale qui devait être portée jusqu'au bord de la rivière. Pour couvrir ces dépenses, l'Empereur faisait donation à la Ville : 1° des bâtiments et terrains dits de Notre-Dame ; 2° des bâtiments des Cordeliers ; 3° du domaine du Bois-Louis.

L'organisation des Cours impériales (1811), en confirmant à Pau son titre de Cour d'appel, devait, dans la suite, contribuer à son embellissement. La Cour siégeait, en effet, dans l'ancien Palais du Parlement, mais l'exiguité de cet emplacement qui ne permettait pas d'y centraliser tous les services, car les audiences du tribunal civil se tenaient dans une des dépendances de l'hôtel de Préfecture, et d'autre part l'état de vétusté des bâtiments déterminèrent en 1847 la Ville à faire construire un Palais de Justice sur l'emplacement du couvent des Cordeliers qui avait été rendu libre par le transfert de la Mairie dans les bâtiments de la Nouvelle-Halle. La réalisation de ce projet dont l'exécution totale remonte à 1855, eut pour conséquence la création des rues et places avoisinantes. C'est alors que furent aménagés au Sud le Square et au Nord la place Duplàa et sur les côtés Est et Ouest les rues Faget de Baure et Mourot, celle-ci continuée de l'autre côté de la place par la rue Perpigna, mise en communication directe avec la rue du Nord. Déjà la construction de la caserne sur la façade Ouest de la Haute-Plante (1833) avait suggéré, dès 1839, l'ouverture d'une voie directe, qui de la rue de Bordeaux viendrait couper le prolongement de la rue Serviez, et ce desideratum avait été réalisé en 1845. Enfin l'acquisition en 1847 du terrain sur lequel furent immédiatement construits les bâtiments des écoles, et l'ouverture au Sud du bâtiment d'une rue qui, par décret du 23 mars 1852, ne devait s'étendre à l'Est que jusqu'à la rue Calas, mais qu'un autre décret du 18 mars 1857 permit de pousser jusqu'à la rue de la Porteneuve, complétèrent dans cette partie de la Ville un réseau de rues larges et droites, dont l'accessoire obligé, la création de la place des Écoles, devint un fait accompli en 1868, en attendant qu'il y fut édifié une halle, ainsi que cela eut lieu en 1878.

Si nous ajoutons qu'en 1861 la vieille chapelle des Cordeliers, qui depuis 1801 servait de seconde église paroissiale sous le vocable de St-Jacques, avait été démolie et reconstruite sur des plans entièrement nouveaux, on voudra bien reconnaître que ce quartier, appelé jadis le faubourg de la Fontaine, et qu'une assemblée des notables, tenue le 26 avril 1659, qualifiait d'*infâme*, ne laisse rien à désirer au double point de vue de la voirie urbaine et de son aération.

Mais les efforts de la municipalité n'étaient pas seulement concentrés sur ce point, la partie sud de la Ville recevait en même temps des améliorations et des embellissements importants.

A partir de 1857, et en raison de l'exiguité de l'église St-Martin dont nous avons plus haut esquissé l'histoire, il fut question d'en reconstruire une nouvelle, et l'emplacement de l'ancien hôtel de Gontaut-Biron ayant été définitivement choisi en face des Pyrénées, la première pierre fut posée le 22 mai 1863 par l'évêque de Bayonne qui, huit ans après, le 21 décembre 1871, consacrait solennellement cet édifice superbe, dû aux plans savamment conçus par l'architecte diocésain M. Boeswilwald.

La création des rues Adoue et Gassion en devint le corollaire obligé, en même temps qu'au Midi le Boulevard ouvrait entre la Place Royale et le Château une promenade sans rivale, en face du panorama splendide des Pyrénées, le long de laquelle des constructions magnifiques ne tardèrent pas à s'élever.

D'autre part, la Mairie, dont l'organisation dans le local de la Halle ne répondait plus à l'importance de ses services, était transportée dans les bâtiments du Théâtre acquis en 1868 de la Société qui l'avait édifié.

Enfin en 1878, la Ville faisait l'acquisition du Parc Beaumont qui, placé à l'extrémité Est de la rue du Lycée, forme le digne pendant du Parc situé à l'Ouest et dont l'éloge n'est plus à faire.

A l'heure où nous écrivons ces lignes, le Conseil municipal vient de voter la construction d'un boulevard carrossable destiné à relier la plaine de Billère avec le Parc Beaumont. Son tracé, dû à la conception géniale du regretté M. Alphand, l'habile ingénieur des embellissements de Paris, doit suivre le flanc du côteau au Sud du Parc, traverser la Basse-Plante, emprunter le Boulevard du Midi actuel dont la largeur est portée à quatorze mètres et se continuer de la Place Royale au Parc Beaumont dans la partie déclive située au Sud des hôtels qui bordent au Nord la rue du Lycée.

Ce projet dont le coût, y compris l'extension du réseau des égouts, ne doit pas s'élever à moins de quatre millions, n'est cependant pas hors de proportion avec les ressources de la Ville ; car ainsi que le fait remarquer M. d'Iriart d'Etchepare dans le rapport sur lequel ces plans ont été adoptés, la ville de Pau suit, au point de vue de sa population et de ses revenus, une marche ascensionnelle. Il s'exprime, en effet, en ces termes, en s'appuyant de documents officiels :

« La population fixe de Pau était en 1836 de 12,607 habi-
» tants ; en 1846, elle est de 16,170 ; en 1856, de 18,671 ;
» en 1866 (après l'annexion de la rue du XIV Juillet) de
» 24,563 ; en 1876, de 28,808 ; en 1886, de 30,624, et enfin
» en 1891, de 33,111.

» La conséquence normale de cet accroissement s'est
» manifestée sur nos principales recettes dans les propor-
» tions suivantes :

	1871	1876	1881	1886	1891
Produits de l'Octroi.	384.257f 99	467.201f 60	478.401f »	488.585f 86	536.330f 03
Droits de place......	40.005 »	56.475 08	107.025 »	125.000 »	145.000 »
Voitures de place....	n'ex. pas.	14.400 »	14.400 »	15.022 »	15.020 50
Concessions d'eau....	10.850 71	17.358 90	24.423 78	27.682 27	34.847 68
Total........	435.113f 70	555.435f 58	624.249f 78	656.290f 13	731.198f 21

Quel que soit, du reste, le sacrifice pécuniaire qui doive en résulter pour la ville, l'exécution de ce plan n'est pour ainsi dire que la continuation des améliorations entreprises depuis cinquante ans par les diverses municipalités qui se sont succédé et dont nous indiquons la marche progressive par le tableau ci-après :

OBJET DE LA DÉPENSE	PÉRIODE	SOMMES PAYÉES	
Construction de la Caserne	1825 à 1874	....	423.728f »
Construction de la Halle-Neuve	1834 à 1888	....	353.051 »
id. de la Halle des Ecoles	1878 à 1889	....	116.698 14
id. du Marché aux fourrages	1884 à 1885	....	10.748 11
Construction du Cours d'Accouchement	1843 à 1866	....	41.555 34
Construction du Dispensaire	1844 à 1871	....	18.391 12
Restauration de la Chapelle Saint-Louis de Gonzague	1849 à 1854	....	19.056 38
Construction de l'Eglise St-Martin	1857 à 1874	....	993.822 99
Construction de l'Eglise St-Jacques	1861 à 1878	....	118.628 70
Conduites hydrauliques (construction, entretien, restauration)	1864 à 1891	....	1.239.686 89
Agrandissement du Cimetière	1866 à 1871	....	271.258 11
Construction de l'Abattoir	1866 à 1872	....	187.005 31
Hôtel de Ville et Théâtre	1868 à 1891	....	416.549 25
Bâtiments de l'ancien Asile (prix d'achat, école des filles, école supérieure et Musée)	1870 à 1886	....	458.288 90
Écuries pour les chevaux des officiers supérieurs de la garnison	1874	....	5.818 43
Tribunes de l'Hippodrome	1875 à 1879	....	49.000 »
Lycée, travaux de restauration	1876 à 1878	....	70.000 »
Acquisition des terrains Heïd et Pédeucoig	1885 à 1886	....	57.449 24
Kiosque de la Place Royale	1887 à 1891	....	10.968 23
Construction des égouts	1875 à 1889	....	963.179 92
Acquisition du Parc Beaumont et appropriations	1878 à 1893	....	1.321.320 55
Casino, aménagements, acquisitions du bâtiment	1884 à 1889	....	194.747 30
Forail, travaux et acquisition des terrains	1884 à 1890	....	125.026 26
Chapelle du Hameau	1888 à 1890	....	34.056 74
Pistes d'entraînement	» »	....	120.000 »
A reporter	....	....	7.620.034f 91

OBJET DE LA DÉPENSE	PÉRIODE	SOMMES PAYÉES	
Report.....	....	....	7.620.034f 91
Ouverture des rues			
Montpensier	1838 à 1852	40.010f 74	
Place Gramont (terrasses)	1841 à 1851	13.102 80	
Samonzet	1841 à 1844	52.322 94	
Place de la Halle, rues Gachet et Latapie	» »	176.856 80	
d'Orléans	1846 à 1851	49.912 65	
Place du Palais de Justice	1848 à 1873	74.485 75	
Nogué	1851 à 1852	11.897 85	1.163.429f 58
Place des Ecoles, rues des Ecoles et Castetnau	1853 à 1868	166.951 87	
Place Duplaà, rues Duplaà et Perpigna	1853 à 1872	52.250 89	
Boulevard du Midi	1856 à 1891	290.371 51	
Tournante prolongee	1865 à 1870	10.625 95	
Boulevard d'Alsace-Lorraine	1868 à 1874	86.639 83	
Rectification de la rue Tran	1891 à 1892	120.000 »	
Aménagement de la place Bosquet	» »	18.000 »	
Établissements scolaires :			
École primaire laïque de garçons	1848 à 1875	133.492 98	
Ecole maternelle de l'Ouest	1860 à 1869	25.913 95	
Ecole congréganiste du Vieux Palais	1862 à 1885	46.689 63	
Ecole maternelle de l'Est	1872 à 1874	51.726 05	
Ecoles du Hameau	1877 à 1888	46.137 82	439.425 61
Ecole des filles du Vieux Palais	1882 à 1885	10.110 60	
Mobilier scolaire nouveau	1882 à 1888	15.681 11	
Groupe scolaire du XIV Juillet	1886 à 1890	107.099 03	
Aménagement provisoire des écoles communales en groupes scolaires	1891	2.574 44	
Total	....	....	9.222.890f 10

Louis Lacaze,

Président de la *Société des Sciences, Lettres et Arts de Pau.*

ANCIENNE MAISON AU COIN DE LA RUE PRÉFECTURE
ET DE LA CÔTE DE LA FONTAINE

CHAPITRE III

LA VILLE DE PAU

Ses rapports avec les Étrangers.

Le voyageur, qui sort de la Gare, se trouve aux pieds d'un plateau élevé, coupé presque à pic.

La crête est couronnée de constructions monumentales et de villas dont les blanches façades se détachent gaiement sur un fouillis de verdure. C'est la ville de Pau qui présente sur son premier plan les premiers et les derniers témoins de son histoire. A gauche, le Château de Henri IV, la vieille église St-Martin et l'ancien Palais du Parlement. Tout le Béarn d'autrefois, Gaston Phœbus, Henri IV, Marguerite, les guerres de religion, les Fors, les Assemblées des États, la Cour Majour ; et aussitôt séparés de ce groupe par un fossé large et profond qui était jadis la grande rue et la principale entrée de la ville, les édifices modernes, de grands hôtels offrant à leurs clients cosmopolites les installations les plus confortables, l'église St-Martin, inaugurée en 1871, et les villas qui se succèdent jusqu'au Parc Beaumont. Puis tout à fait sur la droite, à l'autre extrémité du cadre, sur le premier coteau, le château de Bizanos et ses pins parasols, sentinelles avancées qui semblent se hausser pour mieux surveiller la course folle du torrent.

Un chemin de piétons mène à la Place Royale et au Boulevard du Midi. Si l'horizon est clair, le panorama est incomparable. C'est ici que Lamartine s'est écrié : « Pau est la plus belle vue de terre comme Naples est la plus belle vue de mer », et que Diaz a laissé échapper cette boutade : « Quel chef-d'œuvre de mauvaise peinture ! » A vos pieds, le Gave, ruisselet limpide en automne, torrent redoutable à la fonte des neiges. Au delà, resserrant les vallées toujours vertes, les coteaux boisés dont les croupes rondes s'étagent harmonieusement jusqu'aux montagnes bleues. Les Pyrénées sont au troisième plan, coupant l'horizon d'une ligne dentelée, de l'Océan à la Méditerranée ; le Pic d'Anie, le Pic du Midi dont la fourche aiguë domine Eaux-Bonnes, Eaux-Chaudes et la vallée de Laruns ; le Marboré et le Vignemale qui rappellent Lourdes, Cauterets, St-Sauveur et le Cirque de Gavarnie ; le Pic du Midi de Bigorre où le général de Nansouty a accroché son observatoire, et tout au fond, rapetissés par l'éloignement, le Mont Perdu, la Maladetta et tout le groupe des montagnes de Bagnères-de-Luchon ; mer silencieuse dont les vagues bondissantes semblent au touriste qui les regarderait du haut d'un pic avoir été immobilisées par quelque convulsion du globe dans une pétrification instantanée.

C'est ce panorama qui a contribué puissamment à la fortune de la ville. Les premiers étrangers qu'il avait attirés à Pau y ont été retenus par la douceur du climat. Peu à peu, sans bruit, sans réclame, quelques malades sont venus et en ont appelé d'autres. Bien longtemps avant qu'il n'y eût ni grands hôtels, ni théâtre, ni casino, ni courses de chevaux, la station d'hiver était fondée.

Le chemin de fer n'avait pas encore abrégé les distances; on arrivait par la malle-poste ou la simple diligence, les plus riches avec des berlines de voyage. On se souvient encore à Pau de la voiture-lit de la marquise Donegall dont les aménagements confortables n'auraient eu rien à envier aux plus luxueux coupés-lits de nos grandes compagnies. Les déplacements étaient si pénibles qu'on se résignait à faire des installations à long terme. Les quartiers d'hiver commençaient en octobre et ne finissaient qu'en mai ou en juin.

Quelques propriétaires commencèrent timidement à acheter des champs et à bâtir ; on continua, sans plan arrêté, sans méthode. Les rues se prolongèrent et s'entrecroisèrent, suivant le caprice ou la vogue du moment. On s'étendit au nord, à l'est, à l'ouest, partout, sauf au midi, où la dépression du plateau s'abaissant pour former les lits de l'Ousse et du Gave formait une barrière infranchissable.

Il est facile de voir, en parcourant la ville, qu'elle n'a pas été créée de toutes pièces et en vue de l'industrie qui est aujourd'hui sa principale ressource. Son fondateur l'aurait conçue autrement. Le plan, s'il était à refaire, consisterait à tirer le meilleur parti de la merveilleuse terrasse qui termine le plateau ; du Château Henri IV au Parc Beaumont, l'ingénieur aurait ménagé un large boulevard coupé de squares et de jardins, vers lequel seraient venues converger les principales artères orientées du nord au sud. Mais nos ancêtres n'avaient pas prévu l'avenir qui nous était réservé. La Place Royale était, il y a trente ans encore, le seul coin ouvert au public ; le boulevard du Midi qui la relie au Château n'a été ouvert qu'en 1865. Les principales rues, la rue Préfecture prolongée par la rue de la Porteneuve, la rue Gassies, la rue Castetnau, le boulevard d'Alsace-Lorraine vont de l'ouest à l'est, et les voies perpendiculaires à la montagne, rues Sully, Jeanne d'Albret, St-Louis, Notre-Dame, Gachet, St-Louis-de-Gonzague, Carrerot, sont en général étroites et arrêtées au sud par quelque écran qui leur cache les Pyrénées.

Cependant au xviiie siècle, les administrateurs de la ville avaient, semble-t-il, prévu l'utilité du boulevard du Midi. Dans une lettre écrite par les Jurats en 1774, on trouve ce curieux passage : « Toute une longue rue dans le quartier le plus agréable de la ville appartient au Collège ; on pourrait y bâtir des maisons qui se vendraient ou se loueraient fort chèrement. » Mais les Jurats n'avaient pas à leur disposition les ressources que veulent mettre à profit leurs successeurs, et Arthur Young qui visitait Pau en 1787 nous laisse de la ville une description peu flattée : « Pau, dit-il, est une ville considérable ; elle a un Parlement et une manufacture de linge ; mais elle est plus connue comme ayant donné le jour à Henri IV ; j'ai vu le Château, et, comme à tous les étrangers, on m'a montré son berceau qui est une carapace de tortue dans laquelle il a été nourri. C'est une ville considérable, mais je me demande ce qui pourrait attirer l'étranger chez elle, en dehors du berceau d'un roi populaire. »

Arthur Young avait sans doute parcouru trop rapidement la ville et n'avait pas eu le temps d'apprendre qu'elle était la résidence de plusieurs de ses compatriotes. Lors des fêtes qui eurent lieu l'année suivante à l'occasion du retour du Parlement, on remarquait en effet dans la foule plusieurs familles anglaises dont une relation imprimée en 1788 signale les enfants « qui étaient vêtus comme Henri IV. — Depuis cette époque, dit l'auteur anonyme, ils n'ont pas quitté ce costume. Leurs parents ne pouvant leur donner notre origine, ont tâché d'imiter l'habit ». Et parmi les reclus, sous la période révolutionnaire M. G. de Lagrèze *(La Société et les Mœurs en Béarn)* cite Lord Iniskillin Maguire, domicilié à Pau. Son signalement est : « Vivant en philosophe, occupé de ses pigeons et de son méridien. »

La tradition — à défaut des « listes des étrangers » que publient aujourd'hui toutes les stations thermales, — rapporte que c'est après les guerres du premier Empire que quelques Anglais vinrent régulièrement passer les hivers à Pau. Vingt ans après, le nombre des résidents avait augmenté dans une proportion assez sensible pour que leur influence eut déjà amené des modifications profondes dans la manière de vivre des indigènes. « Rien ne m'étonne, Monsieur, écrivait M. Marcel Barthe, dans une lettre que publiait l'*Album Pyrénéen* en janvier 1840, comme la transformation rapide qu'a subie notre petite ville. Elle n'a pas moins changé qu'une fille commune devenue grande dame. » Et il constatait qu'on songeait à faire des trottoirs, à bâtir un Palais de Justice et un Théâtre, à organiser un Jockey-Club, à convertir la plaine de Billère « en un vaste hippodrome où auront lieu des courses brillantes », à substituer des voitures à la course et à l'heure aux antiques chaises à porteur, à proscrire l'huile et la bougie pour les remplacer par une « grande usine d'où partiront des tuyaux de fonte qui répandront dans nos rues, dans nos magasins, dans nos maisons, dans notre théâtre, cette éblouissante lumière qui rivalise presque avec les rayons du soleil ».

A peu près à la même époque M. Liadières, que son titre d'officier d'ordonnance du Roi obligeait sans doute à employer un langage plus noble, s'adressait à « la cité de Pau, ville deux fois royale » :

A ton doux idiome
Vient se mêler je ne sais quel jargon
Formé d'anglais, d'allemand, de gascon,
Mais où l'anglais incessamment domine

....

Veille sur toi ! Béarn ! terre promise !
Les étrangers t'ont à moitié conquise,
L'invasion chaque jour s'accomplit.
A chaque instant, s'échappant de son lit
En tes vallons s'infiltre la Tamise.

Malgré ces objurgations, la Tamise continua à s'infiltrer dans nos vallons. Dans sa très curieuse étude, M. de Lagrèze constate que c'est sous le règne de Louis-Philippe que l'accroissement de la colonie étrangère s'accentua. On commença à la compter : il y arrivait à cette époque 404 maîtres et 204 domestiques. L'engouement pour la société cosmopolite était tel, que même les fonctions officielles n'étaient plus réservées aux gens du pays : « Chez ces Béarnais qui tenaient à n'avoir que des Juges et des Jurats du pays, la Cour d'appel n'a plus un seul magistrat de Pau ; le maire est parfois un étranger. » Le grave écrivain n'a pas osé conclure : c'est un comble !

Il semble que les Palois aient voulu en effet résister le plus possible à cet envahissement progressif, et l'on peut dire que les étrangers les ont conquis. Les notices élogieuses sur le climat de Pau du docteur Plaifair, de M. James Clark, et plus tard de sir Alexander Taylor, eurent raison des dernières résistances. La colonie étrangère continuant à se développer, les intérêts qu'elle avait créés, devenus plus puissants, parvinrent à se faire écouter. Le Conseil municipal dont les générosités se bornaient à une allocation de 1000 fr. en faveur du théâtre, et de quelques centaines de francs à titre de subvention à la chasse au renard, augmenta progressivement ses subsides. Depuis quelques années, une bonne part du budget communal est employée aux besoins exclusifs de la station d'hiver. La ville entretient, pendant « la saison », un orchestre municipal qu'elle a payé 45.000 fr. ; elle donne, à la Société d'Encouragement, 25.000 fr. ; à la Société des Cross-Country, 2.000 fr. ; aux Chasses, 10.000 fr. ; aux autres sports, 3.000 fr. ; au Syndicat des allocations variant de 8.500 à 3.500 fr.

Elle veut faire mieux encore ; un grand mouvement d'opinion l'a déterminée à se lancer dans de grosses entreprises d'assainissement et d'embellissement qui doivent entraîner une dépense de quatre millions. En première ligne figure la création d'un magnifique boulevard reliant la plaine de Billère à la Place Royale, au Parc Beaumont, à la Porteneuve et au Boulevard d'Alsace-Lorraine. C'est, — actuellement, — le dernier mot de la transformation de la « cité deux fois royale » en station d'hiver.

Aujourd'hui d'ailleurs, le retour en arrière serait impossible. De grands hôtels, des pensions, des « boarding houses », des villas, des maisons ont été construits dans tous les quartiers de la ville, qui n'ont et ne peuvent avoir d'autre destination que de loger des étrangers. Des magasins de luxe se sont montés avec des approvisionnements que la clientèle locale serait à elle seule incapable d'absorber. Enfin, les étrangers eux-mêmes ont fait des établissements définitifs, et pour ne citer que les principaux : le Temple de la rue Serviez, Christ Church, bâti sur un terrain acheté en 1837 par la duchesse de Gordon, le Temple Écossais, l'Église Russe, le Temple de la Trinité, et St-Andrew's Church édifiés de 1860 à 1890 ; le Cercle Anglais fondé en 1854, et qui depuis 1868 a son siège définitif dans l'un des hôtels de la Place Royale. Une banque Anglaise, plusieurs docteurs, dont un Hollandais, des pharmaciens et des dentistes, des professeurs de langues et de musique, de nombreux négociants sont venus se fixer ici, confiants dans les destinées de la ville. Et successivement diverses nations constatant l'importance croissante de leurs colonies ont créé des vice-consulats : L'Angleterre, les États-Unis d'Amérique, la Hollande, le Paraguay, le Portugal, la République Argentine et la Russie mèlent aux grands jours, leurs couleurs à celles du drapeau français. On se croirait presque en pays international, et le Capt. Molyneux a répondu à un véritable besoin en s'emparant du dictionnaire Béarnais de M. Lespy pour en faire un dictionnaire Anglo-Béarnais.

La clientèle étrangère de Pau se compose de deux éléments qui sont en général très distincts : les malades et les sportsmen. L'histoire des premiers n'entre pas dans le cadre de cette étude, et relève plus spécialement des climatologistes. Il est possible de donner quelques détails sur les seconds, grâce aux notes publiées dans le « *Journal des Étrangers* » par un aimable sportman Béarnais qui s'est dissimulé sous les initiales F. D., et aux communications qu'a bien voulu nous faire un de nos meilleurs Béarnais d'adoption, M. Alfred de Lassence.

Notre sport, n'est pas comme le mot semble l'indiquer, d'importation anglaise. Le Béarn peut en tout cas disputer à l'Angleterre la gloire d'avoir inventé les courses de chevaux. Si les jockeys du Nord parurent pour la première fois sur les dunes d'Epsom, pendant le règne de Henri II (1154-1189), il est permis de croire que nos landes du Pont-Long servaient déjà de rendez-vous aux jockeys du Midi ; Gaston IV, mort en 1170, leur laissait un souvenir pieux. « Je donne, disait-il dans le Cartulaire de Morlaas, cinq sols morlaas sur la course de chevaux qui a lieu à Morlaas à la fête de Toussaint. » Le prieuré était obligé de loger et de nourrir pendant trois jours le vainqueur de la course avec deux hommes de sa suite. — Gaston Phœbus était un grand chasseur et Froissart s'émerveille à la vue de ses luxueuses installations. Il avait des chiens Anglais, des chevaux Anglais, les chevaliers Anglais suivaient ses chasses, les nouvelles d'Angleterre « appleuvaient » à sa cour.

La *Société d'Encouragement des Basses-Pyrénées* s'est fondée en 1839. Elle organisa sa première course le 1er septembre 1840. L'Hippodrome actuel n'a été inauguré que le 6 septembre 1842. Les premières courses d'hiver ont été données en 1865 par la Société des fêtes, elles sont continuées depuis régulièrement par la Société d'Encouragement qui leur réserve la majeure partie des 25.000 fr. que lui alloue la Ville.

Les *Chasses au renard* ont à peu près les mêmes origines. « Il n'existe pas un pays au monde, disait le correspondant du « *Journal des Etrangers* », qui se prête mieux à la chasse à courre comme les environs de Pau. Les landes du Pont-Long qui s'étendent sur une longueur de plus de 50 kilomètres au nord de Pau, entrecoupées par des terres cultivées, des haies, des fossés, des petits cours d'eau et des bois fournissent un vaste champ de courses en plaine. Si on remonte la chaine des coteaux, on trouve aussi de vastes landes, des bois et des terres cultivées, mais le terrain est plus accidenté ; les montées et les descentes sont souvent très raides, les obstacles (haies et fossés) beaucoup plus grands et plus nombreux, les cours d'eau plus larges. Le chef d'équipage du Pau-Fox-Hounds peut donc organiser les chasses suivant le goût de tout le monde, il peut choisir la plaine ou les coteaux, beaucoup ou peu d'obstacles.

Le climat de Pau permet de chasser pendant tout l'hiver ; les journées où les hunters se reposent à l'écurie sont faciles à compter. Si l'on ajoute à tous ces avantages l'incomparable panorama des Pyrénées que les chasseurs peuvent admirer en se dirigeant vers le rendez-vous, au retour et même pendant la chasse, il ne sera pas difficile de conclure que les chasses à courre de Pau sont sans rivales sur le continent et dans la Grande Bretagne, au moins pendant l'hiver.

La première meute Anglaise fut importée en 1840 par Sir Henry Oxenden Bart. Les premiers maîtres d'équipage furent après lui MM. Cornwall, Capt. Shillar et Livingstone. En 1864 le capitaine Alcock provoqua des souscriptions et fit venir des chiens Harriers. En 1868 la Ville donne pour la première fois une modeste subvention de 200 fr., qui s'élève progressivement jusqu'à 4.000 fr. en 1875. A cette époque, M. Stewart réussit à fonder « la Société de la chasse à courre de Pau », dont les statuts sont approuvés officiellement et qui fixe son siège au Cercle Anglais. C'est seulement en 1876 que la subvention municipale est portée au chiffre de 10.000 fr. Les réunions ont lieu trois fois par semaine depuis novembre jusqu'en avril.

La Société des chasses à courre est aujourd'hui propriétaire de son siège social. Grâce aux libéralités de Madame Torrance qui, en souvenir de son fils, lui a donné un capital de 50.000 fr., la Société a pu acheter une vaste propriété sur la route de Morlaas. Le nouveau chenil est très élégamment aménagé ; les chiens y sont l'objet de soins qui feraient l'admiration des membres les plus sévères de la Société protectrice des animaux. Il y a trois ou quatre ans la meute toute entière a fait une saison à Cauterets et a bu consciencieusement deux fois par jour, sous l'œil vigilant des piqueurs, son verre d'eau de la Raillère.

Le *Golf-Club* de Pau date de 1856. Quelques gentlemen Écossais avaient trouvé au bord du Gave, à l'extrémité du

Parc, un terrain merveilleusement approprié à leur jeu national. Ils avaient loué une partie du terrain communal à Billère et y avaient construit un petit abri en bois.

La vogue du jeu de Golf croissant sans cesse en Angleterre, le Golf-Club de Pau recruta chaque hiver de nombreux adhérents, étendit la surface de ses terrains de jeu, fit l'acquisition d'un groupe de maisons et les relia par des constructions nouvelles.

Aujourd'hui, à la place de la baraque en bois de 1856, le Club a ses salons pour dames et pour hommes, salle de restaurant, salle pour goûters, ateliers, abris pour voitures, etc.

Il faut avoir vu la plaine de Billère, par une belle journée de printemps, émaillée de joueurs et de visiteuses en toilettes élégantes ; les pelouses du " Club house " encombrées de tables qu'abritent de grands parasols de jardins et où l'on prend une tasse de thé ou une glace entre deux parties, l'air d'entrain, de bonne humeur et de bonne santé partout répandus, pour comprendre les attractions que le Golf-Club de 1892 a pu offrir aux 340 membres, hommes et dames, qui s'y sont inscrits durant la saison dernière.

La ville de Pau, en sus de la subvention ordinaire, a donné cette année un prix de 2.000 fr. pour le *" Golf Tournament "* qui a été disputé par une vingtaine des meilleurs joueurs d'Ecosse. Elle fait en outre des travaux de défense sur les rives de la plaine continuellement attaquées par le Gave, d'accord avec la commune de Billère, propriétaire du terrain qui, sur le prix du loyer que lui verse le Golf-Club, doit prélever elle-même la somme nécessaire aux travaux d'entretien.

Le *Polo* a été successivement joué à la plaine de Billère, à la Haute-Plante, et enfin l'hiver dernier, dans une vaste prairie de l'autre côté du Gave, à Jurançon.

Les parties qui y réunissaient quelques-uns des meilleurs joueurs d'Angleterre, d'Amérique et de Paris ont présenté un intérêt exceptionnel. Il est question de créer un Polo-Club international où se retrouvera chaque hiver l'élite des joueurs privés, dans le Nord, de leur sport favori.

Sous la forme de paume au rebot ou de paume au trinquet, le *Jeu de Paume* est le véritable jeu national des Basques et des Béarnais. On jouait autrefois, au milieu de la Basse-Plante, sur un carré long qui s'étendait depuis l'allée des marronniers jusqu'au mur de soutènement du Sud *(Panorama historique et descriptif de Pau* par A. Dugenne). « C'est là qu'Henri IV avait acquis un goût si prononcé pour la paume qu'il continua toujours à y jouer lorsqu'il devint roi de France. »

La place de jeu fut transportée à la Haute-Plante, et souvent les joueurs basques, espagnols et français s'y sont donné rendez-vous. Des jeux de paume de jardin (Lawn-tennis) s'installèrent à la plaine de Billère ; on en créa d'autres sur les pelouses des principales villas qui environnent la ville. Enfin en 1887 un groupe d'amateurs et de commerçants s'est formé en société pour construire une salle de jeu de paume semblable à celle de la terrasse des Feuillants dans le Jardin des Tuileries.

En peu de temps, plus de 60.000 fr. de souscriptions ont été recueillis; la ville a accordé la concession provisoire d'un terrain au Parc Beaumont, et les organisateurs ont pu construire un jeu aussi parfait, sous tous les rapports, que celui des Tuileries, avec une tribune supérieure pour le public comme dans les jeux de Trinquet du Pays Basque.

En sus des deux jeux de Paris construits le premier en 1862, le second en 1880, et du vieux jeu de Fontainebleau qui date de François Ier, il n'y a en ce moment en France que les jeux de Deauville et de Cannes édifiés en 1875. La salle de jeu de Pau et ses aménagements accessoires ne craignent la comparaison avec aucun de ces établissements.

C'est également à l'initiative privée que l'on doit la création du *Velodrome* dont la tribune et la piste se sont installées il y a six ans sur un terrain concédé par la ville au Parc Beaumont. Le Veloce-Club Palois est en pleine prospérité; il organise annuellement des courses dont les recettes sont versées à des œuvres de bienfaisance.

La *Société de Tir* du 143e territorial ouvre ses concours aux étrangers. Si elle se propose principalement de perfectionner ses membres dans l'usage des armes de guerre nationales, elle veut aussi les stimuler par la concurrence des tireurs de tous pays. Elle a organisé dans le cours de ces dernières années des réunions intéressantes qui justifient la subvention municipale annuelle de 250 fr., et les allocations plus importantes qui lui sont accordées à titre exceptionnel.

Le *Tir aux Pigeons* semble avoir moins de succès que les autres sports. Installé primitivement à la Plaine de Billère où il était subventionné par le Syndicat il a cédé ses terrains au Golf-Club et s'est transporté dans la banlieue de Pau, derrière le Petit Boulevard. Il lui faudrait sans doute un budget plus important pour lutter avec quelque avantage contre ses rivaux des stations méditerranéennes dont les bulletins bruyants viennent troubler sa paisible existence.

A cet outillage si complet, la ville a ajouté il y a cinq ans les *Pistes d'Entraînement*. Elle a acquis dans les landes du Pont-Long un domaine de 115 hectares où elle a tracé des pistes plates et d'obstacles. Le sol, planté de tuies depuis un temps immémorial a une élasticité telle qu'il constitue un terrain éminemment favorable à l'entraînement des chevaux de chasse et de courses. Le domaine Sers, — nom qu'il tient d'un des bienfaiteurs de la ville — a l'avantage, sur les pistes du Nord, de pouvoir être fréquenté en toute saison. De nombreux chevaux viennent déjà y travailler pendant les mois d'hiver. La ville a l'espoir de retirer dans deux ans, par les abonnements et par la vente des tuies, des recettes suffisantes pour payer ses dépenses d'entretien et amortir même ses frais de premier établissement.

N'oublions pas les excursions. Le comte Henry Russell Killough vous dira que Pau devrait être le quartier général de tous les amis de la montagne. Aucun sommet des Pyrénées ne lui est inconnu. Il a bâti une villa au haut du Vignemale et il aborde, même l'hiver, les pics réputés inaccessibles. Le silence des neiges éternelles a pour son esprit une mélodie aussi sensible que celle dont ses oreilles sont charmées aux concerts classiques de l'orchestre municipal. Sous son inspiration, quelques jeunes gens ont fondé un club alpin et font l'ascension des montagnes les plus voisines. Enfin les amateurs de grandes chasses ont à quelques lieues de leurs villas, l'ours dans les pays d'Aspe et d'Ossau, le chevreuil dans les bois du Baget, l'izard sur la haute montagne et le sanglier dans presque toutes les vallées, où il s'est multiplié depuis les dernières guerres carlistes.

C'est la vie du plein air, de tous les exercices physiques, la vie qui guérit l'anémie, fortifie les poumons, et donne les doubles muscles, orgueil des Tarasconnais. Aussi ne faut-il point s'étonner que les Anglais soient en majorité. Bertall, dans un spirituel chapitre qu'il a consacré au Béarn dans « *La Vie hors de chez soi* », n'a guère vu que « des gentlemen de tout poil et de toutes provenances britanniques. C'est un monde touffu, encadré de chevaux anglais, de calèches anglaises, de cochers et de grooms anglais au milieu desquels il reste peu ou point de place au soleil pour le pauvre Français... Pau appartient à l'Angleterre. » Bertall ne cherchait que le croquis à faire, et il a dessiné de charmantes silhouettes : Milord et Milady, Miss Diana Vernon de l'Ohio, les gentlemen riders, le joueur de polo, The Admiral, M. le vicaire de Wakefield et Madame, etc., etc. ; son crayon n'était sollicité, en dehors des étrangers, que par les types indigènes les plus originaux : les autorités, les deux grands maitres d'hôtel, le guide, et le plus grand éleveur du département.

Mais il aurait pu voir sur la Place Royale beaucoup de Français du Nord, à côté des éclatantes misses aux cheveux blonds, des bébés roses ou blancs, des ladies et des vieux lords, et il serait facile de citer les nombreuses familles qui se sont définitivement installées parmi nous. Il est vrai qu'on n'y rencontre guère de ces Français qui fréquentent les stations méditerranéennes plus mondaines. Ceux qui s'y sont égarés et qui n'ont pas trouvé ici la vie à outrance qu'ils recherchaient, lui ont fait la réputation d'une ville où l'on s'ennuie... Mais demandez à ceux qui sont restés si cette étiquette est justifiée. Ils vous diront qu'on peut sortir tous les jours et faire les promenades les plus attrayantes ; des cercles honnêtes et bien tenus offrent, pour peu qu'ils aient des références, une courtoise hospitalité ; des concerts ont lieu tous les jours sur les places publiques ; l'orchestre municipal donne toutes les semaines un concert classique qui constitue pour les connaisseurs le régal le plus délicat ; le théâtre ouvre ses portes trois fois par semaine et donne des représentations auxquelles les plus difficiles peuvent prendre plaisir. Ils ont écouté cet hiver des conférences littéraires et scientifiques faites par des professeurs de premier ordre ; ils passaient les mauvaises journées au Musée où se trouvent des œuvres de réelle valeur et à la Bibliothèque riche de 50.000 volumes, et quelques-uns avoueront qu'il est difficile, alors qu'on sent sa santé s'améliorer sous l'influence bienfaisante du climat, de ne pas partager la bonne humeur de cette population, gaie, insouciante, hospitalière qui s'amuse de tout et n'a jamais l'air de s'ennuyer.

Il faut cependant reconnaitre qu'il manque ici un lieu de réunion où les Français étrangers à la ville pourraient faire connaissance entre eux et continuer leurs relations. Le Casino qui s'accroupit au pied de la Place Royale n'est pas digne de ce nom. Depuis longtemps les édiles se sont préoccupés d'en construire un plus convenable ; mais ils ont été toujours divisés sur le choix de l'emplacement ; il est à espérer que la réalisation des plans Alphand fera cesser toutes ces hésitations et que le jour est proche où la station d'hiver sera pourvue de cet organe indispensable à sa prospérité.

On est sans doute frappé de l'intervention presque constante de la ville dans la création de cet outillage spécial, et l'on calcule que tous ces établissements et tous ces entretiens ont dû peser lourdement sur le budget communal.

Bien que la municipalité ait fait depuis quarante années de grosses dépenses, et que dans l'énumération qui précède ne figurent pas les plus importantes, telles que la construction de la conduite hydraulique, la canalisation des égoûts, l'acquisition de l'Hôtel-de-Ville, du Théâtre et du Parc Beaumont, l'édification de l'église St-Martin, l'ouverture du Boulevard du Midi et divers autres grands travaux qui ont coûté de 7 à 8 millions, la ville qui compte 33.000 habitants n'a qu'une dette de un million environ.

Elle n'a pas de surtaxes d'octroi et n'est imposée que de vingt centimes additionnels, chiffre inférieur à la moyenne des communes du département et des villes de France de même importance. Elle va gager son prochain emprunt sans avoir besoin de recourir à une augmentation de ressources, de sorte que l'on peut hardiment affirmer que les charges communales ne sont pas à Pau plus lourdes qu'ailleurs. On dit cependant que la vie y est chère. Il faut s'entendre.

Les choses de première nécessité et d'usage courant se paient comme partout ; les prix du pain, du vin, des légumes, de la viande de qualité moyenne sont ceux qui se pratiquent dans toute la France. On trouve des chambres meublées depuis trente francs ; plusieurs pensions et hôtels de second ordre nous prennent depuis 7 francs par jour ; une course en fiacre coûte 15 sous et l'heure 1 fr. 50 ; mais le luxe n'est pas, il est vrai, meilleur marché que dans les autres villes. Les grands hôtels qui ont fait des installations coûteuses, édifiés à grands frais en vue des Pyrénées, meublés somptueusement, servis par un personnel choisi ont le tarif des maisons similaires ; les chevaux de chasse importés d'Angleterre, risquant de se tuer à chaque saut d'obstacles, restant improductifs les trois quarts de l'année, coûtent évidemment très cher si l'on veut suivre la chasse tout l'hiver ; certaines villas et de grands appartements ne se louent pas à moins de plusieurs milliers de francs, mais en somme, l'échelle des prix est très variée ; il y en a, comme on dit, pour toutes les bourses ; le commerce de détail, très nombreux à Pau, est nivelé par la concurrence qui empêche toute majoration excessive. Aussi voit-on chaque année augmenter le contingent des fonctionnaires et des officiers qui prennent leur retraite dans la ville d'Henri IV. Ils forment comme un thermomètre qui donne les plus sûres indications sur la cherté de la vie, et leur présence seule suffira pour détruire la légende que de malveillantes rivalités ont insidieusement propagée.

X.

CHAPITRE IV

LA

VILLE DE PAU

I. Son Climat. — II. Son Hygiène.

I — CLIMAT

C'est un usage — antique et solennel — de commencer l'étude d'un climat par quelques considérations de climatologie générale, de rappeler les diverses classifications climatologiques adoptées, de faire un choix parmi elles, et de faire rentrer, à sa place, — et en bonne place, — dans celle que l'on préfère, le climat que l'on se propose d'étudier.

Nous demandons ici la permission de déroger à cet usage et de dire brièvement les motifs de cette dérogation : dans l'état actuel de la Science, l'analyse climatologique n'étant pas faite, la synthèse, — c'est-à-dire la climatologie générale, — ne saurait l'être, et, cela étant, les considérations générales empruntées à cette science embryonnaire ne peuvent que tomber dans la banalité ou dans la conjecture. Quant aux classifications, elles reposent toutes ou sur la situation topographique *(climats de plaine — climats de montagne ; climats maritimes — climats non maritimes)* ou sur les conditions météorologiques *(climats chauds — climats froids ; climats secs — climats humides)* ou sur l'action physiologique *(climats toniques — climats débilitants ; climats excitants — climats sédatifs)*.

Dans le premier cas, leur simplicité désarme la critique, car elles versent dans la géographie pure et font double emploi avec elle ; dans le second et le troisième cas, elles ont le tort grave d'être basées sur un seul caractère, arbitrairement choisi comme prédominant, et parfaitement susceptible d'être modifié, compensé ou annulé par d'autres caractères concomitants, individuellement moins puissants, mais collectivement contraires, égaux ou supérieurs. Mais, dira-t-on, il existe des classifications où il a été tenu compte de la combinaison des caractères : cela est vrai, mais que l'on s'y reporte : on verra que, bien qu'elles ne visent que vingt ou vingt-cinq climats en tout, elles comportent des groupes formés de deux, quelquefois d'une seule station climatérique : classer ainsi n'est plus classer, c'est émietter, c'est se borner à une énumération ornée d'épithètes, et autant vaut à coup sûr étudier isolément chaque climat, en lui épargnant l'orthopédie d'une classification.

C'est ce que nous allons essayer de faire pour le climat de Pau ; et, pour introduire dans cette courte étude un peu d'ordre et de méthode, nous procéderons à l'égard de ce climat comme nous ferions à l'égard d'un agent quelconque de la matière médicale : après un exposé historique, nous rechercherons quelle est l'action physiologique de ce climat sur l'homme sain et sur l'homme malade; des données ainsi obtenues nous déduirons les indications et les contre-indications; et, pour achever la comparaison avec un médicament, nous terminerons par quelques remarques sur les doses et le mode d'emploi (si l'on veut bien nous permettre de forcer ainsi légèrement le sens des mots) du climat de Pau.

Nous devons toutefois prier le lecteur d'excuser la longueur et la monotonie du premier paragraphe; il a paru indispensable d'y réunir, en les citant, tous les documents de quelque valeur relatifs au climat de Pau; ce sont, en quelque sorte, des pièces justificatives, dont le lecteur pressé pourra, s'il le veut, omettre la lecture pour passer de suite aux chapitres plus pratiques, que cette manière de procéder nous permettra d'abréger et d'alléger.

A. — Histoire du Climat de Pau. — Opinions des Médecins. — L'étude historique d'un climat devrait nécessairement comprendre la bibliographie des ouvrages consacrés à ce climat, et même celle des livres où le sujet est incidemment traité; mais ce travail ayant été fait avec beaucoup de soin et d'exactitude par un de nos confrères, le docteur Duhourcau [1], nous nous contenterons d'y renvoyer le lecteur curieux de renseignements plus précis, et nous nous bornerons à résumer l'histoire médicale de Pau.

Comme dans la plupart des stations médicales du Midi de la France, les premiers visiteurs, les premiers hôtes, les premiers résidents ont été des Anglais, et le premier observateur du climat fut un médecin anglais, le docteur Playfair. C'est entre 1816 et 1825 que Pau, qui n'était alors qu'un humble chef-lieu à très modeste population, vit se

1. — Duhourcau (Dr E.) — *Pau et son climat au point de vue médical, notice bibliographique.* Congrès International d'Hydrologie et de Climatologie. 1re Session. — Biarritz 1886. — Paris, Doin, 1887, p. 476 et suiv.

former le premier noyau d'une colonie étrangère; c'est probablement vers cette époque que le Dr Playfair vint s'y installer pendant quelques années (il alla plus tard exercer à Florence) et qu'il y recueillit les premières observations médicales que nous connaissions sur Pau considéré comme station d'hiver ; il est probable qu'il ne les a jamais publiées, car on ne connait de lui aucun travail imprimé, mais il les a certainement communiquées à Sir James Clark, car le chapitre que l'éminent climatologiste anglais a consacré au climat de Pau[1] est presque entièrement composé des renseignements fournis par ce médecin.

En accordant tout un chapitre au climat de Pau dans un livre qui, dès son apparition, fit autorité en Angleterre, Sir James Clark contribua pour une large part à accroître la colonie anglaise de cette station d'hiver ; il y contribuait d'ailleurs plus directement encore en y envoyant chaque hiver un grand nombre de ses malades.

Dix ans plus tard, un autre médecin anglais, Alexander Taylor, donnait à la prospérité de la ville un nouvel essor par la publication de son livre sur l'influence curative du climat de Pau[2]. On peut faire à ce livre, qui a eu plusieurs éditions et plusieurs traductions, un double reproche, celui de manquer d'ordre, et celui de contenir beaucoup de choses étrangères à son objet; mais il est incontestable qu'il s'y trouve beaucoup d'observations exactes, que le climat de Pau y est, en somme, judicieusement apprécié, qu'il a été très lu en Angleterre, et qu'à dater de sa publication et de la traduction française qui en a été donnée pour la première fois par M. Patrick O'Quin, non seulement

1. — James Clark. — *The influence of Climate in the prevention and cure of chronic diseases, more particularly of the chest and digestive organs*, etc., etc. — London, John Murray, 2nd Ed. p. 100 et suiv. — La première édition est de 1829.

2. — Taylor. — *On the curative influence of the Climate of Pau*, etc., etc. London, Parker, 1842.

la colonie anglaise s'est notablement accrue, mais de nombreux Français sont venus à leur tour demander au climat de Pau le rétablissement de leur santé. En donnant à l'une de ses rues le nom du médecin dont la Reine d'Angleterre avait déjà reconnu les services par des lettres d'anoblissement, la ville de Pau n'a fait que s'acquitter envers Alexander Taylor d'une très réelle dette de reconnaissance.

Le premier auteur français qui, à notre connaissance, ait parlé du climat de Pau est Louis[1] : « Ceux (dit-il en » parlant des malades atteints de phthisie pulmonaire) qui » n'offrent encore que quelques signes physiques de cette » affection, qui ont peu ou point de fièvre, paraissent sou- » vent se bien trouver du séjour à Nice, à Pise, à Rome, » à Hyères, à Pau, etc., etc., pendant l'hiver. » Mais pour qui lit le livre de ce médecin, dont l'opinion fit longtemps autorité en matière de phthisiologie, il est clair qu'il n'attache au traitement climatérique de la phthisie qu'une importance très secondaire : nous verrons tout à l'heure que des circonstances douloureuses l'amenèrent à la contradiction pratique de sa première opinion.

En 1847, le Dr Théophile Roussel[2] publie dans le *Mémorial des Pyrénées* un bon article, où se trouvent résumées les indications du climat de Pau, et l'année suivante voit paraître un intéressant travail du Dr J.-F. Deffis, intitulé « *Hygiène de l'arrondissement de Pau*[3] ».

En 1851, Bricheteau[4] se montre peu favorable au climat

1. — Louis. — *Recherches anatomiques, pathologiques et thérapeutiques sur la phthisie*, 2e éd. — Paris, J.-B. Baillière, 1843, p. 656.

2. — *Mémorial des Pyrénées*, 4 novembre 1847.

3. — J.-F. Deffis. — *Hygiène de l'arrondissement de Pau*. — Pau, Vignancour, 1848.

4. — Bricheteau. — *Traité sur les maladies chroniques qui ont leur siège dans les organes de l'appareil respiratoire*.—Paris, Hipp. Souverain, 1851, p. 188.

palois : « Au total, dit-il, malgré du vent, des variations de » température assez fréquentes, de la pluie, le climat de » Pau a des avantages particuliers pour certaines maladies » chroniques, mais est peu favorable aux phthisiques. »

Francis [1], qui écrit en 1853, voit dans le climat de Pau un climat d'élection pour le printemps : « La situation de » Pau, dit-il, est presque unique, eu égard à l'influence » exercée sur son climat par la disposition physique du » pays qui l'entoure, disposition qui protège efficacement » la ville contre les vents durant le printemps. »

Nous avons signalé quelques lignes plus haut l'indifférence climatologique presque absolue de Louis en matière de phthisie pulmonaire ; cette indifférence devait pourtant fléchir dix ans plus tard devant l'anxiété paternelle, et en 1853, le grand phthisiologue amenait à Pau son fils, atteint de tuberculose, et il avait la douleur de le voir succomber au printemps de 1854. Le malheureux père eût été excusable de se montrer sévère pour le climat qui n'avait pas sauvé son fils; avant de quitter Pau, il écrivit pourtant à Taylor une lettre demeurée célèbre, — au moins dans les annales de la cité béarnaise, — lettre trop longue pour être reproduite intégralement, mais dont il est nécessaire de donner les passages les plus caractéristiques [2]. Après avoir loué comme il convient la magnificence du paysage Louis ajoute :

« On est surtout frappé, en arrivant à Pau, du calme de l'at» mosphère, calme si complet du 25 octobre au 31 décembre de

1. — Francis. — *Change of Climate considered as a remedy*, etc., etc. — London, J. Churchill, 1853, p. 67.

2. — On trouvera le texte intégral de cette lettre dans le livre de Taylor : *Des climats propres aux malades, ou étude comparée de l'action préventive et curative du climat de Pau et des climats de Montpellier, Hyères, Nice, Rome*, etc. — 3e éd. revue et considérablement modifiée ; trad. de l'Anglais. — Paris, Imp. Louis Guérin, 1865, p. 147 et suiv.

» l'année dernière (la lettre est datée du 23 avril 1854) que j'ai » bien vu pendant cet espace de temps les feuilles des arbres » remuer, mais jamais leurs branches, à deux ou trois jours près, » en sorte que pendant les six premières semaines de mon séjour » dans la capitale du Béarn, j'étais dans un étonnement perpétuel, » n'ayant jamais rien vu ni lu de semblable, si ce n'est dans » votre ouvrage, que je croyais, je l'avoue, un peu empreint d'exa- » gération sur ce point. Si depuis le milieu de décembre l'atmos- » phère de Pau n'a pas été aussi parfaitement calme, le vent y a » toujours été rare.

» Un troisième fait, non moins évident et plus remarquable » encore que le précédent, c'est le défaut d'humidité libre dans » l'air de Pau, de celle qui se montre dans l'intérieur des maisons, » dans les appartements non habités, dans les escaliers, à cer- » taines époques de l'année.....

» Ces qualités de l'atmosphère, si rarement réunies, donnent » au climat de Pau un caractère tout spécial, et doivent, dans » beaucoup de circonstances, le faire préférer à celui de Rome ou » de Nice, ou d'autres villes du Midi, dont l'atmosphère est si » souvent agitée par des vents violents qui ne permettent aucun » exercice extérieur alors même que le degré du thermomètre est » assez élevé.

» Et ici se présente naturellement cette remarque vulgaire que » le même degré du thermomètre n'est pas toujours accompagné, » bien s'en faut, du même sentiment de chaleur ou de froid ; que » dans une même journée, dans un même lieu, par une même » température, on peut avoir alternativement froid et chaud sui- » vant qu'il y a du vent ou qu'il n'y en a pas. — D'où la possibi- » lité d'avoir froid à Rome et chaud à Pau par le même degré du » thermomètre.

....

» Pour les affections pulmonaires graves, pour les malades » atteints de phthisie pulmonaire, le séjour de Pau offre-t-il des » avantages réels ? Ici, comme dans beaucoup de circonstances, » il faut distinguer, faire deux groupes de ces maladies : l'un » composé de cas à marche plus ou moins chronique, l'autre de » ceux dans lesquels la maladie parcourt les différentes périodes » avec plus ou moins de rapidité, est constamment accompagnée » d'un mouvement fébrile plus ou moins considérable.

» Nul doute que dans les cas de la première catégorie le séjour » de Pau ne soit très utile. Les malades qui m'ont consulté » depuis six mois, appartenant pour la plupart à ce groupe,

» étaient atteints de phthisie à marche très chronique, et tous se » félicitaient de leur séjour à Pau, où ils trouvaient plus de sou- » lagement et de bien-être qu'à Rome ou à Nice, où plusieurs » d'entre eux avaient passé un ou deux hivers.....

» Mais il n'en est pas ainsi, au moins tout porte à le croire, » pour les malades de la seconde catégorie, pour ceux qui ont un » mouvement fébrile plus ou moins marqué, avec un ou plusieurs » redoublements par jour, et dont l'amaigrissement a marché avec » plus ou moins de rapidité. Mais dans les cas de cette catégorie » quel climat offrirait plus d'avantages que celui de Pau ? Car, » comme je l'indiquais tout à l'heure par un exemple, les hivers » chauds ne sont pas tout. Demandons au climat tout ce que nous » pouvons lui demander raisonnablement, mais rien de plus.

» Vous le voyez, Monsieur et honoré confrère, je ne sais rien » sur le climat de Pau que vous ne nous ayez appris, et je n'ai » pas été à même de vérifier tout ce que vous en avez dit. Mais » si je ne connais qu'imparfaitement le climat de Pau et ses » avantages, je sais quelques-uns des inconvénients qui existent » ailleurs, et, sans vouloir amoindrir la valeur de Rome ou de » Nice sous le point de vue qui nous occupe, si, dans cette grande » imperfection de mes connaissances sur les climats, j'avais un » avis à donner à une personne qui devrait éviter un hiver ri- » goureux, je l'engagerais, comme je l'ai si souvent fait jusqu'ici, » à se diriger sur Pau, où l'on trouve, — avec une température » douce, une atmosphère calme ou très rarement agitée par le » vent, dépourvue d'humidité libre, — de magnifiques prome- » nades, toutes les ressources dont la classe riche est habituée à » disposer..... »

En 1856, Amédée Latour[1] donne à Pau le second rang (entre Cannes et Hyères) dans ses préférences climatologiques, et, deux ans plus tard, un médecin anglais, Edwin Lee[2], et un médecin béarnais, E. Cazenave[3], indiquent

1. — Amédée Latour. — *Notes sur le traitement de la phthisie pulmonaire*. Publication de l'Union Médicale. Sept. et Octob. 1856, p. 38.

2. — Edwin Lee. — *The effect of climate on tuberculous disease*. — London, J. Churchill, 1858, p. 179.

3. — Cazenave (E.) — *Appréciation climatérique de la ville de Pau*. — Bordeaux, 1858.

les caractères et les heureux effets du climat palois.

Guéneau de Mussy [1], en 1860, conseille le climat de Pau, non pas en première ligne, car il préfère celui de Madère, aux « sujets nerveux, excitables, qui réagissent avec une » extrême vivacité, à qui un climat très chaud ou un air » très vif seraient nuisibles, et qui ont besoin d'un climat » tempéré, d'un air doux, tranquille, plutôt mou que sec, » sans être décidément humide ».

Dans deux études intéressantes, Bonnet de Malherbe [2] et Champouillon [3] confirment les renseignements et les indications que donnaient leurs prédécesseurs.

Un peu plus tard, Scoresby-Jackson [4] consacre à Pau un chapitre où il ne fait guère que reproduire les opinions de Playfair et de Taylor, et Schnepp [5], lorsqu'il rappelle l'action sédative du climat de Pau, pour la rapprocher de celle du climat d'Hyères et pour l'opposer à celle du climat de Nice, parait emprunter bien plus aux écrits de ses devanciers qu'à son expérience personnelle.

La même année, Gigot-Suard [6] s'attache à déduire les indications du climat de Pau des données fournies par la météorologie, et Genieys [7], médecin à Amélie-les-Bains, rappelle qu'il est très utile de pouvoir mettre certains

1. — Noel Guéneau de Mussy. — *Leçons cliniques sur les causes et le traitement de la tuberculisation pulmonaire,* faites à l'Hôtel Dieu en 1859. — Paris, A. Delahaye, 1860, p. 71.

2. — Bonnet de Malherbe. — *Du choix d'un climat d'hiver,* 2e éd. — Paris, 1860-61.

3. — Champouillon. — *Gazette des Hôpitaux.* Paris, avril 1861.

4. — Scoresby-Jackson. — *Medical Climatology.* — London, J. Churchill, 1862.

5. — Schnepp. — *Du climat de l'Egypte,* etc. — Paris, F. Didot, 1862, p. 341.

6. — Gigot-Suard. — *Des climats sous le rapport hygiénique et médical.* — Paris, 1862.

7. — Genieys. — *Indicateur médical et topographique d'Amélie-les-Bains.* — Paris, 1862, p. 21.

malades « dans une atmosphère peu tonique, douce, chaude » et en quelque sorte balsamique » et que « Pau présente » cet avantage ».

En 1865, paraît le travail du Dr Th. de Valcourt[1] sur les stations du Midi de la France, où le climat de Pau est apprécié avec justesse, et que devait bientôt suivre la traduction d'un *Essai climatologique de Pau,* par le Dr Schaer (de Brême)[2] dans lequel nous relevons les passages suivants, d'autant plus intéressants que l'auteur est un des rares médecins étrangers qui ait *personnellement* étudié le climat de Pau :

» Tous ceux qui, au début d'un voyage dans le Midi, s'y ren- » dent avec l'idée d'y jouir d'un printemps perpétuel et de l'éclat » d'un brillant soleil, se trouveront certainement trompés à cet » égard, à Pau comme presque partout. En règle générale on peut » seulement admettre que les hivers ne sont presque jamais » rudes, ou du moins le sont rarement dans la partie méridio- » nale de notre continent..... A Pau, comme dans nos pays du » Nord, le ciel est souvent couvert de nuages épais et plusieurs » jours se passent sans que le soleil se montre avec sa chaleur » habituelle. Mais ces jours-là et les jours pluvieux ne sont pas » de longue durée ; le plus beau temps leur succède rapidement. » Au surplus, le froid est peu sensible, malgré le peu d'élévation » du thermomètre, parce qu'il règne en général une tranquillité » remarquable dans l'air, de sorte que le malade habillé chaude- » ment peut promener librement dans la journée comme d'habi- » tude. » « L'air de Pau est en général pur, doux et mou. »

L'auteur, qui a mis dans son travail autant de sagacité que d'impartialité, se refuse à reconnaître à l'atmosphère paloise la sécheresse qu'on lui attribue communément; il fait remarquer toutefois qu'il ne convient pas de se baser

1. — Th. de Valcourt. — *Climatologie des stations hivernales du Midi de la France.* — Paris, Germer-Baillière, 1865.

2. — Fr. Schaer. — *Essai climatologique sur Pau,* traduit de l'allemand. — Pau, Lafon, 1866, p. 23 et passim. (Cette traduction a été donnée par M. L. Soulice.)

exclusivement sur les données fournies par le pluviomètre car, à quantité égale de pluie tombée, on trouve à Pau moins de pluies continues et plus de grosses averses que dans bien des endroits où le pluviomètre, s'il était exclusivement consulté, donnerait la même hauteur de pluie; il a observé aussi, avec raison, qu'il « tombe souvent pen- » dant la nuit des averses violentes, après lesquelles le » soleil brille de nouveau le matin d'une manière tout à » fait inattendue ».

A dater de la publication du travail de Schaer, il semble que l'attention des médecins allemands ait été attirée sur la ville de Pau, à laquelle Burkhardt[1] consacre une étude spéciale, et que Niemeyer[2] mentionne, dans ses leçons restées célèbres sur la phthisie pulmonaire, en ajoutant à cette indication un commentaire que les malades qui viennent dans le Midi, — et parfois même les médecins qui les y envoient, — feraient sagement de méditer. Voici en effet l'opinion climatologique du savant professeur de Tübingen :

« Que l'on ne néglige pas d'imposer aux individus ce sacrifice » (le changement de climat) quand l'état de leur fortune leur » permet de le supporter; mais qu'on leur représente les choses » sous leur véritable jour, afin qu'ils ne s'imaginent pas que » l'air de ces endroits renferme des éléments particuliers capa- » bles de guérir leurs poumons malades. Alors seulement que » les malades sauront eux-mêmes de quoi il s'agit, ils prendront » à Nice, à Menton, à Pau, à Pise, à Alger, au Caire, à Madère, » assez de précautions dans leur manière de vivre pour rendre » le succès possible. — Autrement il eût mieux valu pour eux » d'êtres restés à la maison. »

1. — BURKHARDT. — *Beitrag zur Climatologic zur Pau.* — Deutsche Klinik, 1866, n°s 22, 23, 24 et 25.

2. — F. DE NIEMEYER. — *Leçons cliniques sur la phthisie pulmonaire,* recueillies par le Dr Ott, traduction de l'allemand par le Dr Culmann. — Paris, Chamerot et Lauwereyns, 1867, p. 108.

On peut signaler encore parmi les médecins allemands qui ont donné sur Pau des appréciations généralement favorables Rohden (d'Eberfeld) — Hermann Reimer (de Berlin) — Ullesperger et Sigmund (de Vienne).

Ici se place un incident qui n'a plus aujourd'hui qu'un intérêt historique, mais que l'on ne saurait passer sous silence puisqu'on en retrouve la trace dans plusieurs écrits ultérieurs. En 1867, un médecin béarnais dont nous regrettons encore la perte récente, le Dr Duboué [1], publia un livre dans lequel il signalait à Pau la fréquente influence de l'élément paludéen ; vers la fin de la même année, un de nos plus distingués confrères, le docteur Lahillonne [2], qui venait d'ailleurs de publier sur le climat de Pau une courte mais substantielle notice, contestait absolument cette influence nocive dans un travail étendu, où la vivacité de la discussion n'enlevait rien à la vigueur des arguments : nous avons dit que cette discussion n'avait plus, à l'heure actuelle, qu'un intérêt rétrospectif ; en effet, les vingt-cinq années qui ont passé sur cette brillante controverse ont passé aussi — heureusement — sur les landes incriminées du Pont-Long, et chacune de ces années a amené des transformations, des défrichements, des assainissements, si bien qu'aujourd'hui l'impaludisme palois, si tant est qu'il ait jamais mérité une mention spéciale, n'est plus qu'un souvenir remontant à un quart de siècle : tous les observateurs médicaux actuels sont là pour l'attester, et nul d'entre eux ne nous démentira.

L'année 1869 est marquée, dans l'histoire de la station béarnaise, par une nouvelle publication du Dr Lahillonne [3],

1. — Duboué. — *De l'Impaludisme.* — Paris, Coccoz, 1867.

2. — Lahillonne. — *Notice sur le climat de Pau,* 1867 — et *Essai de critique médicale ; Pau et ses environs au point de vue des affections paludéennes.* — Paris, Germer-Baillière, 1867.

3. — Lahillonne. — *Étude de météorologie médicale au point de vue des maladies des voies respiratoires* (avec graphiques). — Paris, Germer-Baillière, 1869.

publication si importante et si intéressante qu'il faut regretter bien vivement que les recherches qui lui servent de base n'aient été poursuivies et poussées plus loin ni par l'auteur, ni par d'autres médecins. Notre savant confrère, que la médecine a enlevé à l'armée alors qu'il avait déjà gagné ses épaulettes de capitaine d'artillerie, n'oublie pas, — et il faut l'en féliciter, — l'esprit général qui a présidé à ses premières études, et dans tous ses travaux, on remarque une tendance évidente à introduire, autant qu'on peut le faire dans une science d'observation, un peu de cette précision qui caractérise les sciences exactes. Dans le mémoire dont il s'agit, notre confrère s'est surtout proposé de montrer combien l'observation instrumentale des phénomènes météorologiques et des périodes ou des séries qu'ils constituent peut être utile au médecin, soit pour expliquer, soit pour prévenir l'apparition chez le malade de certains phénomènes cliniques. Les conclusions de ce travail, bien qu'elles soient loin de résumer tout ce qu'il y a d'intéressant dans le texte et dans les graphiques de cette étude, nous paraissent néanmoins très dignes d'être reproduites ici, tant à cause des indications de climatologie générale qu'elles renferment que pour les applications qui sont spéciales au climat de Pau.

« Il existe des périodes naturelles de temps pendant lesquelles » le milieu ambiant se trouve dans un état mécanique particu- » lier, subissant des phases particulières, ou *séries*, avant de » passer à de nouvelles conditions dynamiques.

» Ces périodes peuvent se révéler à l'observateur attentif » avant qu'elles s'établissent ; quant aux séries, leur prévision » est toujours facile d'après les variations de la pression baro- » métrique.

» Les périodes naturelles portent avec elles leur *génie atmos-* » *phérique* qui se traduit par des phénomènes morbides sem- » blables.

» Leur influence peut être conjurée par des règles hygiéni-

» ques appropriées à l'état du malade ; ces règles ont leur plus
» grande importance au moment des changements de période.

» Ces périodes, ainsi que leurs séries, varient chaque hiver,
» et il ne peut être établi aucune règle précise à cet égard. Par
» conséquent, dans un climat donné, il est utile, pendant
» chaque saison, de se rendre compte soit par les graphiques
» que j'ai proposés, soit par tout autre procédé plus exact, des
» variations des éléments du temps pour arriver à la connais-
» sance de ces périodes et de leurs séries.

» Une période pluvieuse, avec pressions élevées, sans secousses
» notables de la pression, avec température soutenue (moyenne
» supérieure à 8°) et à oscillations régulières, exerce une action
» plus favorable sur les tuberculeux, en s'opposant au dévelop-
» pement du catarrhe, qu'une période sèche, à températures
» variables dans la journée, et fort belle en apparence.

» Chaque changement de série a plus d'influence sur un
» tuberculeux que sur un pneumonique, tandis que le change-
» ment de période peut être plus nuisible à ce dernier qu'au
» premier.

» La persistance de mauvaises conditions de chaleur et d'hu-
» midité, coïncidant avec des pressions basses et variables,
» donne lieu à des pleuro-pneumonies et surtout à des accidents
» pleurétiques dont la gravité dépend non seulement de l'état
» antérieur du malade, mais encore de la persistance des mau-
» vaises conditions atmosphériques.

» L'agitation des couches atmosphériques favorise la durée
» d'une hémoptysie et paralyse l'action des hémostatiques.

» Il est impossible, dans l'état de nos connaissances météoro-
» logiques, de prédire quelle sera l'action curative d'un hiver,
» dans une station d'hiver quelconque, sur les malades, attendu
» que les périodes et les séries sont inconnues, et qu'elles
» varient en chaque lieu. »

Nous pouvons noter, dès à présent, que deux ans plus tard, M. Lahillonne confirmait les idées générales de ce travail et les conclusions de ce mémoire dans une nouvelle notice médicale sur le climat de Pau[1].

1. — Lahillonne. — *Notice médicale sur le climat de Pau.* Bullet. de la Soc. des Sciences, Lettres et Arts de Pau, 2e série, t. I, 1871-72, p. 147.

En 1870, un éminent phthisiologue anglais, Walshe[1] range Pau parmi les climats qui se font remarquer par leur douceur et leur mollesse en même temps que par une thermalité assez haute, et qui « conviennent en général » aux maladies cardiaques ou pulmonaires qui s'accompa- » gnent d'une toux sèche, d'une irritabilité avec séche- » resse de la peau, spécialement si les malades ne » présentent pas un état d'atonie habituelle ». L'auteur ajoute : « Les propriétés apéritives.... d'un climat méri- » tent aussi une sérieuse considération. Il est impossible » de dire *a priori* qu'un climat a cet avantage ou en est » dépourvu. J'ai vu quelquefois l'appétit être réveillé plus » énergiquement à Pau ou à Torquay qu'à Nice ou à » Malaga. » Nous citons ici ce dernier passage surtout parce qu'il énonce une opinion qui n'est pas généralement adoptée mais qui peut se justifier par les brèves considérations dans lesquelles nous entrerons, dans un autre chapitre, sur la médication tonique indirecte.

La même année, un climatologiste distingué, le docteur Carrière[2], consacre au climat de Pau une monographie très bien faite, très documentée et très élogieuse ; son avis sur la station béarnaise a d'autant plus de poids qu'il n'a jamais exercé la médecine à Pau, et que son opinion peut par conséquent être considérée comme exempte de cette partialité involontaire contre laquelle leur sincérité ne suffit pas toujours à défendre les praticiens d'une station thermale ou hivernale.

Vers la même époque, un clinicien éminent, Hirtz[3],

1. — Walshe. — *Traité clinique des maladies de la poitrine.* Traduit sur la 3e édition et annoté par Fonssagrives. — Paris, V. Masson, 1870, p. 610-612.

2. — Carrière. — *Le Climat de Pau sous le rapport hygiénique et médical.* — Paris, J.-B. Baillière, 1870.

3. — Hirtz. — *Quelques considérations de climatologie à propos de la phthisie pulmonaire.* Journal de thérapeutique de Gubler, 1874.

constate que nos villes sanitaires pour séjour d'hiver, en tête desquelles il place Pau, nous permettent de rivaliser avec tous les pays.

Dans un livre consacré à la tuberculose, et qui, malgré quelques assertions étranges et une doctrine quelque peu surannée, est remplie d'excellentes choses, et mériterait d'être plus lu qu'il ne l'est aujourd'hui, Pidoux[1] exprime ainsi son opinion sur le climat de Pau :

« Il y a de ces climats dont l'atmosphère est molle, d'une » humidité non malfaisante, exempte de vent, d'une moyenne » de température hibernale de 6° à 7° centigr. Pau est, au S.-O. » de la France, la plus remarquable de ces stations. L'air y est » sédatif, même un peu énervant. Si l'appétit y est moins vif » que sur le littoral, si les forces musculaires y sont un peu » détendues, le sommeil y est plus facile et plus profond, et les » organes respiratoires très peu excités..... Sa caractéristique » (celle du climat) est donnée par l'absence du vent et de » l'ozone.... On trouve à Pau, sol autrefois palustre dans une » assez grande étendue au Nord, et qui en conserve peut-être » encore quelques restes, moins un climat tranché et défini » qu'une zone singulièrement privilégiée, qui est calme et adou- » cie...., où les phthisiques irritables se trouvent bien. C'est » qu'il ne suffit pas d'un seul facteur avantageux comme la » chaleur pour former un refuge hibernal favorable aux phthi- » siques ; il faut un ensemble de qualités, et cet ensemble » lui-même n'est pas un assemblage fortuit, c'est une unité parti- » culière, qui, semblable en cela à une eau minérale naturelle, » agit comme telle ou comme climat, et non par l'addition » numérique de ses éléments. Pau est à peu près, avec Amélie- » les-Bains, la seule station française de l'intérieur qui soit » fréquentée. Elle se développe et gagne incessamment. — En » Italie, Rome et Pise ont une certaine analogie avec Pau, » quoique, sous le rapport anémologique, Pau soit préférable. » Cela compense sa température un peu moins élevée. »

Une élogieuse appréciation du climat de Pau, que nous

1. — Pidoux. — *Études générales et pratiques sur la phthisie.* — Paris, Asselin, 1874, p. 512-513.

trouvons dans la traduction anglaise, parue en 1875, du livre de Braun et Rohden[1] (« Pau, disent ces auteurs, est, à bien des égards, l'un des meilleurs climats pour les malades atteints d'affections pulmonaires »), est largement contrebalancée par la rude critique dirigée contre notre climat par le Dr C. Theodore Williams. Le travail du médecin anglais a été publié à la vérité en 1872 dans le volume LV des *Transactions de la Société Royale Médico-Chirurgicale de Londres;* mais il a été surtout connu en France par la traduction annotée qu'en a donnée en 1875 le Dr Nicolas-Duranty (de Marseille)[2], traduction bientôt suivie d'une réponse d'un médecin béarnais, le Dr Cazenave de la Roche[3]. La critique du climat de Pau a d'ailleurs été reproduite en substance dans un travail ultérieur du Dr Williams sur l'influence préventive et curative des climats dans la phthisie pulmonaire.

Le Dr C. Theodore Williams[4] est un médecin dont l'opinion ne doit être ni passée sous silence, ni traitée légèrement : son père, clinicien éminent, a longtemps tenu le premier rang parmi les phthisiologues anglais, et notre distingué confrère a hérité d'une assez grande part de la notoriété paternelle ; d'ailleurs, la critique, ici, s'appuie

1. — JULIUS BRAUN. — *On the curative effects of baths and waters, including a chapter on the treatment of phthisis by baths and climate,* by Dr Rohden (of Lippspringe). — An abridged translation edited by H. Weber. — London, Smith, Elder & Co, 1875, p. 594.

2. — CH. THEODORE WILLIAMS. — *Étude sur les effets des climats chauds dans le traitement de la consomption pulmonaire, basée sur l'analyse de 251 observations :* traduction de l'anglais et notes par le Dr Emile Nicolas-Duranty. — Paris, J.-B. Baillière, 1875.

3. — *Réponse à M. le Dr C. Theodore Williams* par le docteur CAZENAVE DE LA ROCHE. — Pau, Tonnet.

4. — C. TH. WILLIAMS. — *The influence of climate in the prevention and treatment of pulmonary consumption.* Lettsomian Lectures for 1876. — London, Smith, Elder & Co, 1877.

sur des faits, et les faits valent toujours la peine d'être discutés. Voici ceux qu'allègue le Dr Williams : il a soumis au traitement climatérique, en les faisant séjourner hors d'Angleterre, dans des localités multiples, et dans des conditions différentes (voyages maritimes) 251 malades et voici les proportions d'amélioration, d'état stationnaire et d'aggravation que lui ont donnés les climats réunis de Pau et de Bagnères-de-Bigorre (que M. Williams paraît considérer un peu légèrement peut-être, comme identiques) : état considérablement amélioré ou simplement amélioré : 50 °/₀ ; — état stationnaire : 4.55 °/₀ ; — état aggravé : 45.45 °/₀.

A coup sûr, un traitement qui, dans une affection aussi redoutable que la tuberculose, donne cinquante pour cent d'améliorations, n'est pas absolument à dédaigner ; malheureusement M. Williams nous apprend qu'il y a d'autres climats dont les résultats sont beaucoup plus satisfaisants ; ainsi Rome donnerait 55.56 °/₀ d'améliorations, — la Riviera 58 °/₀, — le Sud de l'Europe représenté par ses différentes stations 62.50 °/₀, — l'Egypte 65 °/₀, — les climats très secs (Le Cap, Natal) 58.62 °/₀, — les climats humides des îles de l'Atlantique 51.43 °/₀, — enfin les voyages sur mer 89 °/₀. — Ainsi, d'après M. Williams, Pau a donné le minimum d'améliorations et le maximum d'aggravations.

Certes, on a toujours mauvaise grâce, quand on est au dernier rang, à accuser d'injustice ceux par qui on y a été placé, mais encore ne faut-il accepter cette humble place que si l'on mérite réellement de l'occuper. Or, comme les chiffres de M. Williams ne sont pas d'accord avec ce qui a été constaté par d'autres observateurs, soit autrefois, soit à l'époque actuelle, il convient de les examiner.

Commençons par les améliorations : le chiffre de 50 °/₀ d'améliorations, nous l'avons dit, est déjà un chiffre fort respectable ; Pau n'a pas l'ambition de rivaliser avec les voyages maritimes (Australie, Amérique, Inde, Chine, Cap, Indes Occidentales) qui ont donné la proportion merveilleuse de *quatre-vingt-neuf améliorations pour cent malades;* de pareils voyages resteront d'ailleurs le privilège d'un petit nombre d'élus, et sur les 251 malades qui forment la base de sa statistique, il n'y en a que 18 que M. Williams ait pu soumettre à ce traitement. Nous nous bornerons à recueillir de la bouche de l'auteur lui-même l'aveu suivant (page 26) qui n'est pas sans importance : « En considérant les mala-» des sous ces deux aspects (le degré de la maladie et le » siège bilatéral des lésions) nous pouvons conclure que » ceux qui ont passé l'hiver à Pau étaient dans des condi-» tions un peu moins favorables que les autres. » Mais si le climat de Pau donne 50 °/₀ d'améliorations *dans des conditions un peu moins favorables,* il vaut au moins les climats humides de l'Atlantique, qui en donnent 51.43 ; il égale peut-être Madère (53.81) et Rome (55.56), et qui sait même s'il n'atteint pas, dans des conditions égales, les 58 °/₀ de la Riviera et du bassin de la Méditerranée ? Car enfin, qui nous dira au juste ce qu'il faut entendre par *des conditions un peu moins favorables,* si ce n'est M. Williams lui-même, et précisément il ne le dit pas ; car, s'il nous renseigne sur l'âge des malades, sur le caractère unilatéral ou bilatéral des lésions, il ne nous apprend rien sur leur état général; il nous parle bien de la phthisie inflammatoire et de la phthisie catarrhale, — distinction qui, dans l'espèce, ne signifie pas grand chose, — mais il ne nous dit rien de l'état des grandes fonctions chez les malades qu'il a soumis au traitement climatérique, rien de leur estomac, de leur appétit, de l'état du cœur, de la fièvre, etc. M. Williams sait à merveille pourtant que, en matière de tuberculose, *ce n'est pas la maladie qui guérit mais bien le malade.* Et c'est parce qu'il ne nous dit rien d'utile à cet égard, et parce qu'il nous apprend seulement que les malades envoyés à Pau étaient *dans des conditions un peu moins favorables,* que nous sommes en droit de contester la valeur clinique de sa statistique, et d'attribuer à un trop grand affaiblissement général de l'organisme — que le climat sédatif de Pau ne pouvait véritablement ni tonifier ni remonter, — la forte proportion des aggravations : ces aggravations, en effet, nous ne les observons pas, même en cas d'échec du traitement climatothérapique, lorsque les malades, quel que soit le degré de leur lésion, ont été judicieusement dirigés, et lorsque notre climat est réellement adapté, sinon à leur état local (ce qui ne peut pas toujours se prévoir), du moins à leur état général.

Pour ces motifs, et en résumé, si nous pouvons, à la rigueur, et sous les réserves indiquées plus haut, nous contenter du chiffre, un peu trop modeste pourtant, d'améliorations que nous accorde M. Williams, nous ne pouvons accepter sans les explications et les protestations qui précèdent le chiffre d'aggravations dont il nous gratifie. Nous ne prétendons pas, bien entendu, que le chiffre fourni par lui soit inexact, nous le tenons seulement pour imputable à de tout autres causes qu'à l'influence climatérique.

En 1876 le Dr Cazenave de la Roche publie une étude sur l'action sédative du climat de Pau, que l'on trouvera dans la *Revue d'Hydrologie de Nancy,* et qui devait suivre trois ans plus tard un nouveau travail, également consacré par le même auteur au climat de Pau dans le *Mémorial des Pyrénées.* C'est aussi en 1876 que parut le *Journal humoristique d'un médecin phthisique* [1], par le Dr X., ouvrage consacré aux climats de Pau, Dax et Alger; on sait que cette lettre X a toujours mal caché, et ne cache plus du tout aujourd'hui, la personnalité d'un de nos très distingués et très regrettés confrères, le Dr Garreau (de Laval). Nous aurons à revenir dans les chapitres suivants sur ce livre

1. — *Trois mois d'hiver à Alger. — Journal humoristique d'un médecin phthisique. Pau-Dax-Alger. — Du choix d'une station hivernale,* par le Dr X. — Paris, G. Masson, 1876.

d'un observateur très sagace, où l'on trouve bon nombre d'aperçus ingénieux, des données cliniques très précieuses, et où l'auteur n'a eu que le très léger tort, — assez commun chez les médecins malades, — de généraliser parfois trop promptement les faits observés sur lui-même.

L'année suivante, Thaon [1] qui n'est pas très partisan de Pau comme climat d'hiver, constate, et en cela son opinion est à rapprocher de celles de Williams et de Francis, que « la station béarnaise est admirablement disposée pour » une cure de printemps ».

Roth [2], après avoir séjourné quelque temps à Pau, publie en 1879 une courte brochure relative à notre climat, et à ceux d'Arcachon et de Biarritz : pour l'étude du climat de Pau, il s'est surtout inspiré des travaux du Dr Lahillonne.

Lebert [3] constate en 1879 que Pau est une station bien disposée pour le séjour de ceux qui souffrent de la poitrine.

En 1880, nous avons à mentionner les opinions de Lombard [4], de Ferrand [5], de Cullimore [6], de Gaëtan Delaunay [7] et enfin la remarquable monographie de Duboué [8].

1. — Thaon. — *Clinique climatologique des maladies chroniques.* 1er fascicule. Phthisie pulmonaire. — Paris, aux Bureaux du *Progrès Médical*, 1877, p. 101.

2. — Roth. — *Medical and other notes collected on a holiday tour to Arcachon, Biarritz, Pau and the principal Watering-places of the Pyrenees.* — London, Baillière, Tindall & Cox, 1879.

3. — Lebert. — *Traité clinique et pratique de la phthisie pulmonaire et des maladies tuberculeuses des divers organes.* — Paris, V. A. Delahaye, 1879, p. 522.

4. — Lombard. — *Traité de Climatologie Médicale.* — Paris, J.-B. Baillière, 1880, t. iv, p. 632.

5. — Ferrand. — *Leçons cliniques sur les formes et le traitement de la phthisie pulmonaire.* — Paris, V. A. Delahaye, 1880.

6. Cullimore. — *Consumption as a contagions disease, with its treatment according to the new views.* — London, Baillière, Tindall, Cox & Co, 1880.

7. — Gaetan Delaunay. — *Traitement de la phthisie.* Journal des Connaissances Médicales, 1880.

8. — Duboué. — *Esquisse de climatologie médicale : Pau et ses environs.* — Paris, Delahaye et Lecrosnier, 1880.

Avec la grande autorité qui s'attache à ses travaux de climatologie, Lombard indique la diminution de la toux, de l'éréthisme et de la fièvre chez les phthisiques dont la maladie menaçait de prendre une marche galopante, comme étant les effets ordinaires du climat de Pau ; il ajoute que les malades disposés aux hémoptysies se trouveront bien dans notre station, et que c'est principalement dans l'imminence de la tuberculose et à sa première période que le climat de Pau peut exercer une influence favorable.

Ferrand donne sur les périodes et les formes de la tuberculose auxquelles le climat de Pau est particulièrement approprié des renseignements qui seront utilisés dans les chapitres suivants.

Cullimore trouve Pau utile dans la phthisie commençante, particulièrement dans les cas qui s'accompagnent d'hyper-excitabilité vasculaire ou nerveuse ; il déconseille notre climat chez les nerveux faibles, chez les malades exposés aux congestions passives et dans les périodes avancées de la tuberculose.

Gaëtan Delaunay signale la fréquence de la phthisie chez les habitants de Pau ; il condamne d'ailleurs tous les climats méridionaux dans le traitement de cette maladie.

Nous ne faisons qu'indiquer à cette place l'étude remarquable de Duboué, dont nous nous sommes largement inspiré dans ce travail, et où nous avons trouvé les renseignements les plus précieux et les plus exacts.

Jaccoud [1], dans un livre consacré tout entier à la curabilité et au traitement de la tuberculose, rapproche Pau de Pise, en raison de l'action sédative et débilitante qui leur est commune, car il proteste contre l'influence tonique attribuée au climat béarnais. — Il admet cependant que

1. — Jaccoud. — *Curabilité et traitement de la phthisie pulmonaire.* — Paris, Delahaye et Lecrosnier, 1881, pp. 441-442, 464-465, 477-478.

Pau est moins débilitant que Pise, et s'il exclut Pau du groupe des climats appropriés à la phthisie pneumonique, il l'admet dans le groupe applicable à la phthisie commune. Il est à remarquer d'ailleurs que Jaccoud est sévère pour la plupart des stations d'hiver, car il termine son livre par les lignes suivantes, beaucoup trop absolues à notre avis :

« Pour toutes les périodes qui ressortissent aux climats d'alti-
» tude, Davos, Samaden et Saint-Moritz ; — pour l'autre phase
» de la cure, Madère et Alger au premier rang ; à distance déjà
» grande, la Sicile, et, exceptionnellement l'Egypte, voilà les
» moyens fondamentaux d'un traitement climatérique réel à son
» maximum de puissance. — Tout le reste ne comprend que des
» stations de suppléance, moyens accessoires d'un traitement qui
» peut être utile, mais qui est certainement inférieur parce qu'il
» n'est pas le meilleur possible. »

En 1882 et 1883, Burney Yeo [1] et Marcet [2] donnent sur le climat palois des appréciations élogieuses qu'ils entremêlent pourtant de réserves judicieuses ; et, à la même époque, Dujardin-Beaumetz [3] écrit que, bien que moins favorisées que leurs rivales de la Méditerranée et des Alpes, les stations d'Arcachon, de Pau, d'Amélie-les-Bains n'en ont pas moins une haute valeur ; un peu plus tard, le même auteur, dans un autre travail [4], conseille dans les formes congestives de la tuberculose les climats chauds et humides de Madère et de Pise, et réserve les climats chauds et secs, tels que les bords de la Riviera de Hyères à San-Remo,

1. — Burney Yeo. — *Health resorts and their uses.* — London, Chapman & Hall, 1882, p. 263.

2. — Marcet (William). — *The principal southern and Swiss health resorts, their climate and medical aspect.* — London, Churchill, 1883.

3. — Dujardin-Beaumetz. — *Leçons de clinique thérapeutique*, 3e édit. — Paris, Doin, 1883, t. 2, p. 575.

4. — Dujardin-Beaumetz. — *L'Hygiène Thérapeutique.* — Paris, Doin, 1888, p. 195.

Pau, et enfin l'Algérie aux formes lentes de cette maladie.

Dans son remarquable ouvrage sur la phthisie bacillaire, Germain Sée [1] écrit en 1884 :

« Outre les climats de montagne et les climats maritimes, il » faut compter avec les contrées basses et chaudes dont certaines » jouissent encore d'une grande renommée. Pau a été souvent » comparé à Rome et à Pise, avec une supériorité incontestable » due à la pureté de l'air. »

Hermann Weber [2], tout en faisant remarquer que le climat de Pau est moins tonique et moins ensoleillé que celui de la Riviera Occidentale, le considère comme plus égal, et comme utile aux affections nerveuses, aux malades à muqueuses irritables et à fièvre facile.

Le Dictionnaire de Dechambre a consacré en 1885 un article assez étendu au climat de Pau : cet article est dû à M. Rotureau [3] ; il est assez peu exact ; on y trouve notamment le passage suivant, que nous croyons utile de reproduire ici, parce qu'il s'écarte sensiblement des opinions généralement adoptées :

« Ce que nous avons dit de la sécheresse et du calme qu'on » observe dans l'air de Pau indique suffisamment qu'un séjour » d'hiver ne peut convenir aux poitrinaires qui ont des crache- » ments de sang faciles et fréquents, des inflammations habi- » tuelles des voies aériennes et une tendance accusée à une

1. — GERMAIN SÉE. — *De la Phthisie bacillaire des poumons.* — Paris, A. Delahaye et E. Lecrosnier, 1884, p. 411.

2. — ZIEMSSEN. — *Hand-book of general therapeutics. The treatment of disease by climate, by* Hermann Weber. — London, Smith, Elder & C°, t. IV, p. 212. — Nous avons utilisé la traduction anglaise de l'ouvrage de Ziemssen. — MM. Doyon et Spillmann ont donné, en 1886, chez F. Alcan, une traduction française de cette partie de l'ouvrage de Ziemssen.

3. — *Dictionnaire Encyclopédique des Sciences médicales.* Art. *Pau* par ROTUREAU. — Paris, G. Masson, 2e série, t. XXI, 1885, p. 644.

» prompte dénutrition. C'est au contraire aux malades torpides
» tout en étant excessivement nerveux, dont l'expectoration est
» fluide et muco-purulente, dont la transpiration est facile et
» abondante que convient le séjour à Pau, qui calme prompte-
» ment les nerfs et tonifie l'économie tout entière. »

Au Congrès d'Hydrologie et de Climatologie de Biarritz, un météorologiste dont il est superflu de faire l'éloge aux membres de l'Association Française qui le connaissent de longue date, M. Piche[1], résume admirablement les caractères du climat de Pau dans les lignes suivantes : « Les étrangers et les médecins qui ont observé le climat, » même sans instruments, ont bien reconnu ses caractères » spéciaux : Calme habituel de l'atmosphère. — Vents » violents rares et non nuisibles. — Température ordinai- » rement agréable, présentant quelques variations brus- » ques, mais dont il est facile de se garantir. — Pluies un » peu trop fréquentes, mais plus salutaires aux malades » que les temps secs prolongés. — Absence presque » complète d'humidité libre dans l'atmosphère. » Et l'auteur résume son opinion générale en disant : « *Le climat » de Pau n'est qu'assez beau, mais il est bon.* » Dût la modestie du savant président de la section de Météorologie pour 1892 en souffrir, nous ajouterons qu'il est impossible de dire mieux, et en moins de mots, la vérité, toute la vérité, rien que la vérité.

Nous avons déjà mentionné le Dictionnaire de Dechambre ; nous devons le citer de nouveau, car deux ans après l'article de Rotureau, Grancher et Hutinel[2] dans l'article

1. — Piche. — *Climatognosie de Pau.* Congrès international d'Hydrologie et de Climatologie de Biarritz, 1886. — Paris, Doin, 1887, p. 379.

2. — *Dictionnaire Encyclopédique des Sciences médicales.* Article *Phthisie pulmonaire* par Grancher et Hutinel. — Paris, G. Masson, 2e série, t. xxiv, 1887, p. 804-805.

Phthisie pulmonaire résument ainsi leur opinion climatothérapique :

« *Contrées chaudes non maritimes.* — Certains pays jouissent
» encore d'une grande renommée, bien qu'ils ne présentent ni
» les avantages des climats d'altitude, ni ceux de l'air marin.
» Ils doivent leur réputation à la douceur et à l'égalité de leur
» température, à l'absence du vent, des poussières et de l'humidité
» et à la pureté de l'air. Il ne faut leur demander ni l'action
» fortifiante et stimulante qui appartiennent aux climats d'alti-
» tude et aux stations maritimes, mais ils permettent au malade
» de vivre chaque jour pendant quelques heures au grand air,
» en plein soleil, et d'éviter ainsi les dangers de l'internement.
» Le Caire, la Nubie et les bords du Nil ont été très vantés, mais
» ils ont cessé d'exciter l'enthousiasme. Pau est encore avec Pise,
» Rome et Montreux, la plus recommandable de ces stations. »...
« Si le système nerveux est irritable, si les bronches sont parti-
» culièrement sensibles, si les épisodes aigus sont fréquents et
» menaçants, c'est Madère, Alger, Palerme, Pise ou Pau qu'il faut
» conseiller, avec cette réserve cependant que Palerme et Alger
» doivent être réservés pour les formes moyennes de ce type
» réactionnel..... Quant aux tuberculeux qui s'éloignent égale-
» ment des types extrêmes, et qui constituent en somme la majo-
» rité des malades, on les enverra à Pau ou à Palerme s'ils sont
» sujets aux fluxions ou à la fièvre, — à Alger ou à Madère si
» leur maladie a une forme torpide. »

Il faut que le lecteur nous pardonne une dernière citation étendue ; les suivantes seront plus brèves ; nous l'empruntons à la deuxième édition d'un livre devenu et resté classique, le Traité de la Phthisie pulmonaire de Hérard, Cornil et Hanot [1] :

« Ce qui distingue le climat de Pau, de l'aveu de tous les
» observateurs, c'est la remarquable tranquillité de son atmos-
» phère, qui compense, jusqu'à un certain point, l'infériorité
» relative de sa température. Le thermomètre s'abaisse assez sou-
» vent au-dessous des chiffres de 9° à 10° qui représentent la

1. — Hérard, Cornil et Hanot. — *La Phthisie pulmonaire*, 2e édit. — Paris, F. Alcan, 1888, p. 694.

» température hivernale moyenne (des vingt-quatre heures, non » de la journée médicale) des stations que nous avons précédem- » ment étudiées. Mais si l'on réfléchit combien un abaissement » de température est facilement supporté quand il ne s'accom- » pagne pas de l'impression pénible du vent, on comprendra que » cette ville, devant laquelle se déroule un magnifique panorama » et qui possède des ressources intellectuelles variées, soit » recherchée par les malades, surtout par les malades nerveux et » fébricitants, auxquels convient particulièrement l'air mou et » sédatif de cette station..... Bien des malades, atteints des for- » mes éréthiques de la tuberculose pulmonaire, ont décrit le » bonheur qu'ils éprouvent à respirer l'air de Pau lorsqu'ils » arrivent des stations méditerranéennes..... »

En 1889, au Congrès de la Sorbonne, le président de la Société d'Horticulture et d'Histoire Naturelle de l'Hérault, M. Félix Sahut[1], examinant les conditions climatologiques qui sont spéciales à l'extrémité Sud-Ouest de la France, constate que cette région, qui s'étend entre Pau, Dax et l'embouchure de la Bidassoa, jouit d'un climat tout à fait exceptionnel. « Pau et Dax, dit-il, sont justement réputées » comme des stations d'hiver recommandées spécialement » pour les maladies des voies respiratoires, et fréquentées » par de nombreux étrangers. »

En 1891, Gorgon[2], dont l'ouvrage est plutôt un résumé d'observations qu'un livre dogmatique, déclare le climat de Pau admirablement approprié à une cure de printemps. La même année un maître regretté, Damaschino[3], professe que « toutes les indications varient suivant l'état du sujet,

1. — Félix Sahut. — *Comparaison des climats du Midi et du Sud-Ouest de la France.* Communication faite au Congrès des Sociétés Savantes à la Sorbonne en 1889. — Montpellier, 1889, p. 92-93.

2. — Gorgon. — *Les traitements de la tuberculose d'après l'état actuel de la Science.* — Paris, G. Masson, 1891, p. 133.

3. — Damaschino. — *Leçons sur la tuberculose,* recueillies par Thérèse et Delporte, préface par M. Letulle. — Paris, Steinheil, 1891, p. 397.

» suivant le degré d'éréthisme, l'état nerveux, la suscep-
» tibilité bronchique, et permettront de choisir entre les
» stations de montagne et les stations du Midi, telles que
» Pau, Nice, Menton, Cannes, Hyères, Madère, Le Caire
» et l'Italie ».

Au Congrès de l'Association Pyrénéenne, à Bordeaux, en Mai 1891, notre confrère le Dr Duhourcau[1] lisait une intéressante notice sur le climat de Pau, dans laquelle, outre des remarques judicieuses et personnelles, on trouve le résumé d'une très ingénieuse étude de climatotechnie de M. Piche. Le travail de M. Duhourcau a été, devant la Société d'Hydrologie Médicale de Paris, l'objet d'une analyse du Dr Marcellin Cazaux, laquelle a été suivie d'un échange d'observations entre le rapporteur et MM. Bottey, Leudet et Schlemmer[2].

Rappelons enfin la consciencieuse étude consacrée à notre station d'hiver par un climatologiste des plus distingués, le Dr Labat[3], qui considère le climat de Pau comme un climat sédatif par excellence.

Nous terminerions ici ce trop long historique, si un médecin de Belfast, le Dr Lindsay[4], n'avait récemment publié un livre dont notre confrère le Dr Lalesque (d'Arcachon) a donné, à la fin de l'année dernière, une traduction française. On trouve dans ce livre les lignes suivantes :

« Pau a été (on s'explique difficilement pourquoi) la station
» préférée des anciens médecins. Son climat est humide, débili-

1. — Duhourcau. — *Étude sur le climat de Pau et du Sud-Ouest français.* Mémoire lu au Congrès de l'Association Pyrénéenne (Bordeaux), Mai 1891. — Toulouse, Ed. Privat, 1891.

2. — *Annales de la Société d'Hydr. Méd. de Paris.* — Paris, F. Alcan, t. xxxvii, 1892, p. 42.

3. — Cité par *Duhourcau.*

4. — Lindsay. — *Traitement climatérique de la phthisie pulmonaire : contribution de climatologie médicale.* Trad. et annoté par le Dr Lalesque. — Paris, Doin, 1891, p. 188-189.

» tant, sédatif, susceptible de bons effets dans quelques cas d'ir-
» ritabilité nerveuse, mais ne convient nullement aux phthisiques.
» Son action déprimante du cœur est parfois remarquable ; aussi
» les sujets dont le système circulatoire est altéré ne devraient
» jamais y être envoyés. Les attraits de Pau, en fait de paysage,
» ont longtemps été exagérés : la vue lointaine des Pyrénées, qui
» figure si longuement sur les réclames, manque en réalité de
» beauté et de grandeur. L'aménagement y est excellent, mais la
» ville a l'aspect attristé de la décadence et de l'abandon. Lorsque
» l'auteur visita Pau, l'herbe croissait dans les squares, et le
» grand étalage de vastes hôtels déserts était à l'unisson avec
» l'aspect général de décadence, triste preuve que la popularité
» avait disparu, probablement pour toujours. »

La première partie de cette citation comprend une appréciation climatologique contre laquelle nous nous abstiendrons de protester, une protestation pouvant ici paraître intéressée ; mais, devant la seconde partie, il faut s'incliner, — sans comprendre. Nous connaissions au climat de Pau des adversaires, à la ville peut-être des ennemis, mais les cimes neigeuses des Pyrénées avaient jusqu'ici échappé à la critique ; elles apprennent aujourd'hui qu'il n'est pas de sommet où ne puisse grimper l'injure. Nous n'insisterons pas, mais il ne nous déplait pas que ce soit le même esprit chagrin qui, à six lignes de distance, maltraite le climat de Pau et calomnie le panorama de nos montagnes : il est telle manière de voir qui explique, — et déconsidère — les opinions de même origine.

Quant aux Pyrénées, nous ne les défendrons pas; si, dans un chapitre sérieux, il était permis de sourire, nous dirions qu'elles sont assez grandes pour se défendre elles-mêmes. Mais nous savons que, dans ce volume même, nos montagnes auront dans le comte H. Russell-Killough un panégyriste éloquent et autorisé, qui les aime, non d'un amour platonique, mais pour les avoir étreintes l'une après l'autre, et qui sent et comprend mieux que personne ce qui a échappé à M. Lindsay, leur majestueuse grandeur et leur noble beauté.

B. — INFLUENCE DU CLIMAT SUR L'HOMME SAIN ET SUR L'HOMME MALADE. — L'impression générale qui se dégage du chapitre précédent, — et plus nettement encore des documents climatologiques qui ont été consultés pour le composer — est, il faut bien le dire, une impression d'incertitude. Les propriétés attribuées par les auteurs au climat de Pau sont loin d'être toujours semblables ; les saisons qu'il convient de passer à Pau varient suivant les auteurs, et si nous avions à aborder le terrain météorologique, nous verrions que les observateurs ne sont d'accord ni sur la direction habituelle des vents, ni sur le nombre des jours de pluie.

Ces divergences tiennent principalement à ce que la plupart des auteurs qui ont écrit sur le climat de Pau ne le connaissaient pas personnellement, qu'ils s'en rapportent à des travaux antérieurs, souvent composés eux-mêmes par des procédés analogues, et qu'ils ont ainsi contribué sans le vouloir à perpétuer des erreurs de fait ou d'appréciation.

Est-il donc impossible de se faire une opinion sur le climat de Pau ? Non sans doute ; mais il faut, pour y réussir, tenir compte surtout des opinions des médecins qui ont étudié sur place la station béarnaise, et principalement, — dans les cas controversés, — de l'avis de ceux qui, n'ayant pas exercé à Pau, sont à l'abri de tout soupçon de partialité, comme par exemple Louis et Garreau. Est-ce à dire qu'il faille suspecter le témoignage des médecins qui exercent leur profession dans la localité? Nous sommes loin de le penser ; d'autant mieux que le désaccord que nous signalions plus haut n'existe guère entre eux, et que leur accord est un sérieux argument en faveur de l'exactitude des renseignements qu'ils fournissent. — Leur partialité d'ailleurs, si elle existait réellement, ne saurait être qu'involontaire.

Il est surtout possible de se rendre compte de l'action climatothérapique si l'on veut bien se souvenir qu'un climat, en tant qu'agent physiologique, n'est fait ni de sa température, ni de son altitude, ni de sa pression barométrique, ni de son anémologie, etc., etc., mais bien de tous ces éléments, combinés et mis en valeur d'une manière que, à l'heure actuelle, nous ignorons absolument, tout comme nous ignorons, non moins absolument, les conditions du mode d'action d'une eau minérale et du groupement particulier des composés chimiques qu'elle contient.

En un mot, pour nous servir de l'expression heureuse de Duboué, le climat est *indécomposable;* nous ajouterons qu'il n'a qu'un seul réactif, le réactif humain ; et dès lors, ardue encore, mais du moins précisée, la tâche du climatologiste est d'étudier l'action du climat sur l'homme sain et sur l'homme malade. C'est ce que l'on va tenter actuellement.

Quand on envisage l'action d'un climat, il faut se préoccuper d'abord des indigènes, ensuite des immigrants. Le Béarnais sera étudié, dans une autre partie de ce livre, au point de vue de l'ethnologie, des qualités ou des défauts de sa race ; il n'y a lieu d'examiner ici que la part d'influence qui revient au climat, et on peut le faire brièvement, le réactif indigène étant naturellement moins sensible que le réactif étranger.

Le Béarnais est lent, légèrement flegmatique, et passablement indolent, sans être paresseux ; il ne hait pas de travailler, mais il lui en coûte de se mettre au travail ; il est mou (Garreau) comme son climat. Il est calme ; ni sa gaieté ni sa colère ne sont bruyantes ; il est sans grand entrain pour les exercices du corps, mais, le cas échéant, il offre à la fatigue une longue et réelle résistance. Il est de mœurs douces, et difficile à passionner ; aussi les crimes contre les personnes sont rares en Béarn; il est facile à gouverner, et les agitations de la politique l'émeuvent modérément. — Si mince que soit ce détail, il est frileux, parce qu'il réagit faiblement. Il est sobre, parce que, grâce à la lenteur de ses échanges nutritifs et de l'élimination qui leur succède, l'alcool le conduirait vite à l'ivresse, — qu'il méprise. Enfin il vit longtemps, parce que la modicité des stimulations externes et des réactions intérieures économise ses organes. — Et veut-on s'assurer que la plupart des particularités qui viennent d'être signalées sont réellement imputables au climat? Qu'on transplante le Béarnais, — lui-même d'ailleurs se charge assez volontiers de ce soin, — et qu'on l'observe loin du sol natal : tout climat autre que le sien lui devient stimulant ; s'il conserve quelque chose de son aversion pour l'agitation et le tapage (on a dit de lui qu'il était le moins *méridional* des gens du Midi), il perd son indolence et sa mollesse ; il apporte dans la lutte pour l'existence trois éléments capitaux de succès : son activité retrouvée, sa vive intelligence, et sa sobriété native; il réussit en toutes choses — et vit moins longtemps qu'en Béarn.

L'influence éminemment sédative du climat, moins sensible sur l'indigène, parce qu'elle est chronique, l'est naturellement bien davantage sur l'immigrant, parce qu'elle est pour ainsi dire aiguë (nous ne parlons en ce moment que de l'homme à l'état de santé) : aussi la première sensation éprouvée par l'étranger, surtout s'il vient d'un climat éloigné et stimulant, est-elle une sensation de calme profond, presque excessif, et qui, pour les hommes habitués à une grande activité physique ou intellectuelle, a quelque chose de surprenant, et parfois même, au début, d'un peu pénible : cette dernière impression toutefois ne dure guère ; on s'accoutume assez vite à Pau à être, comme Figaro, « paresseux avec délices », et, si l'on ne s'empressait de réagir, comme le font les Anglais et les Américains, par une activité quotidienne et voulue, on ne tarderait pas à aimer son engourdissement, et à respirer sans protestation cet air qui *chloroformise,* suivant le mot de Garreau. Toutes les grandes fonctions participent d'ailleurs à cette sédation : le système nerveux est calmé, réglé, et Garreau, qu'il faut citer souvent, se demande même si la douleur est aussi vivement sentie à Pau qu'ailleurs, et est fortement tenté de répondre négativement. Le pouls se ralentit et devient plus égal (Taylor) ; la respiration est plus profonde et plus facile, en même temps qu'un peu moins fréquente ; il est probable que, dans ces conditions, la température du corps subit un léger abaissement, mais nous ne croyons pas que cette question ait été étudiée. L'appétit, qui se relève quelquefois chez les malades, est habituellement diminué chez l'homme sain ; l'activité stomacale est également abaissée ; souvent on voit survenir une constipation d'ailleurs assez facile à vaincre, parce qu'elle a pour cause l'atonie passagère de l'intestin. La lenteur des échanges nutritifs, en même temps que les modifications de la pression sanguine, apportent dans la quantité et la qualité du liquide urinaire des changements appréciables ; la diaphorise d'autre part est rarement abondante, malgré l'opinion contraire de quelques auteurs. Enfin il est un dernier point sur lequel les conclusions sont délicates à formuler parce que les renseignements sont difficiles à recueillir et parfois un peu suspects : Garreau s'est tiré d'embarras par une fine observation que nous ne pouvons mieux faire que de reproduire ici : « Cet amollissement, dit-il, s'étend » jusqu'aux animaux. J'avais en face de mes fenêtres les » habitants d'un colombier appartenant à l'hôtel voisin ; » les oiseaux de la déesse sont pourtant bien renommés » pour leur tendresse, mais, à Pau, ils font mentir la » mythologie [1]. »

1. — Journal humoristique d'un médecin phthisique, p. 360.

L'ensemble des considérations qui précèdent nous paraît établir nettement que l'influence dominante du climat de Pau est une influence sédative, puissamment sédative même, sans qu'on puisse aller toutefois jusqu'à la qualifier, comme on l'a fait, de débilitante. Que faut-il donc penser de l'opinion des auteurs qui, comme Schaër et Duboué, reconnaissent au climat de Pau des propriétés toniques, propriétés que lui contestent énergiquement Jaccoud et la plupart des climatologistes? Il semble qu'il y ait là surtout un malentendu; dans la première partie de son argumentation sur la tonicité du climat de Pau, Duboué [1] nous paraît être dans l'erreur en attribuant à ce climat une valeur tonique absolue chez l'homme sain; il est au contraire assurément dans le vrai lorsque, avec Schaër, il constate qu'il y a des malades dont Pau calme et fortifie à la fois l'organisme. C'est qu'en effet les agents de la médication tonique n'appartiennent pas tous, il s'en faut, à la catégorie des médicaments névrosthéniques, de ceux que Gubler appelait dynamophores; il n'est presque pas un agent vraiment actif de la matière médicale, qui, judicieusement employé, n'exerce une action indirectement tonique, en ramenant l'organisme à l'état physiologique : à ce titre, on peut dire que le bromure de potassium est le tonique des névropathes; c'est à ce titre aussi que Grancher [2], traitant magistralement un sujet ingrat, faisait spirituellement rentrer dans la médication tonique l'opium, les petites saignées et l'ouverture des abcès.

1. — Duboué. *Op. cit.* — On peut résumer l'argumentation en disant que Duboué se base sur le ralentissement du pouls pour conclure à une augmentation de tension artérielle, conformément à la loi de Marey (laquelle, comme toutes les lois physiologiques, n'est applicable que si aucune des conditions où est placé le sujet n'est modifiée); — de plus il conclut de *l'augmentation de tension* à une *augmentation de tonicité*, et sur ce point surtout son argumentation est discutable.

2. — Grancher. — *De la Médication tonique.* — Thèse d'Agrégat. — Paris, 1875.

C'est de cette manière indirecte, en agissant sur l'organisme à la façon d'un agent régulateur, que le climat de Pau peut être qualifié de tonique, et, dans ces conditions, il est évident qu'il ne saurait l'être que pour l'homme malade.

— Il reste à examiner quelle est l'influence du climat de Pau sur les différentes maladies, et principalement sur celle que l'on vient le plus souvent y soigner, c'est-à-dire sur la tuberculose pulmonaire ; ici encore, on l'a déjà vu, il s'en faut de beaucoup que l'accord soit parfait, et, si l'on voulait tenir compte de toutes les opinions émises, on aboutirait au chaos : aussi le meilleur parti est-il peut-être de dire très simplement et très brièvement ce que l'on croit être à peu près démontré par l'observation et l'expérience, aucune autre démonstration n'étant possible en matière de climatothérapie.

La première question qui se pose est la suivante : Doit-on envoyer *les phthisiques* à Pau ? A cette question, trop générale, aucune réponse légitime ne peut être faite ; la réponse au contraire est facile si l'on demande : Faut-il envoyer *certains phthisiques* à Pau ? et quels sont ces phthisiques ?

Les médecins, en effet, ne savent que trop sûrement qu'on ne guérit pas *la tuberculose ;* mais ils savent aussi que souvent, plus souvent qu'autrefois, on guérit *des tuberculeux ;* et, par là, le problème climatothérapique se simplifie, car, dès l'instant où le clinicien se résout à mettre au second plan *la maladie* pour prendre en considération supérieure *le malade,* il est immédiatemen éclairé dans son choix par l'action du climat sur l'homme sain ; et, en ce qui touche le climat béarnais, l'expérience confirme la théorie.

L'action physiologique du climat nous permet de penser que tous les malades chez lesquels les premières atteintes de la tuberculose se sont traduites par un ralentissement de la nutrition, par un affaissement général de l'activité fonctionnelle, avec peu ou pas de fièvre, d'amaigrissement ou d'hémoptysie, que tous ces malades, disons-nous, se trouveront mal, quelquefois très mal, du climat de Pau, — et c'est en effet ce qu'on observe. Mais qu'on prenne un malade qui, avant la première atteinte morbide, n'était ni lymphatique ni scrofuleux, chez lequel les premiers foyers bacillaires se sont accompagnés de poussées congestives presque toujours suivies d'hémoptysies, dont les plèvres impressionnables ne demandent qu'à s'enflammer et à ouvrir ainsi des succursales microbiennes, dont la température, avec ou sans grands écarts thermométriques, s'élève régulièrement tous les soirs, ou même deux fois par jour, au-dessus de la normale, dont le pouls est tendu, peu égal, facile à émouvoir, chez lequel enfin la suractivité des combustions interdit l'accumulation, et par suite l'utilisation, des éléments fournis par l'épargne organique d'origine intrinsèque ou extrinsèque, qu'on prenne, disons-nous, un tel malade, qu'on l'envoie à Pau, et l'on verra la nutrition mieux réglée se relever, les congestions actives se restreindre et s'atténuer, les hémoptysies devenir toujours plus faciles à maitriser et moins désastreuses dans leurs conséquences, quand toutefois elles ne disparaissent pas totalement ou presque totalement, la température se rapprocher d'abord de la normale, pour se confondre bientôt avec elle, la plèvre irritable demeurer plus silencieuse et plus étrangère aux désordres qui l'environnent, le pouls perdre sa dureté pour gagner en souplesse et en uniformité, et, pour tout résumer en un mot plus imagé que scientifique, la détente succéder à la tension.

Est-ce à dire que toutes les influences heureuses, énumérées dans le tableau qui vient d'être tracé, se réaliseront fatalement, intégralement, constamment au profit de tous les malades qui auront été, même légitimement, dirigés sur Pau? Non sans doute : les agents même de la matière médicale [1] ne sauraient nous promettre ni une action infaillible ni une action intégrale (parmi les plus fidèles d'entre eux, ni l'opium ne fait invariablement dormir, ni le sulfate de quinine ne coupe invariablement la fièvre), et les climats sont, à cet égard, plus infidèles encore que les substances médicamenteuses. Nous avons voulu seulement, dans ce tableau, rendre plus saisissantes, par leur groupement, les principales améliorations que l'on peut obtenir en totalité quelquefois, en majorité presque toujours, plus rarement d'une manière seulement partielle, d'un séjour d'un ou plusieurs hivers dans la station béarnaise.

On ne saurait oublier d'ailleurs que, en climatothérapie comme en thérapeutique générale, un échec est toujours possible; mais si l'adaptation du climat au malade a été judicieuse, cet échec sera rare, quelle que soit d'ailleurs la période anatomique atteinte par la tuberculose. Sans doute si le malade est *ad limina mortis,* mieux vaut adoucir sur place ses derniers moments que de lui donner le chimérique espoir d'une cure climatothérapique irréalisable; mais, en dehors de ce cas, le degré de la maladie ne saurait interdire le traitement climatérique si l'état général des grandes fonctions permet au malade d'en bénéficier. Ne sait-on pas en effet qu'il est tel caverneux dont la guérison est plus sûre que celle de tel autre malade auquel on ne trouvera pourtant qu'un peu de submatité et quelques craquements secs à l'un des sommets?

— Si nous restons dans le domaine de l'appareil respi-

1. — Il est peut-être utile de rappeler encore ici, puisque l'occasion se présente, que nous n'avons assimilé l'étude d'un climat à celle d'un médicament que pour la commodité même de cette étude. Trop de facteurs entrent dans la composition d'un climat, trop d'éléments perturbateurs peuvent, dans un espace de temps toujours long, modifier soit l'influence agissante, soit le sujet qui la subit, pour qu'une assimilation poussée plus loin, et d'ailleurs illégitime à d'autres titres, ne devienne pas inexacte.

ratoire, nous voyons que la bronchite légère (rhume) est fréquente à Pau chez les gens bien portants, qui ne s'astreignent pas, en passant du soleil à l'ombre, aux précautions fort simples que l'on impose aux malades ; en revanche, la bronchite sérieuse est rare, la bronchite grave exceptionnelle (Duboué). Quant à l'asthme, à Pau comme ailleurs, il se dérobe à toutes les prévisions, et subit des modifications tantôt favorables, tantôt défavorables ; ces dernières toutefois paraissent un peu plus fréquentes.

Si l'on excepte l'insuffisance aortique, l'angine de poitrine, et peut-être quelques cardiopathies artérielles, sur lesquelles le climat de Pau paraît exercer une action modératrice qui peut être utilisée, sans devoir être spécialement recherchée, on peut dire que ce climat est défavorable aux cardiaques ; tout au plus peut-on y laisser venir, pour d'autres causes, les malades à lésions valvulaires jeunes et solidement compensées ; mais ceux chez lesquels on trouve une asystolie même encore indécise ou seulement imminente devront choisir un autre climat.

— Les maladies de l'appareil digestif ne sont favorablement modifiées que si elles sont sous la dépendance d'une inflammation chronique ou à poussées subaiguës des muqueuses.

— Les affections hépatiques et rénales — celles du moins qui ne relèvent pas de l'arthritisme, comme la gravelle du foie et du rein — ne sont guère de nature à être influencées par les climats tempérés. Seul, le mal de Bright nous a paru subir cette influence, qui s'est d'ailleurs exercée dans un sens tantôt favorable, tantôt défavorable : le nombre trop restreint des faits que nous avons pu observer ne permet à cet égard aucune conclusion.

— Si, par le caractère ordinairement définitif de leurs lésions anatomiques, les maladies du système nerveux échappent le plus souvent à l'influence du milieu ambiant, quelques-unes d'entre elles peuvent cependant bénéficier de cette influence. Parmi les affections nerveuses à lésions irrévocables, il n'y en a guère qu'une où l'action sédative du climat de Pau puisse avoir quelque utilité, et encore est-ce seulement en atténuant la fréquence ou l'intensité des crises douloureuses, nous voulons parler de l'ataxie locomotrice progressive. — Cette action trouve encore à être utilisée dans l'hystérie, dans la chorée (à la condition de lui associer une médication tonique qui empêche la sédation d'aller jusqu'à la dépression). Enfin, puisque l'air de Pau est, à proprement parler, du *bromure de potassium atmosphérique,* il serait surprenant qu'il ne rendit pas de réels services chez les épileptiques : il en rendra, en effet, en éloignant et en atténuant les crises convulsives, pourvu toutefois qu'il ne s'agisse pas de cette épilepsie invétérée et à crises quotidiennes ou multi-quotidiennes qu'on a quelquefois désignée sous le nom d'*épilepsie des asiles.* Dans l'épilepsie sans crises convulsives, avec vertiges ou absences seulement, l'action climatothérapique nous a paru nulle ; peut-être même le léger degré d'hébétude habituel à ces malades est-il augmenté.

Ajoutons que les névralgies ont à Pau des fortunes très diverses : quelques-unes disparaissent presque complètement pendant toute la durée du séjour ; beaucoup s'atténuent, mais il faut reconnaître que quelques-unes subissent d'intolérables exaspérations.

— Nous avons dit ailleurs ce qu'il fallait penser de l'influence palustre, dont le souvenir subsiste seul aujourd'hui, si bien que les palustres des autres pays peuvent venir à Pau sans crainte de réveiller leurs hématozoaires endormis, et même avec profit, en raison de la pureté de l'atmosphère.

— Reste la question fort controversée du rhumatisme ; il semble que là encore il n'y ait qu'un simple malentendu, et que tout le monde ait raison — ou tort ; en effet, les douleurs rhumatismales, rhumatoïdes, sont fréquentes à

Pau, et, en ce sens, le rhumatisme y est commun ; mais le rhumatisme articulaire aigu vrai, avec fièvre constante et manifestations cardiaques éventuelles, y est à peu près inconnu, et, en ce sens, le rhumatisme y est réellement rare.

— Nous ne dirons rien de la goutte, si ce n'est peut-être que les attaques aiguës paraissent être à Pau moins vives et moins fréquentes, tandis que les autres manifestations goutteuses s'y accentuent. Garreau, qui observait bien, mais qui parait avoir été un arthritique renforcé, veut qu'on écarte de Pau tous les arthritiques, quel que soit leur grade dans l'armée de l'arthritisme ; le conseil est peut-être excessif, sous cette forme absolue, mais il est bon en somme. On conçoit d'ailleurs, d'après ce qui a été dit, que le climat béarnais ne peut être que défavorable à tout le groupe pathologique que Bouchard désigne, et décrit magistralement, sous le nom de « *maladies par ralentissement de la nutrition* ».

— Il est enfin une dernière catégorie de malades, ou tout au moins de « souffrants » qui trouvent à Pau une guérison certaine, et d'ordinaire rapide : ce sont les surmenés. Ce ne sont pas des neurasthéniques au vrai sens du mot, ou du moins ne le sont-ils qu'accidentellement ; ce sont des artistes, des hommes de lettres, des savants, qui ont demandé à leurs forces intellectuelles, ou parfois même physiques, un effort d'une intensité trop longue ou trop vive : ce sont aussi des hommes d'affaires, des industriels, dont le système nerveux fléchit sous le poids des responsabilités morales ou pécuniaires inhérentes à leur situation : une heure vient parfois où leurs centres nerveux surmenés deviennent également impropres à l'activité et au repos ; ils perdent alors le sommeil et l'appétit, et éprouvent une sensation douloureuse d'anéantissement physique et d'impuissance intellectuelle : ils ont une véritable asystolie du système nerveux. Il est remarquable que, pendant le début de leur séjour à Pau (huit à quinze jours), cette sensation pénible ne fait que s'aggraver ; mais s'ils persistent dans leur cure climatérique, ils voient reparaître d'abord le sommeil, puis l'appétit, puis enfin l'aptitude et le goût du travail ; et, en quelques semaines ou en peu de mois, l'équilibre nerveux est rétabli, — et le malade est guéri.

C. — Indications et contre-indications. — Conseils aux malades. — Des considérations qui précèdent, il est aisé de déduire les indications et les contre-indications du climat de Pau.

Ce climat convient :

1° Aux enfants, quand ils sont plus excitables que lymphatiques ;

2° Aux vieillards dont il économise les organes affaiblis ;

3° Aux tuberculeux éréthiques (et nous entendons ici l'éréthisme du malade encore plus que celui de la maladie) ;

4° Aux bronchitiques, presque sans avoir égard à la forme de la bronchite ;

5° A quelques malades atteints d'affections cardio-vasculaires, sans risque ou menace d'asystolie ;

6° A quelques cas chroniques ou subaigus d'affections catarrhales de l'intestin ;

7° Aux ataxiques (contre l'élément douleur seulement) ;

8° Aux hystériques en général ;

9° Aux choréiques ;

10° A la plupart des épileptiques avec crises convulsives ;

11° Aux surmenés.

Il ne convient pas :

1° Aux enfants de constitution molle ou lymphatique ;

2° Aux vieillards à réactions insuffisantes ;

3° Aux tuberculeux torpides (ici encore, c'est du malade surtout plus que de la maladie qu'il s'agit) ;

4° Aux cardiaques à lésions valvulaires avec possibilité ou imminence d'asystolie ;

5° Aux sujets qui présentent des signes d'atonie stomacale ou intestinale ;

6° Aux épileptiques non convulsifs ;

7° Aux arthritiques et aux goutteux.

Il donne des effets qui peuvent varier du tout au tout : 1° chez les asthmatiques ; 2° chez les brightiques ; 3° chez les névralgiques.

Il est neutre, mais plutôt favorable, chez les palustres.

Il est défavorable aux rhumatisants apyrétiques qui y ont fréquemment des douleurs, — mais plutôt favorable aux malades ayant eu des attaques de rhumatisme articulaire aigu avec fièvre.

— Suffit-il, pour être vraiment utile aux malades, d'avoir posé les indications et les contre-indications d'une station climatothérapique ? Nous ne le pensons pas : il faut encore, s'ils veulent bénéficier d'un séjour dans un climat donné, qu'ils ne perdent pas de vue quelques préceptes essentiels et trop souvent ignorés ou négligés.

Tout d'abord, un malade qui se dirige vers une station climatothérapique, quelle qu'elle soit, doit savoir qu'il n'est aucun climat qui possède par lui-même, par ses seules propriétés ou particularités atmosphériques, le pouvoir de guérir, d'enrayer ou de modifier la tuberculose pulmonaire ; considéré isolément, le climat est un adjuvant utile, parfois très utile ou même indispensable, de la guérison ou de l'amélioration ; jamais, et à aucun titre, il n'en saurait être considéré comme l'agent exclusif.

Il faut savoir ensuite que la cure climatothérapique n'est accessible qu'aux malades riches, ou tout au moins dans une situation de fortune aisée ; cette assertion pourra paraître cruelle à l'égard des malades à bourse modeste ; mais bien plus cruelle encore serait la désillusion inévitable d'un malade trop pauvre, à qui l'on infligerait un déplacement à la fois onéreux pour ses faibles ressources et stérile pour la guérison de son mal. Le malade qui se déplace pour rechercher les bienfaits d'une station d'hiver doit trouver dans cette station au moins le confortable dont il jouissait chez lui. Louis avait raison de dire qu'il ne faut demander à un climat que ce qu'il peut raisonnablement donner ; nous avons vu des malades trop peu fortunés quitter une installation suffisamment hygiénique, et relativement favorable, pour passer l'hiver à Pau en s'entassant trois ou quatre (le père, la mère et un ou deux petits enfants) dans une vaste, mais unique, chambre d'hôtel. Nous demanderons s'il est raisonnable de supposer qu'un séjour dans le Midi puisse être utile dans de pareilles conditions.

Il faut, en outre, lorsqu'on entreprend une cure climatothérapique, être préparé et résigné d'avance à passer plusieurs hivers dans la station choisie. Duboué, dans sa monographie du climat de Pau, a donné à ce sujet de judicieux conseils auxquels il n'y a qu'à s'associer pleinement.

Le logement choisi par le malade devra contenir au moins deux pièces exposées au midi, d'abord sa chambre à coucher (laquelle devra être vaste et disposée de manière à se prêter aux exigences de la ventilation nocturne), ensuite la pièce où il se tiendra durant la journée ; car, sous aucun prétexte, il ne doit habiter pendant le jour la chambre dans laquelle il couche.

Dans les climats méridionaux, le malade doit éviter, pendant les heures les plus chaudes de la journée, les promenades trop ardemment chauffées par le soleil, parce qu'il ne saurait quitter ces promenades, pour regagner son domicile, sans s'exposer à un refroidissement inévitable. — C'est aussi dans les journées les plus chaudes qu'il devra rentrer, ou se réfugier dans un endroit clos, pendant les deux demi-heures qui précèdent et qui suivent le coucher du soleil, cette période de la journée étant celle où le refroidissement de l'atmosphère est d'autant plus vif que les rayons du soleil ont été plus chauds : il est tel malade à qui l'on pourra sans inconvénient permettre les sorties du soir, et à qui on devra interdire le séjour au grand air à l'heure du coucher du soleil, à la fin d'un jour clair.

En résumé, pas plus qu'il ne le dispense de continuer le traitement médicamenteux institué par son médecin, le climat ne dispense le malade d'aucune des précautions ordinaires et élémentaires auxquelles il est astreint ; ce n'est pas la tâche la moins ardue du médecin, dans les villes d'hiver, de rappeler son client à l'accomplissement de pratiques hygiéniques parfois minutieuses, et dont le malade se croit trop souvent libéré par le fait même de son séjour dans une station hivernale. A l'inverse du préteur antique, qui ne s'occupait pas des petites choses, le médecin, quel que soit le climat sous lequel il exerce, doit surveiller son malade, moins encore au point de vue des grandes lignes du traitement, que celui-ci d'ordinaire ne néglige guère, qu'au point de vue des menus détails d'hygiène, dont l'observance, à la fois stricte et persévérante, contribue autant, et quelquefois plus, à la guérison, que la fidélité la plus méritoire aux agents médicamenteux.

Il faut en effet bien le savoir, — et le répéter souvent pour que l'on s'en souvienne quelquefois, — *le climat ne remplace rien, le climat ne dispense de rien.*

On nous reprochera peut-être la banalité des lignes qui précèdent, on pensera que ces conseils et ces préceptes très généraux seraient à la rigueur suffisamment imposés par le plus humble bon sens ; mais comme l'on voit, dans toutes les stations d'hiver, ces conseils quotidiennement méconnus et ces préceptes quotidiennement violés par des gens d'ailleurs fort éclairés, il y a peut-être, à les répéter une fois de plus, moins de candeur qu'on ne pense.

II — HYGIÈNE

Une étude complète de l'hygiène de la ville de Pau comporterait des développements dans lesquels il est impossible d'entrer ici. Forcé de nous restreindre, nous étudierons seulement les trois points fondamentaux qui permettent de donner une idée suffisamment exacte de l'hygiène d'une ville ; nous nous occuperons d'abord de l'alimentation hydraulique, puis de l'installation des égoûts, et nous terminerons ce chapitre par une courte étude sur la mortalité de la ville de Pau, considérée tant au point de vue général que dans ses rapports avec la morbidité.

Sur les deux premiers points, nous avions demandé à M. Thérel, Ingénieur des Ponts et Chaussées, de vouloir bien nous fournir quelques renseignements techniques ; non seulement M. Thérel a répondu à notre appel avec la plus courtoise obligeance, mais il nous a remis une note à la fois si succincte et si précise, il a si bien et si clairement dit tout ce qu'il y avait à dire qu'il eût été tout à fait présomptueux de notre part d'espérer mieux faire ; aussi les deux paragraphes suivants, qui sont relatifs au régime des eaux et aux égouts, sont-ils entièrement dus à cet ingénieur distingué, que nous ne saurions trop remercier ici du précieux concours qu'il a bien voulu nous prêter.

EAUX ET ÉGOUTS

1° Eaux.

La ville de Pau est alimentée par une source dite « *l'œil du Néez* » qui en est distante de 18 kilomètres environ. Cette source possède en toute saison un débit abondant et une très faible partie seulement en est distraite pour l'alimentation de Pau. L'eau en est d'excellente qualité pour la boisson. Son degré hydrométrique est environ de 13°.

La source jaillit au pied d'un massif de terrain crétacé supérieur, bouleversé par les soulèvements des Pyrénées, fissuré, et présentant à côté même de la source la grotte intéressante de Rébénacq. Aussi, lors des pluies persistantes, constate-t-on dans l'eau de la source la présence de particules terreuses qui la troublent un peu.

Mais c'est là un faible inconvénient, car le trouble se produit rarement et il est dû à des substances inoffensives ; il disparaît en laissant quelque temps au repos l'eau destinée à la boisson, et il ne cause aucune gêne pour les autres usages domestiques.

A la source de Rébénacq, l'eau destinée à la ville de Pau s'introduit dans un canal en béton de forme rectangulaire *(Fig. 1)* qui, interrompu par cinq siphons en tuyaux de fonte pour la traversée des vallons, conduit l'eau par sa pente jusqu'au réservoir de Guindalos, placé en tête de la distribution d'eau en ville.

La longueur totale de conduite libre ou forcée est d'environ 22 kilomètres.

La construction date de 1865. Elle a subi en 1882 d'importantes réparations.

Eaux.

Fig. 1.

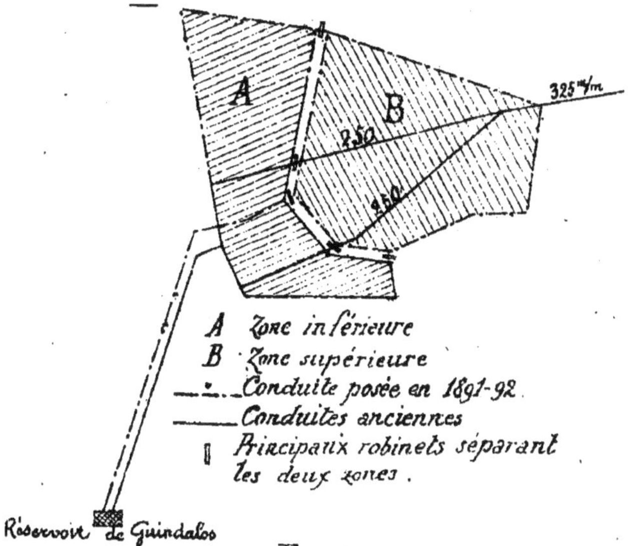

Fig. 2.

Egouts.

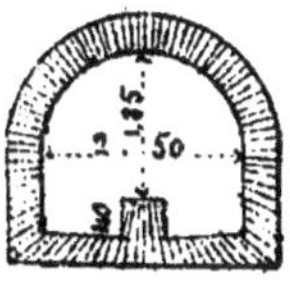

Fig. 3.

Fig. 4.

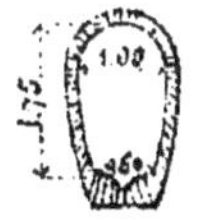

Fig. 5.

Fig. 6.

Appareil de chasse pour égout

en tuyaux de grès — visitable

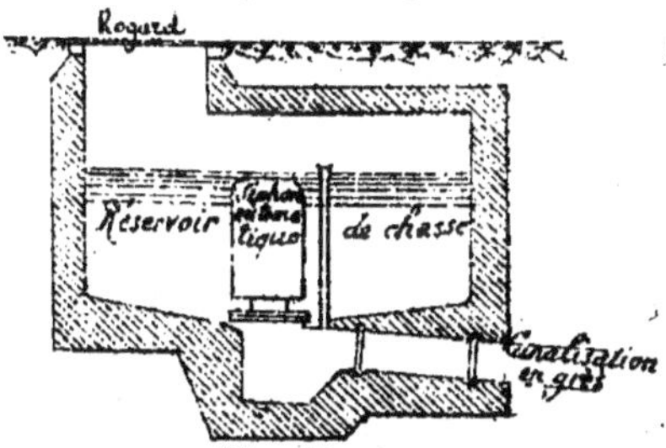

Fig. 7.

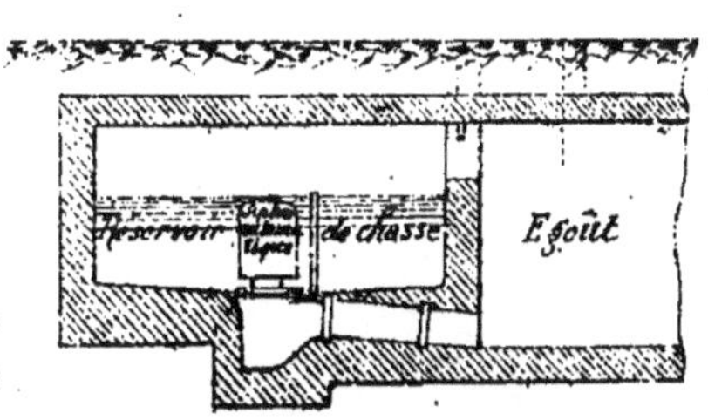

Fig. 8.

Sans cesser de fonctionner comme conduite libre ou sous pression, le conduit en béton peut amener aujourd'hui au réservoir un débit de 104 litres par seconde, soit 8.985 mètres cubes par 24 heures.

Le réseau de distribution en ville par tuyaux de fonte, exécuté aussi vers 1865, comprend essentiellement une conduite de 325 millim. de diamètre se divisant en deux conduites de 250 millim. qui se réunissent pour se terminer par une conduite de 325 millim. Sur cette ossature *(Fig. 2)* sont branchées les conduites établies dans les rues de la ville.

Mais, depuis 1865, la ville de Pau a pris une extension considérable, surtout vers le Nord et vers l'Est.

En même temps que les abonnements à l'eau se multipliaient, il devenait nécessaire d'étendre la canalisation par de nouvelles conduites, précisément dans les quartiers du Nord et de l'Est les plus éloignés du réservoir.

Aussi, dans ces parties hautes de la ville, l'eau n'arrivait-elle pendant le jour qu'avec une pression insuffisante pour desservir les étages. Il a fallu recourir à des réservoirs sous-combles, se remplissant pendant la nuit et alimentant la maison pendant le jour.

En service normal, la distribution d'eau en ville livrait passage à 52 litres par seconde, soit la moitié seulement du volume qu'on pouvait amener de Rébénacq à Guindalos.

Un remaniement de la distribution en ville a été étudié en vue de porter sa capacité à 104 litres par seconde, égale à celle de la conduite entre Rébénacq et le réservoir de Guindalos.

Les travaux doivent être terminés en 1892. La dépense prévue est de 220.000 fr.

Le principe du projet en cours d'exécution est le suivant *(Fig. 2)* :

1° Créer une nouvelle conduite entre le réservoir de Guindalos et la ville ;

2° Diviser le réseau existant, en le complétant, en deux réseaux distincts, séparés en service normal à l'aide de robinets, et affectés :

a) — Le réseau alimenté par la conduite de 325 millim., existante, à la zone inférieure de la ville ;

b) — Le réseau alimenté par la conduite de 350 millim., posée en 1891, à la zone supérieure.

La différence de niveau entre les deux points les plus élevés des deux zones est d'environ 6 mètres.

Déjà, par la pose d'une nouvelle conduite alimentaire, la pression dans le centre de la ville est passée de 2 à 3 atmosphères. A la fin de l'année 1892 les quartiers supérieurs de la ville seront complètement indépendants des quartiers inférieurs et seront alimentés dans des conditions aussi satisfaisantes.

La capacité totale des deux réseaux maillés atteindra les 104 litres par seconde disponibles, ce qui, pour une population agglomérée à desservir de 32.000 habitants, donne 280 litres par habitant et par jour.

2° Égouts.

C'est vers l'année 1874 que la ville de Pau a entrepris l'exécution d'un réseau complet d'égouts visitables. On a exécuté en premier lieu un collecteur général en maçonnant et recouvrant le lit du ruisseau le Hédas *(Fig. 3)*. Ce ruisseau coule au fond d'un ravin qui traverse de l'Est à l'Ouest le plateau sur lequel s'étend la ville de Pau.

Les égouts secondaires ont été construits en béton de ciment, sauf quelques rares exceptions, suivant le profil de la *Fig. 4*.

Un arrêté municipal du 7 septembre 1874 avait institué à Pau le *tout à l'égout* en prescrivant à chaque propriétaire de construire dans son immeuble un égout conduisant les matières fécales, les eaux ménagères et la plus grande partie possible des eaux pluviales de sa propriété dans l'égout public le plus voisin.

Ainsi, alors que la Commission technique de l'Assainissement de Paris ne se prononçait qu'en 1880 fermement en faveur du *tout à l'égout*, après l'énergique campagne menée par MM. Alphand et A. Durand-Claye, dès 1874 ce système, base de l'hygiène de toute agglomération, était institué à Pau. Les tableaux de la mortalité montrent qu'il n'a pu être que favorable à cette ville.

Mais, dans ces dix dernières années, la ville de Pau s'est beaucoup étendue vers le Nord et vers l'Est et le réseau des égouts existants ne dessert pas les quartiers nouvellement bâtis, principalement habités par la population ouvrière.

La municipalité s'est vivement préoccupée de cette situation et elle a adopté le 2 avril 1892 un projet d'extension du réseau des égouts qui comprend la création d'un collecteur secondaire visitable *(Fig. 5)* recueillant des égouts en tuyaux de grès vernissé.

Sur ce nouveau réseau seront distribués des réservoirs de lavage *(Fig. 7)* alimentés par la distribution d'eau en ville et pourvus d'appareils de chasse automatique du système Geneste-Herscher. La dépense prévue est de 310.000 fr.

En outre, la municipalité a reconnu combien il est avantageux, au point de vue de l'assainissement, d'assurer l'entraînement rapide par l'eau des matières légères déversées à l'égout, ainsi que le délavage des dépôts plus lourds jusqu'à ce que le curage à bras d'homme vienne les enlever, et elle a décidé l'établissement de réservoirs de lavage avec appareils de chasse automatique sur le réseau des égouts existants *(Fig. 8)*. La dépense prévue de ce chef s'élève à 90.000 francs.

Ajoutons enfin que le ruisseau Hédas couvert fonctionne parfaitement comme égout collecteur partout où se trouve réalisé le profil de la *Fig. 3*. Mais, vers son extrémité aval, il présente des défectuosités qui ont conduit à l'étude d'une déviation du dit collecteur dans cette partie. La partie déviée affectera le profil de la *Fig. 6*. Ce projet se relie d'ailleurs à celui de la création par la ville de Pau du Boulevard des Pyrénées qui doit régner tout le long de la façade Sud de la Ville. La dépense prévue s'élève à 300.000 francs.

Dans la visite qu'il a faite à Pau en janvier 1891, pour répondre à la municipalité de la ville qui lui demandait un programme d'assainissement et d'embellissement, M. Alphand a donné son entière approbation aux dispositions dont nous venons de donner la description sommaire.

On peut dire qu'après leur exécution, la ville de Pau possèdera un outillage de salubrité parfait qui contribuera à rendre plus rapide encore dans l'avenir que dans le passé la prospérité de cette ville si admirablement située.

MORTALITÉ ET MORBIDITÉ

Chargé depuis huit ans de la direction du Bureau municipal d'Hygiène de Pau, nous avons pu constater, soit directement, depuis la création de ce service, soit en compulsant les documents antérieurs que nous avions à notre disposition, que la Ville ne laisse rien à désirer au point de vue sanitaire, que la mortalité y est faible, les épidémies graves inconnues, les épidémies bénignes rares. Nous sommes d'ailleurs en mesure de le démontrer par les documents statistiques qui vont suivre.

Nous avons tout d'abord à étudier la mortalité générale de la Ville ; mais ici quelques explications sont nécessaires : en effet, outre la population recensée, il existe à Pau une colonie étrangère hivernale, en majeure partie composée de malades, et donnant par conséquent une mortalité assez élevée, qui ne saurait légitimement être attribuée à la Ville, et qui fausserait sensiblement le calcul du taux général de la mortalité ; ce taux serait, en outre, faussé plus gravement encore par la présence, sur le territoire de la commune, d'un asile d'aliénés qui renferme environ sept cents personnes ; or, on sait que la mortalité des asiles est exceptionnellement élevée. Il y a donc lieu d'écarter ces deux causes d'erreur ; pour la première, il n'y a qu'à retrancher chaque année le nombre des décès étrangers, puisque ce chiffre se rapporte à une population non recensée ; pour la seconde, la population de l'asile étant comptée dans le recensement, il est nécessaire de retrancher à la fois cette population spéciale et la mortalité qui lui est afférente.

C'est ce que nous avons fait dans le tableau suivant, qui porte sur dix-neuf années (1873-1891), l'absence de documents authentiques ne nous ayant pas permis de remonter plus haut. La population de Pau, de 1873 à 1879, peut être fixée à 28.000 habitants, et sans l'asile, à 27.300 ; — de 1880 à 1885, à 30.000 habitants, et, sans l'asile, à 29.300 ; — de 1886 à 1889, à 30.700 habitants, et, sans l'asile, à 30.000 ; — en 1890 et 1891, elle est de 33.100 habitants, et, sans l'asile, de 32,400. Ce sont ces chiffres qui ont servi de base à nos calculs. Toutefois nous avons cru ne devoir donner le chiffre et le taux *rectifiés* de la mortalité qu'après avoir fait connaître le chiffre et le taux *bruts*. Le taux de la mortalité est naturellement calculé par an et pour 1.000 vivants, suivant l'usage adopté dans les statistiques analogues. — Ajoutons que dans ce tableau, les années auxquelles correspond un changement du chiffre de la population sont distinguées par des chiffres italiques.

ANNÉES	CHIFFRE BRUT de la mortalité.	TAUX « BRUT » de la mortalité par an et pour 1.000 vivants.	CHIFFRE RECTIFIÉ de la mortalité, déduction faite des décès étrangers (population non recensée) et des décès de l'asile des aliénés ainsi que de la population de cet asile.	TAUX « RECTIFIÉ » de la mortalité par an et pour 1.000 vivants.
1873	668	23.85	533	19.52
1874	666	23.78	535	19.59
1875	691	24.68	574	21.02
1876	741	26.46	603	22.09
1877	684	24.43	544	19.93
1878	679	24.25	565	20.69
1879	708	25.29	585	21.43
1880	703	23.43	579	19.76
1881	676	22.53	547	18.67
1882	688	22.93	559	19.11
1883	688	22.93	561	19.14
1884	786	26.20	663	26.04
1885	702	23.40	560	19.11
1886	641	20.88	518	17.27
1887	714	23.26	568	18.93
1888	731	23.81	633	21.10
1889	670	21.82	578	19.27
1890	712	21.51	592	18.27
1891	779	23.53	652	20.12

Ainsi, pour ces dix-neuf années, le chiffre moyen brut de la mortalité annuelle est de 701 décès, — le chiffre rectifié de 576 décès.

Il résulte en outre de ce tableau que, pour cette même période, le taux brut moyen de la mortalité, par an et pour 1000 vivants a été de 23.63, et le taux rectifié moyen, *qui seul est exact,* de 20.05, — soit plus de 2 pour cent au-dessous du taux de la mortalité générale de la France, qui dépasse 22.

— Si nous passons à l'étude de la mortalité spéciale par diverses maladies, nous voyons que la *tuberculose pulmonaire,* — déduction faite des décès étrangers qui fausseraient sensiblement cette statistique, — donne pour la population recensée, les chiffres suivants de décès :

1873	72	1878	63	1883	104	1888	92
1874	88	1879	66	1884	78	1889	87
1875	80	1880	89	1885	74	1890	94
1876	80	1881	71	1886	100	1891	67
1877	81	1882	62	1887	84		

Soit une moyenne annuelle de 80.63 décès.

— Le *croup* donne les chiffres suivants de décès :

1873	4	1878	13	1883	4	1888	16
1874	4	1879	17	1884	14	1889	6
1875	15	1880	9	1885	14	1890	16
1876	16	1881	12	1886	15	1891	16
1877	9	1882	18	1887	2		

Soit une moyenne annuelle de 11.58.

Ce chiffre est un peu élevé, mais il est dû à la difficulté, ou pour mieux dire, à l'impossibilité, de faire prendre aux parents des enfants pauvres atteints de croup les précautions les plus élémentaires d'isolement et de désinfection. Dans certains quartiers misérables, on est sûr dès qu'un cas de croup se manifeste, d'en voir apparaître plusieurs autres dans les maisons voisines, et, en l'absence de toute loi sur l'hygiène, on est désarmé. Nous ferons remarquer d'ailleurs que parmi les deux cent vingt enfants qui ont succombé au croup dans cette période de dix-neuf années, trois ou quatre seulement appartenaient à des familles aisées, et pas un seul à la colonie étrangère.

— Dans le relevé des décès par *fièvre typhoïde,* nous indiquons séparément les décès civils et militaires :

ANNÉE	Décès civils	Décès militaires	TOTAL	ANNÉE	Décès civils	Décès militaires	TOTAL
1873	22	2	24	1883	10	2	12
1874	23	1	24	1884	16	4	20
1875	8	6	14	1885	11	2	13
1876	30	14	44	1886	10	6	16
1877	9	4	13	1887	6	6	12
1878	8	2	10	1888	8	1	9
1879	9	1	10	1889	5	3	8
1880	10	1	11	1890	10	2	12
1881	19	4	23	1891	3	1	4
1882	21	0	21				

Soit une moyenne annuelle de 12.53 décès pour la population civile et de 3.26 pour la population militaire, ce qui donne une moyenne générale de 15.79.

Il est à peine nécessaire de faire remarquer d'abord que ce chiffre est très faible, ensuite que la mortalité typhique suit, en somme, à Pau, une marche décroissante.

— On remarquera dans le tableau suivant, fourni par la *rougeole,* trois petites épidémies (1879-1884-1888), en dehors desquelles la mortalité due à cette affection est très faible :

1873	0	1878	2	1883	0	1888	35
1874	2	1879	23	1884	36	1889	0
1875	0	1880	1	1885	4	1890	0
1876	1	1881	1	1886	1	1891	0
1877	0	1882	1	1887	1		

Soit une mortalité annuelle moyenne de 5.73.

— La *variole* n'avait donné que six décès en dix-huit ans, lorsqu'en 1891 elle fut importée par un vagabond, qui fut recueilli d'abord au poste de police, puis à l'hôpital, où l'éruption apparut quelques heures après son entrée ; quelque promptitude que l'on ait mise à isoler le malade, quelque diligence que l'on ait apportée à pratiquer les vaccinations et revaccinations, on n'a pu empêcher la maladie de se propager dans une mesure très restreinte, mais suffisante cependant pour donner vingt-deux décès. On conçoit qu'aucune ville n'est à l'abri de ces importations accidentelles. Le tableau suivant montre que la ville était restée indemne de toute épidémie variolique, et presque de toute variole, depuis l'année 1870-71, où nulle région de la France n'échappa au fléau :

1873	0	1878	0	1883	0	1888	0
1874	0	1879	0	1884	0	1889	0
1875	1	1880	0	1885	1	1890	0
1876	0	1881	1	1886	0	1891	22
1877	1	1882	2	1887	0		

La moyenne annuelle est ici de 1.47, mais on voit de suite à quel point elle est modifiée par la petite épidémie de 1891.

— La *scarlatine* est très rare à Pau, ainsi que l'on en pourra juger par les chiffres suivants :

1873	0	1878	0	1883	0	1888	2
1874	0	1879	1	1884	1	1889	0
1875	0	1880	0	1885	2	1890	1
1876	0	1881	0	1886	2	1891	1
1877	1	1882	1	1887	4		

Soit une moyenne annuelle de 0.84 décès.

— Les chiffres qui précèdent appartiennent à la statistique absolue ; il ne sera peut-être pas inutile pour ceux de nos lecteurs, auxquels les données statistiques ne sont pas familières, de donner ici quelques chiffres de statistique comparative.

La Municipalité de Bordeaux nous a facilité cette tâche par la publication récente d'un important relevé comparatif entre les grandes villes de France et les principales villes de la région. Nous reproduisons ici les chiffres qui se rapportent à la fièvre typhoïde, à la variole, à la rougeole et à la diphthérie pour la période quinquennale qui s'étend de 1886 à 1890 inclus. Suivant les usages de la statistique démographique le taux de la mortalité pour ces diverses maladies infectieuses est calculé par an et pour 10.000 habitants.

Fièvre typhoïde. — Libourne : 1.64. — Lille : 2.20. — Dunkerque : 2.54. — Lyon : 2.84. — La Rochelle : 3.14. — Bayonne : 3.64. — **Pau** : 3.76. — Périgueux : 4.06. — Paris : 4.38. — Toulon : 4.50. — Nantes : 5.50. — Bordeaux : 5.88. — Rochefort : 6.82. — Agen : 6.84. — Nice : 7.62. — Rouen : 7.64. — Toulouse : 8. — Brest : 8.35. — Tarbes : 8.60. — Marseille : 9.98. — Montpellier : 10.39. — Cette : 10.40. — Cherbourg : 15.28. — Angoulème : 15.50. — Bergerac : 16.70. — Le Havre : 17.60.

Variole. — Angoulême : 0.24. — **Pau :** 0.3. — Bordeaux : 0.38. — Nantes : 0.49. — Dunkerque : 0.56. — Auch : 0.6. — Bergerac : 0.6. — Bayonne : 0.72. — Lyon : 0.72. — Paris : 0.88. — Agen : 0.9. — Lille : 1.31. — Rochefort : 1.76. — Rouen : 1.92. — Toulouse : 3.39. — Périgueux : 4.4. — Toulon : 4.82. — Le Havre : 4.92. — Montpellier : 6.64. — Nice : 7. — Brest : 13.08. — Cette : 15.1. — Marseille : 15.78.

Rougeole. — Auch : 0.5. — Nantes : 2.11. — **Pau :** 2.42. — Lyon : 2.62. — Toulon : 3.16. — Toulouse : 3.22. — Bordeaux : 3.38. — Bayonne : 3.56. — Agen : 3.66. — Le Havre : 4.05. — Rouen : 4.06. — Dunkerque : 4.44. — La Rochelle : 4.94. — Paris : 5.06. — Nice : 5.34. — Brest : 5.76. — Angoulême : 6.5. — Montpellier : 6.36. — Bergerac : 6.76. — Marseille : 7.16. — Périgueux : 7.22. — Tarbes : 7.74. — Lille : 8.36. — Cherbourg : 9.74. — Rochefort : 12. — Cette : 13.42.

Diphthérie. — Libourne : 1.08. — Agen : 1.92. — Cherbourg : 2.08. — Angoulême : 2.96. — **Pau :** 3.54. — Rochefort : 4.40. — Bayonne : 4.80. — Nantes : 4.88. — La Rochelle : 4.95. — Lille : 4.97. — Le Havre : 5.16. — Bordeaux : 5.20. — Rouen : 5.22. — Brest : 5.44. — Lyon : 5.45. — Bergerac : 6.10. — Périgueux : 6.82. — Dunkerque : 6.88. — Paris : 7.20. — Montpellier : 8.54. — Tarbes : 9.26. — Toulon : 9.26. — Nice : 10.16. — Cette : 10.50. — Marseille : 13.84.

— Aux chiffres déjà si intéressants publiés par la Municipalité Bordelaise, il convient assurément d'ajouter ceux qui ont été relevés par la Direction de l'Assistance et de l'Hygiène publiques au Ministère de l'Intérieur, et qui ont été communiqués au Conseil municipal par M. H. Faisans, maire de Pau, dans la séance du 23 octobre 1891.

Nous empruntons à ce document important les considérations et les chiffres suivants :

La mortalité générale dans les villes de France en 1890 est étudiée dans des tableaux qui embrassent 573 localités. Certaines d'entre elles ont des établissements dans lesquels se produit un nombre de décès susceptible d'exercer une influence plus ou moins considérable sur la mortalité générale. L'Asile des aliénés de Pau est de ce nombre. Les pensionnaires de St-Luc, dont le nombre progresse chaque année, qui nous sont envoyés par les départements voisins, et, quand ils paient leurs frais d'entretien, par tous les points du territoire, sont, en effet, par la nature même de leur maladie, exposés à des chances de mort qui abaissent considérablement pour eux la moyenne de la durée de la vie. Les décès, qui sont par conséquent plus nombreux et comptés avec ceux de la ville, rehaussent illégitimement la moyenne générale.

Il y aurait à faire une seconde rectification. Le dernier recensement a établi que Pau comptait 33.111 habitants ; les calculs qui suivent n'ont pris pour base qu'une population de 30.624 habitants, celle qui avait été révélée par le recensement de 1886, soit 2.500 en moins. Il est donc certain que la proportion pour 1.000 a été majorée de ce chef.

Et cependant, malgré ces deux causes d'erreur, tout à notre préjudice, notre ville occupe un rang excellent, qui serait encore beaucoup amélioré si l'on faisait un calcul normal.

En prenant pour points de comparaison les villes dont la population est égale ou supérieure à la nôtre, on trouve que la mortalité générale, dans l'année 1890, a été, pour 1.000 habitants :

Marseille............	34.4	Caen...............	31.2
Bastia	33.9	Lorient............	31.1
Rouen	33.2	Toulon.............	31
Brest...............	32.8	Avignon...........	30.5
Le Havre...........	32.4	Tourcoing..........	30.5
Levallois-Perret.....	32.1	St-Denis...........	29.7

Grenoble..........	29.6	Cette..............	25.8
Béziers.............	29.5	Besançon..........	25.8
Reims.............	29.5	Limoges...........	25.7
Toulouse..........	28.5	Nancy.............	25.5
Aix.................	28.5	Roubaix...........	25.5
St-Etienne..........	28.5	Laval..............	25.4
Dunkerque..........	27.9	Nantes.............	25.3
Nîmes.............	27.9	Clermont-Ferrand....	25
Versailles..........	27.6	Rochefort..........	24.8
Angers.............	27.2	Lyon...............	24.5
Lille...............	27.2	Angoulême.........	24.3
Perpignan..........	26.8	Paris..............	24.1
Tours..............	26.7	Bordeaux..........	23.7
Le Mans...........	26.5	Dijon..............	23.7
Cherbourg.........	26.5	**Pau**...............	**23.5**
Orléans............	26		

La comparaison avec les stations d'hiver de la Méditerranée donne les résultats suivants :

Montpellier.........	36.3	Ajaccio..	28.2
Cannes.............	33.2	Hyères.............	27.2
Alger..............	31.3	Nice...............	26.3
Grasse.............	30.2	Antibes.....	25.6
Menton............	30.1	**Pau**...............	**23.5**

L'épidémie d'influenza a eu une grande influence sur la mortalité de 1890. La statistique a calculé son importance dans les 51 villes les plus peuplées de France. Montpellier occupe le premier rang, comme ayant été la localité la plus éprouvée avec 21.4 pour 1.000 habitants, Nice le 14e rang avec 16.8, Toulouse le 19e avec 16.4, Tours le 27e avec 15.2, Bordeaux le 45e avec 13.2, et **Pau** le 48e avec 12.8 décès. Les seules villes qui ont eu à souffrir moins que nous de cette épidémie sont Angoulême, avec 12.3, — Bourges, avec 11.9 — et Calais, avec 11.6.

La mortalité par maladies épidémiques : diphthérie, fièvre typhoïde, variole, rougeole, scarlatine et coqueluche, — a fait l'objet d'études très minutieuses portant sur toutes les villes de France ayant plus de 10.000 habitants.

Nous nous bornerons à citer celles de notre région et du Midi de la France. La proportion pour 10.000 habitants sur l'ensemble de la période quinquennale de 1886 à 1890 a été :

Cette	250.1	Dax	108.4
Marseille	243.3	Carcassonne	106
Bastia	218	Valence	104
Béziers	214.8	Toulouse	96.9
Toulon	188	Nîmes	94.4
Montpellier	178	La Seyne	91.1
Ajaccio	167.7	Bordeaux	87.8
Nice	161.1	Grasse	74.7
Tarbes	151	Bayonne	74.3
Angoulême	135	Montauban	69.7
Aix	131.7	Agen	68.3
Albi	116	Cannes	58.3
Périgueux	110	**Pau**	**55.9**

— On voit assez clairement, et sans autre commentaire, par la lecture des documents qui précèdent que la cité béarnaise peut à bon droit s'enorgueillir du rang plus qu'honorable qu'elle occupe dans le classement hygiénique des villes de France.

Dr R. de Musgrave-Clay.

CHAPITRE V

LE

DÉPARTEMENT DES BASSES-PYRÉNÉES

LA MÉTÉOROLOGIE

I. Le Passé : Les Météorologistes — Leurs Travaux — Lois de leur Évolution. — II. Le Présent : Météorognosie des Basses-Pyrénées. — III. La préparation de l'Avenir : Projets d'organisation des études Météorologiques.

Ire PARTIE. — LE PASSÉ

GRAPHIE. — A l'heure présente, une centaine de personnes dans le département, s'intéressent plus ou moins à la science météorologique qu'elles ont un peu étudiée et qu'elles cultivent dans une certaine mesure : les unes font des observations par goût, les autres par métier; quelques esprits méthodiques cherchent à grouper les observateurs, à rendre les observations comparables, à en publier les résultats ; deux ou trois chercheurs échaffaudent des théories, font des expériences ou essaient de trouver des relations, des lois; une cinquantaine d'architectes, d'ingénieurs, de médecins, d'administrateurs, appliquent à nos besoins les connaissances acquises et deux ou trois penseurs philosophent à l'occasion sur le tout.

Logie. — Si nous remontons le cours du temps, nous pouvons dire que le nombre des météorologistes décroît rapidement. Il y a cent ans, cette branche de la science géognosique était chose inconnue dans les Basses-Pyrénées; tout au plus quelque lettré avait-il entendu parler vaguement de la météorologie d'Aristote.

Sans doute, de toute antiquité les habitants du pays ont remarqué les météores; ils les ont nommés et qualifiés, faisant ainsi de la météorologie sans le savoir.

Il serait même fort intéressant, dans une contrée, où l'on parle deux vieilles langues, aussi différentes que le Béarnais et le Basque, de reconstituer une préméteorologie à l'aide des mots, des phrases, des dictons et proverbes que nos linguistes ont patiemment recueillis. (Voir le savant dictionnaire béarnais de M. V. Lespy.)

En compulsant nos archives, nous trouverions également quelques mentions éparses d'événements extraordinaires. L'intendant Lebret, dans ses Mémoires (1700), nous dit bien qu'il grêle fréquemment en Béarn; mais ce n'est pas encore le début de la science.

Tout au plus, pouvons-nous la faire remonter à l'ingénieur Flamichon et à son ami Palassou, le naturaliste, compagnon de ses courses dans la montagne.

Flamichon a *observé* nos orages (1771-86) ; il les a fort bien décrits ; il a su les distinguer en plusieurs espèces ;

il nous raconte de fort drôles d'histoires sur les ermites et les curés d'alors, qui, par la puissance de leurs bras, détournaient l'orage sur le voisin et se faisaient ainsi des rentes. Mais l'origine du météore lui échappe ; son imagination l'entraîne ; ne se figure-t-il pas que les orages sortent des cavernes et fissures des Pyrénées comme autrefois les vents des outres d'Eole !

Quant à Palassou, sollicité par le Préfet d'alors de répondre à une enquête ministérielle relative « aux funestes effets attribués à la destruction des forêts », il s'excuse de n'avoir pu donner une attention particulière à la *météorologie* et se borne à dresser, d'après le Mémorial du temps, un catalogue d'orages à grêle, de coups de foudre, d'inondations, et à reproduire les singulières explications de Flamichon.

Scopie — *(a). Les observateurs.* — Nous prendrons pour point de départ de l'apparition de la météoroscopie dans le département, les premières observations instrumentales de nous connues.

Au retour de la paix de 1815, les étrangers traversant les Basses-Pyrénées pour se rendre à nos stations thermales, découvrirent la beauté et soupçonnèrent l'excellence du climat de Pau. Quelques-uns, au lieu de passer l'hiver à Tours, comme ils le faisaient d'ordinaire, s'arrêtèrent en Béarn et voulurent se rendre compte des qualités de notre ciel.

L'un d'eux, M. Christison, fit des observations au château de Billère, près Pau, de septembre 1822 à juillet 1824 et les continua à l'Hôtel de France, Place Royale, jusqu'à mai 1825.

Ce sont ces premières données scientifiques qui ont servi de base à l'appréciation du climat de Pau par Sir James Clark, le premier, croyons-nous, qui, dans son ouvrage « Sur l'influence du Climat », ait consacré une notice rapide à celui de Pau (1829).

Viennent ensuite les observations de M. Mermet, professeur de physique au Collège de Pau.

De 1837 à 1841, il fit des observations, dont les résumés ont été cités par le Dr Taylor, dans sa première édition du climat de Pau.

Nous pensons que le thermomètre était installé dans la petite cage à toiles métalliques, qu'on aperçoit encore suspendue à la plus haute fenêtre du pavillon du Lycée, donnant sur la place St-Louis de Gonzague. Les reflets des toits voisins, la présence du grand mur au dessous de la cage, formaient évidemment des conditions défectueuses d'observation.

En 1840, M. Gaston Sacaze, dit le berger des Eaux-Bonnes, commençait à Bagès-Béost une longue série d'observations pluviométriques, qui augmentent ses titres au renom de naturaliste montagnard ; tandis que Don Agostin de Iturriaga (1842-51) en relevait une autre de dix années, à l'extrémité Ouest du département, à St-Pierre d'Irube, près Bayonne.

En 1843, quatre demoiselles anglaises, fixées à Pau, les misses Yorke, se mirent à enregistrer l'état du ciel, les hydrométéores, la température, et continuèrent ces constatations pendant trente et une années. Toutefois, durant l'été, elles passaient fréquemment quelques mois à Eaux-Chaudes ou à Bagnères-de-Bigorre, interrompant ainsi la série propre à la Ville de Pau.

Nous avons traduit et transcrit en signes conventionnels ce journal du temps. Nous avons également copié les observations thermométriques, faites, si nos souvenirs sont exacts, derrière les persiennes demi-fermées d'une fenêtre, au premier étage d'une maison située rue Bayard, et donnant au Nord sur la Haute-Plante.

Mlles Yorke en quittant Pau, où elles revinrent plus tard, nous avaient remis le thermomètre Farenheit, à minima, qui leur avait servi. Un hasard malheureux a voulu qu'il se cassât au moment où nous allions procéder à sa vérification.

En 1851, M. l'abbé Chilo, à Bayonne, mesurait les hauteurs de pluie jusqu'en 1863.

En 1853, les Ingénieurs commençaient dans cette même ville l'observation du même phénomène.

De 1854 à 1868, M. le Dr Ottley faisait une série d'observations, embrassant à peu près tous les éléments du climat.

Les températures ont été relevées sur des instruments que nous voulons croire bien gradués, mais dans des conditions d'installation médiocre. Les thermomètres étaient placés, nous a-t-on dit, dans une cage formée de lames de persiennes (système anglais), exposée à l'Est, sur une galerie extérieure, mais couverte et fermée aux extrémités ; ils n'étaient donc pas en plein air.

Le pluviomètre était sur une haute terrasse et quand je l'ai vu plus tard entre les mains de M. Anderson, j'ai pu constater qu'il faisait eau par le couvercle du récipient.

De 1855 à 1858, M. Soulice, qui habitait en face de la Halle-Neuve, a observé le vent à la girouette de cet édifice ; observations sans grande valeur, étant donné que la girouette, fort peu sensible, ne tournait que par des vents moyens. A Pau, l'air étant presque toujours calme, ou peu agité, on avait plutôt la direction du dernier vent fort qui avait soufflé.

M. Guillemin, directeur de la ferme école de Tolou (à Gan, près Pau), fit faire de 1856 à 1872 des observations agricoles sur l'état du ciel, la pluie, la température et les jours bons et mauvais.

Nous en avons pris copie et utilisé quelques données ; mais nous ignorons dans quelles conditions elles furent faites ; le nombre de jours de pluie indiqué est très faible en comparaison des chiffres obtenus à Lescar et à Pau ;

évidemment on ne notait que les jours où la pluie empêchait ou gênait le travail des champs.

De 1858 à 1863, M. l'abbé Pagadoy mesurait la hauteur de pluie au petit séminaire de Bétharram.

En 1860, M. Weil, opticien à Pau, relevait le thermomètre exposé à sa devanture ; il y joignait ensuite l'indication de sombre, soleil ou pluie à 9 heures, midi, 3 heures. Son fils continue toujours ces observations, qui, se rapportant à la journée médicale, pourraient être utilisées au point de vue climatologique.

En juillet 1861, M. Antoine d'Abbadie, le célèbre voyageur en Abyssinie, faisait commencer près de sa ferme d'Aragori (non loin de Hendaye), des observations pluviométriques, et sur sa demande quelques amis suivaient son exemple : à Haïtze, près d'Ustarits, M. de Laborde-Noguez (1864-68) ; au petit séminaire de Larressore, M. l'abbé Souberbielle ; et près de Tardets, le curé de Lichans (1864-65).

D'autre part, M. Ste-Claire-Deville, passant à Mauléon, donna quelques instruments à un instituteur fort intelligent, M. Etcheberrigaray, qui, pendant longues années, observa la pluie et la température.

En 1864, M. Piche commençait à donner des notes au temps, comme fait un maître à ses écoliers, pour se rendre compte de leur conduite.

De 1865 à 1873, M. le capitaine Saint-Martin, qui avait pris sa retraite à St-Jean-de-Luz, étudiait sérieusement la météorologie, recherchant l'influence de la lune sur le baromètre, les orages, les tempêtes, et faisait des observations de température à l'aide d'un simple thermomètre à alcool rougi, exposé à une fenêtre mal abritée du soleil. En voyant les mauvaises conditions dans lesquelles opérait cet observateur consciencieux, mais inexpérimenté, nous gémissions du défaut d'organisation de nos études et regrettions vivement que, par absence d'entente, tant de bonne volonté fut consumée en efforts inutiles.

Des rapports mieux établis entre amis de la Science auraient, certainement aussi, empêché M. Jules Thore, un excellent observateur, un véritable physicien, d'interrompre, presque au début, ses relevés pluviométriques faits à Caresse en 1866.

Cette même année, M. Oliphant, un écossais installé à la villa Lara (petit boulevard à Pau), faisait quelques observations par nous copiées, mais non encore utilisées.

La plupart de ces observations, on le voit, étaient faites par des personnes étrangères au département, mais venues s'y fixer, et qui avaient le désir d'en connaître le climat, tout en occupant leurs loisirs.

Vers ce même temps, s'organisait la météorologie officielle sous l'empire d'autres besoins.

— En 1864, sous la puissante initiative de Le Verrier, l'Observatoire venait d'établir le grand réseau européen d'observations météorologiques, en vue des avertissements de tempêtes pour les marins.

Désirant aussi connaître avec quelque détail la météorologie de la France, le Directeur de l'Observatoire obtint du Ministre de l'Instruction publique qu'il fut fondé des postes d'observation dans toutes les écoles normales du territoire. A la fin de 1864, l'École de Lescar, qui dès 1851 avait commencé la pluviométrie, se préparait à installer les instruments réglementaires.

A cette même époque, Le Verrier écrivait aux présidents des Conseils généraux pour leur recommander l'étude des orages ; une circulaire du 27 février 1861 prescrivait aux préfets de créer un réseau d'observateurs cantonaux; aussitôt le Préfet des Basses-Pyrénées essayait de réaliser ce vœu, en demandant aux Conseillers généraux et aux Maires leur concours personnel.

En juin, la Commission météorologique était instituée.

Pendant ce temps, Belgrand, ami de Le Verrier, inspecteur général des Ponts et Chaussées, recommandait aux ingénieurs de développer un service de pluviométrie et d'hydrométrie. Les ingénieurs de Bayonne avaient commencé leur série dès 1853 ; ceux de Pau en 1861.

La météorologie officielle était née dans la France entière, avec les qualités et les défauts inhérents au système.

Si nous joignons à ces services les observations pluviométriques faites dans les hôpitaux militaires (chez nous à l'hôpital de Bayonne (1864-70), celles faites par les gardiens des phares et des sémaphores (1868) sur ordre de la marine (Biarritz, Socoa), quelques observations faites par les Eaux et Forêts), nous voyons beaucoup de monde en mouvement pour observer les phénomènes.

Malheureusement toutes ces observations se font un peu à tort et à travers, à des heures différentes, dans des conditions plus ou moins favorables, avec des instruments médiocres et mal contrôlés, à l'aide d'observateurs non préparés et qui, n'étant pas payés pour ce service de surcroît, exécutent leur tâche par ordre plus que par goût.

Aussi, les chiffres obtenus, sont-ils douteux et difficilement comparables.

Il a fallu tout le zèle, toute la science et toute l'habileté des chefs de service du Bureau central, pour en tirer quelques résultats et les publier dans la collection de ses annales.

— Le peu que nous connaissons des observations pluviométriques des ingénieurs nous inquiète sur la valeur de l'ensemble.

Les pluviomètres des Basses-Pyrénées n'étaient pas des instruments à lecture directe ; il fallait multiplier les quantités d'eau relevées par un coefficient à nombreuses décimales et plus d'une fois les employés en plaçant mal la virgule, ont commis d'énormes erreurs, qui ont obligé le Bureau central à les marquer d'un point d'interrogation. En outre, le pluviomètre de Bayonne était sur une terrasse ; les trois pluviomètres de Pau, installés en vue de connaître l'effet des différences d'altitude, étaient placés l'un sur la grande tour du Château, le second sur la tour de la Monnaie, le troisième à la maison du garde-barrière de l'avenue de la gare.

Ces deux derniers abrités du N. W. pluvieux par la butte élevée sur laquelle le Château se dresse, étaient assez mal placés et celui de la tour de la Monnaie avait un tuyau de 17 mètres de longueur, dans lequel les pluies faibles restaient certainement en route.

Cependant, peu à peu, le réseau s'étend, se perfectionne; et depuis 1887, il existe un service hydrométrique du bassin de l'Adour, dont les observations centralisées sont publiées, chaque année, par MM. de Mazas, Ingénieur en chef, et Frossard, Ingénieur ordinaire, sous la direction de M. Partiot, Inspecteur général des Ponts et Chaussées (11e circonscription).

Ce service a pour but l'annonce des crues des cours d'eau du bassin.

La publication des observations est faite avec luxe, et le rapport est accompagné de graphiques très soignés.

Les observations sur la pluie sont suivies d'observations sur le vent et sur la pression de l'air.

Les Ponts et Chaussées (service d'étude de la ligne qui doit traverser les Pyrénées), ont également installé à Urdos un poste d'observations météorologiques avec enregistreurs, à l'effet de connaître le climat et de déterminer la hauteur du tunnel, ainsi que l'emplacement de la gare internationale.

— Les observations de Lescar ont été pendant longtemps de médiocre valeur, à raison de la mauvaise installation à une fenêtre de la cour, d'instruments mal entretenus et mal surveillés.

Quand nous avons visité l'école, le baromètre contenait une grande quantité d'air et l'un des thermomètres du psychromètre avait une colonne de mercure, détachée au haut du tube, dont on ne tenait aucun compte en lisant les degrés.

Dans la suite, elles ont été faites avec plus de soin, sous un abri, dans le jardin; mais elles présentent des lacunes ; les observations des Écoles normales sont faites d'ailleurs par un personnel trop souvent renouvelé pour être bonnes.

— La Commission météorologique, elle aussi, a subi de nombreuses vicissitudes.

La première organisation du service des orages fut un petit chef-d'œuvre de la Bureaucratie. Le chef de division, chargé de la préparer, fit signer au Préfet un arrêté instituant des Commissions cantonales, composées des Conseillers généraux et d'arrondissement, du Maire, du Percepteur et de l'Instituteur. Ces gros bonnets devaient se réunir au lendemain de chaque orage, pour faire la discussion raisonnée des bulletins envoyés par les communes.

Le malheureux chef ne se doutait pas qu'il y avait dans les Basses-Pyrénées une centaine de jours d'orage par an et par conséquent de la rude tâche qu'il allait imposer à ses administrés.

Ceux-ci lurent peut-être la circulaire ; mais ils se gardèrent bien, et pour cause, de l'exécuter. Un sous-préfet répondit que d'ailleurs les Conseillers départementaux n'étaient jamais dans leur circonscription.

— De 1866 à 1872, la Commission n'a absolument rien produit ; nous n'avons trouvé, dans ses archives, que de magnifiques cadres imprimés et une volumineuse correspondance administrative.

Reconstituée en 1872, sous la présidence des Ingénieurs en chef, elle se mit résolûment au travail, avec zèle, mais aussi avec l'inexpérience d'un novice.

Elle essaya de créer un réseau de postes d'observation sur des points choisis, les dota d'instruments achetés à l'aide d'une souscription faite par les communes, et confia le soin de faire deux observations par jour, sur un plan uniforme, à des personnes de bonne volonté, la plupart instituteurs.

Malheureusement, l'entreprise était au dessus des forces de la Commission et elle constata, bien vite, qu'elle ne pouvait tirer aucun parti de ces observations faites par un personnel non préparé, avec des baromètres Fortin difficiles à lire, avec des thermomètrographes métalliques de Hermann et Pfister de Berne, diversement installés et qui furent bien vite rouillés, enfin avec des pluviomètres de trop petit calibre.

Aussi, laissa-t-elle tomber peu à peu ce service, qui s'éteignit après trois ou quatre ans, et se borna-t-elle à centraliser les copies des observations meilleures faites à Lescar, Biarritz et Mauléon.

C'est chose plus difficile qu'on ne croit, de faire faire de bonnes observations dans des conditions favorables. La Commission a tenté à plusieurs reprises d'en obtenir à Pau sous ses yeux. Elle a jusqu'ici échoué complètement.

Le service des orages plus facile à organiser administrativement, à l'aide du personnel de l'enseignement primaire, a donné de meilleurs résultats. Deux cents instituteurs répondirent à l'appel de leurs chefs, et nous eûmes assez de bulletins pour dresser des cartes synoptiques qui, après quelques tâtonnements, atteignirent un certain degré de perfection, grâce au système de représentation inventé par la Sous-Commission des orages.

On fit lithographier, en bistre clair ou en bleu pâle, des cartes du département au $\frac{1}{320.000}$, empruntant seulement à celles de l'État-Major le réseau hydrographique et le nom des localités.

Sur ces cartes, toutes les indications des bulletins d'orage étaient pointées en signes conventionnels, *telles qu'elles* étaient fournies par les observateurs locaux.

Le travail de synthèse était fait ensuite aux crayons de

couleur, par la personne chargée de ce travail d'interprétation.

Ce système fut du reste approuvé au Congrès de Poitiers et recommandé aux autres Commissions météorologiques.

De 1873 à 1885, un atlas des orages fut dressé chaque année et copies en furent adressées à Paris et à Bordeaux, plus tard à Toulouse, villes que nous aurions désiré avoir pour centre de région.

Après avoir voulu nous grouper en Commissions régionales, Le Verrier, par un soudain caprice familier à son génie, rejeta ces unions qui auraient vivifié la météorologie Française et fit échouer nos tentatives de fédération du Sud-Ouest, au moment où nous essayions de la déterminer sur ses instances.

(On avait eu le malheur de nommer, à Poitiers, pour président de l'Ouest-Océanien une personne qui ne lui était pas sympathique.)

Aussi, nos Commissions se liguèrent-elles contre lui aux Congrès de l'Association Française tenus à Clermont-Ferrand, puis au Havre, et réclamèrent-elles la séparation de la météorologie d'avec l'astronomie, ce qui ne put être obtenu qu'à la mort de l'illustre tyran.

— Malgré nos efforts répétés, nous ne pûmes arriver à constituer une Commission régionale des orages, à faire faire dans les Landes, le Gers et les Hautes-Pyrénées un travail analogue au nôtre et nous dûmes abandonner des études qui prenaient un temps considérable et qui ne nous apprenaient plus rien de nouveau sur la marche des orages.

La Commission s'endormit alors, officiellement, se réveillant un peu à la veille des Congrès de Dax (1882) ; Biarritz (1886) ; Toulouse (1887), et Paris (1889) auxquels elle prit une part sérieuse.

Elle avait eu, en outre, le bon effet de mettre en rapport les quelques hommes du département s'intéressant à la science et de leur permettre de remuer des idées et bientôt de s'associer pour les réaliser.

— En effet, les amis de la météorologie ont tenté, à plusieurs reprises, de se grouper en associations libres et de faire des travaux collectifs.

En 1883, ils créèrent, à la Société des Sciences de Pau, une section de climatologie qui, pendant deux ou trois années, tint séances régulières, sous la présidence du baron Séguier, discuta des questions de sa compétence, provoqua la création du Bureau municipal d'hygiène sur l'initiative du Dr de Musgrave-Clay, et publia dans le Bulletin de la Société les observations de Lescar, en tableaux graphiques dressés par M. Lacabe-Plasteig, professeur à l'École normale (1882-83).

Les Sociétés savantes de Bayonne, Biarritz (M. Sébie), Dax et Bagnères-de-Bigorre (Dr Gandy), s'occupèrent, elles aussi, de climatologie et entreprirent de faire faire des observations météorologiques par quelques-uns de leurs membres. Leurs installations furent meilleures que celles des particuliers : emplacements assez bien choisis, bons instruments placés sous des abris réglementaires ; quelques enregistreurs acquis ; mais la série est toujours à la merci du sociétaire, cheville ouvrière de l'œuvre ; quoiqu'il y ait progrès, l'œuvre ne s'élève pas à la hauteur d'une institution ; les sections manquent de ressources et d'un nombre suffisant de collaborateurs dévoués. Les Sociétés-mères ont déjà bien de la peine à vivre ; les sections, leurs filles, ont la vie plus intermittente encore.

Elles n'en ont pas moins produit quelques fruits de valeur.

La Société Borda eut son congrès (1882), à Dax où la climatologie fut représentée.

Et, en 1886, Biarritz-Association, sous l'initiative de MM. Léon et O'Shea, enfanta le Congrès d'hydrologie et de climatologie, qui fut très brillant et qui semble avoir inauguré une série de Congrès internationaux pour ces sciences spéciales.

Pour ne parler ici que de la section de climatologie de ce Congrès et des travaux concernant la région, nous eûmes d'intéressantes communications sur le climat d'Arcachon par les docteurs Hameau et Lalesque ; sur celui de Bayonne par M. Henri Léon ; sur ceux de Dax (Dr Barthe de Sandfort) ; de Cambo (Dr Juanchuto) ; de St-Jean-de-Luz (capitaine St-Martin) ; de Bagnères-de-Bigorre (Dr Gandy), et de Pau (M. Piche).

Une exposition d'instruments et de travaux complétait le Congrès, et la Commission météorologique, qui y prit part, obtint un diplôme d'honneur pour ses travaux et l'encouragement donné aux études météorologiques dans la région.

Ce Congrès excita un véritable enthousiasme chez les assistants et remplis du feu sacré, ils prirent la ferme résolution de former une Union des météorologistes et climatologistes du Midi de la France (d'Arcachon à Menton), composée de tous ceux qui consentiraient à faire des observations dans des conditions comparables.

Une Commission exécutive fut nommée séance tenante, et rendez-vous fut pris pour l'année suivante au Congrès que l'Association Française pour l'avancement des sciences devait tenir à Toulouse.

Trois circulaires devaient être lancées l'une pour informer du projet et solliciter les adhésions ; la seconde pour donner des instructions précises aux observateurs, la troisième pour organiser la publication des observations.

La première seule parut, rédigée par le président de la Commission météorologique des Basses-Pyrénées ; quelques adhésions arrivèrent ; on échangea de la correspondance ; le beau feu du premier jour s'apaisa ; il n'y eut qu'un projet de plus. On avait trop embrassé pour bien étreindre.

Cependant, l'effort ne fut pas sans résultat ; la bourrasque, en avortant, engendra un tourbillon secondaire.

M. Henri Léon, le promoteur du Congrès, parvint à fonder une petite société de climatologie pyrénéenne du Sud-Ouest, d'Arcachon à Bagnères-de-Bigorre, société qui fit naître ou améliora un certain nombre de postes d'observation et qui, pendant trois ans, a publié un bulletin de climatologie comparée. La difficulté de récolter les cotisations, d'obtenir l'envoi régulier des observations, a mis fin à cette entreprise, qui mérite, cependant, d'être signalée comme un modèle de travail collectif.

MM. Sacaze et Garrigou essayèrent également de centraliser dans leur Revue, organe de l'Association Pyrénéenne, les observations météorologiques faites sur les deux versants de la chaîne. Ils durent bientôt renoncer à leur tentative prématurée.

Entre temps, quelques médecins faisaient encore des observations isolées : le Dr Schaër, en 1864 ; MM. Lahillonne et de Woogt (1867-69) ; le Dr Caradec (1879). Je passe rapidement sur ce qui a trait à la climatologie spéciale de Pau, sujet que doit traiter et que traitera excellemment M. le Dr de Musgrave-Clay, dans ce recueil de monographies.

— Mal installé pour faire des observations précises, le secrétaire de la Commission météorologique préféra faire des observations sur les variations du temps ; il fut amené peu à peu à figurer l'état du ciel et la marche des instruments en courbes et en teintes sur des bandes de papier quadrillé au millimètre, de 40 centimètres de longueur sur 13 de hauteur, embrassant chacune 5 jours ; les chiffres y sont également inscrits.

Au dessus de la bande sont collées les petites cartes isobariques publiées par le Journal le *Temps ;* au dessous des cartes de même grandeur reproduisent les indications isothermiques du *Bulletin international* quotidien.

Sur le côté sont placées les prévisions du Bureau central adressées aux ports.

Classées ainsi, par pentade, dans un album, ces observations peuvent être consultées aisément; on y peut faire toute recherche ou comparaison. Il serait difficile de trouver meilleur système de représentation des observations en corrélation avec l'évolution du temps et des phénomènes.

(b). Les théoriciens. — Nous appelons ainsi ceux qui mettent en œuvre les observations faites et qui, par un travail de l'esprit, savent en tirer parti pour arriver à la connaissance des choses.

Souvent, ce sont ceux-là même qui ont fait des observations, qui les calculent ; souvent aussi les observateurs se bornent à constater les faits et ce sont d'autres personnes qui les utilisent.

La météorologie statique totalise les éléments par mois, par saison, par année, établit les moyennes, les minima, les maxima, les écarts ; elle réunit ensuite ces éléments pour constituer le climat.

Pendant ce temps, la météorologie dynamique étudie l'ordre et la succession des météores, leurs transformations, leurs métamorphoses et fait l'histoire du temps et de ses variations.

Vient ensuite la météorologie comparée qui, pour la statique, rapproche les climats et qui, pour la dynamique, étudie, au moyen de ses cartes synoptiques, la circulation des bourrasques et nous donne l'explication de nos phénomènes locaux.

Chemin faisant, l'esprit fait des conjectures, essaye de reconstruire le passé et de pressentir le futur, cherche à établir la théorie mathématique des phénomènes, groupe les faits en systèmes, enfante des hypothèses sur lesquelles se livrent de véritables combats dans les Sociétés savantes, et dresse des plans d'expériences qui permettent enfin de prononcer entre les hypothèses soutenables, qui ne sont que des possibilités.

Le plus grand centralisateur et calculateur d'observations que nous connaissions, parmi les amateurs travaillant isolément, est M. Raulin, professeur de géologie à la Faculté de Bordeaux. Ce bénédictin de la pluviométrie a desséché sa vie à relever les pluviomètres de l'Univers et par conséquent les nôtres, à en grouper intelligemment les chiffres, par saison froide ou chaude, selon les jours, selon les nuits, et à établir le régime des pluies par région. On peut dire de ses études : ennuyeuses comme la pluie ; il faut reconnaître qu'elles sont aussi savantes que patientes et persévérantes. Elles méritent le paradis ; mais.... s'il n'y pleut pas, acceptera-t-il cette récompense ?

M. le Dr Ottley a mis en valeur ses observations dans un mémoire communiqué à la Société Ramond en 1872 et a fourni ainsi à toute une génération de médecins l'occasion de parler du climat de Pau. M. le Dr Duboué les a publiées sous une autre forme, dans son Esquisse de climatologie médicale (1880).

Dans une série d'articles du *Journal des Étrangers,* Favonius a utilisé la plupart des observations connues (1874-77).

M. le Dr Cazenave de la Roche a publié, en 1875, une étude sur le rôle des vents océaniens dans le Sud-Ouest ; ses vues sont fines et ingénieuses ; mais elles empruntent trop, selon nous, à l'imagination ; il serait à souhaiter qu'il reprît ce sujet en s'aidant du Bulletin International.

M. Bedos, professeur au Lycée (1875-76) a présenté à la Société des Sciences de Pau, deux notes sur la suspension des nuages dans l'atmosphère.

Enfin M. Mendez travaille, en ce moment, la théorie des mouvements descendants et des nuages qui en résultent.

(c). *Les expérimentateurs* essayent de reconstituer, en

petit, les grands phénomènes de la nature, et de les placer dans des conditions artificielles pour les faire varier d'intensité.

En vue d'expliquer leur production, ils essaient de fixer avec précision leurs causes déterminantes et la part d'influence qui revient à chacune d'elles. Chemin faisant, ils inventent parfois de nouveaux instruments d'observation.

Cette branche de la science est à peine ouverte, pour la météorologie, à laquelle on la croyait peu ou point applicable.

Les Basses-Pyrénées comptent deux météoropiristes, un grand et un petit : un grand, l'électricien Gaston Planté, qui a montré, par ses magnifiques expériences sur les courants secondaires, la possibilité du tonnerre en boule, phénomène encore contesté par certains savants de premier ordre et qui a indiqué de curieuses analogies pouvant servir à expliquer les phénomènes de la grêle, des trombes et des aurores polaires.

Un petit : M. Piche, inventeur de l'électrophore à rotation (1866), instrument fort simple qui reproduit en miniature les éclairs sinueux, ceux en forme d'araignée, ainsi que les aigrettes sifflantes des feux St-Elme.

Ses expériences sur l'adhérence des courants d'air aux corps polis, et sur leur non adhérence aux corps rugueux ou hérissés, présentées au Congrès de Toulouse (1887) et publiées dans le *Cosmos* permettent, ce semble, d'expliquer les vents plongeants ou ascendants des régions montagneuses, selon la nature des terrains qu'ils rencontrent.

Rappelons en passant son invention de l'évaporomètre (1872), que plusieurs physiciens ont étudié et perfectionné depuis.

(d). Les chercheurs de lois. — L'étude des influences, des relations, des rapports est la préface de la découverte des lois qui forme le point culminant de la science.

Quelques personnes s'en sont occupées parmi nous.

Nos cultivateurs observent chaque jour l'influence du temps sur les récoltes ; mais ils ne les mesurent pas et n'écrivent point ; ils ont même, comme nous le verrons plus loin, formulé dans leurs proverbes quelques lois empiriques applicables à la prévision du temps.

Nos médecins se préoccupent également de cette influence sur les maladies ; MM. les Drs Lahillonne et Duboué, dans leur « Étude » et « Esquisse » sur le climat de Pau ont traité ce sujet avec compétence et talent.

M. Anderson, dans sa brochure de 1873, étude sur les vents, a rappelé les lois connues et a montré leur application à notre pays.

M. Dambier dans sa répartition des jours de pluie suivant les saisons a tiré parti des observations des demoiselles Yorke pour donner les courbes caractéristiques du phénomène. M. le Dr Duhourcau dans son étude sur le climat de Pau et du Sud-Ouest les a publiées (1891).

Les observations graphiques de M. Piche montrent qu'il y a des rapports incontestables entre le temps, la marche des instruments et le passage des bourrasques constaté par le *Bulletin* quotidien du Bureau central.

Le même M. Piche s'est figuré avoir découvert une loi, qu'en sa qualité d'amateur, il a osé produire au Congrès de Paris en 1889, en l'accompagnant toutefois prudemment de deux points d'interrogation.

L'auteur fait remarquer que les circulations qui ont lieu à la surface de la terre sont, pour la plupart, dues à la chaleur solaire dont elles ne sont que des transformations ; il prétend que ces circulations sont solidaires et complémentaires les unes des autres et que si l'homme développe les circulations secondaires c'est au détriment de la circulation aérienne, qui est principale et première. Il se demande, dès lors, si en développant à l'extrême le circulus de la vie animale et pour entretenir celle-ci, la vie végétale, on ne diminuerait pas l'intensité absolue de la circulation atmosphérique et surtout si on ne la régulariserait pas, par la diminution graduelle des déserts. S'il en était ainsi, l'action de l'homme sur les phénomènes météorologiques, impossible directement, deviendrait possible par voie indirecte.

Nous ne nous appesantirons pas sur cette loi générale, qui ne touche pas à la météorologie du département.

Elle est née dans le département, voilà tout.

Approuvée par quelques météorologistes, elle a d'ailleurs été combattue par d'autres savants ; l'avenir dira s'il y a quelque chose de fondé dans ces considérations.

(e). Les applicateurs. — Quoique nos connaissances météorologiques soient encore peu étendues et manquent de précision, le peu que nous savons est appliqué intelligemment par nos ingénieurs sociaux : les ingénieurs proprement dits, ceux des Eaux et Forêts, nos architectes, nos médecins guérisseurs et hygiénistes, et par les administrateurs des cités qui vivent de leur climat.

Nos journaux vulgarisent les données de la Science ; Biarritz, Bayonne, Pau, affichent leurs observations dans des vitrines très consultées du public.

Nos instituteurs apprennent un peu à l'École normale de Lescar la météorologie théorique et pratique, et depuis l'introduction des notions scientifiques à l'école primaire, il n'est si petit village où le maître ne donne quelques explications sur le temps et les principaux météores.

Nos professeurs de physique en parlent plus savamment dans leurs cours secondaires ; livres et revues complètent leur enseignement et nous tiennent au courant des progrès de la Science.

Le Syndicat de Pau (union des maîtres d'hôtel, loueurs en garni et négociants), répand à milliers d'exemplaires des guides de Pau, dont les notices climatologiques ont été faites avec soin, et les brochures plus importantes des

Drs Duboué et Duhourcau, substituant ainsi une saine propagande à une vulgaire réclame.

Bref, la météorologie compte parmi nous de nombreux applicateurs.

(f). Les philosophes (météorosophistes). — M. Henry Russell Killough, le voyageur anglais bien connu, qui, après avoir fait « seize mille lieues autour du globe » a choisi Pau pour sa patrie d'adoption, son domicile légal, son centre d'excursions dans les Pyrénées, est, selon nous, l'écrivain qui a exprimé les vues les plus philosophiques et les plus élevées sur nos grands phénomènes aériens et sur le climat qui en est la résultante (article du *Pyrenean); Pax profunda*, *Journal des Étrangers* (5 mars 1884) ; étude impartiale sur le climat de Pau, *Journal des Étrangers* (18 février 1886).

Les Basses-Pyrénées sont le pays d'origine, sinon de naissance de deux autres grands voyageurs français, MM. Arnaud et Antoine d'Abbadie, tous deux météorologistes ; ce dernier est aujourd'hui Président de l'Académie des Sciences et de la Société météorologique de France.

Durant ses voyages en Abyssinie, les phénomènes de l'air ont fait l'objet de ses recherches et de ses méditations et ses connaissances étendues, sa longue expérience nous permettent de le considérer comme un des philosophes de la Science qui nous est chère.

Soit qu'il vienne se reposer dans son château d'Abbadia près Hendaye, où il fait faire des observations par M. l'abbé Mathèbe, soit qu'il assiste à nos Congrès pour encourager nos efforts, nous sommes heureux et fiers de le savoir parmi nous.

Météorologistothéorie. — Nous venons d'esquisser, rapidement, l'histoire de la météorologie dans les Basses-

Pyrénées, ou plutôt des personnes qui s'en sont occupées, à un point de vue quelconque (car la météorologie n'est qu'une abstraction psychologique) ; nous avons analysé sommairement leurs travaux, indiqué les conditions médiocres dans lesquelles ils avaient été faits et partant estimé leur valeur très relative.

Nous devrions, maintenant, faire la théorie de l'évolution de la météorologie dans notre département.

Comme toute science humaine, la météorologie y est née sous l'action du besoin, au moment ou l'esprit des résidents était assez développé pour avoir conscience de ce besoin et pour lui donner un commencement de satisfaction.

Introduite dans les Basses-Pyrénées par les étrangers, plus curieux de connaître le climat que les habitants, habitués à y vivre, elle a déjà passé par trois périodes :

Celle des amateurs travaillant isolément ;

Celle des météorologistes officiels, sous l'impulsion de Le Verrier ;

Celle des associations libres.

Ce développement est conforme à la loi d'évolution des « groupements sociaux » que nous avons essayé de représenter dans un tableau communiqué à la Société des Sciences.

Nous avons la conviction qu'on obtiendrait de meilleurs résultats par l'union de tous ces efforts.

Météorologistopirie. — De même que certains esprits expérimentent sur les météores, de même d'autres chercheurs essaient d'expérimenter sur les météorologistes. Ce sont des organisateurs.

Ainsi, la Commission des Basses-Pyrénées a fait de nombreuses tentatives pour faire naitre des vocations, créer des services ; elle a essayé d'unir les Commissions météorologiques voisines en groupe régional ; elle a travaillé à la séparation de la météorologie d'avec l'astronomie ; elle a proposé la réforme de l'organisation des Commissions départementales et demandé à la Société météorologique de France de se réformer elle-même.

L'histoire de ses tentatives et de leur insuccès serait instructive et nous amènerait à reconnaître les conditions de naissance, de développement et de prospérité des institutions météorologiques particulières ou sociales.

M. Léon de Bayonne qui n'a jamais fait d'observations, a, lui aussi, fait des tentatives dont plusieurs ont été couronnées de succès. Initiateur du Congrès de Biarritz, il a su écarter de son berceau les périls qui menaçaient sa frêle existence et il lui a ainsi permis d'évoluer régulièrement et de devenir chef d'une lignée de Congrès qui semble devoir se prolonger.

Son essai d'Union des climatologistes du Sud-Ouest, avec bulletin de météorologie comparée, n'a vécu que trois ans ; il n'a pas moins été utile en montrant ce qu'on pourrait, ce qu'on devrait faire, dans chaque département, dans chaque région.

— Météorologistonomie. — Ces tentatives nous montrent clairement que l'apparition de bons météorologistes dans un département est liée à une foule de conditions psychologiques et sociologiques, telles que le degré d'avancement général des Sciences et particulièrement de la physique ; à leur diffusion dans ce département, au perfectionnement des instruments et des méthodes, à la facilité des communications, enfin à l'état des finances générales et particulières.

Il est certain que si les Chambres pouvaient mettre plus d'argent à la disposition du Bureau central météorologique, celui-ci n'hésiterait pas à créer, dans chaque département, un Observatoire-type, plus ou moins important suivant la région, dont le personnel instruit et formé *ad hoc*, assurerait un minimum de service indispensable à l'ensemble et servirait de cadres aux amateurs dont le nombre s'accroîtrait encore.

Si le Conseil général pouvait accorder plus large subvention aux Commissions départementales, celles-ci pourraient mieux aménager leurs services.

De même, si les amis de la Science avaient plus d'argent, ils regarderaient moins à se déplacer pour s'entendre, pour s'organiser et pour publier rapidement leurs travaux.

En effet, en cette matière, plus encore qu'en beaucoup d'autres, la coordination des recherches est indispensable et le progrès de la Science est lié au progrès de l'entente et de l'association des travailleurs.

— Il y a dès lors une Météorologistotechnie ou art d'appliquer les lois relatives à la production des météorologistes, de leurs groupements et à l'évolution de leurs travaux.

Pratiquent spontanément cet art ceux qui conseillent, encouragent, dirigent et au besoin redressent les météorologistes agissants, ou qui les poussent à l'action. Tels MM. Valery Meunier, Lacaze, Séguier, membres de nos Commissions, présidents de nos Sociétés ou sections.

Bien que les règles de cet art n'aient point encore été formulées, nous les entrevoyons assez pour dire aux administrateurs, ces chefs d'orchestres sociaux qui se chargent ou sont chargés d'imprimer le mouvement uniforme aux Unions de météoroscopistes, qu'instruits par l'expérience du passé ils doivent moins entreprendre pour mieux embrasser ; se rendre compte des ressources disponibles, les réaliser, en assurer la durée ; établir un minimum de service excellent, se mettre en relation avec les amateurs, les instruire, les encourager, centraliser leurs travaux, publier leurs observations correctes ou suffisantes ; correspondre avec le centre et avec les départements voisins ; se tenir au courant de la Science, la vulgariser pour éveiller des vocations, en un mot organiser le travail collectif avec sagesse.

— Météorologistosophie. — C'est qu'en effet, il y a une sagesse, une philosophie de la Science météorologique ou plutôt des météorologistes en qui elle est incarnée.

N'est-il pas intéressant de voir jusque dans les départements les plus éloignés du centre intellectuel de la France, cette poursuite passionnée de la vérité sur un ordre limité de phénomènes ; ces tâtonnements isolés d'ignorants qui voudraient savoir et qui, sans préparation suffisante, sans outillage convenable, se donnent tant de mal pour essayer d'entrevoir, de connaître ; ces recherches menées ensuite avec une volonté consciente et persévérante, mais sans ordre, sans méthode, et bientôt ces tendances à la coordination des mouvements.

N'est-ce pas un beau spectacle social de voir, sous la volonté puissante d'un despote de génie, Le Verrier, se produire dans la France entière une légion d'amis de la météorologie qui, sans autre mobile que celui de favoriser le progrès de la Science, répondent à l'appel du chef et travaillent avec lui.

Ne sera-ce pas un plus beau spectacle, encore, que d'assister à la formation d'associations libres qui se fédèreront en groupes départementaux, régionaux, nationaux, internationaux pour arriver à connaître à fond notre atmosphère, les lois de sa circulation, les phénomènes variés qu'elle présente, pour les régulariser au besoin et les appliquer au bien de l'homme.

La science météorologique, comme toute science, est bonne et bienfaisante ; elle satisfait la curiosité légitime de notre esprit en lui expliquant le mécanisme des phénomènes de l'air, leurs transformations, leurs influences biologiques, psychologiques et sociologiques ; elle permet d'améliorer les conditions de vie et de bien-être sur la terre, de soulager et de réparer les faiblesses et les maladies dans une certaine mesure.

Puisqu'elle est belle et bonne, nous avons le devoir de la pratiquer et de la répandre. Et c'est parce que nous avons conscience nette de ce devoir que nous n'avons pas reculé devant la tâche un peu lourde qui nous était proposée.

— Pour résumer cette première partie et en tirer une conclusion salutaire, nous dirons :

Bon nombre d'hommes dans les Basses-Pyrénées se sont donné de la peine ; ils ont dépensé pas mal d'argent, un peu sous forme de vil métal, beaucoup sous forme de temps, et ce, comme on le verra ci-après, pour obtenir des résultats fort minces.

En effet, nous aurions peu de choses à dire de précis sur la météorologie des Basses-Pyrénées, si nous n'avions eu la bonne fortune d'avoir pour voisin un amateur rare, un observateur de premier ordre, M. Carlier qui, pendant vingt-cinq ans, a étudié, dans les Landes sans doute, mais tout près de Bayonne, les qualités de notre climat et déterminé ses données par des observations sérieuses faites dans des conditions excellentes.

Éveillé, dans sa vocation, par M. Raulin, qui lui demandait des observations pluviométriques, conseillé par M. Antoine d'Abbadie, M. Carlier installa, dans sa propriété de St-Martin de Hinx, tout un observatoire pourvu des meilleurs instruments, qu'il observait régulièrement six fois par jour et auxquels il ajouta plus tard des enregistreurs.

Aussi fit-il, de novembre 1864 jusqu'à sa mort (10 octobre 1889), une longue série d'observations, qui peut, à juste titre, être considérée comme une des meilleures et donna-t-il l'exemple de ce que peut faire un particulier dévoué à la science, sans aucune subvention, ni assistance extérieure.

M. Carlier a publié lui-même ses observations dans un grand nombre de brochures, puis dans des fascicules annuels, contenant chiffres et courbes autographiées.

M. Angot, chef de service au Bureau météorologique de France, a revu avec soin ces observations et en a tiré une admirable étude sur le climat de St-Martin de Hinx, publiée dans les Annales du Bureau Central (mémoires de l'année 1886).

C'est de ce puits profond, dont les eaux sont si pures, que nous tirerons quelques seaux de vérité pour abreuver nos lecteurs assoiffés de science.

Quant à nous, météorologistes bas-pyrénéens, en comparant ce que nous avons fait avec ce qu'a fait M. Carlier, disons quelques *mea culpa* et prenons la ferme résolution, instruits par l'expérience, de mieux faire à l'avenir.

2me PARTIE. — LE PRÉSENT

Que résulte-t-il de tous ces travaux, de ces documents amoncelés, descriptions, comparaisons, observations, théories, expériences, lois, explications, applications, considérations philosophiques ?

En un mot que savons-nous de l'air des Basses-Pyrénées, ce milieu où nous sommes plongés et dans les basfonds duquel nous vivons ?

Que savons-nous des météores qui s'y manifestent ?

I. — De l'Air.

Graphie. — Nous sommes tellement habitués à ce milieu nécessaire que nous ne sentons plus les effets qu'il produit sur notre organisme ; nous le trouvons incolore, inodore, insipide, nous ne nous apercevons pas qu'il nous écrase de son poids et il faut qu'il se meuve ou qu'il varie de température pour que nous constations son existence.

Par cette même raison d'accoutumance, les habitants d'un pays sont mauvais juges des qualités de leur air. Les étrangers, qui passent à diverses saisons dans notre département, peuvent mieux l'apprécier, et de leurs descriptions unanimes nous pouvons tirer cette peinture.

Air pur, doux, moelleux, agréable ; atmosphère variant sans cesse et donnant un grand charme au paysage, tantôt transparente à l'extrême et laissant voir les montagnes tout proches avec leurs moindres détails ; tantôt voilée et les reculant si loin qu'on les distingue à peine ; très exceptionnellement, brumeuse ou rendue opaque par le brouillard.

Le ciel est rarement sans aucun nuage et même alors il est d'un bleu laiteux, couleur turquoise, bien plutôt que saphir.

L'air est calme d'ordinaire ; le plus souvent on ne le sent pas ; ou bien il est traversé par des brises molles, tièdes, caressantes.

Il fait bon vivre en plein air.

Scopie. — Analysons un peu notre sujet et voyons ce que donnent les observations instrumentales.

Pression de l'air. — Altitude des lieux mise à part, la pression varie fort peu dans les étroites limites d'un département ; nous prendrons pour base la meilleure série que nous possédions, celle de St-Martin de Hinx et nous nous bornerons à la comparer à celle de Pau (Dr Ottley).

D'une année à l'autre, la *pression moyenne annuelle* ne varie que de 2mm, 7 : en effet de 1865 à 1886 la plus basse a été de 758,37 et la plus haute de 761,04. La moyenne des 22 années est de 759,97 ou en chiffres ronds 760 et comme St-Martin de Hinx est à 40 mètres au-dessus du niveau de la mer on voit que la pression moyenne y est de près de 4mm plus élevée que la pression moyenne du globe.

La plus basse pression moyenne mensuelle a eu lieu en avril 1884 : 752,3, et la plus haute en janvier 1882 : 769,4.

La moyenne mensuelle a été pour les douze mois (1865-86) :

Janv.	Fév.	Mars	Avril	Mai	Juin	Juil.	Août	Sept.	Oct.	Nov.	Déc.
761,38	61,46	58,75	57,77	58,81	60,60	60,70	60,04	59,91	59,19	59,96	61,04

A Pau, de 1854 à 1868 (15 ans) :

743,74	44,00	41,95	42,20	41,70	43,48	43,74	43,00	43,00	42,00	42,50	44,74

Différence :

17,64	17,46	16,80	15,57	17,11	17,12	16,96	17,04	16,91	17,19	17,46	16,30

Température de l'air. — Pour être comparables les observations devraient être faites dans des conditions analogues ; nous savons qu'il n'en a pas été ainsi. Seules les observations de St-Martin de Hinx et de Lescar peuvent être comparées ; nous ne pourrons qu'en rapprocher celles de Pau.

De 1865 à 1886, les moyennes annuelles à St-Martin de Hinx ont varié de 11°78, en 1885, année la plus basse, à 13°66, en 1868, année la plus élevée, l'écart est de 2° à peine et la température semble aller en baissant, car la première période de cinq ans donne 13°33 ; la seconde

12°88 ; la troisième 12°83, et les sept années suivantes 12°59 seulement.

La plus basse moyenne mensuelle, décembre 1879, a été de 0°5.

La plus haute de 21°5 en juillet 1868.

Voici l'évolution des moyennes mensuelles à St-Martin de Hinx.

Janv.	Fév.	Mars	Avril	Mai	Juin	Juil.	Août	Sept.	Oct.	Nov.	Déc.
6,21	8,07	9,23	12,09	15,01	17,59	19,76	19,80	17,69	13,50	9,04	5,92

A Pau, sous un abri anglais (Dr Ottley) :

5,70	6,90	8,95	13,00	15,25	18,30	19,95	20,55	18,35	14,10	8,80	6,35

DIFFÉRENCE :

—0,51	—1,17	—0,28	+0,91	+0,24	+0,71	+0,19	+0,75	+0,66	+0,60	—0,24	+0,43

A Gan 1861-72 :

4,79	7,54	8,73	13,52	16,89	18,79	21,77	20,96	18,83	13,90	8,54	5,84

DIFFÉRENCE avec St-Martin de Hinx :

—1,42	—0,53	—0,50	+0,43	+1,88	+1,20	+2,01	+1,16	+1,14	+0,40	—0,50	—0,08

Comme on devait s'y attendre il fait plus froid l'hiver et plus chaud l'été, à l'Est du département, qu'à l'Ouest, à faible distance de la mer ; les observations de Gan prises à la campagne accusent une différence plus forte que celles de Pau prises en ville.

La moyenne annuelle est de 12,91 à St-Martin de Hinx, de 13,02 à Pau, de 13,40 à Gan.

La température moyenne mensuelle d'une année diffère très peu entre St-Martin de Hinx et Lescar (près Pau) ; prenons au hasard l'année 1887. Elle donne à St-Martin :

												Année.
5,3	4,6	8,5	9,5	12,9	19,7	20,5	20,5	15,7	8,9	7,9	5,2	11,60

A Lescar :

5,2	4,2	8,9	9,9	13,9	20,5	21,5	21,4	16,2	9,0	8,0	5,7	12,03

DIFFÉRENCE :

—0,1	—0,4	+0,4	+0,4	+ 1,0	+ 0,8	+ 1,0	+ 0,9	+ 0,5	+0,1	+0,1	+0,5	+ 0,43

Ces différences sont faibles et nous pouvons appliquer à Pau et à la région intermédiaire les observations de St-Martin de Hinx sans crainte de nous tromper de beaucoup :

Nombre moyen de jours de gelée par mois :

												Moyenne Annuelle.
9,3	5,4	3,2	0,2	0	0	0	0	0	0,2	4,1	10,8	33,2

(Le Dr Ottley n'en trouve à Pau que 25,2 ce qui prouve que son thermomètre à minima était trop bien abrité.)

Maximum 63 durant l'hiver 1879-80 ; minimum 10 en 1868-69 et 1878-79 :

Maximum absolu de température par mois :

23,7	25,0	26,5	30,8	35,0	36,4	39,7	38,4	36,9	36,6	26,0	24,2

Minimum absolu

—12,9	— 4,5	— 4,7	— 1,2	1,0	4,3	7,0	7,8	2,0	— 3,6	— 4,8	— 9,0

Différence :

36,6	29,5	31,2	32,0	34,0	32,1	32,7	30,6	34,9	40,2	30,8	33,2

On voit quelles températures élevées nous pouvons avoir l'hiver, par vent du Sud et quel froid nous donne au matin le rayonnement par air calme sous un ciel pur. Mais ce sont là des phénomènes heureusement exceptionnels et de très courte durée.

L'excursion totale du thermomètre a été de 52°6.

— L'air n'est pas seulement un mélange de gaz ; il contient aussi de la vapeur d'eau dont on peut mesurer la tension ; on peut aussi mesurer l'humidité relative.

Tension de la vapeur d'eau. — A St-Martin de Hinx, moyennes mensuelles :

5,89	6,33	6,74	7,94	9,47	11,57	13,39	13,48	11,98	9,47	7,32	5,92

Moyenne annuelle 9,13. Variant de 8,67 en 1870 à 9,53 en 1877.

La force élastique de la vapeur d'eau suit une marche

annuelle bien régulière ; elle est minimum en janvier et maximum en août.

Elle présente en général une double oscillation diurne, sauf en décembre et janvier où l'oscillation est unique.

Minimum absolu 1mm 4 ; maximum absolu 24mm.

— *Humidité relative.* — Elle ne présente qu'une oscillation diurne ; le maximum se produit le matin quelques minutes après le lever du soleil ; le minimum est toujours très voisin de 2 heures de l'après-midi ; il se produit un peu plus tôt l'hiver que l'été.

La marche annuelle est moins nette ; on constate toutefois un minimum en mai et un maximum en novembre.

Voici les moyennes mensuelles :

82,0	78,6	77,3	77,7	77,0	79,4	79,6	79,8	80,8	82,7	83,6	83,0

Moyenne annuelle 80,1, variant de 77,2 en 1870 à 81,9 en 1879.

Minimum absolu : 12 centièmes le 23 juillet 1870.

A Pau, le Dr Ottley nous donne pour 9 heures du matin :

81,0	79,0	76,0	73	71	71	72	71	74	78	81	82

Moyenne 76. Chiffres qui nous paraissent assez vraisemblables.

Et pour 2 heures du soir :

68	65	63	60	59	56	55	57	58	65	69	71

Moyenne 62.

L'humidité relative varie beaucoup et très rapidement ; par un coup de sirocco, nuit du 31 décembre 1876 au 1er janvier 1877, j'ai vu l'hygromètre tomber à 8 centièmes, il y avait 11°8 de différence entre le thermomètre sec et celui mouillé.

Le plus souvent après le vent de Sud, l'Ouest survient avec la pluie et l'hygromètre monte brusquement.

En revanche l'humidité libre est rare.

Pendant des pluies fortes et prolongées on ne voit presque jamais l'hygromètre à 100.

Le brouillard est exceptionnel et les condensations d'eau sur les murs plus rares encore.

Voici la moyenne mensuelle des jours où il y a eu brouillard à St-Martin de Hinx :

3,0 2,6 2,0 1,0 *0,9* 1,9 1,6 2,3 2,6 2,7 3,7 **4,1**

Soit en moyenne 28,4 jours par an, avec maximum de 48 jours en 1867 et minimum de 12 jours en 1882.

A Gan, près Pau, M. Guillemin donne :

1,1 0,2 0,2 0,1 0,1 0,1 0,1 0,2 0,1 0,1 1,2 1,3

soit 4,8 jours, chiffre trop faible qui ne s'applique évidemment qu'à de forts brouillards.

Pouvoir évaporant de l'air. — Ce pouvoir dépend de la température de l'air, de son état hygrométrique et de son mouvement.

M. Raulin, dans une brochure complémentaire de celle de M. Angot sur les observations de M. Carlier, donne les chiffres suivants, moyennes mensuelles de 1884 à 1888 (5 ans) :

27,7 36,0 62,8 57,3 65,2 62,6 68,9 69,3 51,4 36,7 24,9 21,6

Il ne dit pas avec quel genre d'évaporomètre ces résultats ont été obtenus ; il dit seulement que la mesure a été faite à l'ombre et que les chiffres lui semblent bien faibles.

Les cinq années sont fort égales variant seulement de 537mm à 597,4.

A Pau dans des conditions de mauvaise exposition (cour abritée, galerie au second étage, j'ai obtenu avec mon évaporomètre pour 1874-75 des chiffres plus élevés mais trop faibles encore.

39,6 40,3 62,9 73,3 95,5 87,9 103,6 102,8 89,0 54,6 36,2 35,0 total 820,7. En hiver l'évaporation du jour dépasse de peu celle de la nuit, qui est d'environ un millimètre et varie peu d'un bout de l'année à l'autre. Durant les autres saisons celle de jour augmente beaucoup et est trois fois plus grande.

Il n'a pas été fait, que nous sachions, d'observations sur la cyanométrie, l'électricité de l'air, sur sa composition chimique, sur les poussières et les microbes en suspension.

II. — Les Météores.

Si nous passons maintenant aux divers météores : vents pluies, etc., voici ce qui a été constaté :

Vents inférieurs. — A St-Martin de Hinx la direction moyenne du vent est N. W. 1/4 W. avec force déviante venant de l'Est pendant les six mois froids et de l'W. pendant les six mois chauds, c'est-à-dire perpendiculairement à la côte ; il y a donc, fait remarquer M. Angot, même sur les côtes du Golfe de Gascogne une véritable mousson parfaitement caractérisée. — Dans tous les mois la proportion des calmes est le moins grande de midi à 3 heures et le plus grande au milieu de la nuit ; dans le courant de l'année les calmes sont beaucoup plus fréquents en été qu'en hiver, ce qui se comprend aisément, les bourrasques se présentant surtout pendant la saison froide.

— Dans tous les mois la vitesse du vent présente un maximum bien net au milieu de la journée et un minimum au milieu de la nuit.

La variation annuelle est moins nette, maximum bien accentué en avril ; minimum en août et septembre.

La vitesse maximum constatée a été de 32^{m} par seconde le 7 décembre 1882 ; en août, la vitesse maximum n'a jamais dépassé 14^{m}.

Il y a en moyenne 33 tempêtes ou coups de vent par an, dont 23 de novembre à avril et 10 seulement de mai à octobre. Maximum de fréquence en février : 4,6. Minimum en août : 0,9. — 1882 a donné 70 tempêtes ; 1867 15 seulement.

A Pau, M. Dambier, d'après les observations des demoiselles Yorke, ne donne que 19,4 jours de grand vent dont 13,5 de novembre à avril et 5,9 de mai à octobre.

Maximum de fréquence en mars.

L'inclinaison des arbres (cimetière et boulevard Guillemin) marque que le vent prédominant comme force vient du N. W.

Vents supérieurs. — Dans un pays de collines et de plaines, borné au sud par une chaîne de montagnes aussi haute que les Pyrénées, le vent qui règne à terre n'est presque jamais celui des nuages.

A l'abri des montagnes nous avons fort souvent des courants d'appel ou des contre courants.

Presque toujours quand l'orage s'avance du Sud-Ouest, le vent de terre vient de l'Est ; quand les nuages du Nord apportent la neige, les girouettes et les fumées indiquent vent de Sud.

Les quelques ascensions en ballon faites à Pau et les petits ballons que les enfants laissent envoler montrent nettement ces contre courants.

Ils sont parfois si réguliers que nous avons vu un ballon parti de la Haute-Plante y redescendre après avoir, durant une heure, voyagé vers les Pyrénées, puis au Nord en dépassant Pau, au Sud enfin en revenant à son point de départ.

Les nuages. — Le vent est le porteur des nuages qui apparaissent dès que, par suite du refroidissement, l'état hygrométrique de l'air atteint cent degrés ; ils sont perpétuellement à l'état de formation et de déformation.

L'étude des nuages est très difficile et quoique nous les ayons souvent regardés, nous sommes fort embarrassé d'en parler.

Les véritables cirrhus sont rares dans les Basses-Pyrénées; nous en avons vu cependant l'été de fort beaux si élevés qu'ils restaient, parfois des heures, presqu'immobiles et sans changer de forme.

Le plus souvent nous avons des cirrhus coup de balai, traînée blanche, palme de martyr, qui tournent très vite au cirrho-cumulus. Le ciel complètement pommelé est rare; d'ordinaire nous avons des nuages variés de nature, de forme, de direction et d'altitude.

Au printemps les cumulus à grains, l'été les cumulus orageux à contours plus arrêtés abondent; vus de profil ils sont souvent magnifiques avec leurs cimes mamelonnées d'un blanc éblouissant; vus en dessous, ce sont des nimbus noirs et pluvieux.

Trop souvent le ciel est entièrement voilé d'un pallium plus ou moins sombre ; enfin les nuages d'W. roulent leurs masses épaisses dans l'air et ceux de l'W. N. W. les plus bas de tous, semblent des fumées d'incendie qui volent dans l'espace.

Les nuages se succèdent-ils en série régulière comme le veut M. Guilbert de Caën ?

Nous ne croyons pas qu'ils offrent chez nous un ordre de marche aussi complet, aussi parfait ; nous n'avons le plus souvent que le commencement de la série.

Nébulosité. — Quoiqu'il en soit le ciel est rarement sans nuages dans tout le département et surtout vers la mer.

St-Martin de Hinx présente la marche diurne suivante traduite en écarts à la moyenne diurne :

Minuit	3 h.	6 h.	9 h.	Midi	3 h.	6 h.	9 h.
—0,80	—0,04	+0,67	+0,58	+0,28	+0,08	—0,16	—0,61

Année minimum, 153 jours (1870); maximum, 246 jours en 1886.

Le jour est donc plus nébuleux que la nuit de $\frac{15}{100}$ avec minimum à minuit et maximum à 6 h. du matin.

Les moyennes mensuelles sont :

6,25	6,11	6,40	6,56	5,93	6,00	5,53	5,39	5,57	6,18	6,35	6,57

Moyenne annuelle 6,07 avec maximum de 6,53 en 1866 et minimum de 5,64 en 1884.

Décembre 1879 fut le moins nuageux : 3 dixièmes ; janvier 1865 le plus nuageux : 8,7.

A Pau les moyennes mensuelles de nébulosité sont d'après le Dr Ottley :

5,6	4,7	6,3	5,3	5,9	5,7	5,0	4,0	3,9	4,9	5,7	5,4

Moyenne de l'année 5,2.

— La durée de l'insolation mesurée à St-Martin de Hinx au moyen de l'héliographe de Campbell a donné les moyennes mensuelles ci-après pour 1884-85-86, en heures :

												Année.
103	124	174	148	227	227	274	262	196	137	102	101	2075

La fraction d'insolation par rapport au nombre d'heures où le soleil aurait brillé, s'il n'y avait pas eu de nuages, a été en millièmes :

0,356 421 470 366 500 499 593 606 525 406 353 361 : 455

Des pluies. — Les pluies sont fréquentes dans le département et la quantité d'eau tombée est considérable.

M. Carlier qui a relevé avec beaucoup de soin le nombre de jours où il a plu, de 1865 à 1886, a trouvé pour St-Martin de Hinx les moyennes mensuelles suivantes en jours :

												Année.
16,3	15,0	18,3	17,9	16,0	15,4	12,9	12,4	14,6	18,7	17,8	17,6	192,9

Mois minimum : 4 jours en 1878, février. Maximum : 29 jours, en mars 1867.

A Pau les demoiselles Yorke ont trouvé :

14,1	11,6	14,9	15,3	**16,9**	14,6	*11,5*	11,8	12,0	14,2	13,0	12,6	:	162,47

DIFFÉRENCE :

— 2,2 —3,4 —3,4 —2,6 + 0,9 —0,8 — 1,4 —0,6 —2,6 —4,5 —4,8 —5,0 —30 jours.

Ce qui est à remarquer c'est que à l'Est du département les jours de pluie sont le plus nombreux au printemps, tandis qu'à l'Ouest il sont plus fréquents durant les trois derniers mois.

Le nombre de jours de pluie dépend beaucoup de la façon de les compter ; ainsi, pour Pau, M. Dambier d'après les observations Yorke les estime à 150 ; le Dr Ottley 140 ; le Dr Taylor 122 ; Schaër et Clark 110, et M. Guillemin n'en compte que 50.

Évidemment les uns relèvent les jours où il a plu, fût-ce quelques gouttes ; les autres ceux où la pluie a été sensible et M. Guillemin, un agriculteur, n'a tenu compte que des jours où la pluie a empêché le travail des champs.

Hauteur de pluie en millimètres à St-Martin de Hinx :

117,2	95,9	102,6	125,1	93,9	125,1	79,5	*75,6*	145,0	**178,8**	143,0	134,0	: 1407,7

Hiver. Déc. à Février.	Printemps.	Été.	Automne.
347,1	321,6	280,2	458,8

Année maximum : 2016, en 1882. Minimum 960mm en 1870.

Mois maximum : 466,7 en 21 jours, septembre 1882.

Mois minimum : 2,4 en 5 jours, septembre 1865.

La plus forte pluie observée un jour a été de 107m 3 le 20 septembre 1882.

Voici maintenant les chiffres pour Lescar, 27 ans, 1851 à 1880 :

79,4	69,2	80,3	90,5	116,3	108,5	55,3	51,9	72,5	91,7	85,3	73,6	:	975

DIFFÉRENCE :

—37,8—26,7—22,3—34,6 + 22,4—16,6—24,2—23,7—72,5—87,1—57,7—60,4—432,7.

Hiver.	Printemps.	Été	Automne.
222	287	216	250

On voit que la hauteur de pluie est bien moindre à Lescar qu'à St-Martin de Hinx ; et que tandis qu'auprès de Pau le printemps est la saison la plus pluvieuse, sur le littoral c'est l'automne qui l'emporte de beaucoup.

M. Raulin, qui a étudié à fond les divers régimes saisonniers de la pluie, trouve, pour les Basses-Pyrénées, trois régimes différents : sur le littoral, la pluie décroît ainsi : automne, hiver, printemps, été ; cette bande, qui s'étend au delà de Bidache, remonte en s'élargissant jusque dans les Charentes.

Dans la montagne : Automne, printemps, été, hiver.

Cette bande étroite va de Saint-Jean-Pied-de-Port à Luchon.

Au pied de nos montagnes : Printemps, automne, hiver, été.

Ce régime s'étend sur la partie orientale des Landes et le Gers.

Les graphiques que M. Raulin appelle ingénieusement la goutte d'eau mensuelle et la goutte trimestrielle sont extrêmement curieux et peignent bien ces régimes différents.

Ses profils orographiques et pluviométriques comparés montrent aussi fort nettement combien rapidement s'élève la quantité d'eau tombée, au fur et à mesure qu'on se rapproche de la montagne.

Ainsi Bordeaux ne compte que 750^{mm} de hauteur de pluie quand St-Martin de Hinx en a 1429 et Aragori 1890.

Plus à l'Est, toujours en allant du Nord au Sud, Casaubon (Gers) donne 876^{mm} ; Pau 1000 ; Oloron 1300 ; Gélan 1500 ; Peyranère 1630.

En groupant les divers pluviomètres de Pau et de Bayonne pour atténuer les chances d'erreur provenant de mauvaise exposition ou de mauvaise observation, nous arrivons aux totaux annuels moyens suivants :

Sur le littoral, bande Nord-Sud : St-Martin de Hinx, 1408 ;

Bayonne 1371 ; Biarritz 1000 ; St-Jean-de-Luz 1253 ; Aragori 1773.

Bandes transversales, Ouest-Est :

1° Au Nord du département : Orthez 1150 ; Lescar 975 (l'École normale est un peu abritée par la haute-ville) ; Pau 1000.

2° Bande moyenne : Mauléon 1505 ; Oloron 1311 ; Bétharram 1109.

3° Bande méridionale au pied des grands monts : St-Jean-Pied-de-Port 1540 ; Bedous 2000 ; Bagès-Béost 1117 ; Laruns 2046.

(Je trouve une bien grande différence entre ces deux derniers points si rapprochés.)

4° Hautes vallées : Peyranère 1630 ; Gabas et Gélan 1504.

5° Le Pic du Midi, qu'on pourrait croire moins pluvieux à raison de ce que les nuages sont souvent au-dessous de lui, donne la hauteur maximum d'eau : 2.350^{mm}.

M. Frossard arrive au chiffre moyen de 1236 pour le bassin de l'Adour.

Nous empruntons à son mémoire sur les observations centralisées de 1887, une page qui retrace fort bien les caractères généraux de la pluie dans notre région.

« Le bassin de l'Adour reçoit des pluies particulièrement abondantes : il se trouve en effet soumis à la double influence de la proximité des montagnes et du voisinage de la mer » (qui constituent un puissant appareil de distillation). « Ses versants sont exposés à l'action immédiate des vents de l'Océan et les masses d'air chargé d'humidité se heurtent de prime-abord à de puissantes montagnes.

» En 1881, le Pic du Midi a reçu la plus forte hauteur de pluie constatée en France, 1890^{mm} ; en 1883, le maximum de pluie en France a été relevé à Aragori près Hendaye (2237). En 1885, c'est à Bedous qu'est signalé le maximum 2532^{mm} ; en 1886, Gélan et Peyranère reçoivent encore la plus grande hauteur d'eau 2670 et 2310^{mm}.

» La distribution des pluies dans le bassin de l'Adour affecte une allure assez régulière ; les courbes de niveau des cartes pluviométriques, publiées par le Bureau central s'étagent parallèlement à la chaine des Pyrénées et présentent un retour brusque au Pic du Midi qui, par sa remarquable position en saillie sur la grande chaîne, forme comme un éperon déterminant la précipitation de grandes masses d'eau ; à l'Est de cet énorme mur d'arrêt, les hauteurs de pluie diminuent brusquement.

» On remarque également sur ces cartes que toute la côte des Landes est abondamment arrosée par les pluies du large. Les courbes de niveau se relèvent régulièrement vers le Nord jusque dans le voisinage de Bordeaux. La présence d'immenses forêts dans cette région ne paraît pas étrangère à la régularité de ce phénomène. » J'ajouterais volontiers l'influence du rebord des dunes hérissées de pins qui, d'après une expérience, doit rehausser le courant d'air, en abaisser la température et précipiter la pluie.

Neige. — Très fréquente sur les montagnes où elle tombe parfois en plein été, la neige va en décroissant rapidement quand on s'avance vers le Nord et surtout vers l'Ouest du département.

M. Carlier nous donne le relevé moyen mensuel des jours :

0,9	0,9	1,0	0,1	0	0	0	0	0	0	0,1	0,8	Total...	3,8

A Pau (Mlles Yorke) :

1,3	2,0	1,7	0,3	0	0	0	0	0	0	0,2	2,0	Total...	6,5

A Gan (M. Guillemin, 1856-72) :

1,53	0,65	1,06	0,11	0	0	0	0	0	0	0,06	1,90	Total...	5,3

Les gelées blanches et les rosées sont fréquentes et abondantes ; le verglas est presque inconnu.

Orages. — La scopie des orages et surtout leur étude synoptique a donné quelques notions précises que nous pouvons résumer ici :

Presque nuls en février, rares en hiver, où l'on n'entend que quelques coups de tonnerre isolés dans de grandes bourrasques, les jours orageux augmentent en avril, mai, deviennent très fréquents en juin, juillet, août pour redescendre en septembre et octobre et tomber presque à zéro en novembre et décembre.

Voici le nombre moyen mensuel des jours d'orages :

A St-Jean-de-Luz de 1865 à 1873 (9 ans) d'après le capitaine St-Martin :

												Année.
1,9	0,1	1,9	1,8	5,9	6,7	7,5	7,1	5,2	3,0	1,8	0,8	43,55

Année minimum : 31 jours en 1870 ; maximum 53 jours en 1873.

A St-Martin de Hinx de 1865 à 1886 (22 ans) :

1,6	0,9	2,0	2,8	5,8	7,3	7,4	6,5	6,1	3,0	2,0	1,7	47,1

Ces chiffres sont très semblables et prouvent qu'il y a sur le littoral environ 45 jours orageux avec maximum en août et minimum en février.

Si on comptait seulement les jours où on a entendu le tonnerre St-Martin de Hinx donnerait dix jours de moins 37,2 avec maximum en juin.

A l'Est du département, d'après les observations des demoiselles Yorke, nous trouvons seulement une trentaine de jours ; mais il est probable que ces demoiselles observaient moins minutieusement qu'un marin ou un météorologiste.

La Commission météorologique dont les correspondants au nombre d'environ 200 étaient répandus dans tout le département a trouvé pour 1873 : 77 jours ; 1874 : 97 ; 1875 : 96 jours, ainsi répartis en moyenne :

3,0 1,3 2,3 6,7 10,3 15,7 16,0 10,7 10,3 7,0 2,3 3,3 : 89

peut-être ici y a-t-il quelques jours de trop par suite de bulletins mal datés.

En 1873, la Commission a étudié la répartition des orages suivant les heures du jour ; elle a trouvé :

Minuit à 6 h. matin :	6 h. à midi :	Midi à 6 h. soir :	6 h. à minuit :
8	11	60	19
19		79	

Le plus grand nombre a lieu de 11 h. du matin à 7 h. du soir.

Leur durée a varié de 1/4 d'heure à tout le jour ; mais alors il s'agit d'une succession d'orages ; d'ordinaire un orage passe en une demi-heure sur un lieu donné.

La direction des orages d'après les points d'où ils venaient a été :

N W	W	S W	S	S E	E	N E	N
2	38	32	5	1	0	0	0

L'ensemble des cartes de 1873 à 1880 montre que l'orage est tantôt parfaitement limité à un point du département, ou à une bande étroite, s'il le traverse ; tantôt général.

L'Est du département semble plus atteint que l'Ouest. Le Sud plus que le Nord.

En 1873 il y eut 7 jours de bourrasques orageuses d'hiver et 14 grands orages généraux.

Leur force varie depuis un faible coup de tonnerre jusqu'à des milliers.

Leur vitesse est plus grande quand ils viennent de l'Ouest que quand ils sortent de la chaîne, dont les cimes élevées semblent les arrêter.

Quand ils traversent le département d'W. en Est, ils mettent au trajet 3 h. ou 3 h. 1/2 marchant ainsi avec la vitesse des trains qui nous arrivent de Bayonne.

Du toit de la villa Tourasse, d'où l'on embrasse un rayon de ciel de 70 kilomètres, j'ai plusieurs fois dessiné l'aspect des orages et je l'ai comparé ensuite avec les cartes dressées à l'aide des Bulletins envoyés par les instituteurs.

Il y avait accord parfait, et voici le type synthétique de ces orages d'été.

L'orage apparaît derrière les Pyrénées en montrant quelques cimes de cumulus ; vers les 10 heures il sort péniblement et lentement, avançant du Sud au Nord, sur plusieurs points de la chaîne ; à la sortie des montagnes, il épanouit ses panaches de vapeur ; ses parties hautes filent en traînées vers le N. E. ; puis sous l'action du centre de bourrasque qui se déplace, le gros des orages se replie vers l'Est et traverse le département d'W. en Est, avec quelques coups de balai du N. W. à la fin.

Le plus souvent les orages sont bienfaisants, ils rafraîchissent l'atmosphère et arrosent les terres desséchées. Mais en revanche quelques-uns sont désastreux par les grêles qu'ils précipitent, le vent violent qui les entraîne et les coups de foudre qu'ils nous décochent.

Grêles. — Nous avons deux sortes de grêles, les ondées abondantes de grésil, qui tombent parfois dans les grandes bourrasques d'hiver et surtout au printemps, des nuages à grains ou giboulées ; et les grandes grêles plus rares, mais terribles, écrasantes, des orages d'été.

En 1873 la Commission a relevé 30 jours de grêle dont 16 avec dégâts (mais seulement trois dégâts moyens et deux forts).

Les jours de grêle se répartissent ainsi d'après M. Carlier :

1,3 0,9 1,0 1,0 0,4 0,5 0,2 0,1 0,5 0,5 0,7 1,3 Total.. 8,4

avec minimum de 2 jours en 1881 et maximum de 17 jours en 1882.

La Commission a pu tracer quelques cartes de grêles remarquables par leur précision :

Les lignes de grêle ont varié du Sud au N. W. ; elles forment le plus souvent des bandes étroites, de quelques kilomètres seulement en largeur et s'avançant en ligne droite. Plusieurs fois on a constaté deux bandes parallèles espacées d'une vingtaine de kilomètres ; elles sont souvent accompagnées d'un vent violent qui brise ou déracine des arbres séculaires.

La grosseur des grêlons atteint celle d'un œuf de poule ou même d'oie, au dire des témoins ; elle dure cinq à six minutes quelquefois à deux reprises.

Ces grêles écrasent les récoltes et causent des dommages qui s'élèvent à plusieurs centaines de mille francs.

Le Nord-Est du département est le plus atteint ; Pau est le plus souvent épargné.

Nous n'avons pas constaté de ces grêles terribles à l'Ouest du département.

— *Les coups de foudre* sont assez fréquents surtout par les orages de N. W. dont les nuages sont plus bas.

La Commission a relevé quelques cas intéressants :

Le 12 décembre 1874 six chutes de foudre aux environs de Pau ; le clocher de Rontignon fut frappé ; celui de Mazères-Lezons, fendu en deux comme par un coup de hache ; les murs Est et Sud restèrent debout, tandis que ceux N. et W. volaient en éclats ; les galets noyés dans le ciment étaient projetés au loin comme des boulets. Voici selon nous l'explication de ce fait singulier : Les murs du Nord et de l'Ouest rendus bons conducteurs par une pluie prolongée, avaient donné passage au courant qui, vaporisant l'eau dont la maçonnerie était imbibée, avait projeté le galet enchâssé dans le mortier.

Les coups de foudre sur les arbres sont fort nombreux et le tonnerre tombe parfois sur des lieux bas, témoin le coup qui foudroya vingt chèvres dans la rue même de Bizanos.

De 1835 à 1870 le nombre des personnes foudroyées dans les Basses-Pyrénées a été de 45 d'après la statistique du Ministère de la Justice, notre département occupant le 68e rang. Les Hautes-Pyrénées n'en comptant que 28, les Landes 21, et l'Orne 7 seulement tandis que le Puy-de-Dôme offre le maximum 105.

Si on tient compte de la population les chiffres changent; c'est la Seine avec ses innombrables paratonnerres où on est le moins foudroyé 1 mort sur 70.000 habitants; puis vient l'Orne (1 sur 60.000); les Landes ont le 36e rang (1 sur 14.500); les Basses-Pyrénées tiennent le 56e (1 sur 9.700) et la Lozère le dernier (1 sur 2.300).

Nous en aurons fini avec les orages si nous signalons un cas de tonnerre en boule, constaté par le Dr Lacoste, rue Gachet, et les inondations causées par l'orage du 2 juin 1875, suivi de pluies extraordinaires et d'inondations désastreuses les 3 et 4 juin.

Voici les relevés pluviométriques de diverses stations à 8 h. du matin les 2, 3 et 4 juin. L'Ouest du département ne fut pas atteint.

	2 juin	3 juin	4 juin	TOTAL.
St-Jean-de-Luz..	0	1	1	2
Bayonne.......	0	1	8	9
Bidache.........	0	0	10	10
St-Palais........	4	29	2	35
Orthez..........	32	18	4	54
St-J.-P.-de-Port.	3	35	23	71
Tardets.........	8	54	26	88
Lembeye.......	12	57	5	74
Lescar.........	71	35	6	112
Pau.............	0	98	72	170
Gan.............	12	91	32	135
Oloron.........	pour les 3 jours........			131
Laruns.........	0	86	138	214

Phénomènes optiques. — A ce que nous avons dit plus haut sur la transparence de l'air et la couleur bleue du ciel, nous avons peu de choses à ajouter.

L'aurore et le crépuscule offrent rarement de très vives couleurs ; il y aurait des études intéressantes à faire sur la visibilité des montagnes, mais elles n'ont pas été faites; on n'a pas observé non plus les rayons crépusculaires, ni la scintillation des étoiles. Nous n'avons entendu parler d'aucun phénomène de mirage. Les couronnes et halos se montrent de temps en temps mais n'ont pas été étudiés; ils ne présentent rien de particulier que nous sachions, non plus que les arcs-en-ciel qui sont parfois fort beaux.

Les lueurs crépusculaires attribuées à l'éruption du Kracatoa furent très brillantes ; les aurores boréales sont excessivement rares ; aucune observation magnétique n'a été faite.

Parmi les phénomènes problématiques, nous avons vu deux pluies de soufre qui n'était autre chose que du pollen de pins des Landes, et nous ne dirons rien des étoiles filantes ni des bolides qui nous paraissent devoir se rattacher aux phénomènes cosmologiques.

Météorothéorie : *l'explication des phénomènes.* — Les moyennes, autour desquelles oscillent les phénomènes, les maxima ou minima qui forment la limite de leurs variations, ont sans doute leur intérêt ; peut-être cependant est-il plus intéressant encore d'étudier la succession des phénomènes et leurs variations corrélatives, en les inscrivant à l'aide de signes sur des graphiques horaires et en rapprochant l'évolution des phénomènes locaux de celle des phénomènes généraux représentés par les cartes isobariques et isothermiques publiées chaque jour par le Bureau central.

On arrive ainsi à comprendre la raison des changements

si rapides du temps, et à s'expliquer les conditions d'apparition et de disparition des phénomènes.

En parcourant l'atlas d'observations ainsi représentées par un des membres de la Commission météorologique, on constate les corrélations suivantes :

Le département se trouve dans une aire de hautes pressions ou bien dans le rayon d'action d'une bourrasque.

Dans le premier cas le ciel est pur, le temps est beau, l'air est calme, les brises de jour et de nuit fonctionnent régulièrement, la température est plus basse que la moyenne l'hiver, plus haute l'été, les écarts du jour à la nuit considérables ; parfois cependant le ciel est uniformément brumeux.

Le temps est assez stable et se maintient semblable parfois pendant une vingtaine de jours.

Dans le second cas, le temps varie rapidement sous l'action des bourrasques qui défilent presque chaque jour sur l'Europe, arrivant de l'Océan et passant tantôt en Espagne, le plus souvent sur les îles Britanniques et la Scandinavie.

La plupart du temps la trajectoire du centre passe loin de nous et la bourrasque nous effleure seulement du bout de son aile ; elle nous donne un souffle élevé de Sud-Ouest, le ciel se couvre de cirrhus et redevient bleu.

Si elles passent plus près, sur la Manche, par exemple, au vent S. W. dont nous protègent les monts d'Espagne, succèdent quelques bouffées d'Ouest, des nuages, un peu de pluie et la bourrasque s'éloigne encore, laissant le ciel s'éclaircir.

Il n'y a que les bourrasques du Golfe de Gascogne qui nous touchent fortement et qui, si elles passent lentement sur la France, nous donnent de grandes quantités d'eau par vent de N. W. quand leur centre a passé notre méridien.

En effet les vents humides et plus froids du N. W. accumulent leurs masses de vapeurs dans nos vallées dont les flancs abruptes les arrêtent. Elles en escaladent péniblement les pentes sous l'action du vent qui les pousse ; en montant, l'air se dilate et se refroidit, sa vapeur se condense et il pleuvrait indéfiniment si le centre de bourrasque ne s'éloignait.

Les bourrasques les plus désagréables sont celles qui défilent en France de N. W. en S. E., dans une sorte de corridor entre deux hautes pressions sur l'Océan et l'Allemagne ; nous avons alors des grains orageux avec grésil et vent frais qui constituent les giboulées.

Les bourrasques qui passent sur l'Espagne ne nous offrent que leur bord maniable où la vitesse du vent déjà moindre est affaiblie par la chaîne des Pyrénées haute, large et rugueuse ; aussi leurs vents d'Est sont-ils peu à craindre pour nous.

Quant aux bourrasques des golfes du Lion et de Gênes, qui seules pourraient nous donner du vent de Nord, elles sont bien loin pour nous dépêcher le froid Borée et tel est le motif pour lequel ce vent est presque inconnu chez nous.

Météoronomie. — La constatation de l'influence des phénomènes d'ordre divers les uns sur les autres, est la partie la plus simple de cette branche encore si peu avancée de la science.

Influence des phénomènes cosmiques sur les météores. — Nous ne pensons pas qu'il y ait de ce chef aucune influence particulière aux Basses-Pyrénées. On croit dans le pays comme dans beaucoup d'autres à l'influence des phases de la lune sur le temps. Nous n'y croyons guère par cette double raison que les changements de lune sont une conception purement subjective, et que les cartes du temps nous montrent, par une même lune, beau temps ici, mauvais temps là.

Influence des phénomènes géographiques. — Le relief

du sol dans les Basses-Pyrénées, le voisinage de la mer, influent au contraire puissamment sur les qualités de notre air et sur les météores.

L'air des montagnes, ou qui vient des montagnes, vastes surfaces inhabitées, à fortes pentes et par conséquent exemptes de marécages ; l'air qui vient de l'Océan, cette plaine immense sans poussière, doit nécessairement être plus pur que l'air des plaines continentales.

L'air marin est de plus fortement ozonisé et nous avons entendu au Congrès de Biarritz les communications de chirurgiens nous disant combien leurs opérations étaient heureuses à Biarritz ou à Bayonne, sans qu'ils fussent obligés de prendre les précautions d'antiseptie, dont on use aujourd'hui dans les hôpitaux de nos grandes villes.

— L'antagonisme de la montagne et de la mer, le voisinage des Landes, cette mer de sable, déterminent des modifications de température nocturne et diurne qui produisent les brises de terre et de mer bien connues, lorsque notre atmosphère n'est pas dominée par l'action des bourrasques.

— Durant les bourrasques, le haut relief de la chaîne produit deux influences opposées selon que les vents généraux viennent du Sud ou du Nord.

Toutes les fois que sous l'action d'une bourrasque passant à notre gauche de S. W. en N. E. les vents chauds et humides du Sud W. montent les pentes espagnoles, il pleut à torrents en Espagne, tandis que nous avons ciel pur, température élevée même l'hiver, vent chaud et desséché.

C'est le phénomène auquel nous donnons le nom de sirocco, lorsqu'il est un peu accentué. Sous son action, nous avons vu, l'été, à St-Jean-de-Luz, le thermomètre monter à 38° et l'hiver à Pau, nous avons une fois constaté 21° à minuit au 1er janvier 1877, tandis que l'hygromètre tombait à 8 centièmes et que l'évaporation nocturne dépassait 4mm 4.

Nos journées d'hiver belles et chaudes sont dues à ce phénomène que M. Hahn nous semble avoir parfaitement expliqué et qui tient à la chaleur latente dégagée par la condensation de la vapeur d'eau, sur le versant espagnol.

Inversement, quand le centre de bourrasque s'élevant vers le N. E. a dépassé notre méridien, nous avons des vents de N. W. qui donnent sur nos versants des pluies abondantes et qui doivent produire sirocco en Espagne.

Nous croyons également que la présence des hautes cimes et des cols qui les séparent joue un rôle important dans la formation des orages, plus nombreux en ce pays que dans les plaines de la France, et quelle occasionne des tourbillons locaux d'air froid sec et électrisé, qui condense les vapeurs inférieures en pluies torrentielles, en grêles écrasantes et nous donne cette énorme quantité d'électricité sans cesse renouvelée.

L'influence des minéraux constitutifs du sol sur l'air et les météores n'a pas été constatée ; celle des végétaux est évidemment bienfaisante. L'influence des animaux sauvages nous paraît nulle; celle inconsciente des cultivateurs faible, celle des civilisés plutôt malfaisante.

Rien n'est curieux comme de voir, à certains jours, de la terrasse de la Place Royale de Pau, les fumées de la gare et de quelques usines étendre dans l'air presque immobile de la vallée leurs longs panaches aux teintes variées qui se diffusent peu à peu dans l'air et le rendent plus ou moins opaque.

Les cheminées des villages de Jurançon, Gelos, Bizanos, et les herbes brûlées aux champs, s'allongent en longues traînées parallèles, au devant des coteaux, formant des couches distinctes comme les veines d'une agathe à camées.

Les étrangers croient que c'est effet de brouillard ; l'hygromètre démontre l'impossibilité d'une condensation de vapeur d'eau à ce moment du jour.

Il est certain que l'homme, en serrant trop ses habitations

en ne les tenant pas suffisamment propres, corrompt l'air et permet la multiplication de microbes infectieux.

Il appartient aux hygiénistes de réagir et de faire passer leur conviction dans la tête des administrateurs de nos villes et dans celles des habitants eux-mêmes.

— Si nous passons à l'influence des météores sur les autres phénomènes, nous pouvons dire que cette influence sur les phénomènes cosmiques est inappréciable, tandis qu'elle est considérable sur la géographie physique.

Le relief actuel du sol est le résultat de la lutte entre l'attaque des météores et la résistance des matériaux qui constituent l'écorce terrestre dans notre pays.

Les neiges amoncelées en glaciers, les pluies qui dans la montagne roulent en torrents, la gelée qui effrite les roches, le vent qui balaie les grains de sable, ont modelé le paysage si beau que nous avons sous les yeux.

Dans le cours des siècles, ils ont dépouillé les cimes de leur manteau d'argile et laissé à nu leur squelette osseux ; ils ont par contre recouvert d'immenses nappes de galets de sable et de boue les vallées et les plaines qui s'étendent au pied de nos montagnes, dans lesquelles torrents et ruisseaux ont creusé les rides en forme d'éventail, qui sont aujourd'hui leur lit.

Tous les jours leur action lente s'exerce encore.

— La flore elle aussi subit grandement l'influence du climat dont elle devient la meilleure caractéristique.

Les vents, les oiseaux, les hommes apportent chez nous toutes les graines des plantes ; mais ne prospèrent que celles qui trouvent dans le sol nourriture à leur goût et dans l'air les conditions favorables à leur existence.

Il en est de même de la faune qui dépend de la flore et du climat.

Enfin le climat a, lui encore, modelé les hommes nourris par la faune et la flore du pays.

Il en a fait une race douce, intelligente, honnête, plus

facile à administrer qu'à mener au progrès, race fine, un peu indolente, qui sent plus vivement qu'elle ne réagit, et dont la langue a plus d'activité que le bras.

Elle sait cependant donner un coup de feu quand les événements le réclament et, déplacée, elle produit des sujets de valeur, pour le travail.

Nous voyons parfaitement que tout cela se lie : air, eaux, sol, plantes, animaux, hommes, sociétés ; entre tous ces corps et ces individus il y a actions et réactions incessantes ; mais nous sommes loin de les avoir mesurées et d'en pouvoir formuler les lois.

MÉTÉOROTECHNIE. — Savoir c'est prévoir, pouvoir et pourvoir, c'est appliquer la connaissance à nos besoins, d'abord inconsciemment, puis selon des règles qui constituent les arts de l'ingénieur.

L'application comprend les arts suivants : La protection (défense, préservation) contre l'air et les météores ; la précaution, la prévision (et prédiction), la provision, l'utilisation, la modification, la prévoyance, l'enseignement et la vulgarisation.

Protection. — Les habitants n'ont pas attendu la constitution de la Science pour se défendre contre les météores ; il y a beaux jours que, selon les ressources du pays, ils ont adapté leurs vêtements et leurs habitations aux exigences de leur climat particulier.

Dans la montagne, pays de chasse et de pâturage, ils avaient la peau des animaux sauvages et la laine de leurs moutons ; aussi voit-on encore quelques peaux de chèvres employées comme manteau contre la pluie, et la laine tissée joue-t-elle le plus grand rôle dans le costume de nos montagnards ; sauf la chemise de fil de lin, ils sont vêtus de laine, été comme hiver, et leurs capes, capulets, leurs capuches semblables à de longs sacs ouverts sur deux côtés ont les formes les plus enveloppantes.

Le berret de laine tricotée et foulée est une coiffure spéciale à la région et de forme très originale, qu'on pourrait croire imitée du champignon. Rendu imperméable, au point qu'on s'en sert pour boire aux sources, il dépasse, tout autour, la tête de ses bords qu'on peut avancer du côté d'où vient la pluie ou le soleil incommodants.

En Béarn, les constructeurs des maisons, sans raisonner météorologie, ont eux aussi tenu compte des indications climatériques mieux souvent que des architectes étrangers plus savants.

Ils ont généralement opposé un mur plein aux pluies de l'Ouest et du Nord-Ouest, mis leurs entrées à l'Est, toujours abrité et exposé leurs façades à l'Est ou au Sud en les garantissant par de larges galeries extérieures superposées et fermées aux extrémités, galeries qui, l'été, protègent les chambres de la trop grande lumière et de la chaleur, tandis que l'hiver elles laissent le soleil plus abaissé pénétrer jusqu'au fond des appartements.

La vie à demi-air sur ces galeries est délicieuse ; cet hiver, à Laruns, je pouvais écrire à 9 heures du matin assis dans une de ces galeries, et je me souviens d'un évêque allemand de Riga, mon voisin de Pau, qui passait sa vie sur la galerie, lisant et fumant le soir jusqu'à un heure très avancée et, de bon matin, cirant philosophiquement les bottes de la famille.

Le flanc Ouest des maisons est très souvent revêtu d'ardoises, du haut en bas, pour garantir les murs des infiltrations et de l'humidité.

— Le costume des basques diffère peu de celui des Béarnais ; eux aussi ont le berret, d'ordinaire plus petit ; leur maison est plus dissemblable ; plus ramassée que la maison Béarnaise, elle abrite sous un grand toit de tuiles demi-cylindriques, hommes, animaux et récoltes ; souvent le toit descend près de terre, recouvrant des appentis.

Elle est bien conçue pour garantir ses hôtes de la pluie et des ardeurs du soleil d'été.

— Contre la neige qui croît en fréquence et en épaisseur avec l'altitude, les toits se redressent au fur et à mesure qu'on avance vers la montagne et les Hautes-Pyrénées ; il faut les faires solides, car si le vent est rare il est parfois violent ; tuiles et ardoises ont besoin d'être épaisses au N. E. du département pour résister aux mitraillades de la grêle.

Auprès des maisons, le paysan aime avoir quelques arbres pour abriter du soleil ses jeunes enfants ; les propriétaires aisés plantent souvent des massifs d'arbres au Nord-Ouest pour garantir leurs habitations, et il est rare qu'auprès de ce qu'on nomme un peu ambitieusement les châteaux du pays, il n'y ait pas des quinconces de chênes pour abriter l'été jeux et promenades.

Depuis les progrès de l'industrie et les raffinements de la civilisation, les paysans ont ajouté à la protection insuffisante des vêtements celle plus efficace de ce bouclier météorologique qu'on appelle *parapluie*.

Et plus récemment les étrangers malades ont introduit, contre les rayons trop forts du soleil, l'ombrelle doublée de blanc, que les indigènes commencent à trouver agréable comme en-tout-cas, car elle sert à la fois de paravent, parasol, parapluie.

Les portes et fenêtres closant mal, le *paravent* n'est pas inconnu dans les chambres et on en rencontre même chez des ouvriers.

Bayonne et Biarritz à cause des grands vents de la mer connaissent les doubles fenêtres inconnues à Pau.

— Les procédés de chauffage pour se défendre du froid n'ont rien d'extraordinaire ; il est tel hiver où on éprouve à peine le besoin de se chauffer ; le chauffage au bois suffit d'ordinaire, et chez le paysan et les pauvres, le fagot joue le plus grand rôle.

Les applications conscientes, techniques, sont naturellement faibles encore, comme faible est notre science ; cependant elles commencent à se produire.

Nos ingénieurs forestiers chargés de la conservation des forêts et prairies naturelles, sans cesse menacées par l'avidité insouciante des pâtres, reboisent et regazonnent nos montagnes.

Nos agronomes essayent timidement et sans grand succès, croyons-nous, les nuages de fumée contre la gelée des vignes ; nos horticulteurs commencent à utiliser abris, serres et châssis pour protéger certaines plantes fragiles et hâter leurs primeurs.

M. Tourasse avait fait construire un vaste hangar roulant sur rails pour abriter ses semis d'arbres fruitiers.

Nos éleveurs installent leurs chevaux de luxe et surtout de course dans des conditions d'hygiène et de bien-être que plus d'un malheureux pourrait envier.

Nos architectes construisent maisons, villas, grands hôtels de plus en plus confortables avec marquises, vérandahs, galeries, balcons et terrasses couvertes, ventilateurs et calorifères.

Old England à Biarritz a son trottoir vitré et l'hôtel Gassion à Pau son petit jardin d'hiver.

Pour les faibles et les malades, nos magasins regorgent de vêtements imperméables, de fourrures et d'engins perfectionnés, tout au moins, selon la dernière fantaisie du jour.

Et la Maternité de Pau possède, depuis peu, une couveuse artificielle pour les enfants faibles ou nés avant terme.

Contre la foudre bon nombre de maisons, la plupart des églises et tous les monuments publics sont armés de paratonnerres presque jamais visités, il est vrai, et nous avons connu le clocher de Garlin qui pendant plusieurs années a gardé sa tige interrompue sur une longueur de plusieurs mètres. On attendait pour remettre deux barres le résultat d'un procès.

M. Barthe, sénateur, a plusieurs fois appelé l'attention du Conseil général sur les *paragrêles*. Mais l'expérience ne semble pas avoir confirmé les espérances toujours vives des inventeurs. Le regretté M. Vaussenat a expérimenté, paraît-il, au Pic du Midi, l'influence de nombreuses perches dressées sur un sommet. Nous ignorons les résultats.

Nous craignons fort que ces tentatives soient de l'ordre de celles que nous imaginions et qui consisteraient à armer les crêtes de nos montagnes d'un réseau de paratonnerres Melsens reliés à nos gaves pour peigner l'électricité des nuages à leur passage sur les Pyrénées.

Précaution. — L'art de la précaution complète celui de la préservation et exige celui de la prévision du temps.

Il ne suffit pas d'avoir chez soi des armes défensives contre les météores, il faut, quand on sort, s'en revêtir ou les emporter, si cela est opportun.

Il y a sans doute une prudence suprême qui consisterait à ne s'en dessaisir jamais; on paierait ses bienfaits au prix de beaucoup d'ennuis.

La sagesse populaire a dit il y a longtemps :

Quand il fait beau, prends ton manteau.
Quant il pleut, prends-le si tu veux.

et elle a formulé aussi ce proverbe vraiment pratique :

En avril, ne te découvre pas d'un fil.

proverbe que les Espagnols poussent jusqu'au 10 juin :

Quaranta de majo, no quitar el sajo.

Il est certain que, dans un pays à variations assez étendues et parfois subites, il y a des précautions à prendre pour la santé des animaux et des hommes ainsi que pour leur sécurité, précautions plus grandes encore pour les âges extrêmes, les faibles et les malades.

Nous devons prendre garde aux rayons trop ardents du soleil ; au passage brusque du soleil à l'ombre ; nous précautionner contre les coups d'air, contre les courants d'air, contre le vent et l'humidité, mère des rhumatismes.

Nos médecins hygiénistes, ces ingénieurs de la santé publique nous tracent des règles de plus en plus précises à cet égard.

Nos architectes veillent à ce que tuiles et ardoises soient aussi bien attachées que les tuyaux de cheminée, et nos ingénieurs prennent leurs précautions contre les inondations et l'engorgement des égouts.

Nous savons tous qu'en temps d'orage il ne faut pas se mettre sous les arbres, et cependant plus d'un qui le savait s'y est laissé prendre.

Prévision du temps. — Les habitants du pays ont acquis par tradition et par expérience une connaissance suffisante des saisons et de la limite des variations pour régler leurs actes et leurs travaux.

Les paysans ont fait quelques remarques ingénieuses sur les changements de temps à courte échéance.

Ils savent qu'au vent du Sud succède fréquemment la pluie et ils ont formulé dans un proverbe cette règle à peu près infaillible,

Montagnes claires, Bordeaux obscur,
pluie à coup sûr.

La contre-partie est non moins exacte :

Montagne obscure, Bordeaux clair,
De Pluie il ne faut point parler.

Malgré nos connaissances météorologiques, nous n'en savons pas beaucoup plus qu'eux.

Cependant, par l'étude de nos graphiques nous avons pu établir quelques règles sur la prévision du temps à courte échéance, à l'aide du seul Baromètre.

Nos ingénieurs, qui ont étudié les pluies et le régime des cours d'eau, signalent télégraphiquement aux agriculteurs et industriels riverains les crues menaçantes et parfois dévastatrices des gaves.

Quelques-unes de nos communes rurales sont abonnées au service des avertissements agricoles, du Bureau central météorologique.

Nos marins côtiers savent consulter baromètre et dépêches avant de prendre la mer ; les pêcheurs se hâtent de rentrer au port quand ils voient le cône d'alarme pendre au mât des sémaphores.

Enfin un service télégraphique de la Barre à Bayonne, avise les navires qu'ils peuvent sortir du port et le sémaphore spécial de la Barre leur dit s'ils peuvent entrer.

Utilisation des météores. — Je n'ai pas besoin de dire que depuis longtemps en Béarn, comme ailleurs, les blanchisseuses étendent leur linge sur les haies pour le faire sécher à l'air et au soleil, que les ménagères soufflent leur feu pour l'allumer et leur chandelle pour l'éteindre ; que les marins caboteurs tendent leurs voiles au vent pour naviguer.

Les utilisations savantes sont extrêmement rares.

Il n'y a point, que nous sachions, de moulins à vent dans le pays, ce qui est naturel puisque le vent y est rare ; à Biarritz seulement quelques pompes mues par le vent.

Nous ne connaissons guère les mares et les citernes, non qu'il ne pleuve souvent, mais sans doute parce qu'à raison même de ces pluies, les sources et les cours d'eau sont nombreux et abondants ; pour le même motif il n'y a point de salines sur le bord de la mer.

A Eaux-Bonnes, la neige est descendue à dos d'hommes

des anfractuosités où elle demeure même l'été, pour faire des sorbets et des glaces.

A Pau nous utilisons les chutes de neige pour vérifier le zéro de nos thermomètres, tandis que la municipalité en profite pour faire gagner la vie aux équipes des ateliers de charité, chargées d'en débarrasser les rues au plus vite, et que les écoliers se livrent des combats homériques avec ces projectiles peu dangereux.

Enfin, nous aspirons à avoir quelques jours de gelée pour pouvoir patiner.

Mais si nous ne savons pas encore nous servir des météores, pris en détail, nous avons enfin appris, depuis une quarantaine d'années, à utiliser notre beau et bon climat ; et nous commençons à l'exploiter rationnellement, scientifiquement, au triple point de vue du sport, de l'hygiène et de la médication.

Pau et Biarritz se sont déclarées, il y a 40 ans, stations d'hiver et deviennent villes internationales ; Bayonne, Orthez, Dax auraient des velléités de suivre ce mouvement. Il est certain que dans le climat du Sud-Ouest déjà doux, le triangle Dax, Pau, Hendaye, occupe une position privilégiée ; mais un bon climat n'exige pas seulement des conditions météorologiques favorables, il y faut joindre des conditions sociologiques suffisamment attrayantes et ces villes auront du mal à rivaliser de ce chef avec Pau dont les qualités climatériques sont encore plus accentuées ainsi que le fait judicieusement remarquer M. Sahut de Montpellier.

Nos stations balnéaires attirent presque autant par les charmes de leur air pur et de leur atmosphère qui colore si doucement les paysages, que par le bienfait de leurs eaux. Eaux-Bonnes, Eaux-Chaudes, St-Christau, Cambo, Biarritz, St-Jean-de-Luz, Hendaye, sont de bien agréables séjours de caractère varié, qui permet de passer du calme absolu aux plaisirs de la vie mondaine. Leur climat d'été est excellent.

— *Modification des météores.* — Est-il au pouvoir de l'homme de modifier les phénomènes météorologiques ? Au premier abord cela semble impossible ; nous avons la conviction qu'on y arrivera cependant, par voie indirecte ; en tout cas, nous pouvons améliorer un peu notre climat et corriger ou atténuer ses légères imperfections.

Nous commençons à comprendre qu'il ne suffit pas, pour attirer l'étranger, de lui vendre nos rayons de soleil ou de lui louer la vue des montagnes. Nous voulons lui rendre le séjour plus agréable et plus efficace par les artifices raisonnés de l'architecte et de l'ingénieur.

Nous savons par expérience que les meilleures réclames ne sont pas celles qu'on paie fort cher au *Figaro,* mais celles que font nos visiteurs et nos hôtes, quand ils se retirent satisfaits de leur santé améliorée et charmés de notre gracieux accueil.

Telle est la raison des grands travaux d'assainissement et d'embellissement entrepris par Pau et, sur une plus petite échelle par Biarritz, tel est le motif des nombreuses fêtes de toute espèce que donnent ces villes et des encouragements qu'elles prodiguent aux sociétés de fêtes ou de sport.

— *Prévoyance.* — Les phénomènes météorologiques, bienfaisants le plus souvent, causent parfois cependant des pertes considérables aux agriculteurs et aux habitants en général.

Aussi l'État prévoyant accorde-t-il des dégrèvements et secours à ceux qui ont été frappés par la pluie, la gelée ou la grêle.

Un des députés actuels des Basses-Pyrénées, M. le Dr Quintàa, voudrait que l'État allàt plus loin et qu'il garantit aux travailleurs des champs leurs récoltes par une assurance obligatoire.

Son projet rencontre beaucoup d'adhérents.

De nombreuses Compagnies à prime fixes et quelques mutuelles offrent aux populations le moyen d'atténuer les conséquences pécuniaires des fléaux météorologiques.

Elles assurent contre l'incendie où l'air joue certes son rôle, contre la foudre, contre la grêle, et même sur la vie.

Les habitants s'assurent volontiers contre le feu ; l'assurance contre la mort leur est moins familière ; ils trouvent trop chère l'assurance sur la grêle.

Pour notre part, nous serions assez partisan d'une assurance intégrale et obligatoire, par l'État, pour tous les citoyens, jusqu'à concurrence d'un chiffre peu élevé, qui les assurerait contre la ruine, et leur permettrait de repartir du pied gauche pour un nouveau travail.

Les riches s'assureraient aux compagnies pour le superflu ; l'État assurant à tous le strict minimum nécessaire.

Il n'existe dans le département aucune grande société mutuelle ; le *Béarn* fondé il y a quelques années dans d'assez bonnes conditions est mort. Quelques communes ont de petites mutuelles d'incendie qui prospèrent sans bruit. Il y a quelques mutuelles contre la mortalité du bétail.

Un oloronais a trouvé le moyen original de faire vivre une petite société d'assurance contre la grêle, en n'assurant qu'une personne par commune.

PHILOSOPHIE DES MÉTÉORES. — Comme pour tous les autres phénomènes, il y a une philosophie des météores ; elle consiste à les envisager au point de vue du vrai, du beau, du bien et du devoir.

— *Aléthie (le vrai).* — Quoique les météores soient des phénomènes d'ordre mécanique et physique, bien moins complexes que les phénomènes biologiques, psychologiques et sociologiques sur lesquels ils n'influent que par ces mêmes qualités et par les qualités chimiques de l'air, on voit par ce qui précède combien peu leur connaissance est avancée en général et particulièrement dans les Basses-Pyrénées.

C'est que dans l'armée des travailleurs, nos amateurs ne sont que des volontaires, des irréguliers, qui ne peuvent apporter à l'assiégeant qu'un bien faible concours.

La vérité en météorologie comme pour les autres sciences, est une place forte difficile à prendre ; comme dans tous les sièges sérieux, il y faut du temps, de l'argent, de l'intelligence, de la bonne volonté, de la patience, de la persévérance et de puissants moyens d'action ; il faut surtout de l'entente et des efforts coordonnés.

— *Kalie (le beau).* — Les phénomènes météorologiques et l'atmosphère qui en est le théâtre, offrent à ceux qui habitent les Basses-Pyrénées, ou qui y passent, des jouissances d'un ordre élevé, véritablement esthétiques.

L'homme le plus insouciant, l'esprit le plus grossier, ne peut s'empêcher de remarquer à certains jours combien la température est agréable, et d'admirer la beauté du spectacle que lui offre la nature, vue à travers cet épais rideau qu'on appelle l'air.

Quoique ses sensations soient émoussées par l'habitude, l'indigène n'est pas insensible aux beautés de son climat ; il aime à se promener, à faire le lézard au soleil ; à regarder le ciel et les nuages et je l'ai souvent surpris en admiration devant le panorama de la chaîne au soleil couchant.

Les personnes sensibles aux charmes de la nature, les esprits délicats, les artistes passent de longues heures à contempler les variations d'aspect du paysage et à goûter les douceurs de la rêverie qu'il inspire.

Les étrangers, ceux du Nord et de l'Est surtout, trouvent incomparable ce climat qui leur permet de se livrer à tous les genres de sport en plein hiver : courses de chevaux, chasses au renard, longues promenades, voyages en mail-coach, jeux de tout genre. La plaine de Billère est célèbre des deux côtés de l'Atlantique. Bayonne, Biarritz, St-Jean-de-Luz ont en outre les plaisirs du canotage.

Les malades, à part quelques journées mauvaises, qu'ils passent à l'abri dans des maisons assez confortables, peuvent se promener et presque chaque jour s'asseoir au grand air. Les plus atteints, à demi couchés sur leurs galeries au midi, éprouvent des sensations de bien-être et de calme, et se reprennent à espérer en sentant leurs forces renaître.

Le littérateur, le poète, l'artiste, l'alpiniste, ont payé à la beauté du climat des Basses-Pyrénées le tribut de leur admiration en des pages enthousiastes.

Il est certain que, grâce à la mer dont les côtes sont si heureusement découpées et grâce aux montagnes étagées en si nobles massifs, les phénomènes météorologiques revêtent un caractère particulier de grandeur et de beauté inconnu dans nos plaines.

Quand l'ouragan se déchaine sur le golfe et soulève la mer en fureur, on accourt à Biarritz et à la Barre, malgré le vent, malgré la pluie, pour contempler ce sublime spectacle, qui a sa douceur si bien décrite par le poète :

Suave, mari magno, turbantibus æquora ventis......

L'orage dans la montagne, l'ensemble de la chaîne orageuse vue des positions élevées au Nord du département ; la Place Royale et les côteaux parfois couverts de neige ; les grandes raffales de vent mêlées de pluies torrentielles, entrecoupées de roulements prolongés du tonnerre et des craquements secs de la foudre portent le trouble et parfois la terreur dans les âmes ; les grandes chutes de grêle, les trombes qui les accompagnent et qui fauchent les arbres centenaires, touchent à la sublime horreur, et consternent le paysan qui voit en un instant ses récoltes anéanties.

Moins émotionable, le savant est frappé par les phénomènes si variés de ce climat et sa curiosité est excitée par les anomalies apparentes qu'il présente ; quant au météorologiste il admire jusqu'aux bourrasques et plus les météores sont violents plus il est heureux.

Enfin, les sensations esthétiques du philosophe regagnent en étendue ce qu'elles perdent en profondeur ; il est ému, touché dans la juste mesure ; mais il ne se laisse point séduire par les délices du climat, endormir par son action sédative, *béarnifiante,* amollir par les plaisirs de nos cités ; il réagit par effort de volonté, se retrempe par l'hydrothérapie, s'entraîne par l'exercice, et conserve sa puissance pour l'action.

Agathie. — Le climat des Basses-Pyrénées est bon, salutaire mais un peu mou, sauf sur le littoral et dans la montagne.

Convenable pour l'éducation physique et le développement des enfants qui peuvent vivre au grand air, il convient moins à la jeunesse et aux gens dans la force de l'âge. Aussi émigre-t-on beaucoup « aux Amériques », c'est la locution consacrée. Les vieillards font bien de revenir au pays ; car ils conservent de longues années leurs facultés. Dans cet excellent milieu, passé un certain âge, on n'a plus de raison pour mourir. Les météores sont d'ordinaires bienfaisants pour la vie des plantes, des animaux et des hommes.

A l'homme intelligent de se prémunir contre leurs rares excès.

Déonie. — Savoir c'est pouvoir, pouvoir c'est devoir.

Comme la foi, science qui n'agit pas n'est pas science sincère.

De la science acquise et de la conscience de notre puissance, découlent des devoirs positifs pour tous, mais plus impérieux pour ceux qui exercent certaines professions ou jouent des rôles particuliers.

Le climat des Basses-Pyrénées étant un peu amollissant, portant plus à la contemplation qu'à l'action, au plaisir qu'au travail, il y a devoir pour tous ceux qui l'habitent de réagir par l'effort personnel sur eux-mêmes, par l'exemple et l'entraînement de l'association sur ceux qui les entourent et sur la jeunesse par l'éducation.

A des points de vue spéciaux : il y a devoir pour les météorologistes et climatologistes d'entreprendre collectivement l'étude scientifique complète de l'air et des météores, et puisque le climat est bienfaisant, de faire connaître au loin ses qualités ; devoir pour les médecins de l'appliquer avec tact à nos maux, à nos faiblesses.

Architectes, ingénieurs, administrateurs ont le devoir de l'améliorer, de perfectionner nos demeures et d'assainir nos villes par tous les moyens en leur pouvoir.

Ainsi nous tirerons parti de la science météorologique pour le plus grand bien de nos hôtes et de nous-mêmes.

3me PARTIE. — LA PRÉPARATION DE L'AVENIR

La météorologie ne pouvant, nous l'avons vu, donner de bons résultats que par le travail coordonné de ceux qui la cultivent, il importe d'unir les efforts des amateurs, des spécialistes, avec ceux des météorologistes officiels et des associations libres.

Dans l'état actuel de nos institutions, voici comment nous comprenons cette union.

Il faudrait que les nombreux amis de la météorologie, et ceux plus nombreux encore de la climatologie, se groupâssent en section particulière dans les Sociétés savantes locales, dont les délégués peuvent aller, chaque année, aux réunions semi-officielles des Sociétés savantes à la Sorbonne. (Mouvement centripète général.)

Que, d'autre part, les membres zélés de ces sections formâssent des Unions régionales de spécialistes, fédérées à la Société météorologique de France. (Mouvement centripète spécial.)

En sens inverse, le Bureau central météorologique aurait son réseau officiel de fonctionnaires observateurs, étendu à toute la France et conforté, dans chaque département, d'une Commission météorologique. (Mouvement centrifuge spécial.)

Tandis que les amis de la Science, membres de l'Association Française (section de météorologie et de physique du globe), iraient, chaque année, exciter la province et faire avancer la Science. (Mouvement centrifuge général.)

On aurait ainsi un double courant, une circulation complète qui vivifierait la météorologie Française ; le corps social météorologique serait véritablement organisé ; il y aurait harmonie dans les mouvements, distribution des rôles, variété dans l'unité.

Mais il faut, pour cela, entente entre les centres moteurs : il faut que la Société météorologique consente à se reformer.

Conçoit-on qu'à l'heure présente, elle ne compte pas dans toute la France, 150 membres, dont 20 peut-être prennent part régulière à ses séances. Il est indispensable qu'elle abaisse ses cotisations et qu'elle ouvre ses rangs aux innombrables amateurs désireux de s'instruire.

De son côté, le Bureau central qui a pour fonction d'assurer le minimum de service météorologique nécessaire à la vie nationale, doit avoir, dans chaque département (puisque telle est aujourd'hui notre organisation administrative), un petit observatoire dont le personnel payé, encadre les volontaires de la Science, les encourage, les soutienne et leur serve d'exemple.

Ce besoin est vivement ressenti par tous ; et M. Henri Léon de Bayonne vient de concevoir, pour les Basses-Pyrénées, un projet qui rentre absolument dans ces vues. Voici la filiation de son idée :

— A la mort de M. Carlier, sa veuve offrit à l'État l'observatoire de St-Martin de Hinx, instruments et propriété, à la condition que la longue et belle série d'observations faite par son mari, serait continuée.

Le Bureau central étudia la question de savoir si cette proposition devait être acceptée.

Après examen, il conclut à la négative, probablement par défaut d'élasticité dans son budget, peut-être aussi parce que St-Martin de Hinx, quoique près de Bayonne, est un point d'accès peu aisé et n'offrirait aucune ressource aux savants chargés d'y passer leur vie. (A moins d'en faire un pénitencier météorologique !).

Chagriné de voir cette série interrompue et cette belle collection d'instruments inutilisée, M. Léon, dont l'esprit est toujours en quête d'améliorer les observations de la région, s'est dit :

Devons-nous demander à Mme Carlier de nous donner les instruments de son mari, pour fonder, sous son nom, un observatoire à Bayonne, Biarritz, Dax ou Pau ? Non, car toutes observations faites dans ces stations hivernales ou balnéaires seront toujours soupçonnées de partialité.

Mettons plutôt l'observatoire Carlier à Orthez, à la tour Moncade. Nous établirons ainsi, de façon indiscutable, le climat du Sud-Ouest et nos stations en bénéficieront, bien plus que si l'observatoire était dans l'une de ces cités.

M. Léon me communiqua cette idée que je combattis tout d'abord ; la réflexion m'amena cependant à la partager.

Orthez est bien situé, au nord du département, à distance assez grande de la mer et des montagnes ; la tour Moncade se dresse sur le sommet d'un coteau à pentes douces. L'observatoire qu'on y établirait, relié optiquement et par télégraphe et téléphone à l'observatoire du Pic du Midi, ainsi qu'à un troisième point qui pourrait être le Jardin Massey de Tarbes, offrirait une triangulation météorologique merveilleuse, surtout pour l'étude des nuages, si intéressante, mais si difficile.

L'observatoire du Pic n'aura toute sa valeur que quand il sera complété par deux postes bien situés au pied de la chaine, en avant de laquelle il se dresse.

Au point de vue climatologique, l'observatoire d'Orthez nous ferait connaître les conditions atmosphériques de cette région si belle et si intéressante du Sud-Ouest dont le climat est vraiment spécial par sa douceur et son absence de vent. Enfin les chefs de la station d'Orthez vivifieraient tous les postes de la région, en contrôlant les instruments, inspectant les installations, en centralisant les documents et en les publiant.

Cela rentrait d'ailleurs dans le plan d'organisation départementale soumis autrefois au Bureau central, par notre Commission météorologique.

En effet tant qu'il n'y aura pas dans chaque département un minimum de service officiel assuré par des agents rétribués, les commissions météorologiques vagueront à l'aventure, sans direction, sans esprit de suite, sans concert.

Assurez ce minimum de service, elles reprendront leur activité féconde et donneront des travaux d'une véritable valeur.

J'encourageai donc M. Léon dans son idée et l'engageai à la transformer en projet à soumettre à M. Planté, maire d'Orthez.

Celui-ci, archéologue distingué, esprit ouvert et accueillant, vit aussitôt dans ce projet une occasion favorable de conserver, restaurer et utiliser le vieux donjon de Gaston Phœbus et promit son concours le plus empressé.

Le Conseil municipal d'Orthez, sur la proposition de son chef, prenait à la date du 12 février dernier, une délibération des plus favorables ; l'affaire est soumise au Conseil général et suit son cours. Peut-être aboutira-t-elle au moment du Congrès.

De son côté la ville de Pau et la Commission météorologique songent toujours à installer un poste météorologique au Parc Beaumont et un pavillon climatologique au Boulevard du Midi.

Il nous semble en effet qu'il y a lieu de distinguer nettement les observations météorologiques qui doivent faire connaitre les conditions atmosphériques naturelles d'une région (la météorologie étant une partie de la géographie physique), des observations climatologiques qui doivent nous révéler les conditions atmosphériques du milieu social dans lequel vivent les hommes.

L'observatoire météorologique doit être placé à la campagne, sur un point aussi soustrait que possible aux influences locales perturbatrices.

L'observatoire climatologique doit être installé au milieu de la cité, là où les groupes d'hommes sont le plus actifs.

A Pau, il sera situé à la Place Royale ou au Boulevard du Midi ; à Biarritz, on l'a spontanément placé au milieu des embruns d'eau salée, sur la grande plage.

Nous avons également la conviction que la climatologie comporte d'autres instruments d'observation que la météorologie, et nous espérons soumettre au Congrès un déperditomètre qui mesurera la quantité de chaleur nécessaire pour maintenir à la température du corps humain un vase évaporant placé dans un milieu donné.

— Enfin la Commission météorologique organise au Musée d'histoire naturelle (à côté de résumés graphiques de ses travaux, dans la section de géographie physique) une vitrine placée dans la salle de sociologie départementale, vitrine dans laquelle elle déposera ses documents, livres, cartes, atlas, instruments de rechange, et surtout ses deux dossiers de travail collectif, sans cesse extensibles : l'étude du climat de Pau et celle de la météorologie des Basses-Pyrénées.

ALBERT PICHE,

Président de la Commission Météorologique.

CHAPITRE VI

LE

DÉPARTEMENT DES BASSES-PYRÉNÉES

I. Flore. — II. Entomologie et Zoologie. — III. Paléontologie.

Monsieur le Maire de Pau, Président du Comité local, a fait appel à mes souvenirs pour dire quelques mots de la botanique, de la faune et de la paléontologie des Pyrénées.

Il me l'a demandé d'une façon si flatteuse, — il me permettra d'ajouter si sympathique, — que je n'ai pas su lui refuser.

Répondre scientifiquement à cette proposition serait téméraire, et, dans tous les cas, au delà des limites qui me sont forcément tracées par l'espace réservé à ces questions dans un pays tellement historique que le sentiment patriotique domine tous les autres. Je laisse donc la science de côté. Je ferai revivre mes impressions et je les donnerai telles que je les ai éprouvées : enthousiasme des montagnes, comparaison de notre flore avec celle des autres reliefs, classification des plantes en nomades, attachées à une zone distincte, et espèces des sommets ; c'est-à-dire celles qui nous frappent le plus quand on vient de la plaine ; spécialités, ressources pharmaceutiques ; enfin possibilité de les acclimater toutes dans nos jardins et de fixer autour de nous le souvenir des joies que nous avons goûtées.

L'entomologie et la zoologie s'imposent naturellement à ces souvenirs ?....

Je terminerai par quelques observations sur la paléontologie de Biarritz.

I — FLORE

Quand on parcourt les Pyrénées au mois de juin, on est enivré. Cette profusion de fleurs généralement inconnues dans la plaine, ces coléoptères, ces lépidoptères étranges comme la flore, plus familiers dans la montagne où la présence de l'homme les met rarement en fuite, tout vous transporte !

Nous avons d'aussi jolies fleurs dans nos jardins ; mais elles ne nous quittent pas ; nous les voyons tous les jours. Elles n'ont pas l'attrait de la rareté, l'aiguillon de la difficulté vaincue pour parvenir à elles. Le fumier de nos basse-cours, l'arrosoir du jardinier suffisent à leur bonheur. Elles veulent être semées, piquées, repiquées, plantées à demeure, arrachées, transplantées, réclamant toujours la main de l'homme.

Il faut, à celles de la montagne, les premiers baisers du

soleil, les caresses de la brise, le voile des nuages, un peu de terre contre un rocher. Ce qui les caractérise, c'est une sorte de chasteté : elles ne veulent pas qu'on les touche. On les dirait faites pour les anges.

Le peu d'instants où il nous est donné d'en jouir, est encore un de leurs charmes. Quand nous quittons les Pyrénées, nous leur disons : Adieu !... comme si nous abandonnions un ami.

Les Alpes sont aussi imposantes que les Pyrénées sont jolies ; j'admire autant les unes que j'aime les autres : mais la flore des Pyrénées est moins riche que celle des Alpes. Les Alpes ont 190 espèces spéciales lorsque nous n'en comptons que 88, les Carpathes 29, les Cévennes 2 et l'Oural une [1].

Au Pic du Midi de Bigorre, les plantes identiques au Spitzberg forment les 11/100 du chiffre total [2].

Le *Vaccinium uliginosum* dont la baie est souvent une ressource dans les excursions, entre le pont d'Espagne et le lac de Gaube principalement, et dans les bois de Pau, est des forêts humides autant que des tourbières. Il croît en Laponie, au Groënland, dans les Alpes, le Jura, l'Himalaya, la Sibérie, le Kamtschatka, le Nouveau Monde jusqu'au lac supérieur, et près de Grenade à 3.000^{m} au dessus du niveau de la mer.

Le *Vaccinium myrtillus* du Pic du Ger, etc., est des tourbières également ; mais il aime les endroits secs et est moins étendu que le précédent.

L'*Empetrum nigrum* du Pic du Midi d'Ossau, etc., nous est disputé par la Laponie et le Spitzberg ; c'est une plante arctique qui fait le tour du pôle, habitant la Sibérie sep-

1. — Grisebach : *Végétation du globe d'après sa disposition suivant les climats*. Leipsig, W. Engelman, 1872.

2. — Espèces de l'ancienne Egypte, p. 69. Académie de Marseille, ann. 72, 73, 74.

tentrionale, l'Amérique septentrionale, le Caucase entre 2.400 et 3.000m d'altitude et même l'Altaï [1].

Votre *Parnassia palustris,* si commun aux Eaux-Bonnes et dans toute la chaîne, est des tourbières mais surtout des lieux humides. Il monte en Europe jusqu'à 2.500m, se contente du niveau de la mer en Afrique, au centre de la France, et atteint de nouveau à 2.300m dans l'Asie, la Sibérie, le Caucase et l'Himalaya.

Le *Swertia perennis* si commun également mais à une plus grande altitude, manque dans le nouveau continent et dans la péninsule scandinave; mais vous le retrouverez dans le Holstein, la Russie moyenne et le Caucase.

Le *Saxifraga oppositifolia* serait antérieur au soulèvement des Pyrénées, des Alpes, du Caucase et de l'Himalaya? A cette époque, il s'étendait jusqu'à l'Himalaya, tandis que le *Saxifraga aizoon,* Jacq., n'atteignit que le Caucase [2]. Aujourd'hui, ces saxifrages couvrent toutes nos Pyrénées. Le *Saxifraga oppositifolia* est la dernière plante qui fleurisse au pôle.

L'*Erinus alpinus,* L., des vieux murs de Pau et de Lescar, monte à 2.400m dans la montagne.

L'*Erythronium dens canis,* L., cette charmante liliacée qui fleurit sous les arbres du parc de Pau, est la première plante qui pousse sur les pelouses au col d'Iséye (2.000m) à la fonte des neiges.

L'*Anemone nemorosa,* L., également du parc de Pau et de toute la région des coteaux, est aussi souvent *bleue* que blanche en Béarn. On m'en a demandé des échantillons de cette nuance pour le jardin des plantes de Paris et M. Decaisne les avait couverts avec une grille en fer pour les soustraire à l'enthousiasme des admirateurs.

1. — Séance de la Soc. bot. de France, 22 déc. 1871, p. 415.

2. — P. 119 de la *Revue bibliographique de la Société botanique de France,* t. 19, 1872. **Monographie du genre Saxifraga. A. Engler, Breslau, 1872.**

Quand vous rencontrez le *Scilla verna,* Huds., également dans le parc de Pau, vous ne vous doutez pas des services qu'il rend à l'ours. Le préjugé populaire qui nous représente cet animal léchant ses pattes pour toute nourriture pendant l'hiver, n'est rien moins que prouvé. Endormi dans sa tanière, il consomme sa graisse durant le repos forcé auquel le condamnent les montagnes ensevelies sous leur linceul ; mais dès le mois de février, les plantes percent les neiges dans les vallons abrités, et il apprécie alors particulièrement les larges feuilles du *scylla*. Toutefois cette nourriture rafraîchissante ne l'empêche pas de n'avoir que les os et la peau, au printemps. Je n'ai jamais mangé rien de plus affreux que celui que Blaise, de Laruns, m'apporta il y a quelques années. Il lui avait percé le cœur de deux balles, d'un seul coup, près de la grotte des Eaux-Chaudes. C'était un vieux mâle, énorme, qui dansait dans sa peau. Ses pattes, ce morceau si vanté, étaient aussi maigres que celles d'un singe.

LAMAZOU ET LAPÉDAGUE.

Lamazou, d'Urdos, en a tué un le 5 février, dont les boyaux étaient complètement vides. Il n'avait pas plus d'un verre d'eau dans l'estomac, et l'intérieur de l'animal tenait dans son béret.

Au moment où Lamazou l'a achevé, il cherchait à étouffer, dans ses pattes, Lapédague qui ne dut la vie qu'à ce qu'il était à moitié enseveli sous la neige. Quoique fort maigre, il pesait 208 kilos; il avait reçu 19 balles dans le corps.

Au mois d'avril nous avons suivi les traces d'un ours qui avait mangé toutes les feuilles de *scylla* dans le bois de hêtres qui monte à Iséye. Au col, son train se perdait au milieu de ceux de martre, de renard, de lièvre et même d'isard qui avaient foulé la neige en bonds extravagants. Nous entendions des ruisseaux invisibles dont plusieurs d'entre nous mesurèrent involontairement la profondeur en y disparaissant jusqu'au cou. Déjà à cette époque le *Daphne Mezereum,* L., qui fleurit avant d'avoir des feuilles, embaumait l'atmosphère.

L'ours ne se nourrit pas seulement de jeunes pousses, de fruits, de glands, de faines, de maïs, de froment et d'une plante dont je parlerai tout à l'heure, il dévore aussi des animaux; non seulement les moutons, mais les vaches et même les chevaux. Or, quand, par nécessité, pour subvenir à l'éducation de ses enfants, sous l'empire de certaines excitations, il a goûté des plaisirs de la chair, il retombe souvent dans son péché mignon. S'il se nourrit de végétaux, il engraisse vite et fait un excellent manger; à l'automne surtout.

Ceux qui dévastent les troupeaux sont détestables.

La première fois que j'ai traversé les plateaux de Magnabatch (2.000^{m}) et d'Ayous (1.812^{m}) j'ai cru qu'on les avait labourés?...

Les ours après avoir mangé les tiges du *Bunium bulbocastanum* avaient bouleversé le sol pour en tirer la bulbe dont ils sont excessivement friands.

L'*Anemone hepatica,* L., commence aux coteaux de Pau,

abondante dans les rochers de la plaine, Arudy, Lourdes, communément blanche, presque aussi souvent bleue à mesure qu'elle monte, grimpe jusqu'à 2.100^{m}.

Le *Daphne cneorum*, L., embaume les rivages de Biarritz, les brandes du Médoc, du Ger (2.612^{m}), Sourins (2.618^{m}).

Le *Gentiana verna*, L., commence aux coteaux de Rébénacq et monte à 2.000^{m}.

Le *Dianthus superbus*, L., fleurit depuis les premiers coteaux de Pau jusqu'à 800^{m}.

Le *Pinguicula grandiflora* tapisse les suintements de Gan, Louvie, Arudy et de toute la chaîne jusqu'à 2.000^{m}.

L'*Osmonda regalis*, L., la plus splendide de nos fougères, étale ses frondes au canal de Lagoin, près du tunnel, et sur la route de Gan à Rébénacq. Elle est en profusion aux environs de Biarritz, dans les prairies basses de Mouligna.

Les plantes de montagne ont généralement peu d'odeur. Si j'avais des prix à décerner, après avoir mis les rosiers hors concours, je donnerais le premier prix au *Daphne cneorum* et à son confrère le *D. mezereum*.

Le *Primula farinosa* a un parfum virginal : puissant de loin, insaisissable de près. C'est une timide jeune fille : elle fait sa fleur si petite que les papillons ne sauraient s'y poser ; et cependant elle a déjà la coquetterie de la poudre ; seulement elle la cache sous ses feuilles. Elle est des tourbières et des marais.

Le *Lilium Pyrenaicum* a des senteurs si âcres qu'on hésite à l'aimer ou à le détester : c'est le parfum d'un certain monde..... Comme à la lavande, il lui manque peut-être le dosage ?..... Les narcisses et les hyacinthes n'ont pas sur les hauteurs les effluves passionnées des espèces de la plaine.

Aucune violette de montagne n'a d'odeur. Les œillets ne sauraient s'en passer complètement ; mais je ne considère pas le *Dianthus Monspessulanus*, qui s'aventure, sous forme Alpine quelquefois jusqu'à 2.300^{m}, comme une plante de montagne pur sang.

Quand la Société botanique de France est venue dans les Pyrénées en 1868, j'ai eu l'honneur de la diriger comme vice-président de la session. On ne m'accordait qu'un jour d'excursion sérieuse en partant des Eaux-Bonnes. J'ai demandé 14 heures de marche pour les plus ardents. M. Michelin conduisait une autre exploration dans Anouilhas ; nous devions nous réunir le soir. J'ai conseillé l'ascension du pic du Ger par la Coume d'Aas, avec retour aux Eaux-Chaudes par Anouilhas. C'est la course la plus fructueuse, et je la recommande à ceux qui n'ont que peu d'instants à donner à cette portion des Pyrénées.

En voici l'analyse !.....

A tout seigneur tout honneur ! Commençons par citer : la *Sulfuraire,* ce filament velouté et floconneux qui se dépose au fond du verre lorsqu'on le remplit d'eau thermale. Douée d'une organisation déterminée, elle a été classée botaniquement par M. le docteur Fontan.

En épigraphie hiéroglyphique, l'épervier symbolise la fécondité, et quelquefois Dieu l'auteur de toute création. C'est probablement la raison de la dénomination française d'*Épervière* donnée aux *Hieracium* ?

J'avoue que je ne me rends pas bien compte des honneurs rendus aux éperviers, à moins que ceux d'Egypte ne soient plus féconds que les nôtres qui ne pondent que de trois à six œufs ?

En revanche, il est juste de reconnaitre que les *Hieracium* sont une des plantes les plus fécondes qui existent. Le moindre zéphir emporte leurs graines, les ailes déployées comme le duvet des plumes d'un séraphin, et les transporte à des distances énormes. Elles préfèrent les rochers à la terre et poussent partout où elles s'accrochent. Grenier-Godron venaient de signaler l'*Hieracium nobile* comme variété spéciale aux Pyrénées-Orientales et surtout aux Eaux-Bonnes.

Le lendemain du passage de la Société botanique, il n'en restait plus un pied aux Eaux-Bonnes. Mais l'Épervière avait déjà fait ses semis et les années suivantes ont témoigné de sa fécondité. J'ai trouvé l'*Hieracium nobile* également sur la route de Gabas.

J'inscris les plantes dans l'ordre où nous les avons trouvées :

Anemone Hepatica, L. — *Daphne laureola*, L. — *Sambucus racemosa*, L. — *Meconopsis cambrica*, Vig. — *Lilium Martagon*, L. — *Erinus Alpinus*, L. — *Parnassia palustris*, L. — *Alchemilla Alpina*, L. — *Aquilegia Pyrenaica*, DC. — *Helianthemum vulgare*, Gœrtn, var. B. *virescens*, G. G. — *Thalictrum macrocarpum*, Gren. — *Iberis Bernardiana*, G. G. — *Allium roseum*, L. — *Spiræa aruncus*, L. — *Hypericum nummularium*, L. — *Potentilla alchemilloides*, Lap. — *Primula farinosa*, L. — *Silene acaulis*, L. — *Salix Pyrenaica*, Gouan. — *Horminum Pyrenaicum*, L. — *Teucrium Pyrenaicum*, L. — *Erigeron Alpinus*, L. — *Leontopodium Alpinum*, Cass. — *Pinguicula grandiflora*, Lam. — *Saxifraga aizoides*, L. — *Saxifraga cæsia*, L. — *Saxifraga longifolia*, Lap. — *Saxifraga Aizoon*; Jacq. — *Saxifraga umbrosa*, L. — *Lasiagrostis Calamagrostis*, Link. — *Calamagrostis varia*, Schrad. — *Phalangium liliago*, Schreb. — *Festuca spadicea*, L. — *Bupleurum angulosum*, L. — *Centaurea Endressi*, Hochst. — *Leontodon Pyrenaicus*, Gouan. — *Leucanthemum corymbosum*, Godr. Gren. — *Potentilla fruticosa*, L. — *Sorbus Aria*, Crantz. — *S. Aucuparia*, L. — *Passerine dioica*, Ram. — *Allium ochroleucum*, W. Kit. — *Laserpitium Siler*, L. — *Geranium sylvaticum*, L. — *Lonicera Pyrenaica*, L. — *Phyteuma betonicæfolium*, Will. — *Senecio adonidifolius*, Lois. — *Silene quadrifida*, L. — *Stachys Alpina*, L. — *Teucrium chamædrys*, L. — *Thalictrum saxatile*, D. C. — *Valeriana montana*, L. — *Ranunculus Thora*, L. — *Helianthemum canum*, Dun. — *Agrostis Pyrenæa*, espèce nouvelle nommée par un des membres présents : M. Timbal. — *Alopecurus Gerardi*, Will. — *Bupleurum gramineum*, Will. — *Betonica Alopecuros*, L. — *Lactuca muralis*, Fres. — *Veronica Ponæ*, Gouan. — *Dryas octopetala*, L. — *Arctostaphylos officinalis*, Wimm. — *Pirola minor*, L. — *Angelica Pyrenæa*, Spreng. — *Kernera saxatilis*, Rchb. — *Globularia nudicolis*, L. — *Trinia vulgaris*, DC. — *Dethawia tenuifolia*, Endl. — *Thalictrum majus*, Jacq. — *Ribes Alpinum*, L. — *Rosa Pyrenaica* Gouan, var. du *R. Alpina*, L.

Nous arrivons à l'altitude de 2.000^{m} c'est-à-dire au dessus des sapins, qui ne montent pas plus haut dans les Pyrénées. Je ne compte pas les quelques *Pinus uncinata*, Ram. qui franchissent isolément ces limites.

Rhododendron ferrugineum, L. — *Rinanthus Alpinus*, Baumg. — *Bublevrum ranunculoides*, L. — *Aster Alpinus*, L. — *Nigritella augustifolia*, Rich. — *Astrantia minor*, L. — L'*A. major*, L. vient beaucoup plus bas jusqu'à 800^{m}. — *Erigeron uniflorus*, L. — *Androsace villosa*, L. — *Gentiana acaulis*, L. Elle vient même sur la promenade horizontale (500^{m}). — *G. verna*, L. — *G. verna*, L. var. *alata*, G. G. — *G. verna*, L. var. Y. *brachyphylla* G. G. — *Allium fallax*, Don. — *Sedum atratum*, L. — *Asplenium viride*, Huds. — *Anthyllis vulneraria*, L. var. Y. *rubiflora*, G. G. — *Silene quadrifida*, L. — *Aspidium Lonchitis*, Sw. — *Gentiana acaulis*, L. var. Y. *parvifolia*, G. G. — *Gypsophila repens*, L. — *Tofieldia calyculata*, Wahs. — *Dianthus Monspessulanus*, L. — *Alsine verna*, Bartl. — *Campanula glomerata*, L. — *Phyteuma spicatum*, L. — *Pedicularis rostrata*, L. — *Valeriana montana*, L. — *Gentiana acaulis*, L. var. B. *media* G. G. — *Sedum micranthum*, Bast. — *S. dasyphyllum*, L. — *Campanula pusilla*, Hœncke. — *Saxifraga aretioides*, Lap. — *S. muscoides*, Wulf. — *S. cæsia*, L. — *S. ajugæfolia*, L. — *S. sedoides*, L. — *Linaria origanifolia*, D. C. — *Asperula hirta*, Ram. — *Hieracium mixtum*, Frœl. — *Valeriana globulariæfolia*, Ram. — *Avena montana*, Vill. — *Carex sempervirens*, Vill. — *C. atrata*, L. — *C. rupestris*, All. — *Selaginella spinulosa*, Al. Br. — *Polygonum viviparum*, L. — *Leontodon Pyrenaicus*, Gouan. — *Alsine cerastiifolia*, Fenzl. — *Festuca rubra*, L. var.

glauca, Timb. — *Linaria Alpina*, DC. — *Arenaria grandiflora*, All. — *A. purpuracens*, Ram. — *Antenaria dioica*, Gœrtn. — *Betonica hirsuta*, L. — *Pinguicula Alpina*, L. — *Hutchinsia Alpina*, R. Br. — *Crepis pygmæa*, L. — *Veronica aphylla*, L. — *Salix reticulata*, L. — *S. Herbacea*, L. — *S. retusa*, L. — *S. Pyrenaica*, Gouan. — *Vaccinium uliginosum*, L. — *Primula intricata*, G. G. — *Daphne cneorum*, L. — *Viola biflora*, L. — *Scutellaria Alpina*, L. — *Potentilla nivalis*, Lap. — *Ranunculus Alpestris*, L. — *R. Gouani*, Wild. — *Pedicularis Pyrenaica*, J. Gay. — *Carex nigra*, All. — *Plantago montana*, Lam. — *Arenaria ciliata*, L. — *Veronica Alpina*, L. — *Bartsia Alpina*, L. — *Passeriñe dioica*, Ram. — *Aronicum scorpioides*, DC. — *Primula integrifolia*, L. — *Veronica aphylla*, L. — *Paronychia serpyllifolia*, DC. — *Globularia cordifolia*, L. var. B. *nana*, Lam. — *Jasione perennis*, Lam. var. B. *pygmæa*, Lam. — *Alsine recurva*, Wahlemb. — *Biscutella lævigata*, L. — *Helianthemum canum*, Dun. — *Arenaria serpyllifolia*, L. var. Y. *nivalis*, G. G. — *Myosotis Pyrenaica*, Pourr. — *Galium Pyrenaicum*, Gouan. — *Veronica Alpina*, L. — *Epilobium montanum*, L. var. B. *collinum* que MM. Grenier et Godron regardent comme une espèce légitime. — *Sempervivum arachnoideum*, L. — *Leontodon Pyrenaicus*, Gouan. var. B. *aurantiacus*, Koch. — *Veronica nummularia*, Gouan. — *Aronicum scorpioides*, DC., var. B. *Pyrenaica*, Gay. — *Leucanthemum graminifolium*, Lam. — *Ranunculus montanus*, Wild. — *Anemone narcissiflora*, L. — *Gentiana nivalis*, L. — *Bupleurum ranunculoides*, L. var. B. *caricinum*, DC. — *Onobrychis supina*, L. — *Draba aizoides*, L. — *Oxytropis Pyrenaica*, G. G. — *Scilla verna*, Huds. — *Sideritis hyssopifolia*, L. — *Solidago virga-aurea*, L. — *Jasione humilis*, Pers. — *Antennaria dioica*, Gœrtu. — *A. Carpatica*, G. G. — *Kœleria setacea*, Pers. — *Erysimum ochroleucum*, D. C. — *Campanula linifolia*, Lam. — *Phyteuma orbiculare*, L. var. B. *lanceolatum*, G. G. — *Arabis stricta*, Huds. — *Sideritis incana*, Gouan. — *Carduus carlinoides*, Gouan. — *Scutellaria Alpina*, L. — *Galium montanum*, Vill. — *G. cæspitosum*, Ram. — *G. rotundifolium*, L. — *Saponaria cæspitosa*, DC. — *Euphrasia Soyeri*, nouvelle espèce nommée par M. Timbal. — *Eryngium Bourgati*, Gouan.

— *Paronychia serpyllifolia*, DC. — *Campanula stolonifera*, Miégeville.

SOMMET DU PIC DU GER (2.612^{m}).

Anthyllis vulneraria, var. *Allioni*, DC. — *Arenaria purpurascens*, Ram. — *Saxifraga iratiana*, Schultz. — *S. oppositifolia*, L. — *S. ajugæfolia*, L. — *Sedum atratum*, L. — *Gentiana nivalis*, L. — *Draba Pyrenaica*, L. — *D. aizoides*, S. — *Hutchinsia Alpina*, Rb. — *Galium verum*, var. *Alpinum*, L. — *Silene acaulis*, L. — *Oxytropis montana*, DC. — *Thymus serpyllum*, L. — *Juniperus Alpina*, Clus. — *Anthyllis montana*, L. — *Salix herbacœa*, L. — *Leontodon Pyrenaicus*, Gouan. — *Iberis nana*, All. ou *spathulata*, Berg. — *Potentilla nivalis*, Lap. — *Asperula hirta*, Ram. — *Valeriana globulariæfolia*, Ram.

En descendant dans Anouilhas par le col d'Aucupat, je ne veux citer que le *Lithospermum Gastoni*, Bent. — *Saponaria cæspitosa*, DC. — *Eryngium Bourgati*, Gouan. — *Androsace pubescens*, DC. var. Y. *hirtella*, L. Dufour. — *Aconitum Napellus*, L. — *Iris xyphioides*, Ehrh.

Près des pointements d'Ophite : *Avena montana*, Will. — *Ranunculus amplexicaulis*, L. — *Gentiana Burseri*, Lap. — *Saponaria cæspitosa*, DC. — *Geum rivale*, L. — *Carduus medius*, Gouan. — *Digitalis purpurea*, L. — *Viola cornuta*, DC. — *Gentiana ciliata*, L. — *Merendera bulbocodium*, Ram. — L'*Anthirrinum sempervirens*, Lap. est au pont du Hourat, sur la route d'Eaux-Chaudes.

On voit qu'il est difficile de faire une plus féconde herborisation, sur un si petit espace et en si peu de temps.

Après avoir donné l'herborisation du sommet du Ger (2.612^{m}), il est intéressant de monter un peu plus haut :

SOMMET DU PIC DU MIDI D'OSSAU (2.885^{m}).

A partir de la troisième cheminée :

Sideritis hyssopifolia, L. — *Androsace pubescens*, DC. var. *hirtella*, Dufour. — *Draba aizoides*, L. var. *gennina*.

— *Primula integrifolia*, L. — *Lycopodium Alpinum*, L. — *Campanula stolonifera*, Miég. — *Empetrum nigrum*, L.

Pointe qui ne se voit pas de Pau :

Leontopodium Alpinum, Cass. — *Avena montana*, Will. — *Agrostis rupestris*, All. — *Cerastium Alpinum*, L. var. *lanatum*.

SOMMET DU PIC (2.885^m) :

Poa Alpina, L. — *Silene acaulis*, L. — *Saxifraga iratiana*, Schultz.

SOMMET DU BAT-LAETOUSE (3.146^m) :

Androsace pubescens, var. *ciliata*, DC. — *Saxifraga iratiana*, Schultz.

SOMMET DU VIGNEMALE (3.298^m) :

Androsace pubescens, var. *ciliata*, DC. — *Saxifraga iratiana*, Schultz. — *Silene acaulis*, L. — *Hutchinsia Alpina*, R. B. — *Draba aizoides*, L. — *D. tomentosa*, Wahl. var. *frigida*. — *Cerastium Alpinum*, L. — *Saxifraga oppositifolia*, L. — *S. muscoides*, Wulf. — *Campanula pusilla*, Hœncke. — *Oxyria digyna*, Camp. — *Poa laxa*, Hœncke. — *Festuca rubra*, L. — *Lecidea Valloti*, lichen nouveau et 14 autres espèces.

Puisque nous sommes sur les sommets, il est bon de connaître les lichens qui poussent à cette altitude et le *substratum* qu'ils préfèrent.

PETIT PIC PENMEDAN DANS LA MONTAGNE DE LA RUE (2.148^m) :

Calcaire. — *Lecidea protuberans*, Schœr. — *L. geographica*, Schœr. — *L. contigua*, Fr.

Pic de Sourins (2.618^{m}):

Schiste calcaire. — *Placodium fulgens*, D. C.

Dike de Sourins :

Pétrosylex. — *Lecanora simplex*, Dav. — *Lecidea contigua*, Fr. — *Mubilicaria cylindrica*, var...

Pic d'Arcisette (2.502^{m}) :

Ophite. — *Lecidea geographica*, Schœr.

Pic de Césy (2.190^{m}) :

Calcaire siliceux et Ophite. — *Placodium murorum*, Hoffm. — *Lecidea galactina*, var. — *Lecanora dissipata*, Hylaud. — *Verrucaria nigrescens*, Pers.

Roumiga :

Fluorine. — La fluorine, aidée par les pluies acidulées des montagnes, devrait dégager de l'acide fluorhydrique et brûler tout ce qui l'entoure. Cependant le *semperricum arachnoideum*, L. — le *Dianthus Benearnensis*, Loret [1] et les lichens *Lecidea geographica*, Schœr. — *Lecanora fuscata*, Ach., vivent sur le cristal lui-même.

Pic du Midi d'Ossau (2.885^{m}) :

Porphyre. — *Lecidea geographica*, Schœr. — *L. atro-alba*, Flot. — *Mubilicaria hirsuta*, DC.

Petrosilex. — *Lecidea geographica*, Schœr.

Schistes. — *Lecidea contigua*, Fr. — *Subercrustacea*.

1. — J'ai eu avec M. Loret des explications qui ne me permettent pas d'affirmer complètement que ce *Dianthus* est le *Benearnensis ?*... Ce serait alors le *Monspessulanus* réduit à une forme tout à fait alpine.

Petit Pic du Midi d'Ossau (2.784^{m}) :

Porphyre. — *Lecidea contiguà,* Fr. var. *Flavicunda,* Ach. Cette espèce est remarquable par la couleur de feu qu'elle emprunte à la présence d'une certaine quantité d'oxide de fer dont le thalle s'imprègne.

Lecidea geographica, Schœr. — *L. Morio,* Schœr. — *Lecanora cinerea,* Hyl.

Pic Peyrot (2.252^{m}) :

Grès rouge. — *Lecidea geographica,* Schœr. — *L. coarctata,* Ach.

Pic Gaziès (2.418^{m}) :

Eurite passant au petrosilex. — *Lecanora fuscata,* Schrad. — *L. Polytropa,* Ehrh. — *L. glaucoma,* Ach. — *Lecidea geographica,* Sch. — *L. platycarpa,* Ach.

Capéran de Sesques (2.408^{m}) :

Quartzites. — *Umbilicaria cylindrica,* var. *tornata,* Ach. — *Placodium elegans,* DC. — *Lecidea Morio,* Schœr.

Pic Mondos ou Scarput (2.512^{m}) :

Petrosilex. — *Lecanora fuscata,* Schrad. — *Lecidea saxatilis ad thallum Lecanoræ parasitica,* Schœr.

Pic de Sesques (2.605^{m}) :

Calschistes. — *Collema pulposum,* Ach. — *Physcia aipolia,* Ach. var. *angustata.* — *Lecanora aurantiaca,* var.

Pic d'Isabe (2.475^{m}) :

Quartzite. — *Lecidea atro-alba,* Hyl. — *L. saxatilis.* — *Placodium murorum,* Hoff.

Bat-Laetouse (3.146^{m}) :

Pour arriver au sommet, on traverse une bande de

Serpentineuse violette, pénétrée de grains de quartz ; puis une assise de granite jaune, très riche en quartz, très pauvre en mica, recouverte du lichen *Umbilicaria cylindrica.*

Les piquets, en chêne, de la tente des officiers géodésiens : colonel Corabœuf, chef d'opérations, et capitaine Peytier adjoint, qui, en 1825, ont fait la première ascension de ce pic, existaient encore le 20 septembre 1881. Ils étaient fichés dans la roche feuilletée : un calcaire noir, marbre très compacte, magnifique au poli et contenant des fossiles, parmi lesquels j'ai cru distinguer des polypiers, une turritelle et des foraminifères.

La tourelle construite par les officiers sur la portion la plus élevée de cette roche, était composée de deux cônes tronqués superposés, le plus élevé en retrait d'environ 30^c^ sur celui du bas. Elle n'a conservé que sa partie inférieure : c'est-à-dire qu'au lieu de 3^m^, 42^c^ de hauteur qu'elle avait en 1826, elle n'a guère aujourd'hui (je parle de 1881), qu'un mètre soixante et onze centimètres.

L'espace me manque pour indiquer toutes les plantes spéciales aux Pyrénées ; mais il y en a quelques-unes qui s'imposent à notre attention comme à notre patriotisme.

Entre Louvie-Juzon et Laruns, vous trouvez dans les prairies, l'*Erodium Manescavi,* qui fleurit toute l'année, au soleil, en terrain léger, surtout s'il y a plus de pierres que de terre, et qui consacre le nom d'un des savants et des magistrats les plus sympathiques de Pau.

Le *Lithospermum Gastoni* que Bentham a dédié à Gaston Sacaze, votre pasteur botaniste, la gloire d'Ossau, fleurit partout au dessus de 2.300^m^ mais surtout dans la raillère de Césy : plante rustique, fleur d'un jour.

On vend au marché de Pau le *Lithospermum officinale* mêlé au *L. arvense.* Les Béarnais s'en servent comme de thé et lui en donnent le nom.

Les habitants des Eaux-Bonnes, les chasseurs qui ont

Sommet du Bat-Laetouse (3.146^{m}).

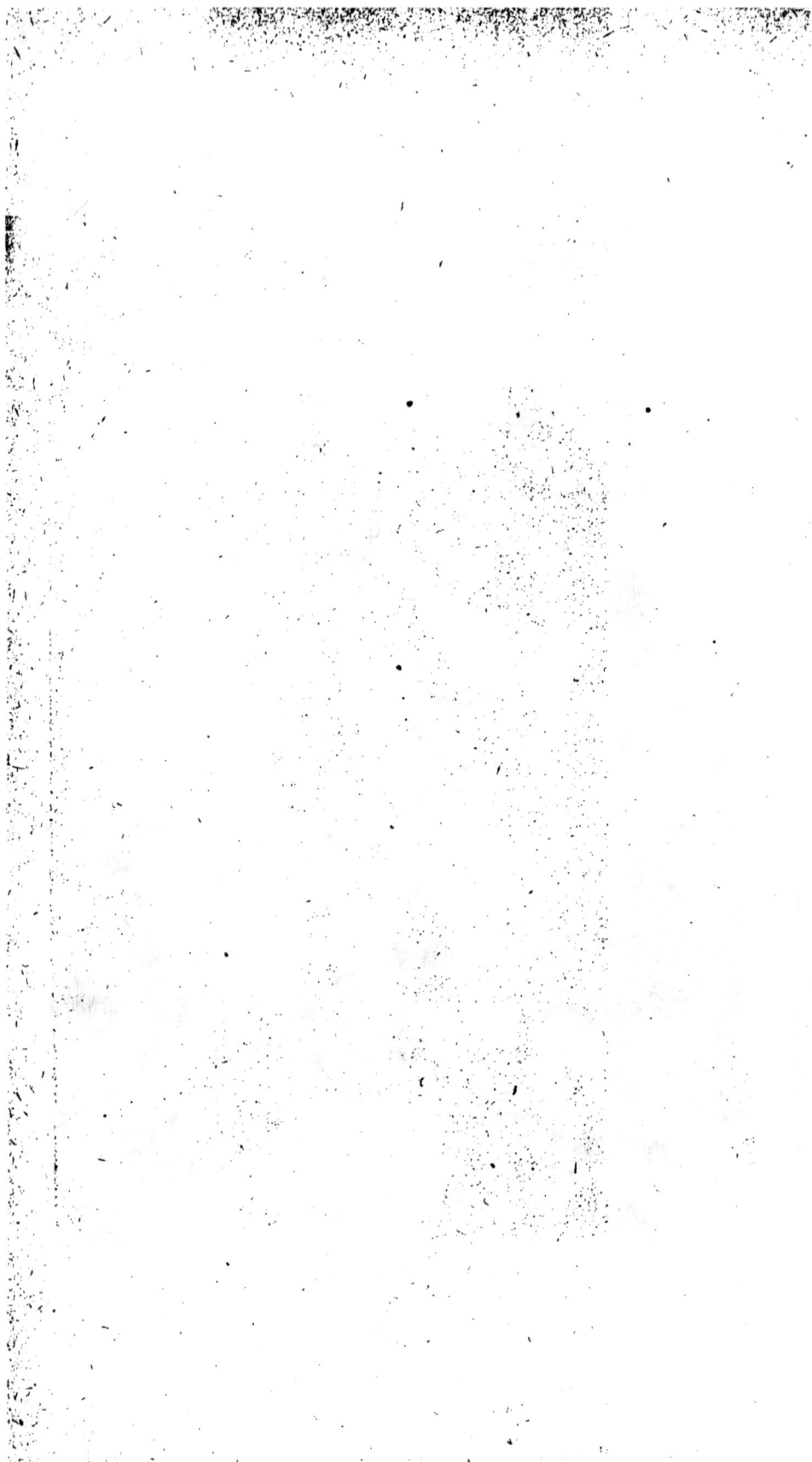

un service à reconnaitre, vous apportent comme cadeau une provision de thé.

Le *Codex medicamentarius* contient l'indication de 485 plantes pharmaceutiques dont 167 seulement sont *obligatoires :* c'est-à-dire que les pharmaciens ne peuvent se dispenser de les avoir. Sur les 485 facultatives, 344 sont françaises, et, sur ce chiffre, le nombre de celles qui sont obligatoires se réduit à 113.

Le sol des Pyrénées, d'une mer à l'autre, produit 211 espèces facultatives et 74 obligatoires.

Malgré ces ressources, il ne se fait pas de commerce d'exploitation dans les Basses-Pyrénées, il n'y a guère que l'*Arnica* qui se vende hors du département; la plupart des pharmaciens font venir presque toutes leurs plantes de Paris. Cependant ceux qui suivent les stations thermales s'approvisionnent, sur les lieux, du *Cochlearia,* de l'*Aconit,* de l'*Arnica,* de la *Belladone,* de la *Gentiane,* de la *Jusquiame,* de la *Digitale* et de quelques autres espèces; et ils obtiennent, avec les plantes fraiches, des alcoolatures auxquelles on ne saurait comparer les teintures que donnent les mêmes espèces désséchées.

Toutes les plantes que je viens de nommer viennent dans la plaine, même à l'état sauvage; l'*Arnica montana,* si recherché par les bestiaux dans la montagne, commun aux altitudes de 500 à 1.000 mètres, descend sur vos coteaux de Bourdettes (carte d'état-major alt. 387^{m}) et dans l'intérieur de la France à St-Sulpice-Laurière, Romorantin, etc.

L'Aconit, malgré le danger qui peut en résulter, pour les enfants surtout, sert de plante d'ornementation dans une foule de jardins. Mais la préférence qui s'attache aux plantes récoltées dans la montagne, dans des sites sauvages, sans contact avec l'air souvent vicié de nos plaines, saturées de fraicheur et de soleil, est légitime et naturelle.

J'ai été enveloppé, à 2.000^{m}, par des brouillards noirs, impénétrables, puant la fumée de nos villes et tachant nos vêtements comme si nous avions été dans une usine ; j'ai vu à 3.300^{m} des feuilles de nos forêts que les tourbillons d'une tourmente avaient roulées jusqu'à nous dans leurs spirales.

Mais ce sont des faits extrêmement rares ; un des grands bonheurs de la vie, est de respirer à ces hauteurs virginales, le souffle du ciel qui n'a passé par aucune poitrine humaine.

Depuis la publication du *Codex medicamentarius,* la science a marché et a appris, en dosant les poisons les plus violents, à venir en aide à nos natures débilitées. Le *Thalictrum macrocarpum,* Gren. spécial aux Pyrénées, découvert par Gaston Sacaze, la célébrité d'Ossau, nommé par Grenier, est très abondant dans la coume d'Aas, entre les Eaux-Bonnes et le pic du Ger. Nous devons au docteur Doassans une étude botanique, chimique et physiologique qui prouve les propriétés paralysantes de cette renonculacée sur le système nerveux central. L'injection intraveineuse d'un gramme ou deux d'extrait de ce *Thalictrum,* suffit pour tuer un chien en cinq minutes.

L'*Aconitum Napellus,* L., est encore plus effrayant que la thalictrine : un milligramme d'aconitine peut envoyer un homme dans l'autre monde ; et cependant que de services ce toxique rend maintenant dans la médecine ! Les deux agents dont je viens de parler ont une certaine action sur les muscles de la vie animale ; l'un et l'autre abaissent progressivement la température.

Le *Ranunculus Thora,* L., est encore un poison. Si les germains ne s'en sont pas servis en 1870, ils savaient bien l'employer jadis en trempant la pointe de leurs flèches dans l'extrait de ses racines. De notre côté nous avions découvert le contre-poison dans l'Aconit jaune, et Linné nous en a conservé le souvenir en le nommant *Aconitum Anthora.*

J'allais oublier un de vos poisons les plus violents : le *Veratrum album,* L., dont la poudre est sternutatoire, antipsorique. (On l'emploie contre la gale.)

On le trouve à Mondeils, au nord du pic du Midi d'Ossau, an lac d'Isabe, etc.

Le *Méconopsis Cambrica,* qui fleurit toute l'année dans nos jardins quand il est au Nord, est un poison pour les vaches et les brebis. Quand elles en ont mangé, elles sont affolées et se précipitent partout. L'Aconit leur produit le même effet et elles en meurent quelquefois. Elles sont très friandes de l'*Adonis Pyrenaica* et d'une foule de renoncules. L'Adonis est rare ; on le trouve au Nord et au Midi, dans Sesques, au col d'Iséye, etc.

La renoncule glaciale vient à des hauteurs qui leur sont interdites ; mais alors ce sont les isards qui la dévorent. Dans le flanc nord du pic du Midi d'Ossau, à Mondeils, le *Ranunculus glacialis* vient à profusion et cependant on n'est guère qu'à 2.300^{m}. Il a dû tomber des assises supérieures et s'acclimater à la fraîcheur du Nord. C'est la station la plus basse que je connaisse.

Pour ne plus revenir aux plantes qui ont un intérêt pharmaceutique je dirai que l'*Alium victorialis,* L., qui croit si victorieusement, transporté du pic du Midi d'Ossau aux bords de nos pièces d'eau, entre dans la composition du faux Nard du Dauphiné quoiqu'il ne fasse pas partie du Codex.

Les Chinois se servent de l'*Alisma plantago* (Pain de grenouille), pour la secrétion du lait et prétendent que l'homme qui en fait usage peut marcher sur l'eau?

Ils mêlent ouvertement les feuilles de notre *Salix alba,* L. — Saule blanc, — au thé destiné à l'exportation.

En Vendée, le *Lappa minor,* D. C. (la Bardane) qui est des Pyrénées Centrales, est employée pour les morsures de vipère.

La vipère, rouge ou grise, est commune dans les coteaux

de Pau; *elle monte à 2.400;* j'en ai tué à cette hauteur au pic du Midi, au col de Lurdé et sur les crêtes de Sesques.

A cette altitude, on n'a pas de feuilles de Bardane dans la poche, ni de jus de choux-vache comme en Poitou. Le véritable remède, et il est souverain, c'est une goutte d'acide phénique pour cautériser la plaie. Un chasseur ou un excursionniste ne doit jamais marcher sans un flacon minuscule de cet acide.

L'alcali est très prôné!... Comme cautérisant, il y en a de meilleurs. Comme contre-poison, vous avez grande chance d'être perdu avant que l'alcali, assimilé, puisse arriver dans les veines déjà infectées par le venin.

Ce venin, si puissant pour décomposer le sang, est sans action sur l'estomac. Si vous n'avez pas d'érosions dans la bouche, sucez la plaie en aspirant fortement et crachez : c'est l'expédient le plus facile et le plus sûr, si vous l'employez immédiatement.

On rencontre encore dans la montagne, la Vipérine, la couleuvre verte et jaune var. *Carbornarius* de Bonaparte et des quantités de *Gordius*. Ces petits animaux filiformes, très allongés, cylindriques, terminés antérieurement par une bouche en forme de petite fente et en arrière par un autre orifice presque imperceptible, connus également sous le nom de Dragonneaux, sont difficiles à déterminer. Linnée les réunit aux vers de Médine ; Lamarck, Bosc, etc. en font un genre de leur classe des Annélides ; Muller les appelle Filaires ; Zéder les nomme Capitulaires. On prétend les trouver dans le talon des nègres, la cavité abdominale du *Simia* capucina, des corneilles, de l'hirondelle rustique, dans la larve du *Tinea padella,* etc. C'est pourquoi Rudolphi a imaginé le mot d'Entozoaire : animal d'intérieur. Un pasteur qui gardait ses troupeaux près du lac Barsaoü (2.081^{m}), était bien plus simple dans ses explications : « Ça », me disait-il, en me montrant des quantités de *Gordius* dans les roseaux, « c'est des crins de cheval en train de se changer en serpents ».

Mon jardin botanique, *mes Pyrénées,* où je conserve mes plantes les plus rares, sont des roches entassées dans un ordre sauvage, mais très calculé, pour avoir toutes les expositions opposées les unes aux autres et adaptées aux exigences de chaque espèce. Un large bassin dont les bords sont à pic, les sépare du *continent.* J'y entretiens une légion de crapauds pour me débarrasser des limaces. Ceux que j'apprécie le plus, sont ces petits bactraciens couleur de rouille, qui semblent tomber par centaines avec certaines pluies d'orage. Lestes et légers, ils grimpent facilement dans les rochers où végètent les plantes les plus susceptibles, et ne les écrasent pas de leur corpulence comme ceux que l'on rencontre dans les bois des Eaux-Chaudes et qui ont quelquefois jusqu'à 49 centimètres de tour de taille.

On dit : les animaux ont l'instinct de ne pas s'empoisonner ?

Hélas ! Ils ont, comme nous, la gourmandise. Vous les voyez comme nous, tituber après leurs orgies : l'instinct les avertit, la passion les aveugle.

Mais, ce qui est un poison pour les uns, n'est rien pour les autres !... Aux premières effluves du printemps, les escargots vont en campagne. Quand les jeunes pousses d'Aconit, de Thalcitrum, d'Adonis, percent la terre, leur gloutonnerie devient une ivresse. Ils recommencent chaque nuit, et quand leur rapacité s'exerce dans l'espace restreint de nos collections, ils détruisent en quelques jours nos toxiques les plus rares, sans en être incommodés.

Si vous voulez les manger ensuite, il faut les laisser jeûner au moins pendant quinze jours. Et encore doit-on leur arracher l'intestin. Le Bicho de Taquera, cette chenille dont les Peaux-Rouges extraient un beurre délectable, doit subir la même préparation. Si on ne lui arrache pas l'intestin, une folie furieuse s'empare du gourmand.

On commence à vendre en France l'escargot de la plaine de l'Habra nourris sur les eucalyptus de la ferme blanche. Ces hélices sont toutes différentes des nôtres et moins coriaces ; leur élevage doit leur donner des qualités particulières ? Toutes les plantes de montagne veulent la terre de bruyère, tourbeuse suivant les espèces, et *beaucoup de pierres* assez grosses pour préserver le sol de la trop grande sécheresse et appuyer la racine. Dans ces conditions, le *Silene acaulis*, l'*Hutchinsia Alpina* que vous trouvez à 3.000m fleuriront dans vos jardins.

Cet amour de la pierre est si violent, que quelques-unes, le *Lilium Martagon* entr'autres, cheminent sous terre pour s'y mettre à l'abri s'il y en a une dans les environs.

Il ne faut pas se figurer que les plantes des sommets subissent des froids extrêmes. Il est vrai que les sauts de température sont énormes. Vous pouvez avoir + 30° à 6 h. du soir et — 3° au coucher du soleil. Mais les plantes échappent à ces rigueurs de chaleur en se cachant dans les anfractuosités.

En hiver, abritées par la neige, elles n'ont jamais plus de 2, 3 degrés de froid, tandis qu'elles périssent souvent chez nous parce qu'elles sont exposées à des froids secs de — 5, 6, 7° et même 14°, etc., alors qu'elles n'ont pas toujours la neige pour les garantir.

Chez les espèces accoutumées à la neige, la circulation de la sève est indépendante du pied. Si la tête d'un Rhododendron est sortie de la neige, elle se couvre de fleurs pendant que le reste de la plante sommeille encore sous les frimats : ces bouquets roses sur un fond immaculé ressemblent à une toilette de jeune fille. Les plus beaux pieds de Rhododendron que j'ai rencontrés étaient dans Mondeils, sur le ventre du Pic du Midi d'Ossau près d'une tanière d'ours, et au moment d'arriver au lac de Suyen ; ils avaient deux mètres de haut. Ordinairement, ils n'ont pas plus de 40 à 50 centimètres.

La rosette crânement sur l'oreille comme une cocarde au chapeau, jamais à plat, le *Saxifraga longifolia*, Lap., cette plante originale et splendide des escarpements, sait si bien choisir son refuge, que les isards même ne peuvent l'atteindre. Elle s'accroche, au midi, sur les murailles les plus perpendiculaires, pour fixer effrontément le soleil dont elle aime les rayons rutilants. La bise venue, elle supporte 14 à 20 degrés de froid sans se garantir sous un manteau de neige comme ses compagnes de la terre.

Eh bien ! Ce type des fortes races de montagne qui stationne de 300 à 2.300^{m}, si vous le scellez au ciment sur une fente de rocher où vous avez fait glisser un peu de terre de bruyère, viendra aussi magnifiquement que ceux qui percent les calcaires et les schistes des Pyrénées. Comme eux, il mourra après sa floraison ; mais avant de mourir il aura semé ses graines et vous laissera une nombreuse famille. La nature de ses feuilles devrait le mettre à l'abri des limaces ; cependant, un escargot m'en a dévoré, en une seule nuit, quarante cinq pieds qui étaient venus de semis et qui avaient un centimètre de diamètre.

Le *Ramondia Pyrenaica*, Rich., ce joyau d'améthyste enchassé dans du velours, si commun à Cauterets, Gavarnie et que l'on commence à signaler dans les Basses-Pyrénées, ne veut pas non plus être à plat et recevoir l'eau sur la figure. Il faut l'écraser verticalement entre des pierres, et ne plus jamais y toucher. Toutes ces plantes ainsi que je l'ai dit en commençant, ont horreur de la main de l'homme. Elles la subissent une première fois ; elles aiment mieux mourir que d'être de nouveau à sa merci.

Quelque petit que soit un arrosoir, l'eau en sort trop vite ; elle frappe la terre, la désagrège et l'entraîne, étant donné la pente de vos rocailles qui est une des conditions nécessaires de réussite. Il est préférable d'humecter lentement avec une ficelle attachée au robinet qui correspond au réservoir. Ce réservoir, de la hauteur de vos rochers, y communique par un tuyau passant sous terre de manière à ne pas être vu. La ficelle pouvant se plier dans tous les sens, vous humectez sans secousse les plantes qui en ont besoin.

Avec ce système vous pouvez avoir toutes les espèces qui aiment les suintements, telles que les *Pinguicula, Parnassia* et *Swertia.*

Le *Gypsofila repens,* l'*Astrantia major,* le *Trollius Europeus* et le *Geranium sanguineum,* même l'*Hutchinsia Alpina,* etc., sont tellement envahissants qu'il faut les arrêter à chaque instant.

Je ne saurais trop m'excuser du décousu d'un pareil travail, quoique j'aie bien averti que je ne traiterais pas la botanique scientifiquement. Mon but, ainsi que je l'ai dit en commençant, a été d'établir une division de mœurs qui n'a rien de régulier. Mes premières pages montrent les caractères de vagabondage de certaines plantes en contraste avec les habitudes de stabilité des autres. C'est dans l'herborisation des Eaux-Bonnes au Ger que l'on trouve le plus de stabilité. Enfin, après avoir parlé des plantes médicinales, j'ai établi la puissance de l'homme sur la nature, puisqu'il peut renverser les lois de la végétation sans s'occuper des altitudes et des latitudes, pour prolonger ses plaisirs en acclimatant chez lui ces espèces si fragiles et si fantasques.

II — ENTOMOLOGIE

LÉPIDOPTÈRES

Ces jolis insectes, nés dans un rayon de soleil, s'endorment, enivrés du parfum des fleurs, pour renaitre chaque année. Fidèles dans leurs amours malgré leur mauvaise réputation, ils n'oublient jamais la plante qui doit les nourrir, lorsque les chaudes haleines des printemps ont fait éclore leurs œufs.

La fourmi prévoyante, amasse pour les mauvais jours et n'a qu'un vêtement ; ces petits prodigues dépensent tout en parures. Honteux d'avoir rampé sous leurs habits de velours, ils se condamnent au jeûne et à la retraite pour se métamorphoser dans leur chrysalide, où, cachant les secrets de leur art, nouveaux Prométhées, ils semblent dérober le feu du ciel pour colorer les écailles de leurs ailes.

Les lépidoptères et les coléoptères qui naissent sur les plantes, ont à leur tour, une action sur elles. Si les uns reçoivent la nourriture, ils donnent souvent la fécondation qui est plus que la vie, puisqu'elle est une émanation des droits du créateur.

La transplantation ou l'incomptabilité de climat peut séparer les agents et causer la stérilité, ainsi que cela a lieu en Angleterre où la rareté du sphinx *Convolvuli* explique pourquoi le *Convolvulus sepium* n'y produit pas de fruits [1].

1. — Buchanan White : Journal *of Botany,* Janvier 1873, pages 11, 13.

Les coléoptères carnassiers, les *Carabus*, le *Calosoma sycophanta*, par exemple, qui, à lui seul, peut détruire toute une légion de chenilles voyageuses, ont des *élitres luisantes*. Ceux qui ont la mission de *transporter* le pollen fécondant des fleurs, sont, au contraire, revêtus d'*élitres poilues*; de sorte qu'ils ne peuvent toucher à un calice sans être enfarinés. Les papillons que nous voyons couverts de pollen, vont le déposer instinctivement sur les femelles dont ils sucent le nectar. Mais, si la plupart des plantes reçoivent de toutes mains, quelques-unes ont des affections individuelles, ou mettent à leurs faveurs des conditions particulières. Il en est même qui punissent de mort les audacieux qui ont voulu s'enivrer de leurs parfums. Lorsque l'*Aristolochia Sipho*, l'*Apocynum androsæmifolium* tapissent de leurs lianes les balcons de nos demeures, on peut voir les petites victimes, abeilles, sphinx ou papillons, suspendues par leurs trompes à leurs potences veloutées.

Au Cap, l'Acanthacée *Duvernoia adhatodoïdes* dont la fécondation doit être croisée, ne veut la recevoir que d'un gros hyménoptère du genre *Xylocopa*; et ce qu'il y a de singulier, c'est qu'il n'y a que pour lui qu'elle secrète son nectar [1].

Certaines plantes sont carnivores; vos *Pinguicula* entr'autres. Examinez les insectes qu'elles prennent à la glue sur leurs feuilles. Peu d'instants leur suffisent pour se les incorporer; elles n'en laissent que les enveloppes vides.

Les Pyrénées sont pauvres en lépidoptères; les Alpes sont infiniment plus riches. Il n'y a que les bords du lac d'Estoum et le pic de la Piquette (Hautes-Pyrénées) qui, vers le 15 juillet, puissent rivaliser avec elles.

1. — Mme Barber : *The Journal of the Linnean Society*, vol. XI, n° 56, p. 469-472 (1871).

Symbole des plaisirs dont il est la riante image, le lépidoptère tombe en poussière sous le doigt qui le touche. Malgré cette fragilité, il représente souvent un capital considérable. En Espagne, le général Dejean a payé 1.500 fr. la *Chelonia Flavia* que l'on n'avait encore trouvée qu'en Sibérie. M. de Rippert à qui l'on doit votre bel *Erebia Lefebrei* et l'*Emydia Rippertii*, entretenait un garde particulier, dont les uniques fonctions étaient de protéger le *Catocala Optata* qu'il avait découvert dans un pré de sa propriété de Loir-et-Cher.

Voici la liste des principales espèces que j'ai trouvées ; celles qui n'ont pas d'indication particulière sont des Basses-Pyrénées.

LEGIO PRIMA

Rhopalocera

Papilio. — *Podalirius*. — *P.* var. *Feisthamelii*. — *P. Machaon.*
Thais. — *Rumina* var. *Medesicaste* (Hautes-Pyrénées).
Parnassius. — *Apollo*. — *A.* var. *alis obscurioribus*. — *Mnemosyne*.
Pieris. — *Napi* var. *Bryoniæ*. — *Callidice*.
Anthocaris. — *Simplonia*.
Rhodocera. — *Rhamni* var. *Cleopatra*.
Colias. — *Palæno*. — *Phicomone*.
Polyommatus. — *Virgaureæ*. — *Eurydice*.
Lycœna. — *Orbitulus* var. *Pyrenaica*. Spécial aux Pyrénées. *Icarius*. — *Dorylas* (St-Sauveur). — *Arion*.
Nymphalis. — *Populi*.
Argynnis. — *Paphia*. — *Aglaya*. — *Adippe*. — *Lathonia*. — *Pales* (Lac d'Estoum et Basses-Pyrénées). — *Ino* (Pyrénées Orientales).
Vanesse. — *Cardui*. — *Io*. — *Atalanta*. — *Antiopa*. — *Urticæ*.

On peut diviser les lépidoptères en casaniers et voyageurs. L'*Atalanta* (vulcain) et l'*Urticæ* (tortue), *Cardui* (belle dame) sont éminemment casaniers. Ils adoptent un espace très restreint et n'en bougent.

Ils sont tous trois très communs dans la plaine, et, ce qui est extraordinaire, je les ai trouvés au sommet du Pic du Ger, du Midi d'Ossau et du Vignemale, et tellement familiers qu'ils se posaient sur nous. Les *Pieris* et les *Colias* sont voyageurs, lépidoptères de hauteur, et volant si vite qu'ils sont bien difficiles à attraper dans des endroits où on risque toujours de se casser le cou.

Erebia. — *Cassiope* (Hautes et Basses-Pyrénées). — *Pharte* (Lac d'Estoum). — *Melampus* (Lac d'Estoum). — *Pyrra* var. *Cæcilia.* — *Stygne* var. *Pyrene.* — *Evias.* — *Lefebvrei*, spécial à toutes les Pyrénées. — *Arachne* (Lac de Gaube). — *Euryale.* — *Gorgone.* — *Gorge*, spécial aux Pyrénées. — *Manto.* — *Dromus.*

Satyrus. — *Hermione* var. *Alcyone.* — *Iphis.* — *Arcanius.* — *Pamphylus.*

Hesperia. — *Sylvanus.*

Syricthus. — *Lavateræ.*

LEGIO SECUNDA

Heterocera

Chimœra. — *Appendiculata.*

Thyris. — *Fenestrina.*

Deilephila. — *Galii.* — *Lineata.*

Zygœna. — *Scabiosæ.* — *Contaminea* (spéciale à toutes les Pyrénées). — *Sarpedon* var. *trimaculata.* — *Exulans* tout à fait des hauteurs et très recherchée ainsi que la *Contaminea.* Quand un nuage vient à passer, on les prend par poignées sur les *Silene acaulis.* Il en est de même d'une foule d'espèces quand on arrive dans les sommets avant jour, ou qu'on les quitte au crépuscule. J'ai ramassé, un matin, vingt-trois magnifiques Apollons endormis sur un seul pied de *Carduus carlinoides,* Gouan. Je les avais mis simplement dans ma poche et cependant je les ai rapportés sans qu'ils fussent abîmés. Les écailles des ailes des *Parnassius* ne s'enlevant pas au frottement comme celles des autres espèces. — *Trifolii* var. *Orobi.* — *Loniceræ.* — *Hippocrepidis.* — *Charon.* — *Anthyllidis* des hauteurs, tout à fait spéciale aux Pyrénées et se ramassant aussi en quantité sur le *Silene acaulis.*

Procris. — *Statices.*

Emydia. — *Rippertii,* spéciale aux Pyrénées, trouvée par M. de Rippert sous les feuilles de coudrier aux Eaux-Chaudes. Je l'ai rencontrée depuis, sous les pierres, au Pas de l'Ours et à Balour. — *Grammica* var. *alis posticis nigris* également spéciale aux Pyrénées.

Lithosia. — *Rubicunda.* — *Quadra.*

Setina. — *Kulreinii.*

Callimorpha. — *Dominula.*

Nemeophila. — *Plantaginis,* monte à près de 3.000^{m}.

Chelonia. — *Maculosa.*

Orgya. — *Aurolimbata,* spéciale aux Pyrénées.

Bombix. — *Quercus.*

Odonestis. — *Potatoria.*

Endagria. — *Pantherina* var. *Ulula.*

Hepialus. — *Carnus* var. *Carna.* — *Pyrenaicus,* spécial aux Pyrénées.

Typhonia. — *Melas.*

Psyche. — *Plumella.* — *Plumifera,* spéciale aux Pyrénées.

Noctuæ

Triphœna. — *Orbona.*

Chersotis. — *Ocellina.*

Spœlotis. — *Cataleuca.*

Agrotis. — *Agricola.* — *Recussa.*

Luperina. — *Furva.* — *Pernix.*

Apamea. — *Strigilis* var. *Rubeuncula.*

Polia. — *Pumicosa.* — *Scoriacea.* — *Clandestina.*

Thyatyra. — *Batis.* — *Derasa.*

Cleophana. — *Cymbalariæ.*

Calpe. — *Thalictri* (Pyrénées-Orientales).

Abrostola. — *Asclepiadis.*

Geometræ

Cleogene. — *Peletieraria,* spéciale aux Pyrénées. — *Torvaria.*

Fidonia. — *Pyrœnearia* des Pyrénées-Orientales.

Eupisteria. — *Quinquaria.*
Boarmia. — *Abstersaria,* spéciale aux Pyrénées.
Eubotia. — Vincularia.
Eupithecia. — *Linguisticaria,* spéciale aux Pyrénées.
Torula. — *Equestraria.*

Le genus *Torula* porte le nom de *Psodos* dans Duponchel. J'ai suivi les dénominations de Boisduval.

COLÉOPTÈRES

En 1843, Léon Dufour a publié, dans le *Bulletin de la Société des Sciences, Lettres et Arts de Pau,* une excursion entomologique dans les montagnes de la vallée d'Ossau. Son catalogue descriptif contient 768 espèces.

Depuis cette époque on a fait de nombreuses découvertes et changé beaucoup de dénominations.

Je ne donne ici qu'une liste très abrégée des espèces les plus rares.

Carabiques. — *Carabus Pyrenæus.* Je ne l'ai pas trouvé plus bas que la prairie de Balour, et il monte jusqu'au Ger. — *Carabus splendens,* ce carabe, l'un des plus splendides des Pyrénées, habite depuis le parc de Pau jusqu'aux Eaux-Bonnes et le pic du Midi d'Ossau. — *Cychrus spinicolis,* un des carabes les plus rares de France, a été trouvé par Dufour dans le Guadarrama, décrit par Graells, directeur du Musée de Madrid.

Nous avons recueilli le mâle et la femelle, au pic du Midi, le même jour. A cette époque, on les estimait 500 fr. pièce. — *Zabrus obesus.* — *Patrobus rufipennis.* — *Pristonychus Pyrenæus.* — *Anchomenus lugubris.* — *Cymindis melanocephala.* — *C. humeralis.* — *Licinus æquatus.* — *Nebria Jokischii.* — *N. Lafrenayi.* — *N. Gillenhalii.* — *Pterostichus Dufourii.* — *P. Xatartii.*

Cistelides. — *Serropalpus striatus.*
Scarabéens. — *Odontacus mobilicornis.* — *Gnorimus variabilis.*
Elateriens. — *Campylus denticornis.* — *Athous canus.* (Je l'ai vu vendre 20 fr. pièce. On ne le trouvait alors que sur

la rive droite du Valentin sous les feuilles de fougère.) — *Athous titanus*. (Je l'ai vu coter à 100 fr. Lui n'habitait que la rive gauche du Valentin aux Eaux-Bonnes.) — *Athous undulatus*. — *A. rombeus*. — *Byrhus Pyrenœus*.

Cerambyciens. — *Rosalia alpina*. (Très recherchée des jeunes filles qui en ornent leur coiffure.) — *Aromia rosarum*. (Fort appréciée des priseurs qui en parfument leur tabatière.) — *Hylecœtus Dermestoides*.

Bostrychiens. — *Platypus oxyorus*.

Sylphiens. — *Necrodes littoralis*. — *Chrysomela limbata*. — *Cyrtonus Dufourii*. — *Peltis grossa*. — *P. ferruginea*. — *Rhysodes sulcatus*.

Nous voyons les fleurs à la surface du sol, les lépidoptères voltigent sous nos pas ; mais la plupart des coléoptères se dérobent à nos yeux. Dans les hauteurs il faut retourner chaque pierre au hasard et c'est ce qui rend cette chasse une des plus fatigantes. Le moyen le plus fructueux est de chercher dans le voisinage des neiges qui viennent de fondre et sous les écorces des arbres. Il en existe un autre, mais il est un peu aléatoir : c'est de tuer des *Pyrrhocorax*. J'ai trouvé dans l'estomac de l'un d'eux cinq *Leptura melanura*, trente-huit *Asphodius fossor* et trente autres scarabées d'un centimètre de long que leur état de décomposition ne permettait pas de déterminer ; je l'avais tué un quart d'heure trop tard. Le jabot d'un *Tetras Ptarmigan* m'avait moins rapporté : il ne contenait que des feuilles de *Salix herbacea*, de *Vaccinium uliginosum*, des fleurs de *Solidago virga-aurea*, quatre *Ichneumons*, deux *Luperus*, un *Clithra*, un *Hydrophilus* et une fourmi ailée.

Après une nuit passée sous cinq mètres de glace à 3.200 mètres d'altitude, nous avons aperçu, à notre réveil, une abeille qui se frottait les pattes au premier rayon du soleil. Où était son miel? — Je l'ignore !.... J'ignore également la flore du mont Hymette (aujourd'hui Trélo-Vouno près d'Athènes) où se récolte le meilleur miel du monde ;

mais je connais un peu celle des Pyrénées, et je ne puis comprendre pourquoi les abeilles y produisent un miel d'une odeur si épouvantable, que lorsque Loustau, le fameux tueur d'ours dont j'ai raconté les exploits jadis, m'en apportait une bouteille, j'étais obligé d'ouvrir les fenêtres et de fermer les portes. Sans vouloir formuler d'accusation, je crois me rappeler que l'*Erica vagans?* abonde sur les coteaux de Bielle où Loustau était chasseur de M. de Laborde. En Béarn, chaque grand propriétaire a son chasseur qui remplit à peu près les mêmes fonctions que nos gardes.

Loustau a Lurien.

A 74 ans, il avait tué 18 ours. C'est à Lurien, près du lac d'Artouste, qu'il courut le plus grand danger. Il venait de blesser un ours mortellement. L'animal se précipite sur lui; trop près pour redoubler, Loustau veut reculer afin de l'ajuster; mais pris entre deux rochers, la crosse de son fusil heurte une pierre et le doigt sur la gachette fait partir le coup en l'air. Se voyant perdu, il pousse des cris de terreur, saisit son canon à deux mains, bourre l'animal pour prendre champ et tâcher de le frapper à la tête. Au bruit de la fusillade, son camarade, M. de Bray, accourt. L'ours est à bout portant et rien n'est plus facile que de lui faire sauter la cervelle; mais dans ces moments-là on ne pense pas à tout; sans prendre le temps d'épauler, M. de Bray lui lâche ses deux coups de fusil, l'un dans le ventre, l'autre dans la cuisse. Celui-ci, furieux, se retourne contre son nouvel adversaire et donne le temps à Loustau de dégaîner un grand coutelas qu'il portait à la ceinture. Mais l'animal épuisé par ses blessures et ne pouvant atteindre M. de Bray qui s'est caché derrière un rocher, prend la fuite et va tomber à deux cents mètres de là.

ORNITHOLOGIE

Les petites espèces sont rares dans les hauteurs où rien ne les garantit contre les oiseaux de proie à vol rapide et où la neige règne la moitié de l'année.

Ceux qui montent le plus haut, et j'en ai vu à 3.300 m, sont le Pinson des neiges, l'Accenteur Pegot, le Trichodrome Échelette, puis plus bas le Rouge-Queue, le Pipit spioncelle, le Traquet moteux. Enfin dans les forêts, la Mésange huppée, le Bec-croisé des pins, etc.

Au mois de novembre j'ai tué le Pinson des neiges sur le bord de la mer à Biarritz. Quand les montagnes sont entièrement couvertes, il faut bien qu'il descende. Quant au trichodrome que les pasteurs appellent *Pic de la neou,* il trouve toujours des araignées dans les roches perpendiculaires, ce qui ne l'empêche pas de chasser dans la plaine, sur les vieilles tours; celle du château de la Rochefoucaud entr'autres.

Le Tétras Ptarmigan *(Tetras lagopus,* Lin.) que vous appelez communément Perdrix blanche et les pasteurs *Gariol* ou *Poule sauvage,* ne descend jamais au dessous de 2.000 mètres. Un jour, je venais de tuer une mère aux passes de Breca, la couvée s'est envolée comme une compagnie de perdreaux en plaine, puis faisant tout d'un coup la culbute, les huit jeunes tétras qui la composaient se sont laissés tomber à pic dans Balour : c'est d'ailleurs ce qu'ils font toujours quand la disposition du terrain le permet.

Il existe dans les Pyrénées une perdrix grise qui n'émigre pas, qui habite au commencement de la région Alpine, hors des forêts, un peu avant les neiges permanentes, dans les buissons de *Juniperus,* de *Vaccinium,* de *Rhododendron* et d'*Erica.* Le plumage est différent de celui de la grise ordinaire, *Perdrix cinerea,* Lath. Elle est parfaitement connue dans toute la chaîne Ouest de la vallée d'Ossau, au Gourzy, Campbieil, les crêtes de Lestéré à droite de la vallée d'Aspe. Elle est également sur les contreforts du Monné, les crêtes du Lys, aux rochers de Peyrenère, à Cabiros, Viscos, etc. Je crois que c'est une espèce nouvelle ?.... Mais je n'en suis pas certain et n'ai pu trouver ses œufs.

Le Tétras Auerhahn *(Tetras urogallus,* Lin.) plus connu sous le nom de Coq de Bruyère, — les montagnards l'appellent *Poulloye,* habite les forêts et descend souvent à 1.000 mètres. — Il est rare d'en faire partir plus d'un à la fois. Cependant, un jour, à cheval sur une lame de rocher, où je me trouvais quelque peu en péril, dans le quartier de Bouye, un chien qui m'accompagnait m'en fit passer douze sur la tête avec un tel vacarme que je crus être écrasé par un train d'artillerie. Je tirai à la renverse et n'attrapai rien. L'un d'eux s'était posé sur un sapin ; je ne pus jamais le faire partir. La femelle descend quelquefois au Pont-Long pendant l'hiver.

Avez-vous entendu dans les forêts un cri plaintif et répété, revenant toujours à la tonique, qui se rapproche, alternant avec une vibration comme celle d'une anche de clarinette de cinquante pieds de long?.... c'est le Pic noir *(Picus Martius)*, les Béarnais disent : *lou pic cournaillé*. Il se pose à quelques pas sur une carcasse de sapin mort, vous regarde curieusement, poussant de petits cris comme un jeune chien qui tète sa mère. Avec sa calotte rouge, son habit noir et ses yeux blancs qui ressemblent à des lunettes, il a l'air d'un notaire cherchant une minute dans son casier ! Si je pouvais me permettre de lui donner un avis, je lui conseillerais de raccourcir les basques de son habit : sa queue est tout à fait disproportionnée avec la longueur de son corps.

On trouve encore dans les bois le Casse-noix etplusieurs variétés d'Épêches.

L'oiseau de proie le plus commun est le vautour griffon *(Vultur fulvus*, Lin.). J'en ai empaillé un qui s'était laissé prendre vivant : un plomb avait frappé l'arcade sourcillère sans pénétrer et avait paralysé le cerveau. Son œuf vaut 4 fr. L'Arian *(Vultur cinereus*, L.) est plus rare.

Cet oiseau blanc avec le bout des ailes noir, qui se berce voluptueusement dans les lointains vaporeux, vous fait rêver d'amour et de poésie ?.... Allez l'attendre le soir, en amont du gave de Pau, sous les grands arbres de la rive gauche, et descendez-le d'un coup de fusil. Vous verrez le plus sale, le plus puant des Vautourins : le *Neophron Percnopterus* de Savigny, que l'on nomme communément Marie-Blanche (joli nom pourtant) et qui en porte vingt-cinq autres, étant de tous les continents : il se nourrit de charogne et d'excréments.

Le Gypaëte *(Gypaëtus barbatus*, Cuv.), est le plus grand de nos oiseaux. J'en ai vu couvrir toute la largeur de la route de Cauterets avec leurs ailes et passer si près de nous que les chevaux effrayés faillirent franchir le parapet. Son œuf vaut 35 francs et a la même forme que celui du Vautour griffon qui est blanc; ce qui donne lieu à un commerce assez lucratif : les bergers colorent l'œuf de vautour avec de la terre jaune et vous vendent 35 francs ce qui n'en vaut que quatre.

Il existe une espèce commune à toute la chaine, la plus rapide par son vol, la plus gaie, la plus criarde. Tous les oiseaux nichent au soleil, sur les branches d'arbres, la surface du sol, les anfractuosités des rochers : celle-là habite les profondeurs de la terre, depuis la grotte d'Arudy jusqu'aux sommets des pics et les abîmes des Poyes. Ses cris rappellent les coups de fouet des guides, le déchirement des mitrailleuses, le crépitement des feux de peloton.

Si vous voulez vous en faire une idée, prononcez leurs noms sans vous arrêter..... Pyrrhocorax choquards *(Pyrrhocorax,* Cuv.). — Pyrrhocorax coracias *(Pyrrhocorax Graculus,* Tem.). Les premiers ont le bec jaune comme le merle, les autres l'ont rouge comme le corail.

Cependant les martinets de montagne *(Cypselus alpinus,* Tem.) ne me pardonneraient pas si je les passais sous silence. L'éclair ne sillonne pas l'espace d'une manière plus vertigineuse ; ils y vont avec un tel entrain qu'ils nous assommeraient s'ils nous heurtaient. Je crois que la présence de l'homme les attire ; ils semblent prendre un plaisir particulier à nous froler. La rapidité de ceux de nos villes *(Cypselus murarius)* n'est pas comparable à la leur. Ils sont d'ailleurs beaucoup plus gros et, malgré cela, l'œil aurait de la peine à les suivre s'il n'était guidé par les plumes blanches qui couvrent leur ventre, tandis que le *murarius* est complètement sombre. On est ébloui de les voir se précipiter de sept à huit cents mètres pour remonter aussi vite.

Ils abondent au pic Sourins ; mais il faut s'y trouver au

moment du soleil. En face, aux Soums d'Arriu plazen et d'Arrunglette (arrunglette veut dire hirondelle), vous verrez des colonies d'hirondelles de rocher *Hirundo rupestris,* Lin. Les parties supérieures sont d'un brun clair, les rémiges un peu plus foncées, toutes les parties inférieures d'un blanc sale légèrement teinté de roussâtre sur les flancs et l'abdomen. Il en existe d'autres colonies à Asperta et tout près des Eaux-Bonnes. Leurs nids, en quantités considérables, sont cachés sous les plaques schisteuses des grandes roches perpendiculaires.

Le grand corbeau noir, *Corvus corax,* Lin. (sa longueur est de 70 centimètres), et le Hibou Grand-Duc, *Strix bubo,* Lin., de même longueur, habitent aussi les Pyrénées. J'en ai vu aux lacs d'Ayous et sur les crêtes de Rioutor entre la vallée d'Aspe et Laruns.

Le Cincle plongeur *(Cinclus aquaticus,* Bech.), *marche* plus aisément au fond de l'eau que sur la terre. Commun dans toute la chaine, il monte jusqu'aux lacs des Englas, d'Ayous et d'Artouste (1.964^{m}) ; mais lorsqu'on le poursuit à ces hauteurs, au lieu de s'enfuir sur la rive, il se réfugie dans les roches élevées.

J'ai gardé pendant deux ans un aigle royal *(Falco fulvus,* L.) qu'un berger avait trouvé au nid dans les escarpements d'Auzey-Long (1.748^{m}). Il prenait des airs langoureux quand je lui parlais. Sa cage, en bois, avait près de 2.^{m} de haut, la chaine qui l'y attachait pesait 1.100 gr. ; et quand les chats venaient pour lui voler sa viande, il renversait sa maisonnette en se jetant sur eux et la traînait dans les allées du jardin. L'aigle impérial lui ressemble beaucoup. Ils sont bruns tous les deux et ont à peu près la même taille : 1^{m} à 1^{m}, 15^{c} ; cependant l'aigle royal est un peu plus grand, sa queue est plus longue que ses ailes et il ne porte jamais de *plumes d'un blanc pur sur les scapulaires,* ce qui est la marque distinctive de l'aigle impérial dont les ailes ne dépassent pas la queue.

« Priam parla ainsi, en priant », dit Homère, « et le sage ΖΕΥΣ l'entendit, et il envoya le plus véridique des oiseaux[1], l'aigle noir, le chasseur, celui qu'on nomme le *tacheté*.... »

Faut-il en conclure que l'aigle de Jupiter était l'aigle impérial?..... Il y aurait quelque vraisemblance?..... Mais je ne saurais expliquer ce que dit Ælien[2] : « L'aigle de Jupiter ne mange pas de chair, l'herbe lui suffit, et malgré qu'il n'ait pas entendu Pythagore de Samos, il ne mange aucun animal ayant vie. » Or, tous les aigles sont carnivores, ils savent *lier* leur proie, ce que ne peuvent faire les Gypaëtes qui poussent les isards dans les précipices pour les dépécer quand ils sont assommés. Quant à la charogne?... ils en mangent tous plus ou moins si les temps sont durs. Le bec obtus des vautours ne leur permet pas de manger autre chose.

L'Aigle que vous voyez tournoyer au dessus de la Couère, aux Eaux-Chaudes, est le Jean-le-blanc (*Falco brachydactylus,* Wolf). Il y est attiré par les vipères qui y fourmillent. Il les avale par la tête après la leur avoir brisée. Philippe a trouvé trois de ces reptiles dans l'estomac d'un seul Jean-le-blanc.

Les véritables armes des Aigles sont des serres tranchantes comme l'acier. N'est-ce pas pour cela que les anciens y avaient mis la foudre?.... Son bec ne lui sert qu'à déchirer et se recourbe tellement dans la vieillesse, qu'il atteint, dit-on, presque la circonférence. Son coup de pied est redoutable ; il le lance aussi bien en avant que sur les côtés.

Le Colombin et le Ramier ne sont que des oiseaux de passage que l'on prend à la pantière, à Sare, St-Jean-Pied-de-Port, etc., ou aux affûts dans les palomières.

1. — Illiade, lib. XXIV, ỳ. 314, 316.
2. — *De nat. anim.*, L. IX. C. X.

CÔTÉ SUD DU PIC DU MIDI D'OSSAU, VU DU LAC CASTÉRA, OÙ ÉTAIENT LES 31 ISARDS (V. page 252).

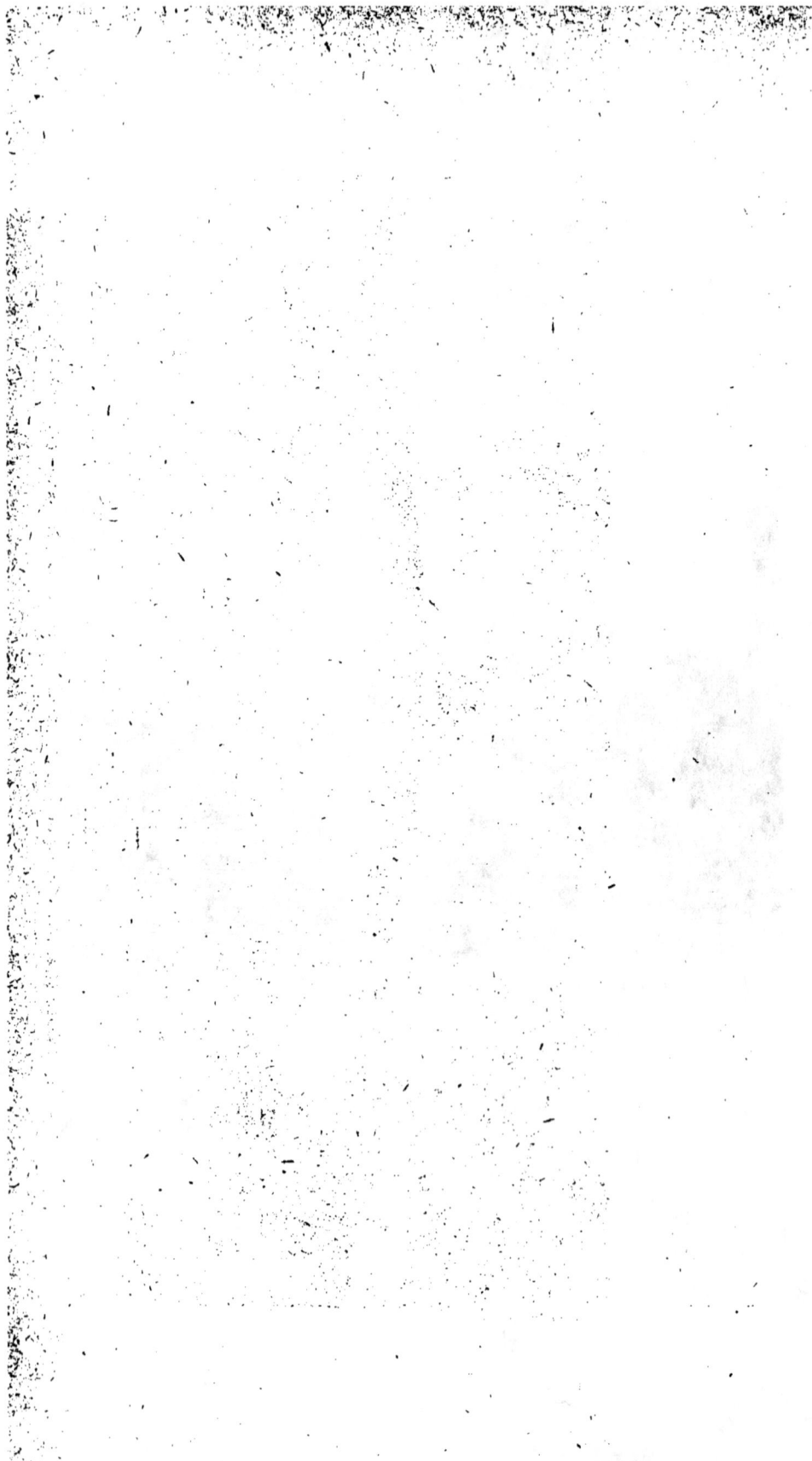

MAMMIFÈRES

Il y a environ vingt-sept espèces de mammifères dans les Basses-Pyrénées, sans compter les petits rongeurs. Les suivantes que je donne par rang de valeur, sont l'objet d'un commerce de fourrure :

Ours, rare ;

Martre, assez rare, très recherchée ;

Fouine, assez commune, très recherchée ;

Loutre ; les bergers m'en ont signalé une au lac d'Aule. Elles sont plus communes dans la plaine.

Putois ;

Renard charbonnier, moins rare en Espagne qu'en France ;

Renard rouge, celui de France est plus estimé que celui d'Espagne.

La réputation de la tannerie d'Arudy, due à la qualité des eaux et de la farine de maïs, s'étend jusqu'en Russie et aux Etats-Unis d'où on expédie une grande quantité de fourrures.

Les autres espèces de mammifères n'entrent guère dans le commerce, soit à cause de leur rareté, soit à cause de leur peu de valeur.

Loup, Lynx, Chat sauvage, Furet, Hermine, Belette, Bouquetin, Isard, Chevreuil, Blaireau, Hérisson, Desman, Lièvre, Lapin, Écureuil rouge et noir, Arvicola nivalis, Chauve-souris, Taupe, Sanglier.

Le Bouquetin devient de plus en plus rare. Cependant on en a tué un, il y a quelques années, au col d'Iséye au dessus de la vallée d'Aspe. Le chevreuil est assez commun dans les bois de Mondeils au nord du Pic du Midi d'Ossau, dans les bois de Baget et dans la vallée d'Aspe.

L'Isard des Pyrénées (*Antilope rupicapra,* Lin.) et le Chamois des Alpes peuvent être considérés comme le même animal. Ce nom d'Isard est peut-être une corruption du mot béarnais *Sarri,* comme celui d'Antilope, que lui a donné Pallas, est une corruption d'Antholops, dénomination que lui avait appliquée Eusthatius auteur qui vivait sous Constantin. Empédocle croyait que les Antholops et les chèvres, avec lesquelles ils ont tant d'analogie, respiraient par les oreilles.

Leur organe le plus parfait est la vue. Leurs grands yeux ne sont pas seulement une beauté, comme l'indique leur nom scientifique, *Antholops,* c'est, pour eux, l'organe suprême de la conservation. Tandis que leurs cousins, les chevreuils, se cachent au fond des forêts pour nous échapper, eux s'élancent au sommet des pics et cherchent leur salut dans la lumière. Leurs cornes sont recourbées comme un hameçon et Gaston Phœbus[1] prétend : que lorsqu'ils veulent se gratter par derrière, ils se les enfoncent quelquefois si avant dans le corps qu'ils ne peuvent plus les retirer et « ainsi tombent et se rompent le col moult souvent ». J'avoue que je n'en ai jamais rencontré dans cette posture.

Ils ne sont pas aussi rares qu'on le prétend. J'ai vu des bandes de quatre, huit, douze, quinze et même de trente et une bêtes. Et je n'ai jamais chassé avec des rabatteurs : C'étaient des isards que nous rencontrions pendant nos excursions. J'ai tiré neuf coups de carabine sur la bande, je pourrais dire le troupeau, de trente et une bêtes, la hausse étant à 800 mètres. Mon dernier coup seul a porté. C'était au pied du petit Pic du Midi. Au Pic d'Ayous, mon fils en a abattu un à 500 mètres. J'en ai tué un à une demi-heure des Eaux-Bonnes près de la route de Cauterets, dans un groupe de quatorze. Mais le jour de notre vie d'excursions où j'en ai vu le plus, a été au quartier d'Arre-

1. — *Myroir de Phœbus,* des déduicts de la chasce aux bêtes sauvaiges.

Route de Gabas a Biousartigue où vient tomber la Sagette braque du Bigné
Voir page 256).

moulit. Le matin à la première aube, je pouvais en tirer neuf, à cinquante pas, si je n'avais pas craint d'ensevelir mes enfants sous les roches en ruines où j'étais grimpé et que la détonation aurait certainement effondrées. Le soir, perché sur les murailles qui entourent le glacier, à l'est, je dessinais un gouffre de 20^m d'orifice.

La neige s'y était tassée à vingt pieds de profondeur et au milieu, s'était creusé un puits rond de trois mètres de diamètre. Pour ne pas perdre de temps, j'avais envoyé une de mes filles vérifier la roche au sommet de l'Arriel (2.883^m)[1], où se détachaient treize isards sur le ciel. Une autre faisait l'herborisation de notre entonnoir. Le soleil n'est jamais plus ardent que sur la neige : j'avais 35° dans le dos, 5° sur l'estomac et les pieds à la glace. Toujours aux aguets quand j'ai un des miens en mission, j'avais un œil sur l'Arriel et l'autre sur mon album, lorsque un bruit de pierrailles vint éveiller mon attention.... Les blocs semblaient crouler sous nos pieds avec des détonations comme des coups de mine ?.... Instinctivement, je me jetai en arrière, craignant un effondrement et je cherchais à remonter, quand ma fille cria : « Un isard !... » Il était si près de moi, surgissant perpendiculairement du puits, que je pouvais le toucher. — Je ne sais lequel de nous deux était le plus stupéfait ?.... Mon fusil était au dessus de ma tête ; dans ma précipitation pour l'atteindre, je faillis rouler dans le puits, et, lorsque, tout ahuri, j'eus pu le saisir, l'isard avait disparu du côté de l'Espagne.

Je brûlai une cartouche pour voir s'il n'y en avait pas d'autres dans Arremoulit. A mon coup de fusil, il en sortit de tous les côtés par bandes de cinq ou six. J'en comptai

1. — Le sommet de l'Arriel est un chaos de roches Feldspathiques, mica et amphibole, analogues à la *minette* des Vosges ; mais là, elle est stratifiée en place ; c'est une *Leptynolite*. (Détermination de M. Des Cloizeaux membre de l'Institut.)

vingt-sept courant sur la neige, mais hors de portée ; je n'avais qu'un faucheux.

En résumé, nous en avons rencontré dans presque toutes nos excursions. J'ai vu souvent, dans les troupeaux, de leurs croisements avec les chèvres.

Enfin, si quelqu'un de mes lecteurs veut voir un échantillon de leur agilité, qu'il demande à Jean Soustrade d'Aas, de lui montrer le petit Pic de las Bécotes, entre les lacs de Duzious et des Englas, d'où j'en ai fait sauter douze de cinquante pieds de haut. Et parmi ces douze, il y avait trois petits que nous venions de voir téter.

J'ai dit que l'Ours était rare ?.... Comme fourrure faisant l'objet d'un commerce, oui ! — Mais, comme animal de chasse et d'aventures, il y en a encore assez pour pouvoir se procurer quelques émotions. Il est certain qu'à moins d'avoir été blessé, il ne vous attaque jamais. J'en ai rencontré deux fois, la nuit, entouré de mes enfants et n'ai pas la prétention d'avoir couru le moindre danger. Cependant la présence inopinée d'un camarade pareil fait toujours une certaine impression.

La première fois, c'était dans l'escala d'Herrana. Il n'y avait pas place pour deux sur le sentier, il se recula en grognant.

La seconde fois, surpris par une nuit et un brouillard si épais qu'il avait fallu attacher nos mouchoirs sur notre dos pour ne pas nous marcher sur la tète dans la Sagette braque du Bigné, nous descendions du pic du Midi, portant un de nos amis malade. J'ai passé là dix minutes que je n'oublierai jamais, suspendu au dessus d'un précipice invisible, où nous entendions à peine le gave de Magnabatch se perdre dans les crevasses du Bigné ; l'inconnu de ces abîmes augmentant encore les angoisses du présent. Puis, lorsque parvenus enfin à la route de Gabas, nous nous comptons pour nous féliciter et rendre grâce à Dieu, je tombe sur un ours qui, n'y voyant pas plus que nous,

BERGÈS ET L'OURS DE BITET.

roule au fond du Gave en culbutant dans les cailloux.

Dans notre dernière course, nous sommes passés au trou de Bitet où a eu lieu l'aventure de Bergès. Saisi par un ours qu'il avait blessé, terrassé d'un coup de griffe qui lui ouvre la cuisse jusqu'à l'os, le front fendu d'un second coup, le coude gauche engueulé, étouffé dans les pattes de l'animal, il roula pendant cinquante mètres dans le précipice jusqu'à un petit rebord où il resta accroché pendant que l'ours, déjà mort, allait s'abîmer dans les profondeurs de Bitet.

Bergès n'en mourut pas ; mais il fut longtemps sans pouvoir s'asseoir.

Ce qui augmente l'intérêt, mais aussi le danger de ces chasses, c'est qu'elles ont lieu sur un sol si accidenté, qu'un faux pas peut être aussi mortel que l'étreinte de l'animal.

Lamazou d'Urdos me racontait que le 13 octobre 1880, on avait signalé un ours dans la forêt de Caous-Bétérères : c'était un malin. Au lieu de prendre un parti, il revenait à chaque instant sur les traqueurs. Cependant, on finit par le faire passer à trois pas de Baringou qui le renverse d'un premier coup. Mais il se relève, traverse une petite clairière et se rencontre nez à nez avec Lamazou qui lui loge deux balles dans le ventre et le jette sur Cabeilh, dans une pente très raide. Cabeilh ne pouvant l'éviter se laisse dégringoler avec lui sur Cambas qui est mordu au bras droit. On peut se figurer les bonds et les contorsions de cette grappe humaine roulant sur une roche humide où ni hommes ni bête ne peuvent se cramponner ; les deux chasseurs cherchant toujours à monter sur le dos de l'ours pour éviter ses pattes. Heureusement qu'il était blessé à mort et finit bientôt par expirer. Il était magnifique et tout noir, ce qui est assez rare dans les Pyrénées.

L'ours, blessé par Baringou et Lamazou, se jette sur Cabeilh qui dégringole avec lui sur Cambus.

III — PALÉONTOLOGIE DE BIARRITZ

ET DE

QUELQUES AUTRES LOCALITÉS DANS LES BASSES-PYRÉNÉES

J'assistais il y a quelques années à une séance de la Société Savante de Bayonne. M. le marquis de Folin à qui nous devons une partie des travaux qui révèlent les richesses si longtemps inconnues des fonds sous-marins, annonçait la découverte de plusieurs espèces auxquelles il avait donné, comme il est d'usage, des noms de savants, d'amis des sciences, ou même de simples chercheurs heureux.

Quelques-uns de ses collègues firent des observations sur ce mode de nomination.....

« Un nom propre accolé à une espèce », disaient-ils, « peut être une politesse ; mais cela n'apprend rien et n'est qu'un embarras pour la science. Pourquoi ne pas donner un nom qui rappelle les caractères, la forme, les qualités, même le lieu où elle a été trouvée ?..... »

Le Président, M. d'Abbadie, membre de l'Institut, leur répondit : « que les espèces nouvelles, dans tous les genres, étaient tellement nombreuses qu'il devenait absolument impossible de leur donner des noms qui rappelassent uniquement leurs caractères ou leurs localités. Il y a donc nécessité de les désigner par des noms propres qui n'ont aucun inconvénient et qui présentent, de plus, l'immense avantage de parer aux éventualités de l'avenir ».

Il citait, à ce propos, l'azote que l'on s'est trop hâté de nommer d'après ses premières qualités reconnues et qui, loin d'être la négation de la vie, en est une des conditions. Cependant, par la force de l'habitude et du fait accompli, ce nom, qui est un contre-sens, lui est resté.

Mais ce mode même de nomination n'est pas aussi facile qu'on le pense, surtout lorsqu'il s'agit de paléontologie...

En effet, si nous admirons aujourd'hui, autour de nous, environ 100.000 espèces de plantes, 6.000 vers, 130.000 insectes, 20.000 mollusques, 10.000 crustacés, 10.000 poissons, 2.000 amphibies, 10.000 oiseaux, 3.000 mammifères — la richesse organique de l'ancien monde était bien plus considérable.

Si nous avons actuellement 20.000 mollusques, on en compte plus de 40.000 fossiles.

Si nous avons 10.000 poissons vivants, Agassiz en énumère 25.000 fossiles.

Les sauriens ont énormément diminué ; le sanglier reste, en Europe, le seul représentant des pachydermes dont les débris couvrent notre sol.

On peut donc affirmer que les générations vivantes ne sont qu'un échantillon du règne organique qui nous a précédés.

Dans ces conditions, et considérant que, tous les jours, à chaque heure, on publie de nouvelles découvertes sur tous les points du globe, vous conviendrez que les dénominations par des noms propres sont une ressource immense qui s'impose souvent aux savants qui veulent bien se charger de nos déterminations.

Je dois ces explications aux géologues qui liront cet exposé et qui, sans elles, trouveraient que mon nom et ceux des miens reviennent bien souvent.

Enfin il faut bien nous accorder aussi qu'ayant eu la bonne fortune de trouver environ cent espèces nouvelles dans les Basses-Pyrénées, dont soixante-dix au moins pour les falaises nummulitiques de Biarritz, il était difficile d'éviter ces répétitions.

Le nombre d'espèces nouvelles que j'accuse, était tel en 1880, mais depuis cette époque, d'autres ont pu être aussi heureux que nous, et il m'est bien difficile, surtout pour les échinides, de dire ce qui revient à chacun.

Nous n'avons été que des chercheurs. C'est à MM. Hébert, Comte de Saporta pour les végétaux, Fischer pour les polypiers et les bryozoaires, Tournouër pour les rhizopodes et les mollusques, A. Milne-Edwards pour les crustacés, Sauvage pour les poissons et Cotteau pour les échinides (ce dernier, qui publie nos découvertes dans la paléontologie française éditée par Masson, a encore ma collection entre les mains et j'ignore le résultat définitif), que nous devons toutes nos décisions, déterminations et nominations.

On trouvera ces travaux, in-extenso, dans mon excursion paléontologique sur la côte de Biarritz (1871), dans le compte-rendu des travaux du Congrès scientifique de France en 1873 (XXXIXe session à Pau), dans le *Bulletin de la Société des Sciences, Lettres et Arts de Pau* (1875-1876), dans le même Bulletin (avril 1880).

Je ne citerai ici que les espèces les plus remarquables.

SALIES-DE-BÉARN

(Arrondissement d'Orthez)

GISEMENT DE LA GALÈRE DOU CARTOUG

Pecten du groupe du *P. ventilabrum*, Goldf. *nov. sp.*
Emarginula du groupe de l'*E. elongata*, Costa. *nov. sp.*
Emarginula du groupe de l'*E. cancellota*, Phill. *nov. sp.*
Turritella Orthezensis, Tournouër, *nov. sp.* (fig.).
Cancellaria Leopoldinæ, Tourn. *nov. sp.* (fig.).
Mitra Bouilleana, Tourn. *nov. sp.* (fig.).
Monoceros novus, Tourn. *nov. sp.*
Purpura Bouilleana, Tourn. *nov. sp.*
Purpura Salinensis, Tourn. *nov. sp.*
Nassa Salinensis, Tourn. *nov. sp.* (fig.).

Nassa Orthezensis, Tourn. *nov. sp.*
Nassa Dujardini, Desh. *nov. var. g. c. c.* Tourn. (fig.).
Fusus (Chrysodomus), Tourn. *nov. sp.*

CARRIÈRES ENTRE GAN ET RÉBÉNACQ

Phymatoderma cretaceum, de Saporta, *nov. sp.* (fig.).
Holaster Bouillei, Cotteau, *nov. sp.* (fig.). sur lequel M. Hébert s'appuie pour établir le synchronisme des calcaires marneux de Gan et de Bidart [1].
Insuflaster. « Ce genre fort rare, dit M. Cotteau, n'avait pas encore été signalé en France. »

BIARRITZ

L'étage des calcaires et des grés à fucoïdes, remontant de St-Jean-de-Luz au Nord-Est, après de nombreux plissements qui se remarquent surtout au fort Ste-Barbe, plonge, à Bidart, sous d'autres couches crétacées qui leur sont supérieures. Ces dernières descendent à leur tour, sous le nummulitique qui commence à Handia. Enfin, après un moment d'incertitude entre Handia et la villa Bruce, cette disposition stratigraphique se continue jusqu'à la Chambre d'Amour ou Punte dou Bec. D'où nous devons conclure : que l'étage des calcaires et des grés à fucoïdes renferme les assises les plus anciennes des falaises entre St-Jean-de-Luz et Biarritz, et que l'extrémité Nord-Est, le Phare et la Chambre d'Amour constitue la partie la plus élevée et la plus récente de la formation nummulitique.

Toutefois, pour être parfaitement exact, il est juste d'observer que les couches qui, depuis la côte des Basques principalement, plongeaient fortement au Nord-Est, se redressent justement sous le Phare, et que, tandis que les supérieures vont finir à moitié chemin d'Haïtzar à la Cham-

1. — Extrait des comptes-rendu des séances de l'Académie des Sciences, T. XCI, séance du 8 novembre 1880.

bre d'Amour, les inférieures, celles qui sont baignées par les flots, remontent jusqu'au-dessus de la grotte qui porte ce nom si poétique. D'où il résulte : que par suite de cette disposition en forme de cuvette de la dernière partie des falaises de Biarritz, les couches du Phare sont postérieures à celles de la Chambre d'Amour et, par conséquent, la plus nouvelle de la série.

Enfin, l'affleurement nummulitique de Biarritz, de Handia à la Chambre d'Amour, a sept kilomètres de long.

SAINT-JEAN-DE-LUZ

(Fort Ste-Barbe)

Phymatoderma muscoides, nov. sp. de Saporta (fig.).

HANDIA

Dans une première décision (p. 70 de ma paléontologie de Biarritz, 1876), M. Cotteau avait indiqué un *Macropneustes*, sp. n. ; il l'a publié et *figuré* depuis dans les échinides irréguliers du terrain éocène supérieur p. 75 sous le nom d'*Euspatangus biarritzensis*, Cotteau. Cet exemplaire, de ma collection, est le seul connu.

LA GOURÈPE

Echinanthus Pellati, Cotteau (fig.).
Echinolampas Jacquoti, Cotteau (fig.).
E. Bouillei, Cotteau (fig.).
E. ellipsoidalis, d'Archiac (fig.).
E. biarritzensis, Cotteau (fig.).
Ditremaster nux, Desor. De la Gourèpe au Phare (fig.).
Linthia Heberti, Cotteau (fig.).
Maretia des Moulinsi, Cotteau (fig.).
M. Pellati, Cotteau (fig.).
Macropneustes Bouillei, Cotteau (fig.). Cet exemplaire, de ma collection, est le seul connu.

M. pulvinatus, Agassiz (fig.).
M. Pellati, Cotteau (fig.).
M. Brissoides, Desor. (fig.).
Pericosmus Bouillei, Cotteau (fig.).
Prenaster Jutieri, Schlumberger (fig.).
Pygorhynchus Desori, d'Archiac (fig.).
Galenopsis depressus, A. Milne-Edwards. *Sp. nov.* (fig).
Ranina. Nous avions cru que c'était la *R. aculeata ?...* M. Milne-Edwards m'a répondu que son mauvais état de conservation ne permettait pas de la déterminer. Dans tous les cas, c'est bien une *Ranina* et elle est très probablement nouvelle.

Lady Bruce

(Gisement au milieu des marnes bleues.)

Cellaria nov. sp. Tournouër.
Robulina subpyrenaica, nov. sp. Tournouër (fig.).
Caryophyllia, sp. Tournouër.
Cidaris nov. sp. Tournouër.
Nodosaria sp. Tournouër.
Crassatella n. sp. Tournouër. Voisine de la *C. Trigonata.*
Cardium, sp. nov. Tournouër.
Spondylus planicostatus, nov. sp. Tournouër.
Nucula sp. nov. Tournouër.
Tornatella n. sp. Voisine de la *T. Simulata*, Sol. Tournouër.
Monodonta Biaritzensis, Tournouër, *nov. sp.* (fig.).
Scalaria Yseultæ, Tournouër, *nov. sp.* (fig.).
Cerithium Johannæ, Tournouër, *nov. sp.* (fig.).
id. *Bouillei*, Tournouër, *nov. sp.* (fig.).
id. *Biarritzense*, Tournouër, *nov. sp.* (fig.).
id. *Mariæ*, Tournouër, *nov. sp.* (fig.).
Mathilda Biarritzensis, nov. sp. Tournouër (fig.).
« Ce genre, très rare dans l'éocène, n'avait pas encore été signalé à Biarritz ni, à ma connaissance, dans aucune localité du nummulitique de l'Europe Méridionale », dit M. Tournouër ; « c'est une acquisition intéressante pour la faune de Biarritz et pour la faune éocène en général. »

Il ne faut pas confondre ce gisement qui est à 400 mètres

au nord de la villa de Lady Bruce, avec celui indiqué par M. Jacquot. Ce dernier est au milieu de la falaise et plus près de la villa ; c'est une ancienne carrière dont les fossiles sont difficiles à extraire. Le sol qui l'environne est revêtu d'une certaine végétation.

Le gisement que j'appelle Lady Bruce est tout à fait au sommet de la falaise, ou du moins y *était* lorsque je l'ai décrit en 1876, car tout est si mobile dans ces marnes bleues qu'il pourrait bien avoir disparu depuis. Il était sur le versant de Chabiague, à pic au dessus de profondes rigolles et entaillait le bord du sentier, colorant la terre végétale en bleu cendré. Il y a eu là un remous qui a rassemblé les espèces les plus légères les unes sur les autres et les a entassées de manière à ne pas adhérer au sol ni entre elles ; de sorte qu'on peut ramasser sans bouger de place et sans le secours d'aucun instrument, les nummulites, les operculines, les orbitoïdes, les cycloïdes et les lunulites, espèces fragiles que l'on trouve partout ailleurs, brisées, empâtées dans la roche, ou collées les unes aux autres. Sur un espace d'un mètre ou deux, il n'a pas davantage, c'est certainement le gisement le plus facile et le plus riche de Biarritz. Il nous a déjà fourni 80 espèces dont plus de 16 nouvelles.

J'y ai conduit Mme Hébert. Le premier fossile qu'elle ait ramassé était le *Beloptera Biarritzensis*.

Je me baissai à mon tour et en trouvai un second exemplaire.

« D'Archiac n'avait pas indiqué le gisement précis de ces rostres de céphalopodes dont je ne connais que quatre échantillons » dit M. Tournouër ; « l'échantillon type de d'Archiac, à l'école des Mines ; un échantillon dans la collection d'Orbigny au Muséum ; un autre dans la collection de M. Hébert, et celui de M. de Bouillé que je fais figurer. »

ABATTOIR

(Gisement des pentacrinites.)

Ce gisement est à 150 ou 200 mètres au sud de l'abattoir, dans la dépression où coule une source, au bord du sentier qui descend à la plage.

(Il faut se rapporter, pour toutes ces indications, à l'époque où j'écrivais ces premières études, vers 1876.)

Robulina subpyrenaica, nov. sp. Tournouër (fig.).

Ce genre que j'ai déjà déclaré au gisement de Lady Bruce, n'avait pas encore été cité à Biarritz ; d'Orbigny le croyait étranger à l'éocène. D'Archiac le mentionnait seulement parmi les fossiles recueillis par M. l'abbé Pouech, dans le terrain nummulitique de l'Ariège.

Je ne vous parle pas des tiges de *pentacrinistes didactylus* d'Orbigny et de la variété figurée par d'Archiac; elles sont innombrables.

Pince de crabe ?

CÔTE DES BASQUES

Cidaris Biarritzensis, Cotteau (fig.).
Corbula sp. Tournouër.
Lucina sp. voisin de *L. Menardi.* Defr.
Corbis sp. nov. Tournouër.
Crassatella Vasconum, nov. sp. Tournouër (fig.).
Crassatella Lapurdensis, nov. sp. Tournouër (fig.).
Pectunculus Jacquoti, nov. sp. Tournouër (fig.).
Pectunculus Delbosi, nov. sp. Tournouër (fig.).
Rissoa, sp. T.
Eulima, sp. T.
Lacuna, sp. T.
Pyramidella, sp. T.
Scalaria Bouillei, nov. sp. Tournouër (fig.).

Scalaria Chalmasi, nov. sp. Tournouër (fig.).
Dentalium Archiaci. Tournouër (fig.).
Fusus Leopoldinæ, nov. sp. Tournouër (fig.).
id. *Biarritzensis, nov. sp.* Tournouër (fig.).
Triton nodularium, Lam. ? (non Rouault.) var. *minor.* Tour. (fig.).
Murex (Pteronotus), subfiligrana, nov. sp. Tournouër (fig.).
Marginella sp. ? T.
Pleurotoma Rouaulti, sp. nov. Tournouër (fig.).
Galenopsis.
Neptunus.

Tres Pots

Euspantangus ornatus, Agassiz. Cet *E.* commence ici et continue jusqu'à lou Cout.

Cachaou

Echinantus sopitianus, d'Archiac (fig.).

Roche du Cucurlou

(Rocher de la Sainte-Vierge.)

Leiosoma Biarritzense, Cotteau. « Signalé pour la première fois dans le terrain tertiaire. » (fig.).
Nummulites Bouillei, nov. sp. de la Harpe.
id. *Tournouëri, nov. sp.* de la Harpe.
id. *Boucheri, nov. sp.* de la Harpe.
Ces trois nouvelles espèces sont dues particulièrement à M. de la Harpe.
Ranina Bouilleana, nov. sp. A. Milne-Edwards (fig.).
Pince indéterminable de crustacé.

Roche de l'Hermite

(Roche Percée.)

Delesserites occitanicus, nov. sp. de Saporta (fig.).
Cidaris, nov. sp. Tour.
Ranina Bouilleana, A. M.-Ed.
Echinolampas subsimilis, d'Archiac (et à lou Cout).

Talaye

Écailles de cône de pin.
Ranina Bouilleana, M. E.
Crassatella, sp.
Halitherium, vertèbre mutilée. « Ce genre n'avait pas encore été signalé à Biarritz. »
Schizaster Desgrangei, Cotteau (fig.).
Scutella subtetragona, de Grateloup, se trouve également au Port-Vieux et à la Roche-Percée.

Port des Pêcheurs

Crassatella, sp. ?
Crania Biarritzensis, nov. sp. Tournouër (fig.).
Ranina Bouilleana, M. Ed. qui se retrouve sur les roches de lou Jargin avec d'autres débris de crustacés.

Roche du Basta

Ranina Bouilleana, M. Ed. (fig.).
Oxistome.

Riou dou Rouye

Débris de cônes de pin.
Neptunus Gallicus, nov. sp. A. Milne-Edwards (fig.).
Calappilia Verrucosa, nov. sp. A. Milne-Edwards (fig.).
Crania Biarritzensis déja citée.
Jouannetia que M. Tournouër croit différente de la *J. semicaudata* des faluns (fig.).
Myliobates fragment de plaque dentaire.

Roche St-Martin

C'est sur cette roche qu'est bâtie la villa Eugénie. Si l'on suit par la pensée l'inclinaison des roches de St-Martin pour rattacher leur système à celui du Cout, dont le sépare aujourd'hui le vide où étaient établis autrefois les bains de la villa ; on voit que ces roches passent environ à 15 ou 20 mètres au dessous du Cout. Or, comme du pied du Cout au banc qui va, en s'abaissant, former la plus ancienne assise du Phare au niveau de la mer, il y a environ 35 mètres d'épaisseur ; l'on doit conclure que la roche St-Martin plonge à 55 mètres sous le Phare.

Maintenant, si on calcule que du pied du Phare au gisement des Ranines, il y a environ 20 mètres de haut, il faut en tirer la conséquence que ce fossile se trouvant également sur la roche St-Martin, occupe, dans la falaise, une épaisseur d'au moins 75 mètres.

Schizaster vicinalis, Agassiz (fig.).
S. rimosus, Desor. (fig.).

Lou Cout

Brissopsis Biarritzensis, Cotteau (fig.).
Clypeaster Biarritzensis, Cotteau (fig.).
C. Bouillei, sp. nov. Cotteau (fig.). Le type unique est de ma collection.
Echinolampas subsimilis, d'Archiac (fig.).
Macropneustes Biarritzensis, Cotteau (fig.). Cet exemplaire, de ma collection, est le seul connu.
M. Cotteau a déterminé dans ma collection une autre espèce *Sismonda planulata,* d'Archiac dont la note de gisement s'est perdue.
Tout ce que M. Cotteau a nommé, est publié et figuré dans la *Paléontologie Française.*
Hypsospatangus Bouillei, nov. sp. Cotteau (fig.). Cet exemplaire, de ma collection, est le seul connu.

Phare

(Roche d'Haïtzar.)

Linthia verticalis, Agassiz
Brissopsis Biarritzensis, Cotteau (fig.).

Scalaria Biarritzensis, nov. sp. Tournouër (fig.).
Ranina Bouilleana, M.-Ed. (fig.).
Stenodromia gibbosa, nov. sp. A. Milne-Edwards (fig.).
Calappilia verrucosa, nov. sp. A. Milne-Edwards (fig.).
Calappilia sexdentata, nov. sp. A. Milne-Edwards (fig.).
Schizaster Studeri, Agassiz.

Carrières et Éboulements

(au Nord d'Haïtzar).

Pinus Bouilleana, nov. sp. de Saporta (fig.).
Panopea, nov. sp. Tournouër.
Nautilus, sp. Aucune Nautile n'a été signalé à Biarritz par d'Archiac. C'est en 1872 que j'ai trouvé cette espèce entre la Chambre d'Amour et le Phare.
Neptunus gallicus, nov. sp. A Milne-Edwards (fig.).

Chambre d'Amour

(ou Punte dou Bec).

Cardium, spes ?
Pinna, nov. sp. Tournouër.
Les espèces nouvelles qui suivent, ont été trouvées par M. l'abbé Vidal et sa sœur.
Necronectes Vidalianus, nov. sp. A. Milne-Edwards (fig.).
Cœloma granulosum, nov. sp. A. Milne-Edwards (fig.).
Ranina aculeata, nov. sp. A. Milne-Edwards (fig.).
Spondylus Bouillei, nov. sp. Tournouër.
Crassatella Vidali, nov. sp. Tournouër.

Je ne saurais dissimuler l'intérêt qui nous a attachés à la recherche des crustacés. M. Jacquot[1], parlant des crabes fossiles qu'il a trouvés au moulin de Mouligna, avait dit : « Le groupe des couches qui renferment les crabes,

1. — Description géographique des falaises de Biarritz. Extrait des actes de la Société Linéenne de Bordeaux, tome XXV.

n'a pas plus de 3 ou 4 mètres d'épaisseur. En dehors de ces assises, il nous a été impossible, malgré de nombreuses recherches, de rencontrer, dans la formation nummulitique pourtant si puissante de Biarritz, le moindre indice de corps organisé ayant appartenu à des crustacés. »

On peut se figurer ce que nous avons éprouvé, quand nous avons trouvé la *Ranina Bouilleana*. On n'en connaissait alors qu'une autre en France, au Musée de Bordeaux, sans indication bien exacte de provenance : le *R. granulata*, A. Milne-Edwards ; et il n'en existe plus qu'une seule vivante, dans la mer des Indes : la *Ranina dentata*, Rumphius.

Nous avions devant nous l'espoir dans l'avenir. En effet, en 1880 nous avions trouvé huit espèces nouvelles de crustacés, M. l'abbé Vidal et sa sœur en avaient découvert trois après nous. M. Jacquot nous avait précédés à Mouligna ; nous n'avons retrouvé, de lui, que l'*Harpactocarcinus Jacquoti*, tant cette côte est changeante.

En résumé, je puis affirmer qu'on trouve, dans les falaises de Biarritz, les crustacés suivants :

1° *Harpactocarcinus Jacquoti*,
2° *Galenopsis depressus*,
3° *Ranina* de la Gourèpe,
4° *Neptunus gallicus*,
5° *Ranina Bouilleana*,
6° *Oxistome*,
7° *Stenodromia gibbosa*,
8° *Calappilia verrucosa*,
9° *C. Sexdentata*,
10° *Necronectes Vidalianus*,
11° *Cœloma granulosum*,
12° *Ranina aculeata*.

Les numéros 1, 2, 3, 6, 7, 8, 9, 10, 11, 12 paraissent limités dans des gisements restreints ; les numéros 4 et 5 se rencontrent depuis la côte des Basques jusqu'aux carrières au delà du Phare ; c'est-à-dire dans les 5/7 des falaises.

Les espèces nommées occupent 6 k. 500 m. sur 7 kil. et à Handia où nous n'avons pu renconter des crustacés déterminables spécifiquement, il existe des vestiges qui ne laissent aucun doute génériquement.

« On peut donc affirmer qu'il y a des crustacés fossiles d'un bout à l'autre des falaises nummulitiques de Biarritz. » Il y a aujourd'hui douze ans que j'écrivais cela. Je ne saurais croire que ce soit le dernier mot ?

M. Cotteau publiera dans la prochaine livraison de la paléontologie française les espèces suivantes faisant partie de ma collection :

Cidaris Pomeli, Cotteau (fig.).
C. Oostéri, Laube. « Radiole figuré d'après un exemplaire de votre collection, le seul qui ait été recueilli à Biarritz. » Cotteau.
C. acicularis, d'Archiac (fig.).
C. subcylindrica, d'Archiac. « Radiole de votre collection. »
Circopeltis Bouillei, Cotteau (fig.).
C. Garginense, Cotteau (fig.).
Micropeltes Biarritzensis, Cotteau (fig.).
Treplacidia Biarritzensis, Cotteau (fig.).

J'apprends à l'instant que M. l'abbé Vidal et sa sœur ont réussi à collectionner une série de Nautiles et d'Aturies que M. Tournouër déclarait unique. Si la mort ne l'avait pas ravi à la science et à l'affection de ses amis, il voulait fixer ces ressources et suivre, avec elles, « la marche de ce type curieux de Nautilidés, qui s'est poursuivi depuis le Suessonien de Highgate jusqu'au Tortonien de Saubrigues, en s'étendant depuis l'Egypte et la Cilicie jusqu'à l'Alabama ». — Leur collection, fort belle, et qu'ils mettent gracieusement à la disposition des visiteurs, est à la Chambre d'Amour.

On ne saurait s'imaginer ma chance — et j'en rends grâce à Dieu ?... J'ai demandé des savants pour déterminer et nommer nos recherches ; j'ai rencontré souvent des amis. Dans cette vie émouvante des montagnes, entouré comme je l'étais, j'ai couru forcément quelques aventures, je n'ai jamais rapporté de regrets.

Enfin, et c'est ce qui excusera la longueur de ce travail, j'ai éprouvé tant de bonheur dans les Pyrénées, que je serais heureux de le faire partager aux Béarnais aussi bien qu'à ceux qui sont étrangers à ce beau et cher pays.

Comte R. de Bouillé.

CHAPITRE VII

LE DÉPARTEMENT DES BASSES-PYRÉNÉES

LES EAUX THERMALES

I. Groupe des Stations Maritimes. — II. Groupe des Eaux Minérales proprement dites.

CONFINANT au littoral de l'Océan, borné au nord par le département des Landes, limité au sud par la chaîne des Pyrénées, le sol de notre département se trouve naturellement divisé en : 1° une région de plages maritimes ; 2° une région de plateaux et de vallées ; 3° une région de montagnes.

Par sa situation géographique, on peut donc trouver, rapprochés les uns des autres, les avantages du bord de la mer, et les avantages résultant, au point de vue de l'air et du climat, d'altitudes variées. La constitution géologique n'est pas moins intéressante à connaître, au moins dans ses traits généraux.

Le département possède les ressources des pays de plaines et celles des pays de montagnes. Des cours d'eau, des torrents, des gaves le parcourent du sud au nord et de l'est à l'ouest ; dans son sol tourmenté naissent de nombreuses sources minérales. En dehors des ruisseaux qui serpentent la campagne, il est peu de villages qui n'ait sa source, où les paysans des environs viennent se baigner et se reposer des rudes travaux des champs. Quelques-unes de ces sources sont l'origine de stations thermales dont la célébrité est séculaire. Mais leur nombre total est presque inconnu tant elles sont multiples et variées.

Ces eaux minérales ont chacune leurs propriétés physiologiques spéciales. — Telles, par exemple, sont sulfurées sodiques, sulfurées calciques, etc. Mais, s'il se trouve un principe fondamental commun, il y a encore, entre elles, des variétés d'action que les malades du pays savent bien reconnaître. Tel préfèrera les eaux de Labets aux Eaux-Bonnes. Et cependant ce sont deux eaux sulfureuses. D'ailleurs il en est de même pour les diverses sources que l'on trouve dans une même station.

Il en résulte que les indications thérapeutiques sont infiniment variées : Les eaux sulfureuses des Eaux-Bonnes, de Labets, d'Autevielle, etc., sont indiquées dans les affections des muqueuses aériennes. — Celles de Salies, de Briscous, de Carresse, etc., chlorurées sodiques, conviennent au lymphatisme, aux maladies chroniques à marche torpide, etc., etc.

La constitution chimique de ces eaux minérales, leurs propriétés physiologiques, leurs indications thérapeutiques ne constituent donc pas une base solide de classification. — Ayant à étudier les sources d'une même région, il nous a paru plus intéressant de rechercher les rapports qui pouvaient exister entre les origines de ces sources et la constitution géologique du sol.

Cela nous donnera l'explication de leur présence, en même temps que la raison de leur multiplicité et nous aidera à faire comprendre comment, dans un espace si restreint, on trouve des eaux de compositions si différentes.

Les Pyrénées[1] s'élèvent entre la France et l'Espagne comme une gigantesque muraille, préparée en Espagne par une série de rides, de saillies et de contreforts parallèles qui arrivent insensiblement à des hauteurs considérables.

Du côté de la France, au contraire, la montagne s'élève abrupte de la plaine de Toulouse, pour arriver, comme d'un seul jet, à son altitude maxima. Comme les Alpes, les Pyrénées sont le résultat d'efforts de dislocations, variés et répétés. C'est un système de montagnes dont le soulèvement se serait fait pendant l'Ère tertiaire, intermédiaire entre la formation des terrains de l'Éocène et du Miocène. Le premier mouvement semble s'être produit, à l'origine de l'Ère primaire, suivant le dépôt des couches carbonifères. Après une série presque non interrompue allant du Permo-Carbonifère au Crétacé, se place un second mouvement établissant une discordance entre le Crétacé et l'Éocène. Et c'est à la fin de l'Éocène que s'est fait le grand mouvement de soulèvement qui a donné aux Pyrénées leur relief. Ce sont là, rapidement indiquées, les grandes lignes de la formation de cette importante chaîne de montagnes.

Dans le département des Basses-Pyrénées on retrouve,

1. — Consulter de Lapparent : *Traité de Géologie.* — Seunes : *Recherches géolog. sur les terrains secondaires de la région Pyrénéenne du Sud-Ouest.* — De Bouillé : Société Sc., L. A. Pau, 1876.

représentées dans les diverses couches géologiques, les étapes, pour ainsi dire secondaires, de cette formation de la croûte terrestre.

M. Charpentier a montré que le terrain primitif reconnaissable par des gneiss alternant avec des calcaires saccharoïdes se retrouvait dans le pays de Labourd. On trouve des marbres contenant un minéral micacé, vert émeraude, renfermant du graphite et exhalant, par la cassure, une odeur fétide. Tel est le Cépolin de Louhossoa près d'Hasparren. Ces schistes micacés peuvent faire partie du terrain primitif Pyrénéen, mais ils peuvent aussi être le représentant du système Cambrien.

Le système Cambrien, qui existe près de Bagnères-de-Luchon, forme le versant septentrional de la crête Pyrénéenne à la montée du Port d'Oo, et dans les vallées de la Pique et du Lys.

Les traces d'un horizon silurien s'aperçoivent au sud de Cambo, au sud de Saint-Etienne-de-Baïgorry, au nord-ouest du pic d'Anie, près des origines du gave d'Aspe, près de Gèvres et près de Laruns.

Le Dévonien supérieur se trouve au col d'Aubisque.

La flore de la partie de l'étage houiller se retrouve avec quelques gisements houillers à la descente de la montagne de la Rhune.

L'Ère secondaire, caractérisée par les périodes triasique, liasique, oolithique et infra-crétacée et crétacée, se trouve représentée en quelques points.

On observe plusieurs affleurements du Trias. Dans des schistes et des grès rouges appartenant à la période précédente se rencontrent des poudingues roulés, des grès rouges bigarrés, des argiles feuilletées et versicolores, au pied de la montagne de la Rhune par exemple. Des marnes bariolées salifères comme celles de Gayacq ou du Tuco de Terci, se trouvent en rapport avec ces points ophitiques.

A Salies, on trouve des marnes bariolées, du gypse, des calcaires magnésiens formant des couches horizontales recouvrant les bancs de sel gemme.

D'après M. Seunes (thèse, page 231) : « Les argiles bario-
» lées gypseuses et souvent salifères de la plaine sous-
» Pyrénéenne occupent l'axe de plis anticlinaux et de
» cassures transversales post-nummulitiques ; leur âge
» triasique si discuté est établi : 1° par l'analogie de leur
» composition minéralogique avec le Keuper de diverses
» régions ; 2° par leurs relations avec la série liasique sur
» le versant nord de la chaine et avec le infra-lias de Saint-
» Pandelon. »

Le système infra-crétacé apparait auprès d'Orthez avec ses calcaires compacts, cristallisés de couleurs variées.

Du côté de Bidart, près Guéthary, de Bidache, de Gan, de Rébénacq on trouve des calcaires ou marneux ou siliceux, dépôts particuliers de l'époque Crétacée.

L'Ère tertiaire commence avec le système Éocène et se montre dans les Pyrénées aux environs de Biarritz, à la falaise du Port des Basques. La zône supérieure constitue, à la Chambre d'Amour et au nord de Biarritz, le sommet de toutes les falaises ; on retrouve aussi l'Éocène à Bosdarros près de Pau. Des autres systèmes de l'Ère tertiaire, le système Miocène parait seulement représenté, au nord du département, le long du gave de Pau, de la rivière de Gabas et du Luy de France ; on en trouve des traces près d'Orthez. Près de Salies-de-Béarn on trouve un gite fossilifère qui n'est guère connu que depuis 1876, par une liste de fossiles dressée par Tournouër et présentée par M. le Comte de Bouillé à la Société des Sciences, Lettres et Arts de Pau [1].

1. — Paléontologie de Biarritz et de quelques localités des Basses-Pyrénées : *Bulletin de la Société des Sciences, Lettres et Arts de Pau,* 1875-1876.

« M. Tournouër rattachait le niveau de Salies-de-Béarn au » Miocène supérieur. Nous croyons, avec plusieurs géolo- » gues, qu'il est préférable de le rapporter au Miocène » moyen. Les fossiles que l'on trouve à Salies ont beaucoup » de rapports avec les fossiles des falluns de Touraine.

» On trouvera dans le mémoire de M. de Bouillé les » indications de quelques espèces, trouvées « à la galère » dou Cartoung » sur la route de Sauveterre, près de » Salies. » (Note due à M. Riedel.)

La ligne des neiges qui dominent les hauts sommets de la chaine, rappelle, en petit, la ligne des glaciers de l'Époque Quartenaire. Des fleuves de glace de 60 à 70 kilomètres descendaient de ces glaciers qui s'étendaient du Pic d'Anie au Canigou. On trouve encore des traces du glacier d'Argelès, sous forme de magnifiques surfaces polies et striées des calcaires de Lourdes, mises à nu par les travaux de la Basiliqûe.

Les affleurements d'Ophites sont assez abondants. Ce sont des roches vertes, compactes, en pâte claire, avec des cristaux foncés. On les a considérés comme des roches éruptives tertiaires, on les place aujourd'hui dans une époque plus lointaine. Ces affleurements sont toujours limités et accompagnés de sources salines plus ou moins thermales. Leymerie les range à la fin de l'Éocène, Dieulafait entre le Dévonien supérieur et le Lias. D'après M. de Lapparent [1] : « Il est plus admissible que les ophites » anciennes fussent un variété basique de l'âge du Trias » propre à la région Pyrénéenne. Cette conclusion serait » d'accord avec la fréquence, dans le voisinage de l'ophite, » de marnes bariolées et de gites de sel et de gypse.

» Il est certain qu'un substratum triasique se montre » souvent dans les districts où apparaissent les ophites et

1. — De Lapparent : *Traité de géologie,* auquel nous avons emprunté la plupart des faits intéressants rappelés ci-dessus.

» que des galets de ces roches ont été retrouvés dans les
» Conglomérats secondaires. On peut donc admettre que
» des masses ophitiques, subordonnées au trias supérieur,
» auraient été, beaucoup plus tard, amenées au jour, par
» des dislocations, en rapport avec le soulèvement des
» Pyrénées. Dans le bassin de Saint-Jean-Pied-de-Port,
» Michel Lévy a observé l'ophite formant plusieurs coulées
» au milieu des marnes bariolées du Trias supérieur recou-
» vert par le Lias moyen fossilifère. C'est un fait acceptable
» que la plupart des gisements d'Ophite apparaissent com-
» me des jointements anormaux accompagnant des failles
» ou des bouleversements singuliers de la stratification.

» La question des Ophites n'est donc pas résolue et il
» est prudent de réserver, dans cette série, une place aux
» épanchements Postriasiques sauf les distinctions des
» Ophites anciennes avec les roches plus modernes de
» la même famille.

» Les Pyrénées sont aussi le siège d'ophites, d'éruptions
» granuliques modernes mais ce qui n'exclut pas la prédo-
» minance d'ophites plus anciennes. »

Il y a eu en Europe, à partir de l'époque triasique, une période métallifère générale. Les dislocations qui ont donné naissance aux Pyrénées et aux Alpes principales ont amené une deuxième période métallifère analogue à la première. Il est remarquable que ces deux périodes ont été caractérisées l'une et l'autre par d'abondants dépôts de chlorure de sodium et de sulfate de chaux. Cette concomitance signalée par Elie de Beaumont, pour la période triasique, semble fournir un puissant argument en faveur de l'origine interne des principaux dépôts de sel gemme et de gypse.

On voit donc combien la constitution géologique de cette région des Basses-Pyrénées est complexe, quoique imparfaitement connue. On y trouve des terrains d'alluvion le long des cours d'eaux, des gaves et des plages maritimes; les stratifications à peu près régulières des terrains de plaine. Puis, si on remonte vers les pics plus-élevés de la montagne on voit les stratifications se bouleverser, devenir discordantes, laissant prédominer des pointements de terrains plus anciens. Entre les sommets plus ou moins élevés, des ruptures, des gorges laissent lire sur leurs parois escarpées les traces de ces bouleversements terrestres. Au milieu de ces terrains de toute nature, calcaires, argileux, métalliques, sous une flore variée à l'infini, se font jour des sources qui empruntent au sol qu'elles traversent, leur minéralisation et leurs qualités distinctives. — Le tableau ci-joint donnera une idée du nombre et de la variété de ces sources minérales.

Nous avons puisé un peu partout nos renseignements, principalement dans les travaux et les publications de nos confrères ; M. Soulice, bibliothécaire de la ville de Pau a bien voulu mettre à notre disposition les précieuses ressources dont il dispose. On trouvera même dans le catalogue de la Bibliothèque de Pau, quelques noms d'Eaux minérales que nous avons écartés comme n'ayant aucun intérêt ni médical ni scientifique.

De toutes les sources, celles d'Ahusky, de Cambo, des Eaux-Bonnes, de St-Boès, de St-Christau, de Salies-de-Béarn méritent seules d'attirer un instant l'attention.

Nous nous occuperons donc dans ce chapitre :

1° Du groupe des stations maritimes;
2° Du groupe des Eaux Minérales proprement dites.

SOURCES MINÉRALES	CONSTITUTION GÉOLOGIQUE	CONSTITUTIONS CHIMIQUES	INDICATIONS THÉRAPEUTIQUES
1° AHUSKY..................	Roches noires, schisteuses à une altitude de 1.000 mètres.	Eau caractérisée par sa légèreté, carbonates, sulfates, silicates, fer, alumine.	Affections de l'Estomac, Intestin, Vessie, Neurasthénie.
2° FONTAINE DU BROCA...... à Gan.	Terrain d'alluvion, argiles rougeâtres	Carbonates de fer, chaux, magnésie. (Bordeu).	Anémies.
3° FONTAINE D'ESCOT........ près Sarrance (Oloron).	?	Saline, ferrugineuse arsenicale, légèrement bitumineuse, sodée (Filhol).	Dyspepsies, Gastrites, Constipation.
4° RÉBÉNACQ................ (près d'Arudy).	?	Thermales : sulfate de chaux, de magnésie. (Observ. des Pyrénées 1844).	Purgatives.
5° LAS PELADES............ (près Navarrenx).	?	(Mém. Pyrénées 1846)................	Diurétiques.
6° CAMBO.................... (près de Bayonne).	Limite du calcaire à son point de contact avec les granit et les schistes de transition. — Carrière de gypse contiguë à des ophites.	Thermale sulfur. 22°................ — ferrugin. 15°...............	Anémie. Lymphatisme. Tuberc. pulm. Voies urinaires, Dysp.
7° EAUX-BONNES............	Terrain calcaire près du point d'affleurement des ophites.	Six sources sulfureuses (sulfate de calcium)..........................	Complic. catarrhale de la tuberculose, asthénie pulm., asthme, plaies anc.

SOURCES MINÉRALES	CONSTITUTION GÉOLOGIQUE	COMPOSITION CHIMIQUE	INDICATIONS THÉRAPEUTIQUES
8° Labets-Biscay près Garris (St-Palais).	?	Eau froide sulfurée, bicarbonatée, calciques. Eau ferrugineuse.	Purgatives. Cat. pulmon.
9° Autevielle (près Sauveterre).	Calcaire, schistes.	Sulfureuse, ferrugineuse.	Affections pulmon.
10° Eaux-Chaudes (près de Laruns).	?	Sources froides 10°. — thermales 56°. Sulfurées sodiques faibles.	Aff. chr. des poumons. — bronches. Rhumatisme chron.
11° St-Boès.	Affleurements du trias et du crétacé moyen, pointements de calcaires gréseux et ophites.	Source froide : Sulfo-bitumeuse, (hre de naphte).	Catarrhes chron. pulmonaires, urinaires.
12° St-Christau.	Crétacé, calcaires cristallisés, roches schisteuses.	Ferro-cuivreuses.	Affections chroniq. peau, yeux.
13° Salies-de-Béarn.	Trias, gypse.	Chlorurées sodiques fortes.	Anémie, lymphatisme, affection chronique de l'utérus, tuberc. ext.
14° Carresse.	Gypse.	Chlorurée sodique faible.	Anémie.
15° Briscous.	id.	id.	id.
16° Oraas.	id.	Chlorurée sodique forte.	id.

I — GROUPE DES STATIONS MARITIMES

Le littoral du département s'étend depuis l'embouchure de l'Adour, au nord, jusqu'à celle de la Bidassoa, qui sépare la France de l'Espagne. Du haut des falaises qui entourent Biarritz on peut, par un beau temps, embrasser la grande étendue de cette côte étalée en éventail et dont l'ensemble forme une ligne concave qui limite la partie inférieure du Golfe de Gascogne. Des plages larges et étendues, de hautes falaises, de nombreux hameaux à maisons blanches ou peintes en bleu, de magnifiques villas, un climat d'une douceur particulière constituent autant de causes d'attraction qui font de cette côte une région fréquentée surtout par les étrangers, les touristes et les malades.

Biarritz est de toutes ces plages, la plus célèbre, par sa situation pittoresque et par les ressources de tous genres que l'on y trouve. Dans son article du Dictionnaire Encyclopédique, M. Rotureau indique une population fixe de 3.635 hab. Il y en a aujourd'hui 8.500. La population de baigneurs dépasse 30.000 pendant la saison. La célébrité de Biarritz date des débuts du second Empire ; l'Impératrice en fit une résidence impériale et fit bâtir la villa Eugénie (qui, comme architecture, n'a rien de remarquable), aujourd'hui abandonnée.

Situé sur le chemin de Paris à Madrid, possédant un climat particulier, Biarritz n'en est pas moins resté une plage à la mode. Bâtie sur les deux flancs d'une falaise de 40 mètres environ d'altitude, la ville forme une pointe vers la mer. Elle s'élargit à mesure qu'on avance dans la terre ferme de façon à dominer deux plages : l'une, au nord, la plage des Fous, l'autre au sud, la côte des Basques. Elle reçoit les vents de la mer, qui, dit M. Rotureau « se succèdent avec une régularité presque absolue ». La côte des Fous, près de la villa Eugénie, est limitée par une plage à sable fin et uni, les vagues y sont fortes, et c'est là le rendez-vous des baigneurs qui recherchent les avantages des bains à la lame. Au Port-Vieux la plage est une sorte d'anse où la natation est plus facile et où l'on se trouve plus abrité, mais aussi, la plage est moins belle. La plage des Basques est au pied d'une falaise abrupte ; le sable y est fin mais la mer y est forte, le vent violent, aussi, les bains y sont dangereux. Cette triple disposition permet de prendre des bains à Biarritz du 15 juin au 15 octobre. La température de l'eau varie de 16° à 20° et 21° pendant les fortes chaleurs. L'eau de mer contient environ 30 grammes de chlorure de sodium dans cette région.

Les travaux de M. Adéma et de M. Lafont (Ern.) ont fait ressortir les conditions climatériques exceptionnelles de cette ville et les Anglais surtout ont consacré par leur présence la réputation de Biarritz comme station hivernale. Les Espagnols fréquentent surtout les bains de mer en été. Il est incontestable que les malades affaiblis, les sujets lymphatiques et scrofuleux, les phtisiques qui ne craignent pas les effets d'un air trop excitant, enfin, suivant M. Adéma, certains poitrinaires de la Grande-Bretagne, trouvent dans ce séjour, sinon une guérison, au moins une notable amélioration à leur état. Nous nous permettrons d'ajouter, qu'au contraire les malades excitables, les nerveux, les femmes atteintes d'affections utérines à forme irritable ou hémorrhagique sont loin de tirer profit de ce séjour. Un air trop vif, l'abus ou même le simple usage des bains froids, impressionnent trop vivement leur système nerveux et ne font qu'aggraver un état morbide justiciable d'une toute autre médication.

Le nombre des étrangers qui prennent d'assaut la plage

de Biarritz, en été est considérable ; ce qui fait que beaucoup de personnes préfèrent se retirer sur des plages plus modestes, mais non moins pittoresques, telles que celles de Guéthary, de Saint-Jean-de-Luz et d'Hendaye.

Guéthary, type de village basque formé d'une cinquantaine d'habitations, est bâti sur une falaise qui s'abaisse en pente raide jusqu'à un petit havre sablonneux, rendez-vous de barques de pêcheurs et de nombreux baigneurs, pendant l'été.

Puis, à quelques kilomètres plus loin on arrive à la petite ville de *Saint-Jean-de-Luz* dont la plage, bornée par la Nivelle, est protégée du vent des mers par les collines du nord-est et du sud-ouest.

Le port contient une centaine de barques de pêcheurs ; on peut faire de nombreuses excursions à Biarritz, à Cambo, à Hendaye et, sur la frontière espagnole, il y a aussi l'ascension de la Rhune toutes raisons qui font de Saint-Jean-de-Luz une plage de plus en plus fréquentée.

Hendaye est le dernier village français, et n'est séparé d'Irun, c'est-à-dire de l'Espagne, que par un pont qui traverse la Bidassoa. La plage d'Hendaye, une des plus belles de France, se trouve à droite de l'estuaire où débouche la Bidassoa. A gauche on aperçoit la montagne de Jairquibel s'abaisser pour former la pointe du Figuier ; Fontarabie et ses ruines, dans le fond, la célèbre Ile des Faisans, concourent à former cet immense panorama aussi grandiose que pittoresque.

II — GROUPE DES EAUX MINÉRALES

PROPREMENT DITES

LA FONTAINE D'AHUSKY

La fontaine d'Ahusky si renommée dans le pays Basque et le Béarn, n'est guère connue que par les médecins qui ont eu le plaisir de lire la charmante plaquette de Paul Reclus[1]. L'excursion d'Ahusky est une des plus intéressantes que l'on puisse faire dans cette contrée. On quitte le village d'Aussurucq pour suivre un chemin de muletier qui, après deux heures de marche et une ascension de 900 à 1000^m, conduit à ce petit hameau composé de deux ou trois auberges et de quelques cabanes de berger, où se logent les baigneurs pendant la saison. La source consiste en un filet d'eau, plus ou moins abondant, suivant les pluies ; il s'échappe du flanc de la montagne au milieu de rochers noirs et schisteux, qui contrastent par leur aspect avec la verdeur des pâturages environnants.

L'analyse de cette eau n'a donné que des résultats négatifs.

On a trouvé dans les eaux d'Ahusky des traces d'iode, de fer, des silicates de soude, de potasse, de l'alumine, des chlorures, des carbonates et des sulfates. Mais nous croyons avec M. P. Reclus que la quantité d'eau absorbée, de 4, 5, 8, 12 litres par jour, parait jouer dans la cure le rôle principal, et avoir une influence décisive. L'eau d'Ahusky est limpide, légère, ne charge pas l'estomac,

1. — P. Reclus : *Progrès Médical*, 1878. — Voir aussi le *Mémorial des Pyrénées*, 1851.

l'absorption en est rapide, comme son élimination, et l'appétit n'en est nullement troublé.

Les diverses formes de dyspepsies, les gastrites alcooliques, la gravelle avec ses complications, les cystites chroniques et les catarrhes de la vessie s'y trouvent améliorés et guéris. Les malades fatigués par les excès ou les fatigues intellectuelles trouvent une nouvelle vigueur à la source des Basques, grâce aux vertus de cette eau limpide, grâce à l'air pur qu'on respire à une pareille altitude.

CAMBO

Cambo à 20 kilomètres de Bayonne, à 50^{m} au dessus du niveau de la mer est une petite ville de 1800 hab., coupée en deux parties par la Nive. Le Haut-Cambo sur la gauche, le Bas-Cambo où se trouvent les thermes construits dans un fort joli parc. — Le climat trop chaud en été est surtout agréable en automne.

La ville très coquettement placée au fond d'une vallée fraîche, riante et paisible, est reliée à Bayonne par un chemin de fer et par une route de voitures, bordée de riches villas et qui constitue pour les Bayonnais une promenade et un séjour des plus agréables. Le climat, la verdure, l'air pur en font un séjour recherché par les malades de la contrée.

Les sources émergent d'un terrain calcaire, sédimenteux, qui, à ce niveau, est en contact avec le granit d'un côté et le schiste de transition de l'autre. A l'ouest des sources, on trouve une carrière de gypse contigu au schiste et aux ophites.

Cambo possède une source sulfureuse et une source ferrugineuse.

La source sulfureuse est douce, limpide, onctueuse, son odeur hépatique, son arrière-goût fade et nauséabond. Sa température est de 22° 5 et sa richesse minérale de 2.827[1].

La source ferrugineuse est à 300^{m} de la précédente. Claire, limpide, acidulée, elle laisse déposer des flocons rouillés. Peu d'odeur, saveur styptique, température de 15° 5. Elle contient, avec de l'acide carbonique, du carbonate de fer, de manganèse, d'arsenic et du phosphate de chaux. Les deux sources sont gazeuses.

L'eau ferrugineuse, qui est une des plus chargées et des plus actives de son espèce se prend en boisson aux repas[2].

L'eau sulfureuse se prend en bains, douches, boissons, dans les engorgements des organes abdominaux, la phtisie au premier et deuxième degré. Elles sont utiles dans le lymphatisme, la chlorose et l'anémie, les catarrhes et les ulcères atoniques. (Dr Juanchuto, renseignements verbaux.)

L'usage des bains de mer, dit Durand-Fardel dans son excellent traité des *Eaux Minérales*, « est tout-à-fait » indiqué dans l'état lymphatique jusqu'à la puberté. Plus » tard, les eaux sulfureuses cherchées au loin, surtout, » trouveront d'excellentes applications. Il y a entre ces » deux époques de la vie une période de transition où les » ferrugineux sont le plus souvent utiles, mais seuls, ils » ne combattent qu'incomplètement l'état lymphatique. » Leurs combinaisons avec les eaux sulfureuses sera donc » tout-à-fait indiquée. C'est ce que l'on pourra faire auprès » des deux stations thermales sulfurées calciques (Castera, » Verduzin, Ger et Cambo (B.-P.) notablement sulfatées, » un peu chlorurées et fort appropriées aux cas de ce » genre[3] ».

1. — Garrigou avec Filhol en fait une source sulfurée calcique. Gintrac la rangeait dans les sulfurées sodiques. Le rapprochement d'une source ferrugineuse et d'une source sulfureuse étend leurs applications.

2. — Dotezac : Notice médicale, 1879.

3. — Durand-Fardel : *Traité des Eaux Minérales*, page 407.

EAUX-BONNES

Les *Eaux-Bonnes* [1] sont situées dans l'arrondissement d'Oloron à 747^m au dessus du niveau de la mer, sur la rive gauche du Torrent le Valentin, un peu au dessus du confluent de ce cours d'eau avec la Sourde, dans une gorge que domine le pic du Ger.

Le village qui se compose presque uniquement d'une rue montante conduisant au grand établissement des bains et que bordent des maisons et des hôtels, a été érigé en chef-lieu de commune le 29 mai 1861 par la réunion des anciennes communes d'Aas et d'Assouste.

Il est desservi par un embranchement des chemins de fer du Midi, partant de Pau jusqu'à Laruns, et de là des voitures, suivant la route en lacets sur le flanc N.-E. du Gourzy, y conduisent les voyageurs en une demi-heure.

Les Eaux-Bonnes émergent de six sources (source *Vieille,* source *Nouvelle,* source *Supérieure,* source *contre le Rocher,* source *Froide,* source d'*Orteig),* d'un terrain calcaire, près du point d'affleurement des ophites.

La source Vieille est une eau onctueuse fortement sulfhydrique, alcaline et de 31° 4, et elle a été analysée par M. Filhol et M. Garrigou, par Wilm. Les sels sont à base de chaux comme les sels de soude. Elle contient 0,0072 de sulfure de calcium, tandis que la Nouvelle source en contient 0,0018, et la source Supérieure 0,0069, la source Froide 0,0065, et la source d'Orteig 0,0075. — Toutefois les analyses sont un peu différentes suivant les auteurs.

Les Établissements comprennent l'ancien ou Grand Établissement, l'Établissement d'Orteig ; on y administre

1. — Voir les travaux des Drs Andral, Devalz, Leudet, Cazaux, Cazenave, Meunier, Pidoux, etc.

l'eau sulfureuse en boissons, gargarismes, pulvérisations, bains de pied. Les bains sont peu fréquentés, ce qui tient au genre d'affection qu'on traite aux Eaux-Bonnes.

L'eau en boisson se prend d'une cuillerée à trois ou quatre verres, pure, ou dans une infusion quelconque, ou combinée avec une eau de lait ou de petit lait. Ordinairement bien supportée, cette eau prise en excès peut donner des douleurs épigastriques, des éructations et des nausées.

L'eau de la source Vieille doit être prise avec réserve par les malades prédisposés aux congestions cérébrales ou pulmonaires. Elle stimule l'appétit, l'innervation et la transpiration. — Aussi en en faisant usage, faut-il éviter une poussée trop active qui se traduirait par de l'embarras gastrique, de l'agitation et des picotements à la peau.

Bien administrées elles diminuent la gêne, la douleur et la rougeur, quelquefois variqueuse, de l'arrière-gorge et du pharynx, — elles modifient les phénomènes congestifs pulmonaires.

Primitivement connues sous le nom d'eaux d'Arquebusades, elles se donnent aussi en bains très efficaces contre les plaies, les blessures et les ulcères anciens.

D'après M. Leudet, les eaux de la source d'Orteig ne sont pas excitantes comme celles de la Vieille source, le système nerveux se trouve calmé, et la circulation moins active. La Vieille source convient aux lymphatiques et aux torpides, la source d'Orteig tonifie sans exciter et convient aux nerveux et aux irritables.

Où commence où finit la médication par les Eaux-Bonnes. Il est très difficile de répondre. Les complications catarrhales de la tuberculose retirent un excellent résultat d'une cure aux Eaux-Bonnes. — Mais on peut admettre avec Marcellin Cazaux, que l'eau n'agit point en supprimant le tubercule : c'est un remède puissant, spécifique contre les processus morbides produits par la tuberculose.

Andrieux, Astrié, de Puisaye pensent que la médication

sulfureuse peut amener des temps d'arrêt dans la marche de la phtisie; elle peut rendre définitif ce temps d'arrêt, et restituer au tissu pulmonaire, qui entoure le tubercule, ses conditions normales.

La prudence dans la cure des Eaux-Bonnes est nécessaire dans la période de la maladie où l'état pathologique du poumon pourrait s'aggraver par une stimulation trop grande.

« L'action notablement stimulante de ces eaux[1], dit le » Dr Meunier, ne permet pas d'y envoyer indistinctement » tous les phtisiques, et il importe de bien préciser cer- » taines contre-indications. Il faut en exclure d'une ma- » nière absolue la phtisie aiguë non circonscrite ; — dans » la phtisie circonscrite il faut attendre, pour recourir au » traitement thermal, que la maladie soit dans un de ces » temps d'arrêt qui séparent les poussées ; les complica- » tions cardiaques, la diarrhée chronique, la fièvre hectique » sans rémission matinale, sont autant de motifs d'abs- » tention.

» Quant à l'hémoptysie, à moins qu'elle ne soit récente » et liée à une de ces poussées actives qui caractérisent » l'envahissement, elle n'est pas une contre-indication ; » elle a été longtemps la préoccupation dominante des » malades et des médecins qu'elle détournait d'une médi- » cation utile, mais elle n'est vraiment à redouter que » pour ceux qui méconnaissent les précautions nécessaires » en cours de traitement et qui ne savent éviter ni les » irrégularités dans le régime, ni les courses exagérées » dans la montagne, ni l'excès dans le dosage des eaux. »

Durand-Fardel[2] conseille les Eaux-Bonnes dans certaines formes catarrhales de la scrofule ; — dans la chlorose des femmes nerveuses, — dans l'angine granuleuse, — dans

1. — *Dict. de thérapeut.* — Dujardin-Beaumetz.
2. — *Traité des Eaux Minérales.* — Durand-Fardel.

l'asthme à forme catarrhale, — dans l'emphysème avec asthénie des bronches, — chez les phtisiques, scrofuleux surtout.

EAUX-CHAUDES

Les Eaux-Chaudes [1] sont composées d'un hameau de 106 habitants à l'extrémité méridionale de la vallée d'Ossau et dans une gorge sauvage et très étroite à 680^{m} d'altitude, ouverte du nord au sud, et protégée à l'est et à l'ouest par les pics du Ger et du Midi. Les montagnes sont couvertes de hêtres, de sapins et hérissées de rochers de granit et de marbre; c'est un paysage sévère et triste.

L'Établissement est habilement creusé dans un rocher et paraît bien abrité. Cependant la température varie singulièrement : fraîche et humide le matin et le soir, elle est très chaude vers le milieu du jour. Les Eaux-Chaudes sont à 7 kilom. des Eaux-Bonnes, près de la vallée de Gabas qui mène aux frontières d'Espagne à Sallente et à Panticosa.

Les sources appartiennent à la commune de Laruns et sont au nombre de six. Elles sont claires, limpides, transparentes; leur saveur est légèrement hépatique. Quelques-unes sont gazeuses. Elles diffèrent par leur sulfuration et leur température.

			Sulfure sodique.	Chlorure sodique.
Source du	Rey.......	33°5	0.0090	0.0969
—	Clot.......	36°4	0.0090	0.0997
—	Esquirette.	31°5	0.0084	
—	Baudot....	27°7	0.0081	
—	L'Arresecq	24°9	0.0083	
—	Minvielle..	10°5	0.0053	

Toutes en somme sont des eaux sulfurées sodiques faibles.

L'Établissement comprend des cabines de bains, de dou-

1. — Voir les travaux de Mialhe, Lefort-Lemonnier, Anglada.

ches, une piscine qui est alimentée par l'eau des diverses sources dont la distribution se fait à des cabines isolées. Il y a aussi trois buvettes. Il convient de signaler que ces eaux perdent de leur température et de leur sulfuration en arrivant dans les bains et buvettes.

Elles s'administrent en boissons, bains, douches. La plus fréquentée est la source Baudot qui est diurétique et chasse les catarrhes anciens des voies respiratoires. L'Esquirette est l'eau hyposthénisante et antispasmodique des Eaux-Chaudes ; le Rey convient aux sujets lymphatiques et atoniques et aux enfants.

La source du Clot excite la circulation et le système nerveux, elle est contre-indiquée dans les affections de l'estomac et de l'intestin.

La fontaine Minvielle possède une eau très froide qui peut nuire, si on la prend en quantité au moment d'une forte sudation.

La source Baudot agit dans les dyspepsies, les gastralgies, les états herpétiques, les laryngites, les bronchites chroniques, l'asthme, le catarrhe pulmonaire accompagnant la phtisie au 2e degré. L'eau de l'Esquirette sédative et hyposthénisante calme les névralgies et la névrose, guérit sans secousse les engorgements et les ulcérations du col utérin.

Les rhumatismes chroniques, les laryngites les amygdalites et les bronchites chroniques doivent être envoyés à la division du Clot, ainsi que les affections cutanées chroniques.

L'eau de l'Arresecq est tonique, résolutive, fondante, antiscrofuleuse.

SAINT-BOËS

St-Boës n'est pas un hameau, encore moins une station balnéaire fréquentée : c'est une simple source minérale située entre Salies et Orthez, près de la petite gare de Baigts et dont la propriété appartient à M. Thore de Dax. Cette eau présente une très réelle valeur et offre un grand intérêt. Elle a été étudiée par M. le Dr Garrigou qui a publié sur ce sujet une monographie sérieuse (1890), à laquelle nous empruntons les détails qui suivent :

« Au point de vue géologique les terrains se présentent sous la coupe suivante : Trias à Salies et à St-Boès, constitué par des argiles marneuses, bariolées, irisées. Gypse dans ces deux points : à Salies se montrent des calcaires gréseux, ophites, des bancs de sel gemme avec sources salées. Ces deux pointements du trias à Salies et St-Boès sont reliés entre eux par des couches appartenant au crétacé inférieur, moyen, supérieur.

» Le trias et le crétacé se mettent en contact, au niveau de la source Mounicq, au moyen d'une brèche remplie de cristaux de soufre et la source sulfureuse vient sourdre au contact du trias et du crétacé moyen.

» Actuellement l'eau de St-Boès a été captée et monte dans une série de bassins où l'huile de naphte se sépare naturellement de l'eau sous-jacente. Sa température est de 12 à 14°. Sa richesse en monosulfure et sodium varie de 0,105 à 156. Le débit de la source est de 228 litres en 24 heures.

» Étude chimique. C'est une eau limpide, alcaline, à odeur sulphydrique, à goût de naphte. »

D'après M. Garrigou l'analyse indique la présence de sels à base de chaux, bicarbonate et sulfate de chaux, sulfate de magnésie, alumine, potasse, ammoniaque, des chlorures de strontum, baryum, aumonium, huile de naphte et sulphydrate de sodium.

Au point de vue clinique :

Les affections chroniques du nez, du pharynx, du larynx et des bronches, sont avantageusement modifiées et même guéries. (Cazenave de la Roche. Bertheraud.) M. Garrigou cite des cas de phtisie guéris par les eaux de St-Boès. Le catarrhe bronchique, l'asthme et le catarrhe des voies urinaires sont améliorés.

Elle est contre-indiquée dans le cas d'inflammation chronique gastro-intestinale.

SAINT-CHRISTAU[1]

Saint-Christau est un petit hameau, exclusivement station thermale, situé au sud d'Oloron, à l'entrée de la vallée d'Aspe, à 2 kilom. de Lurbe ; son altitude est de 300^{m}.

La station est située au pied même du mont Binet qui forme, au Sud, une sorte de muraille rectiligne très escarpée et très élevée, s'étendant entre les deux vallées d'Aspe et d'Ossau. Le premier étage de cette montagne est boisé et monte jusqu'à 800^{m}.

Le Pic qui le surmonte atteint 1.200^{m} et est séparé de la crête qui termine ce premier étage par un vallon profond. Ce premier étage paraît formé par le redressement presque verticale du sol de la plaine, par le soulèvement de la masse centrale. Une faille, s'étendant d'Arudy au sud de Mauléon, suit la direction du pied de la montagne, et est en relation avec l'immergence des sources (Jacquot : *Recueil des travaux du Comité consultatif d'hygiène*, 1883).

Les habitants du pays sont béarnais, mais leur race est assez mêlée, la vallée d'Aspe ayant servi de passage à un grand nombre d'invasions romaines, sarrasines, etc. Le gave d'Aspe sert de ligne de démarcation entre le pays Basque et le Béarn ; les habitants du pays sont agriculteurs et peu industrieux ; ils émigrent en grand nombre, man-

1. — Nous tenons à remercier notre confrère et ami P. Bénard des renseignements qu'il a si gracieusement mis à notre disposition.

quent d'initiative et ce n'est que depuis la création du chemin de fer, que l'on peut trouver à Oloron et à St-Christau des ressources suffisantes.

Le climat est intermédiaire entre celui de la plaine et celui de la montagne; il est doux et plus tempéré de 3° que celui de Pau en été ; ce qui le caractérise le plus c'est son état hygrométrique, toujours fort élevé, mais, pendant la saison thermale l'eau existe à l'état de vapeur et très rarement à l'état de brouillard. Les courants aériens sont très modérés, le vent du Sud s'est considérablement modifié en passant sur les montagnes et a perdu son caractère de sécheresse.

Au point de vue pathogénétique il est sédatif et tonique.

Le sol est crétacé, les sources naissent du calcaire cristallisé qui constitue la plupart des roches qui hérissent la montagne; on y trouve aussi des schistes en abondance.

Connues et exploitées depuis des siècles, les eaux de Saint-Christau appartiennent à M. le Comte de Barraute et ont été mises en lumière par les travaux du Dr d'Arcet, surtout du Dr Tillot. Dans ses diverses publications, ce médecin distingué précise les indications des eaux de Saint-Christau dans les diverses espèces de *dermatoses,* dans les maladies de la muqueuse nasale et de la muqueuse *Oculo palpébrale*. Sous l'impulsion de Bazin, de M. Besnier, de M. Panas, grâce aux travaux de notre distingué confrère le Dr Paul Bénard, les eaux de Saint-Christau ont pris un développement très mérité et occupent une place absolument originale dans la thérapeutique hydro-minérale.

Des cinq sources, l'une, celle du Pêcheur, est sulfureuse et utilisée en boissons. Celle des Cerceaux, la plus importante, est dirigée dans l'Établissement de la Rotonde et celui des bains vieux. Il y a quatre buvettes : celle de la source Bazin, de la source froide, des Cerceaux et du Pêcheur.

D'après l'analyse de Filhol c'est une eau ferro-cuivreuse, un peu visqueuse et d'odeur sulfureuse, à base calcique.

L'analyse de Wilm faite en 1882, confirme celle de Filhol et la présence du cuivre dans l'eau prise au Griffon.

L'eau de St-Christau se prend en bains, douches, fomentations, pulvérisations et boissons. — En dehors de la poussée, que cette eau produit chez un certain nombre de malades pendant la cure même, l'eau de St-Christau excite la peau et y amène de la rougeur, elle excite la muqueuse gastrique, amène de la polyurie, elle accroit la production de la sueur et de la matière sébacée. — La saison est de 25 à 30 jours.

On vient à St-Christau pour des affections chroniques de la peau, syphilides, scrofulides bénignes, — dans certaines formes malignes de lupus exedens et de lupus acnéique. Le lupus erythémateux est au contraire plus rebelle.

Les Arthritides, l'Eczema circonscrit guérissent à Saint-Christau.

Le Psoriasis Arthritique limité guérit plutôt que le Ps. herpétique généralisé.

L'acné sébacée, l'hydroa, le pemphigus, le prurigo sont avantageusement modifiés.

Il en est de même de l'Eczema lingual — de la Pharyngite chronique — de l'Ozène. — Les Ophthalmies chroniques Blépharites, Keratites chroniques, Dacryocystites — y subissent de réelles améliorations.

SALIES-DE-BÉARN

Salies-de-Béarn est un chef-lieu de canton des Basses-Pyrénées. Cette petite ville de 6.000 habitants, élevée à cinquante mètres environ au dessus du niveau de la mer, est bâtie dans le fond de la vallée du Saleys, ouverte vers l'ouest du côté de l'Océan dont elle reçoit la brise, et entourée sur les autres points par des collines qui la protègent à la fois contre les vents du Nord et du Midi.

Comme dans tout le pays de Béarn, l'air y est pur et sédatif et convient aux personnes nerveuses qui souvent tourmentées par l'insomnie y retrouvent le sommeil.

Le climat est doux et tempéré, en sorte que la saison thermale se prolonge d'avril à novembre, sans interruption. En été les chaleurs ne sont pas exceptionnellement fortes ni prolongées comme on le dit généralement. A Salies, il y a des journées de chaleur ou l'électricité répandue dans l'atmosphère est parfois pénible. Mais grâce au voisinage de l'Océan et des montagnes, les nuits sont toujours fraîches et de fréquents orages viennent balayer l'atmosphère.

Du reste dans toute cette région du Sud-Ouest, qui n'est pas vraiment le Midi, la température est fort variable, non seulement pendant une même journée, mais suivant les mois et les années.

D'une façon générale les habitants de Paris et du Nord viennent à Salies en avril, mai et septembre. Les habitants du midi de la France et ceux d'Espagne préfèrent les mois de juin, juillet et août.

Salies est une ville fort ancienne dont l'origine remonte à l'histoire de Gaston Phœbus et de Jeanne d'Albret. Mais nous avons à nous occuper des eaux et non pas à retracer ici l'histoire du pays. Jusqu'en 1858, les eaux de Salies étaient exploitées pour leur sel. Depuis les mémoires du Dr Coustalé de Larroque (1862-1872), elles ont acquis un rôle médical important et constituent un agent thérapeutique précieux.

La source de Salies, source du Bayàa, naît sur la place même de la Mairie ; dans ces dernières années on lui a adjoint la source d'Oràas, située à six kilomètres, et de composition identique. Ces sources salées sont en rapport

avec la constitution géologique du sol de toute cette contrée. Dans sa thèse sur les recherches géologiques de la région sous-Pyrénéenne du Sud-Ouest de la France (Basses-Pyrénées et Landes), M. Seunes indique l'existence dans cette région de nombreuses bandes d'argiles bariolées et salifères à Orâas, à Briscous, à Sainte-Marie, St-Laurent, Urt, Urcuit, « le boudé de Salies, dont la lar-
» geur va croissant de l'est à l'ouest, prend naissance sur le
» flanc septentrional du synclinal d'Orriule ; elle commence
» à se montrer au sud de Salies, en amont du moulin de
» Beypregonne ; suit l'étroite vallée du ruisseau qui ali-
» mente ce moulin et celui de Clauza[1] ; s'infléchit à Salies
» assez brusquement vers l'ouest et se dirige par la vallée
» du Saleys vers le gave d'Oloron où on le perd. Sur tout
» son parcours elle est traversée par des pointements de
» diabase ophitique ; la présence de semblables pointe-
» ments dans la vallée du Gave d'Oloron à Auterrive et
» St-Pé de Léren et Léren laisse supposer que la bande
» salifère se poursuit dans la vallée sur les alluvions, en
» infléchissant vers le nord, puis vers le nord-ouest à
» partir de Léren ».

Ce banc de marnes et de sel affleure très près de la surface du sol en certains points.

A Dax on trouve un banc de sel gemme exploité pour la fabrication du sel, et l'eau salée qu'on pourrait y débiter, est une *eau artificiellement salée*.

A Salies, au contraire, le sel n'est pas apparent à l'état de cristaux secs : la source d'eau salée affleure à la surface du sol, en quantité assez considérable, pour pouvoir fournir environ huit cents bains par jour. — C'est cette eau salée naturelle que l'on emploie en bains, douches, etc. — Par évaporation de l'eau salée naturelle, on fabrique le sel utile à la consommation, et aussi les Eaux-Mères.

1. — V. pag. 211.

Richesse minérale comparative des principales sources chlorurées sodiques de France et de l'Étranger.

NOMS DES SOURCES	QUANTITÉ de sel renfermée dans un litre d'eau.	QUANTITÉ de sel renfermée dans un litre d'eaux-mères.	AUTEURS DES ANALYSES
Salies-de-Béarn	257 gr. 988	487 gr. 293	Garrigou.
Mont-Morot (Lons-le-Saulnier)	» »	370 600	Bracomot.
Bex, près Lavey	» »	292 490	Pyrame-Morin.
Nauheim (Hesse-électorale)	40 3	363 900	Chatin-Bromeis.
Namman-Melouane	30 05	»	de Marigny-des-Fosses.
Salins (Jura)	29 990	257 720 (Dumas, Pelouse, Fabre.)	
Salies (Haute-Garonne)	34 065	»	Filhol.
Kurbrunnen	17 4382	»	
Hombourg (Hesse)	16 985	»	Liebig.
Soden	15 691	»	Figuier et Mialhe.
Anzin (Nord)	14 600	»	
Wildegg (Suisse)	14 377	»	
Kreuznack (Prusse)	12 1819	316 6 (Ozann)	Liebig.
Cheltemham (Angleterre)	11 019	»	Parker et Brandes.
Ischia (Sicile)	10 419	»	Lancelloti.
Balaruc	9 080	»	Marcel de Serres et Figuier.
Kissingen (Bavière)	8 555	»	Liebig.
Bourbonne-les-Bains	7 546	»	Nivet, Mialhe et Figuier.
La Motte-les-Bains (Isère)	7 443	»	id.
St-Nectaire	7 010	»	Nivet.
La Bourboule	6 669	»	Lecoq.
Heilbrunn (Bavière)	4 900	»	Barruel.
Rennes-les-Bains (Aude)	4 860	»	
Niederbronn (Bas-Rhin)	4 627	»	
Bourbon l'Archambault	4 357	»	O. Henry.
Chatenois (Bas-Rhin)	4 214	»	
Absac (Charente)	3 090	»	
Baden-Baden	3 000	»	Koebruten.
Tercis (Landes)	2 538	»	Thore et Meyrac.
Bourbon-Lancy (Saône-et-Loire)	1 751	»	Berthier.
Hamman-Mescoutin (Constantine)	1 457	»	Tripier.
Luxueil	1 113	»	Broconnot.
Néris	1 110	»	Berthier.
Préchacq (Landes)	1 087	»	
Widbad (Wurtemberg)	0 594	»	
Gastein (Autriche)	0 311	»	Helfft.

Richesse minérale comparative des principales sources chlorurées sodiques de France et de l'Étranger.

NOMS DES SOURCES	QUANTITÉ de chlorures renfermées dans un litre d'eau salée.
Salies-de-Béarn	242 gr. 894
Bourbonne-les-Bains	59 175
Nauheim (Wilhelm)	37 85
Salins (Jura)	28 038
Kreuznach	11 42
Balaruc	7 94
Kissingen	6 47
Niederbronn	4 324
Lamothe-les-Bains	3 80
La Bourboule	3 620
Chalenois	3 263
Absac	2 921
Tercis	2 347
Bourbon-l'Archambault	2 240
Saint-Nectaire	2 146
Rennes-les-Bains	2 020
Bourbon-Lancy	1 700
Luxeuil	0 729
Préchacq	0 334
Néris	0 179

NOMS DES SOURCES	QUANTITÉ de bromures renfermées dans un litre d'eau salée.	QUANTITÉ de iodures renfermées dans un litre d'eau salée.
Salies-de-Béarn	0 gr. 473	0 gr. 053
Salins (Jura)	0 067	»
Bourbonne-les-Bains	0 065	Traces.
Kreuznach	0 0401	0 0004
Lamothe-les-Bains	0 020	Traces.
Niederbronn	0 011	id.
Nauheim	0 0098	id.
Kissingen	0 008	id.
Balaruc	Traces.	»
Saint-Nectaire	»	Traces très sensibles.
La Bourboule	Traces.	Traces.
Bourbon-Lancy	»	id.
Néris	»	id.

L'eau de Salies est une eau claire, limpide, d'une saveur fortement salée. Sa température est de 15° centigrades. Elle est neutre au papier de Tournesol. Si on plonge un aréomètre de Beaumé ou un pèse-sel on obtient les résultats suivants :

	Pèse sel.	Densité.	
Eau douce............	0	1000	
Eau salée marquant...	5	1033	bain au quart.
—	10	1070	— moitié.
—	15	1110	— trois quart.
—	20	1154	— entier.
Eaux-Mères..........	25	1200	
—	26	1210	
—	27	1220	
—	28	1230	
—	28 à 30	1260	
—	31	1270	

L'analyse chimique de cette eau naturelle donne les résultats suivants :

Par litre :

	Grammes.
Chlorure de sodium..............	229,254
— de potassium...........	0,354
— de calcium..............	6,495
— de magnésium..........	6,792
— de lithine...............	Traces.
Sulfate de soude.................	9,094
— de potasse..............	0,212
— de chaux...............	0,797
— de magnésie...........	3,750
— de lithine	Traces.
Bromure de magnésium..........	0,473
Iodure de sodium................	0,053
Alumine de fer...................	0,460
Silicate de soude.................	0,254
Carbonate de soude..............	Traces.
Matières organiques.......	Non dosée.
Total.........	257,988

Voici maintenant l'analyse des Eaux-Mères :

PAR LITRE :

	Grammes.
Chlorure de sodium...............	223,335
— de potassium...........	55,009
— de lithine................	1,500
— de calcium.............	1,800
— de magnésium...........	155,203
Sulfate de magnésie..............	11,245
Bromure de magnésium	10,000
Iodure de magnésium	0,949
Silicate de soude................	0,272
Alumine de fer..................	0,180
Carbonate de soude	Traces.
Matières organiques............ ..	15,000
Perte............................	12,000
TOTAL.........	407,293

Nous avons mis en regard l'analyse des eaux-mères pour que l'on puisse, d'un coup d'œil, apprécier les différences dans la constitution chimique des deux sortes d'eaux. En chauffant l'eau naturelle de façon à lui faire atteindre 24 degrés de concentration, le chlorure de sodium se dépose en grande partie. On le retire de la cuve avec des rateaux, et il reste un *résidu d'eau,* encore fortement salée, que l'on peut amener, par le chauffage, jusqu'à 26, 28, 35 degrés de concentration ; ce sont les eaux-mères, elles résultent de la fabrication du sel. Si on évapore, par exemple, 250 grammes de *cette eau salée naturelle,* et qu'on épuise l'eau jusqu'à siccité, il reste dans la capsule environ de 85 à 90 grammes de sel. — D'ailleurs, dans le pays, les habitants comptent que cette eau fournit en sels 1/3 de son poids.

L'eau naturelle est surtout riche en chlorure de sodium, de calcium, de magnésium, en sulfate de soude et de magnésie, et beaucoup moins en bromure et en iodure. *C'est une eau chlorurée sodique.*

Les eaux-mères contiennent des chlorures de sodium et une plus forte proportion de chlorures de potassium, magnésium, lithine, calcium, et surtout une proportion plus forte encore de *bromure, iodure de magnésium et de sulfate de magnésie. Ce sont des eaux bromo-iodurées.*

Cliniquement, les premières, eaux chlorurées sodiques sont toniques, reconstituantes pour l'atonie en général, excitantes du système nerveux ; les deuxièmes, bromo-iodurées, toniques encore, sont calmantes, sédatives du système nerveux, résolutives pour toutes les inflammations chroniques avec exsudat plastique, etc.

En combinant ces deux variétés d'eau, on a donc à sa disposition un médicament très puissant et qui offre cette particularité d'amener, suivant la façon dont on l'administre, une sédation parfaite ou une excitation excessive.

Dans une étude sur les anémies, présentées en 1888 à l'Académie de médecine, nous avons cru pouvoir conclure que les bains faiblement salés sont des bains excitants ; que les bains fortement salés, dits bains entiers, et aussi les bains d'eaux-mères sont des bains sédatifs pour le système nerveux. — Cela dit d'une façon très générale, car l'organisme et surtout l'organisme malade, présente au médecin un problème dont les facteurs sont très complexes, et dont certains échappent tout-à-fait à une appréciation exacte. — Pour arriver à des conclusions rigoureuses, il faudrait pouvoir établir le bilan physiologique complet de chaque individu avant son traitement. — De plus l'action physiologique d'un bain isolé peut encore être appréciée par un clinicien expérimenté, ou par l'analyse chimique de quelques-unes de nos excrétions (et encore il y en a qui échappent à notre contrôle et peuvent être des causes importantes d'erreur). Mais pratiquement les bains étant pris tous les jours — les effets de ces bains s'accumulent, et il se fait une sorte d'action en série, qui n'est pas douteuse car elle se traduit périodiquement et par des effets toujours les mêmes. — On peut observer ainsi des périodes de suractivité physiologique, revenant à intervalles à peu près fixes.

Du 6e au 9e bain, du 15e au 17e, du 22e au 25e bain, etc.

Ces périodes d'excitations sont très manifestes en clinique et se caractérisent par de la fatigue, céphalalgie, insomnie, diminution de l'appétit quelquefois par l'embarras gastrique et si les bains ont été trop vivement administrés par les symptômes du surmenage général, avec exacerbations et poussées congestives dans les organes antérieurement malades.

Ces actions des bains isolés, ou pris en séries, sont donc fort complexes. — Aussi est-ce avec la plus grande réserve que nous avons parlé de leur action physiologique.

Applications thérapeutiques. — Avant d'indiquer les maladies justiciables d'un traitement thermal à Salies, il faut dire que ces eaux ne conviennent jamais dans les affections aiguës du poumon, du cœur et des reins. — Elles sont aussi contre-indiquées dans les tumeurs malignes à marche rapide. — Elles ne conviennent pas non plus aux malades sanguins et pléthoriques. — Elles s'adressent surtout aux maladies à forme torpide, aux malades affaiblis par un long état de souffrance.

Chez les anémiques [1], l'eau de Salies augmente la quantité d'oxyhémoglobine du sang ; les bains salés et les douches calment l'insomnie, les névralgies, les palpitations ; activant la nutrition et les fonctions du système nerveux sympathique. — Si on examine le sang au point de vue du nombre des globules rouges, et au point de vue de la quantité d'oxyhémoglobine, on peut constater chez les

1. — Voir anémies. — Dr Lejard, 1888.

anémiques et les chlorotiques même, que les éléments actifs du sang se régénèrent en quantité et en qualité. — Nous ne voulons parler ici que de l'action des eaux salées sur le sang même. — Car à côté des altérations spéciales des éléments sanguins, il faut étudier aussi la vitalité des tissus, et toutes les altérations qui peuvent se présenter dans les échanges nutritifs.

Dans un travail communiqué à l'Académie de Médecine (19 mai 1891), sur la balnéation chlorurée sodique, ses effets sur la nutrition, ses nouvelles indications, M. le Dr A. Robin a donné les indications suivantes : « Chacun » des bains (bain au quart, bain à moitié, bain pur sel), » possède une sorte de spécificité d'action qui est étroi- » tement liée à sa concentration. » Ils ont des actions physiologiques différentes.

Au point de vue des applications cliniques. — « Le » bain au quart devrait être réservé aux malades chez » lesquels il n'y a lieu d'augmenter ni les échanges azotés, » ni les oxydations, à ceux qui ont une tendance à maigrir, » à ceux qui fabriquent de l'acide urique en excès. — Ils » n'auront qu'une action très minime sur les affections » osseuses torpides. »

Le bain demi-sel conviendra d'emblée aux malades chez lesquels il y aura lieu de relever vivement les échanges azotés, sans accroître activement les oxydations. Il sera contre-indiqué chez les uricémiques, mais sera utile quand il s'agira d'activer les échanges des tissus collogères, conjonctifs, fibreux, c'est-à-dire dans toutes les affections ganglionnaires, torpides, les manifestations scrofuleuses, les périostites les hyperplasies conjonctives et les arthrites chroniques.

« Le bain pur sel avec une action dominante sur les » oxydations organiques conviendra aux malades à nutri- » tion languissante, à oxydations retardées, aux affections

» osseuses, aux déchéances nerveuses, aux rachitiques,
» aux névrosés, à certains anémiques, aux arthritiques
» uricémiques, aux malades intoxiqués par des produits
» d'oxydation imparfaite, à tous les individus dont il im-
» porte de reconstituer le système nerveux par voie d'é-
» pargne, tout en accélérant les mutations azotées, c'est-
» à-dire, en accélérant le courant d'assimilation, tout en
» restreignant le courant désassimilatoire. »

Au point de vue des indications spéciales on a préconisé les eaux de Salies dans tous les accidents du lymphatisme[1], — dans les adénites chroniques, le coriza chronique et l'ozène, dans les ophtalmies scrofuleuses, dans la coxalgie, le mal de Pott, les osteo-arthrites tuberculeuses, les abcès froids.

« Je suis persuadé que comme moi, écrivait le regretté
» professeur Trélat[2], vous aurez observé les bienfaits de
» votre cure balnéaire dans le mal de Pott, dans la coxalgie,
» dans les fongosites articulaires et tendineuses. — Dites
» bien que c'est surtout dans les périodes initiales que
» vous êtes utile, que votre intervention prompte et sage-
» ment réitérée peut alors combattre, arrêter et conduire
» à guérison ces redoutables maladies qu'on ne maîtrise
» plus qu'au prix de douloureux sacrifices quand on leur a
» laissé prendre de trop faciles développements. »

Dans les maladies de femme, les eaux salées et les Eaux-Mères, amènent une grande amélioration de l'état général ; elles régularisent la circulation pelvienne et favorisent la résorption des produits plastiques lorsque ceux-ci ne sont pas de trop ancienne formation. — Elles ont une action excellente dans les périmétrites, les métrites chroniques

1. — Voir les brochures des docteurs : Coustalé de Larroque, — Nogaret, — Foix, — Marsoo, — Dupourqué, — Lissonde, — de Lostalot-Bachoué, — Petit, — Lacoarret, — Marcadé, — Lejard.

2. — *Lymphatisme et Tuberculose.* — Dr Lejard, 1890.

à formes hémorrhagiques, dans certains cas particuliers de salpingite, dans le relâchement musculaire des organes pelviens ou du plancher périnéal.

Dans les fibromyomes, l'action des eaux de Salies — eaux naturelles ou Eaux-Mères, est très efficace. Elle a de grandes analogies aux résultats fournis jusqu'à ce jour par l'électricité. — Dans un autre mémoire nous avons résumé l'influence des eaux de Salies sur les fibromes eux-mêmes, leur consistance, leur forme, leur siège, etc., et sur les symptômes que détermine la présence de ces tumeurs dans les divers organes et appareils de l'économie[1].

1. — Voir Salies-de-Béarn — *Estudios clinicos,* par le Dr Lejard, Madrid, 1892.

Dr Lejard.

CHAPITRE VIII

LE

DÉPARTEMENT DES BASSES-PYRÉNÉES

I. Constitution géologique. — II. Ressources minérales.

I — CONSTITUTION GÉOLOGIQUE

Le département des Basses-Pyrénées peut, au point de vue géologique, se diviser en trois régions bien distinctes :

1° La région de la haute chaîne Pyrénéenne et des massifs du Labourd et de la Rhune, presque uniquement formée de terrains anciens, et bordée du côté Nord par une bande mince et discontinue de terrains triasiques et jurassiques;

2° La région située entre la précédente et le gave de Pau ; c'est la plus vaste et la mieux connue des trois, et elle est essentiellement formée d'assises crétacées, à travers lesquelles se font fréquemment jour d'intéressants soulèvements rapportés au trias ;

3° La région située au nord du gave de Pau, généralement recouverte d'alluvions récentes, que percent en de nombreux points les affleurements tertiaires.

Terrains anciens. — C'est dans le département des Basses-Pyrénées que le massif de terrains anciens, qui forme de la Méditerranée à l'Océan l'axe continu de la chaîne, atteint sa moindre puissance ; celle-ci se trouve réduite jusqu'à 10 et même 5 kil. dans les hautes vallées de Tardets et d'Aramits où la ligne frontière est comprise dans l'éocène espagnol. De part et d'autre de ces vallées, les terrains anciens vont en s'élargissant et leur épaisseur atteint 40 kil. au méridien de Baïgorry et 30 kil. à celui du Pic du Midi d'Ossau ; mais l'ensemble de ces massifs reste bien inférieur à ceux des Pyrénées Centrales et Orientales, ce qui tient principalement à la moindre énergie des soulèvements de cette partie de la chaîne, et peut-être aussi à la moindre action des phénomènes de dénudation.

Aussi ne peut-on citer dans le département que trois îlots *granitiques*, tous d'étendue restreinte : 1° le granite des Trois-Couronnes ou de Haya, à mica noir et sans gneiss, passant parfois à la pegmatite, ou métamorphisant soit les schistes anciens en y isolant de l'épidote, du grenat, du quartz et de la calcite, soit les poudingues triasiques en y isolant l'oxyde de fer en veines d'hématite dans un quartzite blanc, soit même des calcaires cénomaniens en les transformant en marbres. D'après ces réactions, M. Stuart Menteath juge la venue de ce granite postérieure au trias et même au cénomanien; — 2° le massif gneissique du Labourd, entre Louhossoa et Hasparren, traversé de filons de pegmatite souvent kaolinisée à la surface et doté de quelques gisements de cipolins, ce massif paraît contemporain du précédent, et, grâce à sa position très avancée vers le Nord, il a joué un rôle considérable dans la structure actuelle de la région sous-Pyrénéenne du Sud-Ouest. M. Seunes a parfaitement mis en lumière l'allure des plissements caractéristiques de cette région ; « ces plissements épousent, dit-il, le contour du massif ancien du Labourd ; ils affectent les couches nummulitiques au même titre que les couches crétacées, en sorte que c'est après le nummulitique que se place l'âge de la dislocation principale de la région Pyrénéenne, dislocation constituée par un refoulement énergique venant du Sud et suivie de dénudations considérables ; — 3° le massif du Pic du Midi d'Ossau, de Gabas et du lac d'Artouste, peu distant de ceux, plus considérables, du Balaïtous et du Vignemale.

Ce granite, souvent amphibolique, apparaît aux Eaux-Chaudes, où M. Menteath le considère comme postérieur au cénomanien parce qu'il métamorphise, d'après lui, le calcaire à Hippurites cornuvaccinum ; d'après M. Beaugey, il ne métamorphiserait que la dalle et il se trouverait au contraire en galets roulés dans le crétacé fossilifère ; il est en tout cas postérieur aux schistes dévoniens sur lesquels il a exercé une action chimique énergique, et, par places, il est traversé de dykes de microgranulite et de granulite, notamment à l'ouest et au sud du lac d'Artouste. Quant au Pic du Midi d'Ossau, il est formé de schistes carbonifères traversés et métamorphisés par des dykes puissants d'orthophyre et de granulite.

Le Silurien forme deux massifs situés au contact du granite des Trois-Couronnes et du granite du Labourd, et prolongés à l'Est, à partir de la vallée de Baïgorry, par une bande continue le long de la crête frontière. Le silurien inférieur comprend des schistes satinés et chloriteux parfois maclifères et souvent imprégnés de quartz et transformés en quartzites rubanés ; la partie supérieure de l'étage, plus variée, se compose de schistes moins cristallisés et plus argileux, où s'intercalent des formations lenticulaires et discontinues de calcaires noirâtres et de grès quartzeux. Ces couches, dont l'allure générale épouse la direction des Pyrénées avec de nombreux plissements, n'ont encore été soumises, dans la partie orientale de la chaîne, à aucun essai de classification détaillée, analogue à celle qu'a tentée M. Caralp pour les terrains anciens de l'Ariège et de la Haute-Garonne.

L'horizon calcaire, qui ne paraît pas occuper au sein des schistes supérieurs une place bien constante, a cependant depuis longtemps fixé l'attention des géologues. Dans la vallée de la Nive, au Pas de Roland, M. Jacquot a constaté sa présence entre les schistes ardoisiers à séricite et le grès quartzite du Mondarrain : le tout repose au Nord sur le granite du Labourd. Cette bande de calcaire dolomitique, à laquelle M. Jacquot a donné le nom de dalle, M. Caralp celui de calcaire métallifère, et qui constitue un des traits les plus caractéristiques du silurien des Pyrénées où elle s'observe presque constamment sous une forme plus ou moins métamorphique, se retrouve dans le défilé du Hourat, au nord d'Eaux-Chaudes, et se prolonge vers l'est au sud d'Eaux-Bonnes et du col d'Aubisque. Quelques auteurs ont voulu, sur des données peu certaines, en faire en certains points, du calcaire carbonifère ou dévonien ; dans la région de Gourette, par exemple, elle paraît intercalée au milieu de schistes dévoniens concordants avec elle, mais il paraît difficile d'affirmer qu'on n'y ait pas à faire à un plissement isoclinal avec voûte arrasée.

Le dévonien et le carbonifère se présentent généralement ensemble ; le dévonien consiste en calcaires renfermant des spirifers, des rhynconelles, des crinoïdes, des leptæna, faune de l'étage inférieur ; ces calcaires sont recouverts de calcschistes et de schistes terreux parfois vivement colorés, mais le plus souvent noirâtres et passant au carbonifère supérieur. Le dévonien paraît bien développé au sud d'Ossès et au sud des Aldudes ; une longue bande de ce terrain commence à Béhérobie pour se poursuivre vers l'Est dans la forêt d'Irati, où elle est en contact au Sud avec le crétacé supérieur. Enfin le massif ancien du haut Ossau est bordé à l'Ouest, au Nord et au Sud de schistes dévoniens qui, dans les hautes montagnes d'Accous, d'Urdos et d'Anglas, se chargent de quartz et deviennent très analogues aux schistes cambriens ; aux environs du lac d'Anglas, ils sont traversés de dykes de granulite et de filons d'une roche spéciale de couleur vert-clair, formée d'une pâte compacte de quartz et d'une chlorite ; cette roche accompagne les filons blendeux d'Arre et d'Anglas et a reçu le nom d'Anglasite.

Le carbonifère, souvent difficile à distinguer du dévonien, est caractérisé par la grauwacke schisteuse noire, traversée par des bancs de grès et de lydienne de même couleur ; il s'observe bien dans la Rhune et à Ibantelly, où il relève du houiller supérieur, et on tend à lui donner dans le reste des Pyrénées une extension assez considérable, aux dépens des formations paléozoïques.

A Béhérobie et vers St-Michel et Mendive, les schistes carbonifères à plantes indéterminables sont séparés du trias par un calcaire rosé que M. Menteath regarde comme du calcaire carbonifère ; à Louvie-Soubiron, il existe un gisement de marbre blanc que Coquand a aussi rangé dans cet étage. Au Somport, MM. les Ingénieurs Vital et Beaugey ont signalé, entre les schistes dévoniens et la grauwacke houillère, un vaste affleurement de calcaire noirâtre qui représenterait le calcaire carbonifère et dont c'est sans doute le prolongement vers l'Ouest qu'on observe au sud du col d'Anéou, où il renferme des gîtes de spath-fluor.

Le permien se compose de poudingues à éléments de

schistes et de lydiennes, surmontés par des grauwackes noirâtres et des argilites jaunes et rouges ; il a été principalement observé sur le versant septentrional de la petite Rhune, où il repose en concordance sur les schistes charbonneux.

Il est de même recouvert par le *trias*, qui comprend en ce point des poudingues à galets de quartz impressionnés, puis des grès, rougeâtres à la base (cette assise est peut-être plutôt permienne), plus blancs, plus durs et plus micacés vers le haut, et enfin des argiles feuilletées et versicolores avec pointement d'ophite. C'est d'ailleurs là la composition normale du trias de la région montagneuse ; le muschelkalk y est beaucoup moins développé que les deux étages gréseux et marneux, mais M. Jacquot l'a néanmoins mis nettement en évidence dans les bassins de la haute Nive et du haut Saison, ainsi qu'à Bedous et au col de Lurdé. Le trias, surtout gréseux, s'observe d'une façon presque constante dans les Basses-Pyrénées à la limite des terrains anciens, suivant un alignement parallèle à la chaîne ; il couvre dans la Navarre espagnole de vastes étendues, et se prolonge en France jusqu'à Bidarray et à Ustelléguy, pour reparaître bientôt après aux environs de Baïgorry et former le vaste bassin de St-Jean-Pied-de-Port, de Béhérobie et d'Irati, bassin dont les marnes irisées, traversées d'éruptions ophitiques, occupent la partie centrale, et où se rencontrent de nombreux gisements de fer oligiste en relation avec cette roche, et même, à Béhérobie et à Aincille, des sources salées. Les éruptions ophitiques, s'étendent sans interruption par le col d'Egourzé et le mont Béloscar jusqu'à Licq-Athérey, et se retrouvent encore plus à l'Est, aux environs de Bedous, au col d'Aydius, dans la forêt d'Aspeich et au col de Louvie-Soubiron, presque partout accompagnées des grès bigarrés du permo-trias. Cette formation laisse au Sud, dans le haut Saison, deux apophyses où l'on observe bien la présence du muschelkalk et des marnes irisées autour de Larrau et de Sainte-Engrâce. Enfin il existe, au Sud de l'alignement général, un petit îlot triasique à l'altitude de 2000m au col de Lurdé dans la haute vallée d'Ossau, et cet îlot se prolonge à l'Est vers le col d'Ar, à une altitude encore plus forte ; d'autres s'observent également en divers points des contreforts crétacés de la chaîne, aux environs de Mauléon, de Lurbe, de Sévignacq, de Rébénacq, de Mifaget, suivant des lignes de soulèvement plus ou moins accusées.

Au Nord de cette lisière triasique des terrains anciens, il existe des gisements presque exclusivement keupériens, formés de marnes versicolores gypseuses et salifères avec diabases et dolérites ophitiques à éléments de plagioclase et d'augite ; le muschelkalk n'y est que bien rarement visible, sauf par exemple aux environs de Salies-du-Salat dans la Haute-Garonne. Ces gisements sont particulièrement abondants dans la plaine sous-Pyrénéenne, et, d'après M. Seunes, dont les travaux ont jeté une vive lumière sur la structure de la contrée, ils ont été amenés au jour, dans les Pyrénées-Occidentales, par un accident post-nummulitique, consistant vraisemblablement dans le soulèvement granitique du Labourd. Bien qu'on regarde généralement les diabases ophitiques comme contemporaines soit du trias moyen, soit de la fin du jurassique ou du commencement du crétacé, il se peut néanmoins que certaines d'entre elles aient fait éruption à la même époque que ce soulèvement granitique et en aient corroboré les effets par une action locale. De ce nombre seraient, outre les roches récentes (microgranulites, syénites à hornblende basaltique, porphyrites), signalées par MM. Seunes et Beaugey, les diabases ophitiques des environs de Salies et de Bayonne, qui apparaissent au contact des marnes gypso-salifères ; le phénomène ophitique des Pyrénées se serait ainsi accompli au moins à deux époques bien distinctes, et nous pensons qu'il a pu avoir les mêmes récurrences que le mouvement orogénique créateur de la chaîne, et s'être produit à des époques sensiblement concordantes avec ce dernier, c'est-à-dire rapportées au poudingue triasique, au conglomérat cénomanien de Camarade et au poudingue éocène de Palassou.

Les ophites et marnes bigarrées de la plaine occupent constamment le sommet de plis-failles ou anticlinaux rompus au sommet. D'après M. Seunes, ces anticlinaux post-nummulitiques sont au nombre de trois principaux, constituant les traits les plus saillants de la structure de la plaine sous-Pyrénéenne du Sud-Ouest : 1° l'anticlinal de Lasseube, qui se prolonge au Nord-Ouest par les bombements de Sainte-Suzanne à Baigts et de St-Pandelon à Dax et à Tercis ; ce plissement est bordé au Sud, de Lasseube au delà d'Orriule, par un synclinal qui fait apparaître une double bande danienne et que vient brusquement interrompre, entre Sauveterre et Salies, une ride N. N. O., rapportée par M. Genreau au soulèvement du Mont-Viso. Cette ride a fait arriver au jour, au sein du crétacé, les argiles salifères d'Oràas, et elle nous paraît avoir exercé une notable influence sur la production des bombements de Baigts et de Dax, ainsi que sur l'orientation générale des affluents de gauche du gave de Pau et de l'Adour, le gave d'Oloron, le Saison, la Bidouse et la Nive. — 2° C'est à partir de cette ride que commence à apparaître un autre anticlinal, qui dessine de Salies à Biarritz un vaste arc-de-cercle autour du massif du Labourd, en passant un instant, à Ste-Marie de Gosse, sur la rive droite de l'Adour, et formant à Urcuit une sinuosité très accentuée à convexité dirigée vers le Sud. Cet anticlinal contient les gîtes triasiques et salins les plus septentrionaux du département, ceux de Salies, Caresse, Léren, Urcuit, Larralde (Villefranque), Bassussary et Brindos ; les marnes et les ophites y sont bordées par les assises du crétacé supérieur ou du nummulitique. — 3° Un pli synclinal, qui continue celui d'Orriule, sépare cette bande anticlinale d'une autre sensiblement parallèle située à quelques kilomètres au Sud, et s'étendant de Bidache à St-Pée-sur-Nivelle au sein des assises cénomaniennes, par Gortiague, Briscous et la partie sud du gîte de Villefranque, gîte dont la direction générale est à peu près celle du soulèvement du Mont-Viso.

Ces gisements triasiques présentent d'ailleurs tous une composition analogue. Les marnes bigarrées sont séparées des terrains encaissants par des failles qu'occupe souvent l'ophite; elles renferment des masses gypseuses plus ou moins grossièrement stratifiées ; le sel lui-même est disposé en zones parallèles et multicolores qui excluent l'idée d'une formation ignée ; cependant des imprégnations bitumeuses attestent l'influence de l'ophite, et la masse salifère est traversée de coins d'ophite et même de calcaire. Les strates du sel ne sont pas toujours concordantes avec celles des marnes ; les unes et les autres renferment, ainsi que le gypse, des cristaux de quartz bipyramidé, mais on n'y a encore trouvé aucun fossile.

Le jurassique est très peu développé ; en dehors d'une bande régulière qui se dirige vers l'Est à partir de Bedous, on n'en rencontre que des lambeaux épars aux environs d'Ascain et de Cambo ; les anticlinaux qui laissent affleurer le trias dans la plaine y dénotent en même temps l'absence de jurassique sous-jacent, ce qui paraît tenir à un mouvement très accentué d'émersion locale vers la fin de cette période, suivant des lignes de moindre résistance avec lesquelles ont coïncidé celles du soulèvement post-nummulitique. Les quelques formations jurassiques reconnues présentent d'ailleurs un facies vaseux ; elles se composent surtout de calcaires marneux et de marnes noirâtres, parmi lesquels M. Seunes a reconnu, malgré les difficultés inhérentes à la rareté et au mauvais état des fossiles, la présence des assises liasiennes et toarciennes, bajociennes et calloviennes.

Le crétacé inférieur débute, comme dans toute la région Pyrénéenne, par les calcaires urgoniens à dicérates, le néocomien n'ayant pas encore été reconnu d'une façon bien certaine. Ces calcaires grisâtres ou rougeâtres, analogues à ceux des Pyrénées Centrales, sont très fracturés et parcourus par de nombreuses veines de calcite, sans présenter trace de stratification ; ils renferment parfois des parties marneuses, ou présentent eux-mêmes par places la structure des calcaires à entroques. Ils se rencontrent en trois points : 1° entre Arthez-d'Asson, Bielle et Escot, ainsi qu'un peu plus au Nord, au pic de Rébénacq ; c'est là, à l'entrée de la vallée d'Ossau, que le calcaire à dicérates forme ses derniers escarpements occidentaux, moins considérables d'ailleurs que ceux de la haute Ariège et du bassin de Saint-Gaudens ; 2° d'Ozenx à Baigts, ils forment la clef de voûte du bombement de Ste-Suzanne et présentent la Toucania carinata comme principal fossile ; 3° à Cambo, Saint-Pé et Ascain, ils apparaissent en îlots à la limite septentrionale du massif ancien du Labourd, et renferment surtout la Terebratula sella et la Rhynconella lata. Ils sont généralement accompagnés dans ces trois régions par les marnes noirâtres et les calcaires marneux de l'aptien, avec Hoplites Deshayedi, H. Dufrenoyi, Ylicatula placunea, orbitolina conoïdea et discoïdea.

L'albien est plus développé que l'aptien, et M. Seunes, qui s'est tout particulièrement attaché à l'étude des terrains crétacés, y distingue trois facies : d'abord un niveau inférieur qui n'existe pas dans tous les affleurements du gault, niveau formé de calcaires coralliens plus ou moins compacts, analogues aux calcaires urgoniens, et exploités à Orthez et au pont de Bérenx ; ses principaux fossiles sont Horiopleura Lamberti, Radiolites Cantabricus, Polyconites Verneuilli, Terebratula sella, T. Delbosi. On trouve à son contact, vers les bains de la Baure et Salles-Montgiscard, une formation vaseuse de marnes et calcaires marneux, avec Desmoceras Mayori, Belmnites semi-canaliculatus, Lytoceras Agassizi, Inoceramus concentricus. Ces fossiles se retrouvent dans l'albien des environs de Bassussary et d'Ascain, lequel présente un faciès littoral de grès jaunâtres, parfois argileux et marno-calcaires ; on y trouve en outre Nucula bivirgata. Le gault vaseux comprend aussi des caleschistes noirs qui s'étendent de Lacarre à Arthez-d'Asson par Tardets, Aramits et Arudy ; on y rencontre également quelques pointements des calcaires à Horiopleura Lamberti.

Le crétacé supérieur couvre de beaucoup plus vastes étendues que l'urgonien, l'aptien et le gault ; il correspond à une période d'affaissement moins marquée que celle du crétacé inférieur qui avait suivi l'émersion de la fin du jurassique ; néanmoins la mer cénomanienne s'est avancée par places au delà des mers plus anciennes, tout en restant peu profonde. Le cénomanien comprend en certains points des calcaires à Caprina adversa, Radiolites foliaceus, Toucasia lœvigata, notamment aux environs d'Orthez et au sud de Sare, de la montagne d'Ibantelly jusqu'au N. E. d'Ainhoa ; mais il est généralement formé par les couches plissées du Flysch à orbitolines et fucoïdes, couches constituées soit par des grès et des calcaires avec bandes de silex, soit par des schistes pourris avec minces lits gréseux, soit, au sud de Sare, par des poudingues à fragments de schistes noirs, de quartzites et de lydiennes. Les dalles calcaires à silex rubannés ne se rencontrent que dans la partie occidentale du département notamment à Bidache et Guéthary ; à l'Est on ne rencontre que des grès, des marnes et des calcaires sans silex. La formation du Flysch cénomanien est d'ailleurs de toutes, à l'exception des alluvions récentes, celle qui présente les affleurements les plus vastes ; sa largeur N. S. est de 10 à

12 kil. de St-Jean-de-Luz à Nay, et atteint même plus du double aux méridiens de St-Palais et de Mauléon. Elle recouvre indifféremment tous les horizons inférieurs, et paraît correspondre à une période d'oscillations très marquées suivies d'importantes dénudations ; elle est contemporaine du conglomérat de Camarade et de la brèche de Péreille, dans l'Ariège.

Les grès cénomaniens passent insensiblement à des couches gréso-marneuses, analogues aux grès de Celles et parfois calcaires, rapportées par M. Seunes au Turonien et au Sénonien, et qui se trouvent soit en bordure septentrionale le long des assises cénomaniennes, au voisinage des anticlinaux reconnus entre Nay et Bidart, soit au sud de Dax, le seul point de la région sous-Pyrénéenne où la craie sénonienne à silex soit bien caractérisée.

Le sénonien comprend peut-être aussi la partie supérieure du Flysch, les grès de Gan et de Rébénacq, les calcaires marneux de Bidart et de Socoa, le calcaire siliceux de Bidache ; il comprend à coup sûr le calcaire de Gan à Holaster Bouillei, Pachydiscus neubergicus, Inoceramus Cripsi, et celui de Cardesse, où fut trouvée en 1891 une tête de Leiodon Anceps très bien conservée. Quant au Turonien à rudistes, il convient de signaler qu'il forme, à 2.500^{m} d'altitude, les escarpements du Pic de Ger, où il repose sur la dalle et les schistes anciens, constituant ainsi une bande plus ou moins irrégulière qui paraît provenir du massif de Gavarnie ; on le rencontre également au contact du granite d'Eaux-Chaudes, et, plus à l'Ouest, au Pic d'Aspe, ainsi que du Pic d'Anie au Pic d'Orthy : il constitue les sommets de cette région, où par suite d'un brusque retrait des mers anciennes, il repose sur les terrains paléozoïques, du silurien au carbonifère et au permien.

Le danien, qui apparaît sur le bord des lignes de plissements, comprend des couches tourmentées, souvent tordues et étirées, formées de calcaires blancs ou rougeâtres, et parfois de grès et de marnes. M. Seunes y distingue une assise vaseuse de calcaires marneux à Pachydiscus Jacquoti, P. Fresvillensis ; Stegaster Bouillei, Echinocoris Arnaudi, surmontée par l'assise garumnienne à calcaires multicolores, à laquelle on avait autrefois rattaché les argiles salifères ; les principaux fossiles de cette assise sont Nautilus Danicus, Echinocorys semiglobus, E. Pyrenaïcus, Hémiaster canaliculatus, H. Nasutulus, Jeronia Pyrenaïca.

Les terrains tertiaires débutent en de nombreux points par des grès, des sables et des calcaires marneux à Operculina Heberti, Nummulites spilecensis, N. planulata, formant une bande synclinale que l'on suit presque sans interruption de Nay à Bayonne. Cette bande d'éocène inférieur relie les gisements de Gan à ceux de Biarritz, qui paraissent appartenir à l'éocène moyen. D'après M. Pellat, il existe à Biarritz deux zones éocènes ; la zone inférieure très riche en fossiles, débute par les calcaires marneux et jaunâtres du moulin de Sopite, avec Nummulites complanata, Echinantus Sopitianus et de nombreux échinides, et elle se couronne par les calcaires du Goulet à Ostrea rarilamella, et les marnes bleues et calcaires marneux du Port-des-Basques à Serpula spirulœa, Nummulites perforata, Turbinolia calcar, Orbitolites radians : c'est à cet horizon que paraissent appartenir les marnes de Bosdarros et du sud de Pontacq. La zone supérieure, qui forme les falaises au nord de Biarritz, comprend des calcaires sableux à Nummulites intermedia, Échinolampas subsimilis Eupatagus ornatus, puis les grès à Operculines de la Chambre-d'Amour, et elle se termine par un calcaire sableux à Cytherea Verneuilli. L'éocène supérieur est représenté par le poudingue de Palassou, dont on ne trouve que quelques affleurements dans le département, notamment auprès de Gan ; mais la formation doit être très développée et a été rencontrée par les fondations du pont du chemin de fer d'Oloron sur le gave de Pau.

La partie du département située sur la rive droite du gave de Pau, ainsi que la région d'Aubertin, de Monein et de Lagor, sont exclusivement recouvertes par les terrains miocènes et quaternaires, l'oligocène et le pliocène n'ayant pas été reconnus d'une façon bien certaine. Les affleurements du miocène moyen occupent le flanc droit des vallées, avec une épaisseur restreinte, par suite de la dénudation due à la mer de la mollasse marine ; ils consistent dans des calcaires lacustres (mollasse de l'Armagnac), à Ostrea crassissima, Pecten solarium, Helix Larteti, passant vers le Nord à des poudingues plus ou moins agglomérés. Au dessus viennent les sables fauves et faluns jaunes et bleus de la molasse marine, situés au N. E. d'Orthez ; ces sables sont colorés par une petite quantité d'hydroxyde de fer et parfois agglutinés par un ciment calcaire ; on y rencontre principalement Voluta Lamberti, Cardita Jouaneti, Ostrea crassissima, Pecten scolarium, Trochopora conica, qui offrent quelques affinités avec le pliocène. Aux environs de Salies et de Lembeye, existent quelques ilots des glaises bigarrées et magnésiennes du miocène supérieur.

Les alluvions anciennes du *quaternaire,* formées de limon argilo-sableux avec couches de galets quartzeux, sont développées comme le miocène moyen, le long des affluents de gauche de l'Adour ; elles en occupent la rive gauche, remontent le long des collines et en dépassent même un peu la crête du côté de l'Ouest ; le phénomène des terrasses s'y observe parfois. Quant aux alluvions modernes, elles bordent le cours des rivières et consistent en galets de toutes les roches dures de la montagne, cimentés par une argile sableuse.

II — RESSOURCES MINÉRALES

Les formations si nombreuses et si variées que nous venons de passer en revue contiennent un assez grand nombre de gisements métallifères, dont quelques-uns ont été mis en valeur dès l'époque romaine. Les filons nettement caractérisés sont moins rares dans cette région que dans le haut bassin de la Garonne et de ses affluents, où dominent surtout les gîtes en chapelet et les filons-couches; il semble donc que la continuité et l'importance de certains gîtes, jointes aux perfectionnements réalisés dans le courant de ce siècle en ce qui concerne les méthodes de l'art des mines, les procédés de percement et d'abatage des roches et les moyens de transport des produits extraits, soient de nature à permettre leur utile et fructueuse exploitation. Aujourd'hui que les chemins de fer pénètrent dans toutes les vallées des Pyrénées Occidentales, qu'ils vont même bientôt remonter dans les parties hautes de plusieurs d'entre elles (celle de la Nive, et plus tard, celle d'Aspe), nul doute que d'intéressantes tentatives ne soient effectuées, soit pour reprendre les anciennes mines, soit pour en mettre en œuvre de nouvelles; nous verrons plus loin un exemple de ces tentatives dans la haute vallée d'Ossau, à la suite de l'ouverture de la ligne de Laruns.

Les produits de ces mines, une fois descendus des sommets où ils se trouvent généralement situés, trouvent partout d'assez bonnes routes qui permettent de les transporter à peu de frais aux stations les plus voisines; et, du moment qu'aucun combustible minéral n'existe en quantité notable dans les Pyrénées ni ne peut y arriver à des prix modérés, il ne faut pas compter qu'un plus grand développement des voies ferrées aurait en faveur de la prospérité des mines une influence marquée. La véritable difficulté des transports ne réside plus guère aujourd'hui que dans la descente au fond des vallées, des produits des exploitations situées à de grandes altitudes ; il n'y a d'exception que pour les matières de peu de valeur, telles que les minerais de fer ; mais ce sont bien plutôt les questions de tarifs et surtout les besoins de la métallurgie qui influent, indépendamment de leur propre richesse, sur l'activité des mines de fer, et, à la longue, les voies ferrées se dirigent d'elles-mêmes vers les régions, telles que les vallées de la Nive et de la Bidassoa, où existent d'importantes réserves de ces minerais.

I. Combustibles minéraux. — Il existe, sur le versant méridional du pic *d'Ibantelly*, à 13 kil. du village de Sare, un gisement antraxifère à cheval sur la frontière et compris dans des schistes argilo-charboneux intercalés entre les grès rouges de la Rhune et des calcaires dévoniens. Cette anthracite se rapproche dans ses bonnes qualités de certaines anthracites de Pensylvanie ; elle contient alors 84.7 °/₀ de carbone, 7.5 de matières volatiles et 7.8 de cendres ; mais la qualité la plus répandue est très friable et tient 15 à 18 °/₀ de cendres. Le gite forme deux couches presque verticales dirigées N.-E. S.-O., distantes de 13^m et puissantes de $5^m,50$ et 7^m au point où elles ont été le mieux reconnues par l'un des travers-bancs percés sur elles, celui du haut. La partie supérieure a d'ailleurs seule été exploitée, de 1860 à 1884 ; on en a extrait durant ce temps la faible quantité de 2.000 tonnes, employées dans les villages voisins à la fabrication de la chaux destinée à l'amendement de terres.

Il serait sans doute possible de trouver des gisements analogues dans les lambeaux de terrain carbonifères qui affleurent aux environs du Pic des Moines et du Pic du Midi d'Ossau ; en Espagne, au Sud de ce dernier, l'anthracite du Roumiga présente une composition très analogue à celle d'Ibantelly. Un gisement encore à peine exploré a été également découvert à Liers, dans la commune d'Accous.

Un assez grand nombre de couches ligniteuses existent dans les argiles et sables miocènes, notamment aux environs de Viellepinte, Andoins, Jurançon, Aubertin et Biarritz. Quelques recherches, en général de peu d'importance, y ont été tentées, mais le lignite, dont l'épaisseur atteint parfois 2^{m}, est en général de très médiocre qualité; celui d'Aubertin tient 32.6 °/₀ de carbone, 57.5 de matières volatilles et 9.9 de cendres. Aux environs d'Orthez, à St-Boès, ainsi qu'à Ste-Suzanne, où l'on a creusé deux puits de 10 et 18^{m} de profondeur, le lignite, très bitumineux, est compris dans des calcaires marneux aptiens ; les puits de Ste-Suzanne en ont recoupé deux couches très irrégulières et de mauvaise qualité, se boursouflant et brûlant avec une épaisse fumée. A St-Boès, la couche d'argile ocreuse située sous la terre végétale, renferme des fragments de lignite; elle recouvre des calcaires mêlés d'argiles bleues et contenant des dépôts de soufre en amas et en cristaux; le pétrole y suinte de tous côtés et une source sulfureuse émerge aux environs; ces phénomènes paraissent dus à la présence de l'ophite à une faible profondeur.

II. Minerais de Fer. — Ces minerais, si rares dans les Pyrénées Centrales, abondent aux deux extrémités de la chaine. Aucune des vallées des Basses-Pyrénées n'en est dépourvue, et chacune d'entre elles a possédé, il y a une cinquantaine d'années, son groupe d'usines métallurgiques. On en comptait huit pour la fabrication de la fonte au bois ou du fer catalan et six pour la fabrication du gros fer, dans les dernières années de la monarchie de Juillet; ce nombre était alors en harmonie avec le mouvement factice qu'avait produit le développement projeté des chemins de fer, mais hors de toute proportion avec la consommation normale du pays ; il existait dans ces usines six petits hauts-fourneaux au bois, construits de 1825 à 1837. La plupart de ces forges étaient placées dans de fort mauvaises conditions, soit sous le rapport du combustible — le charbon de bois étant pour elles rare et cher, — soit au point de vue des transports, qui ne pouvaient s'effectuer qu'à dos de mulets. Aussi lorsqu'après la Révolution de 1848, la construction des chemins de fer étant soudain arrêtée, les grandes usines à la houille durent tourner leur production vers le fer marchand, la plupart des forges catalanes et des hauts-fourneaux et foyers d'affinerie éteignirent leurs feux. Le développement de la grande industrie et les traités de commerce vinrent consommer leur ruine ; les derniers foyers à la catalane s'éteignirent en 1866 dans la vallée d'Asson et le haut-fourneau de Larrau fut mis hors feu en 1870 ; seuls, le foyer d'affinerie et la tréfilerie de Soeix, près d'Oloron, subsistèrent jusqu'en avril 1880, alimentés par les fontes des Landes.

Autant de mines alimentaient ces usines. Dans la vallée d'Asson, la mine de *Baburet,* située au dessus du village de Ferrières, consiste en un amas d'hématite dirigé N. 20 à 25° E., et enclavé dans des calcaires de transition ; cet amas, de 3 à 8^{m} de puissance, est loin d'être homogène ; il comprend des rognons carbonatés, des parties argileuses et d'autres mêlées de pyrite de cuivre. Un travers-bancs de 165^{m} y donne accès, et on l'a exploité depuis une époque fort ancienne jusqu'en 1866, en extrayant de 500 à 1.300 tonnes par an. Bien que les travaux, assez mal conduits, soient descendus sans être gênés par l'eau jusqu'à 40^{m} au dessous du travers-bancs, l'aval-pendage de l'amas paraît encore offrir de notables ressources ; mais le rendement au foyer catalan n'était que de 25 %, et le fer n'avait pas la qualité de celui de l'Ariège.

Les gîtes ferrifères du Binou près Bilhères, de Béost et d'Aste-Béon dans la vallée d'Ossau, et ceux d'Aydius et de Peyrenère dans la vallée d'Aspe, n'ont jamais donné que des produits inférieurs, et il faut arriver jusqu'aux environs de Larrau pour trouver d'anciennes exploitations assez importantes, celles d'*Ahargo*, d'*Etchebar* et de *Bos-Mendiette* près Tardets, et celle de *Burkéguy* au sud de Larrau. Le gîte d'Ahargo seul est loin d'être épuisé ; mais son minerai, comme celui des autres exploitations voisines, consiste en couches d'oligiste silicaté bleuâtre et schisteux ne tenant guère que 25 °/₀ de fer à l'état brut ; il était donc nécessaire d'éliminer par un bocardage 1/3 de parties pauvres afin d'élever sa teneur à 30 ou 35 °/₀, et il est par suite probable que ces gîtes sont pour toujours abandonnés. Ils sont en relation, sauf celui de Burkéguy situé bien plus au Sud, avec une immense traînée ophitique qui se prolonge sur 32 kil. de longueur d'Athérey à St-Jean-Pied-de-Port, et qui renferme, dans les vallées situées à l'Est de cette dernière ville, les gisements similaires d'*Egourzé*, d'*Aincille* et de *Garo*, exploités autrefois pour le fourneau de Mendive. A Egourzé, l'ophite, intercalée entre les grès rouges et les calcaires crétacés du Mont Aphanice, empâte l'oligiste : celui-ci, mêlé de gypse et très pulvérulent, tient 30,3 °/₀ de silice.

Les montagnes qui bordent la rive gauche de la Nive renferment des gîtes d'une toute autre nature et d'un tout autre avenir. La vaste et ancienne concession de *Baïgorry* (116 km²), dont nous aurons à passer en revue les gîtes de cuivre, contient de nombreux filons de fer. Sans parler de ceux de Gatuly et d'Escourléguy, encaissés dans les quartzites à l'ouest de Banca et mesurant une puissance de 1 à 2ᵐ aux affleurements, mais très probablement imprégnés de pyrite cuivreux, il convient de retenir ceux de Lisqueta et d'Occos aux environs de St-Etienne, et surtout ceux d'Ustelléguy et de St-Martin d'Arossa entre cette dernière localité et Bidarray. Le filon de Lisqueta, dirigé N.-O. dans les quartzites siluriens, est visible sur 300^{m} de longueur avec 2 à 3^{m} de puissance. Ceux d'Ustelléguy et de St-Martin recoupent les grès du permo-trias ; Ustelléguy est dirigé N. 10 à 35° E., parallèlement aux grès, mais avec un pendage normal au leur et presque vertical ; St-Martin est dirigé N. 45° E.

L'un et l'autre ont été l'objet d'anciens travaux, qui n'ont que faiblement pénétré dans le second. Le filon d'Ustelléguy a été au contraire exploité d'une façon régulière de 1825 à 1848, au moyen d'une large galerie d'allongement, entreprise sur le versant Sud de la montagne qu'il traverse en écharpe ; ces travaux, réunis au jour par deux travers-bancs et un puits, sont encore accessibles et permettent de constater que le filon mesure en ce point de 3 à 12^{m} de puissance, en bonne sidérose. Sur le versant Nord, il est jalonné par de très anciennes tranchées, creusées à l'époque des forges à bras, et l'hématite manganésée se montre seule, ce qui explique pourquoi, dans les siècles passés, on s'était attaqué de préférence à ce versant. Les affleurements se suivent sur près de 4 kil. de longueur, et comme les affleurements font présumer une minéralisation homogène sur toute cette longueur et sur toute la hauteur du pendage (300^{m} environ) avec une puissance moyenne de 3^{m}, on peut estimer à 5.420.000 tonnes de sidérose à 40 °/$_{o}$ le stock probable de ce filon. Si le filon de St-Martin se prolonge jusqu'à sa rencontre, on aura là une nouvelle réserve probable de 850.000 tonnes. La mise en exploitation de ces filons est des plus faciles, au moyen d'attaques à flanc de côteau ; le minerai grillé, tenant 55 °/$_{o}$ de fer et quelques unités de manganèse et de silice, sera éminemment propre à la fabrication des fontes Bessemer, et pourra être utilisé dans les forges de l'Adour et peut-être dans les usines de la Loire-Inférieure et du Pas-de-Calais. Aussi n'y a-t-il nul doute que cette exploitation soit entreprise sur une vaste échelle, après l'achèvement du chemin de fer de Bayonne à Ossès et à Baïgorry.

Sur la rive droite de la Nive, dans le prolongement du filon d'Ustelléguy, en existent deux ou trois autres dirigés comme lui N. 10 à 15° E. et inclinés à l'E. ; bien qu'ayant été l'objet de vieux travaux, aucune recherche sérieuse n'y a été tentée. Des travaux n'ont été effectués que sur les filons situés sur la rive gauche de cette rivière, autour du Pic de Mondarrain. A l'Est de ce pic, dans la vallée du Latxia, il existe trois filons dirigés sensiblement N.-S., et dits St-Pierre, St-Jean et St-Paul ; on y observe de nombreux vestiges d'anciennes attaques, et il y aurait sans doute intérêt à les explorer avec soin. Dans la même vallée, au dessus de la cascade, existe aussi un filon de pyrite dirigé N. 32° E. et incliné de 65° au N.-O. ; une galerie l'a suivi sur 20^{m}, avec une puissance moyenne de 1^{m} à $1^{m},10$; mais ce gîte ne paraît avoir qu'un développement de quelques mètres suivant le pendage ; il est encaissé dans des quartzites siluriens.

A l'Ouest et à 4 kil. du Mondarrain, la concession d'*Ainhoa* renferme, dans des grauwackes schisteuses siluriennes, deux filons principaux à peu près parallèles, dirigés N. 45° E., avec une inclinaison très forte, et séparés par un intervalle d'environ 600^{m} ; ces filons sont situés sur le versant de la Nivelle. Lorsqu'on explora, de 1840 à 1850, celui du Nord, appelé Perlamborda, au moyen de deux galeries d'allongement distantes de 50^{m} en verticale, on reconnut qu'il avait été autrefois exploité sur toute cette hauteur, et qu'il était remblayé au moyen de quartiers de fer spathique, dont on put faire couler très rapidement 1200^{m3} dans la galerie inférieure. On attribua ce fait, soit à ce que les anciens ignoraient la nature du carbonate blond, soit plutôt à ce qu'ils exploitaient un minerai de cuivre dont on n'a pas rencontré de gisement notable, mais dont on trouva les traces fréquentes dans le fer spathique. Ces travaux furent repris en 1873 et surtout en 1879-84, au moyen de recherches prises soit à un niveau plus bas, soit sur les prolongements du filon en direction ; mais partout ce dernier se montra très quartzeux, et ne donna que de faibles veines ou amas de sidérose. Le filon de la Forge, qui affleure au Sud du précédent sur plus de 3 kil. de longueur, fut attaqué de 1880 à 1884, sans qu'on aboutisse à autre chose qu'à des imprégnations et rognons ferrugineux épars dans les calcaires et les schistes et toujours très quartzeux. Nous croyons que si l'on voulait reprendre ces travaux, il conviendrait de se rapprocher du Mondarrain et de chercher de ce côté le prolongement des filons.

Les environs de la Rhune contiennent aussi quelques gisements de fer. Dans les grès permiens, à Sare, le gîte d'oligiste de St-Ignace est purement superficiel et se résout en profondeur en des argiles ferrifères; toute la partie haute a été autrefois exploitée. Non loin de là le gîte similaire de Biskar-Tsout paraît présenter quelques ressources plus sérieuses, mais il n'a pas été suffisamment exploré, pas plus que certains autres, souvent phosphoreux, situés sur les communes de Saint-Pée, d'Urrugne et de Biriatou, et notamment le long de la rive droite de la Bidassoa. Il est probable qu'une fois cette vallée pourvue, ce qui aura bientôt lieu, d'une voie économique de transport, plusieurs de ces gites pourront être mis en valeur, comme on l'a déjà fait pour ceux du massif des Trois-Couronnes sur la rive espagnole. Non loin du point où la frontière cesse de suivre la rivière, est située la petite concession de la *Bayonnette,* qui comprend deux filons voisins de fer spathique transformé en hématite aux affleurements; dirigés N. 175° E. et inclinés de 85° à l'Ouest, ces filons sont enclavés dans les calcaires de transition non loin du granite ; leur puissance est de 1 ^{m} à 1 ^{m}, 50 et on peut les suivre sur 350 ^{m}

de longueur; mais le filon Est est d'une nature un peu cuivreuse. Les affleurements seuls ont été explorés de 1850 à 1860 au moyen de tranchées, et il existe dans la région un grand nombre d'autres filons parallèles.

III. Minerais de Manganèse. — En dehors de quelques traces inexplorées dans la vallée du Latxia auprès d'Itsatsou, nous n'avons à mentionner que le gite interstratifié du val de *Pombie*, sur les flancs Est du Pic du Midi d'Ossau. On l'a exploré, en 1852-58 puis en 1882, au moyen de six attaques qui n'ont pas pénétré à plus de 10^{m} de profondeur; il est compris dans des calcaires et des schistes de transition, dirigé N.-O. et plus ou moins incliné vers le Nord. Son remplissage consiste en pyrolusite de qualité ordinaire ou en hématite brune très manganésée. On avait songé, lors des premières tentatives, à utiliser les produits de ce gisement en même temps que ceux de la mine de plomb et zinc d'Arre assez peu éloignée, dans une usine qui aurait été installée non loin de Gabas et où l'on aurait traité la galène pour litharge et argent, les blendes et pyrites pour acide sulfurique et sulfates, les manganèses de Pombie et les sels de Salies pour acide chlorhydrique, chlorures et soudes; les forêts du pays et l'anthracite du Roumiga auraient été mises à profit.

IV. Minerais de Plomb et Zinc argentifères. — Ces minerais paraissent surtout abondants dans la haute vallée d'Ossau, où existent les trois concessions *d'Arre, d'Anglas* et de *Bartèque*. La plus ancienne, celle d'Arre, située au sud du Pic du Ger sur le flanc Est de la vallée du Sousséou, comprend six filons, dont trois méritent une sérieuse attention. Lors des premiers travaux, vers 1850, on s'était particulièrement attaché au filon St-Pierre, qui court N. 122° E., à l'altitude de 2.300^{m}, entre des calcaires-marbres et des schistes quartzeux; on y avait en effet reconnu aux affleurements, dans une gangue de pyrrothine, la présence de l'argent natif et de l'arsénio-antimoniure de nickel, minéral rare et très argentifère (11 kil. par tonne de plomb d'œuvre), auquel avait été donné le nom d'arite. Mais les travaux d'Arre ayant été abandonnés de suite, ce n'est qu'en 1882, et plus récemment en 1891, qu'on s'est préoccupé de revenir sur ce filon ; la veine de pyrrothine a été recoupée par un travers-bancs pris à partir des travaux St-Sauveur et on la suivra en direction pendant l'été de 1892. Le filon sur lequel on a le plus travaillé (1876-86) est le filon blendeux de St-Sauveur, dirigé N. 50 à 60° E., et recoupant celui de St-Pierre ; il a été entièrement tracé, au moyen de cinq niveaux, sur 50 à 125 m de longueur suivant les niveaux, et sur une centaine de mètres en hauteur, mais il s'est évanoui à peu près complètement à toutes les avancées ainsi qu'au fond des travaux. La quantité totale de blende brute extraite a été de 2.700 tonnes et le filon a rarement plus de 0m,30 de puissance à peu près massive ; de grands câbles avaient été installés pour descendre les produits dans la vallée d'Eaux-Chaudes, mais ils n'ont jamais fonctionné et les minerais sont restés inutilisés à la mine. Quant au troisième filon, celui de la Géougue d'Arre, situé plus bas, à 2.050 m, dirigé N. 80° E. et presque vertical, la partie supérieure en paraît fort peu encourageante ; très quartzeuse, elle ne renferme que quelques nodules de galène, et il y aurait lieu d'explorer le filon à un niveau inférieur.

Les travaux d'Arre ont d'ailleurs été délaissés depuis quelques années pour ceux d'Anglas, situés à 2.100 m dans la haute vallée du Valentin. Ces derniers portent sur un filon blendeux à gangue calcaire, dirigé N. 75° E., presque vertical, et encaissé dans des schistes siliceux dévoniens que traversent des filons d'une sorte de microganulite. Le minerai y est disposé en colonnes riches, séparées par des intervalles plus ou moins stériles, et la puissance réduite moyenne est de $0^m,25$. L'aménagement consiste en trois niveaux distants de 20^m et reliés par des cheminées, et le dépilage des massifs riches s'opère par gradins droits ou renversés ; la production, de 1886 à 1891, a été de 4.600 tonnes de blende à 51 °/₀ de zinc, provenant d'une quantité à peu près triple de minerai brut et valant 120 à 150 fr. la tonne sur place avec les cours récents du zinc. Cette blende est d'une pureté remarquable et le zinc qu'on en obtient ne contient pas plus de 0,25 °/₀ d'impuretés.

La préparation mécanique de la blende brute a lieu après descente sur 3 kil. de longueur par des câbles aériens du système Bullivan, à l'atelier de Gourette, situé à l'altitude de 1.300^m au fond du vallon d'Eaux-Bonnes. Le minerai tout-venant y est partagé par des grilles de 8^{cm} et de 2^{cm} 1/2, en trois catégories, dont la plus grosse est cassée au maillet et répartie entre les deux autres. La catégorie 2 1/2 à 8^{cm}, est scheidée en commercial, stérile et mixte, ce dernier destiné à être broyé au concasseur jusqu'à moins de 5^{cm}. Après ce broyage, les mixtes sont mélangés aux fins de moins de 2^{cm} 1/2, ceux-ci étant trop riches pour être passés seuls aux cribles. Le mélange ainsi obtenu, d'abord remué sur une grille de 16 ^{mm} dont le refus est passé au broyeur et réduit au dessous de cette même dimension, est séparé par deux trommels en cinq catégories traitées par des cribles et des caisses pointues.

L'exploitation occupe 150 ouvriers, dont 85 à la mine, 15 aux câbles et 50 à l'atelier d'enrichissement. Malgré de nombreuses difficultés, elle a pu se maintenir jusqu'ici, grâce à la continuité du filon, et, il faut bien le dire, aux hauts cours du zinc ; son avenir dépend actuellement des ressources à peu près inconnues de l'aval-pendage et de l'exploration des filons accessoires, situés aux environs.

Plus près et au S.-O. de Laruns, le filon de Bartèque a été l'objet de quelques attaques de 1875 à 1881, et en 1887 ; sa puissance était aux affleurements de $0^m,60$ à 1^m, avec un remplissage blendeux, pyriteux et spathique, et une épaisseur réduite en blende de 0^m,25 ; mais il devenait bien vite pauvre et irrégulier en profondeur et on a arrêté les recherches.

On trouvera, dans l'ouvrage du baron de Diétrich (1787), l'indication d'un grand nombre de gites, soit de plomb, soit de cuivre, sur lesquelles nous ne possédons guère d'autres données que les siennes ; parmi ceux de plomb, un filon situé non loin *d'Ainhoa* paraît seul avoir été sondé récemment (1882) d'une façon quelque peu sérieuse ; mais les travaux, qui consistent en un petit travers-bancs et une galerie de 10^m suivant la direction, ont été trop tôt abandonnés.

V. Minerais de Cuivre. — En dehors des gisements importants de Baïgorry, le cuivre ne paraît exister en quantité notable que dans les hautes vallées d'Ossau et d'Aspe. Au *Mont Cézy,* sur le flanc droit du ravin de Sousséou, on avait exécuté dès 1837 deux galeries qui furent reprises et poussées jusqu'à 43^m et 66^m de 1878 à 1883. Le filon cuivreux paraissait dirigé N. S. et incliné de 55° à l'Est ; le minerai consistait en mouches pyriteuses disséminées au voisinage de l'ophite, dans un calcaire dolomitique et ferrugineux, mais ces indices devenaient fort rares en profondeur.

Dans la montagne d'*Aspeich,* près Bielle, existe une concession de cuivre qui n'est pas encore entrée en exploitation régulière. D'anciens travaux à ciel ouvert avaient mis à découvert, sur la rive gauche du Lassourde, un filon de cuivre pyriteux riche (30 °/₀ de cuivre et 0,03 °/₀ d'argent), dirigé N. 75° E. et incliné de 35° Sud, plus ou moins rejeté par des cassures N. S. ; en amont, une galerie de 20^m avait fait reconnaitre un filon analogue. Plus récemment, on a cherché à recouper ces filons par un travers-bancs de 116^m, et on a rencontré une zone siliceuse minéralisée de 12^m de puissance, qui paraît constituer une venue indépendante des premières ; en face de ce travers-bancs, sur la rive droite, un autre de 90^m a été en vain creusé dans les schistes qui supportent le calcaire dolomitique métallifère. Il existe dans ce calcaire, sur les deux rives du ruisseau, de nombreuses mouches et veinules disséminées ; toute cette formation, d'âge dévonien, comprise entre deux soulèvements ophitiques situés l'un à l'entrée de la vallée d'Aspeich, l'autre au pied des pics de Gerbe et de Lorriolles, est éminemment métamorphique et les imprégnations cuivreuses se retrouvent au dessus du village de Gère-Belesten et même dans la direction de Ferrières.

D'autres gisements, plusieurs fois explorés, existent dans la montagne d'*Accous,* vallée de Liers, dans des calcaires dévoniens voisins des grès rouges et dans les ophites. Aucun filon bien défini n'y est encore connu, mais il parait en exister d'assez sérieux, notamment aux quartiers de Cambouet et de Sabatou ; à Sabatou, la philippsite, disséminée dans l'ophite, tient 33 °/₀ de cuivre, 540 à 650 gr. d'argent et 6 gr. d'or par tonne, et on y a entrepris deux amorces de galerie.

Le cuivre ne se retrouve plus guère à l'ouest de la vallée d'Aspe, qu'entre Arnéguy et St-Michel, au sud de St-Jean-Pied-de-Port, et surtout à *Banca,* au sud de Baïgorry. Les mines de Banca, dont on trouvera dans l'ouvrage de M. Caillaux (*Description des Mines métalliques de la France,* 1875), une intéressante monographie, furent au siècle dernier les plus constamment actives des Pyrénées ; elles avaient déjà été exploitées à l'époque romaine et lors de la Renaissance, et Diétrich (1787) nous en a laissé une description et un plan fort exact. Le champ de fracture, d'une superficie de 45 hectares environ, est compris dans des schistes quartzeux siluriens orientés N. 115° E. et fréquemment plissés ; il contient une vingtaine de filons, probablement contemporains, ainsi que les venues métallifères de la formation permo-triasique. Les filons principaux épousent quatre directions distinctes : 1° N. 45° E. : c'est la direction du grand filon Berg-op-Zoom, qui se développe sur plus de 600^m, et qui a été le seul exploité depuis la reprise des travaux en 1865 ; recoupé par un travers-bancs de 200^m à quelques mètres au dessus de la Nive, il a été tracé et dépilé du côté de l'Est sur une longueur de 400^m et une hauteur de 20 à 30^m, ainsi qu'un croiseur dirigé N. 120° E. Son remplissage consiste principalement en pyrite cuivreuse à 5 % de cuivre sans argent, et sa puissance, de 0^m,20 à 0^m,30, atteint dans les parties riches 0^m,50 à 1^m,50 ; en quelques points il donne du cuivre gris à 8 % de cuivre et 200 gr. d'argent à la tonne de minerai. Sa direction est aussi celle du grand filon inexploré du Sud-Est, qui paraît arrêter ceux qui le recoupent ; — 2° N. 90° E. : filon Ste-Marie, exploité seulement à sa rencontre avec St-Louis et Trois Rois et irrégulièrement minéralisé ; — 3° N. 120° E. : filons principaux des Trois Rois sur la rive gauche, et, dans son prolongement, de Ste-Marthe sur la rive droite ; les travaux anciens ont été très développés aux Trois Rois et y ont pénétré jusqu'à 160^m de profondeur, vers la rencontre de ce filon avec Berg-op-Zoom, Ste-Marie et de nombreuses veinules ; on assure qu'à cette profondeur il mesurait encore plus de deux pieds d'épaisseur. Les filons parallèles de St-Michel, de Ste-Elisabeth et de Philippsbourg ont été l'objet de travaux moins vastes quoique productifs ; — 4° N. 160° E. : filons St-Louis, peu argentifères, mais riches en cuivre, exploités jusqu'à 50^m de profondeur.

Les régions voisines des croisements de ces filons paraissent renfermer des colonnes enrichies qui, suivant toute vraisemblance, ne sont pas épuisées ; et l'existence d'un faisceau filonien aussi net et aussi puissant que celui connu par les anciens travaux, serait de nature à motiver le fonçage de puits et galeries de recherche, pour atteindre et poursuivre l'aval pendage des gîtes. Cependant il ne faut pas se dissimuler que, depuis 15 ans, le filon de Berg-op-Zoom n'a rendu en moyenne au mètre carré que 100 kil. de minerai préparé à 15 °/₀ de cuivre, minerai tenant 30 °/₀ de cuivre gris, et qu'il faudrait au moins 40 °/₀ de cuivre gris pour rendre l'exploitation rémunératrice, à moins de pouvoir disposer de stocks assez forts pour permettre de fondre le minerai sur place.

VI. Mines de Sel. — Le groupe de Salies et Oràas, le plus oriental du département, se compose des deux concessions qui portent ces noms. Le sous-sol est constitué par les glaises bariolées gypseuses du terrain salifère, et il est recouvert par le diluvium formé de poudingues grossiers et d'argiles jaunâtres. A *Salies*, les masses de sel gemme ne sont pas connues et l'on n'a pas exécuté à leur sujet de recherches sérieuses ; l'eau salée vient naturellement au jour au point dit la Fontaine du Bayàa, fontaine qui existe depuis une haute antiquité et qui fournit par jour, avec des variations importantes suivant les saisons (45 à 79^{m3}), une moyenne de 50^{m3} d'eau à 21° Beaumé. Trois puits, ceux du Griffon, de la Trompe et de Baudats, très peu profonds, ont aussi atteint la nappe minérale ; celui du Griffon peut donner au moins 200^{m3} d'eau à 15 ou 18° B., mais il assèche alors la fontaine salée, tous ces orifices étant en relation directe. A *Oràas*, il existe deux sondages voisins, dont l'un, après avoir rencontré le sel à 62^{m}, l'a traversé et a trouvé en dessous, à la profondeur de 180^{m}, une abondante source salée ; une partie de cette eau est amenée à Salies, pour servir aux bains, par une conduite de 8 k. 1/2. Le second sondage est en relation avec le premier, mais donne de l'eau moins abondante et moins salée ; le sondage principal fournit 72^{m3} par jour, à 23° B.

La prolongation vers le S. E. du gisement d'Oràas est en ce moment l'objet de recherches qui ont amené la découverte du sel à la profondeur de 69m, à 300m de la saline d'Oràas ; la sonde se maintient encore dans le gîte à la profondeur de 194m.

Des sources salées existent aussi à Caresse et à Léren, non loin de Salies, ainsi qu'en plusieurs autres points du pays basque, à Camou et à Larrau, dans la Soule, et à Aincille et Estérençuby, aux environs de St-Jean-Pied-de-Port ; mais elles n'ont été jusqu'à présent l'objet d'aucune recherche sérieuse, et ce sont les gîtes de la région de Bayonne qui constituent, avec Salies-Oràas, les seuls producteurs du département. Ces gîtes sont répartis le long des deux lignes anticlinales dont nous avons parlé en passant en revue les terrains triasiques ; celle du Sud comprend les concessions de Gortiague, de Briscous et d'Harretchia, et celle du Nord les concessions d'Urcuit, de Villefranque et de Brindos.

A Gortiague, il existait depuis 1847 un puits profond de 57m,20, qui avait rencontré dans les marnes irisées une forte source salée ; ce puits fut restauré en 1882 et un banc de sel gemme, découvert à 1m plus bas, fut suivi vers le S. E. par une galerie de 37m située à son contact avec les marnes gypseuses, mais sans que ce travail accrut sensiblement la venue d'eau. Le puits fut aussi approfondi jusqu'à 70m, en même temps qu'une conduite en fonte de 0m,11 de diamètre intérieur et 5 kil. de longueur, était établie pour conduire les eaux salées de Gortiague à la saline d'Urt, construite sur le bord de l'Adour. Quatre sondages forés aux environs d'Urt et de l'Ardenavy, sur le passage présumé de la ligne anticlinale du Nord, restèrent d'ailleurs sans succès, sauf l'un qui fut arrêté à 144m dans des glaises légèrement salées ; c'est donc seulement le puits de Gortiague, ainsi que deux sondages voisins par lesquels on introduit les eaux de la surface, qui alimente la saline d'Urt ; par suite de la nature argileuse du sel et de la pente prononcée du canal souterrain qui relie le puits aux sondages, cette alimentation se fait dans des conditions assez difficiles, les argiles délayées venant parfois obstruer les trous de sonde. La salure de l'eau extraite varie de 16 à 22°.

Le sel gemme, rencontré en 1883 à la profondeur de 43^m par un sondage situé auprès du village de Briscous, entre les concessions de Gortiague et de Briscous, est inconnu aux vieilles salines de *Briscous,* bien probablement parce qu'on n'y a exécuté, vers 1833, que des ouvrages peu profonds, qui ont amené de suite la découverte d'une grande quantité d'eau saturée. Il y existait autrefois six usines distinctes, les plus anciennes du Sud-Ouest; aucun de leurs puits n'avait plus de 57^m de profondeur et tous avaient été arrêtés à la rencontre de la puissante nappe minérale intercalée dans les glaises gypseuses. Toutes ces usines sont aujourd'hui ou disparues ou réunies dans les mêmes mains et les vieilles salines tirent leur eau d'un seul puits, dont on extrait journellement 80$^{m^3}$, mais qui pourrait fournir vraisemblablement beaucoup plus.

Dans la concession voisine d'*Harretchia,* existent deux puits; l'un, de 64^m,50 de profondeur, continué jusqu'à 113^m, 50 par un sondage qui est demeuré dans le sel sur ses 31 derniers mètres, est inexploité. L'eau salée est extraite d'un puits profond de 58^m, point où il a rencontré une forte venue d'eau salée, après s'être constamment maintenu dans le gypse, sauf une épaisseur de 5^m de marnes crétacées à la surface. Ce puits peut fournir au moins 158$^{m^3}$ d'eau à 24° Beaumé par 24 heures, et peut-être même davantage. Le sel gemme a été également rencontré à 600^m au N. de la saline Harretchia auprès de la maison Mendiboure, ce qui montre que le gîte subit de notables inflexions entre les diverses concessions du territoire de Briscous, si même il ne se décompose pas en plusieurs branches.

Le gisement de la concession *d'Urcuit,* situé sur l'anticlinal du Nord, paraît dirigé N. 160° E., et par suite perpendiculaire à la plupart des autres, ce qu'on attribue également à une inflexion locale. Trois anciens puits n'avaient rencontré qu'une venue peu abondante d'eau salée ; en 1883 on a atteint le sel gemme à la profondeur de 47^{m},50, et, en 1891, on l'a recoupé de nouveau, à des profondeurs un peu moins fortes (31 et 35^{m}), à 86^{m} au N. N.-E. et à 700^{m} au S.-E., du premier point. Avant d'entreprendre la construction d'une nouvelle saline, on cherche à constater la présence du sel dans la partie N. de la concession, au voisinage immédiat de l'Adour, à côté d'affleurements gypseux très puissants.

La mine de *Villefranque,* la seule du département où le sel soit exploité en roche, est par suite celle où l'allure du gîte est le mieux connue. Des sondages, espacés sur une longueur de 310^{m}, ont permis, ainsi que les travaux souterrains, de constater qu'il consiste en une lentille d'au moins 55^{m} d'épaisseur, dirigée N. 125° E., et inclinée de 30 à 70^{m} au S. ; cette lentille est composée de couches plus ou moins pures et colorées, disposition qui atteste une origine sédimentaire. La partie supérieure de cette lentille est coupée en biseau, à 26^{m} de profondeur au dessous du sol, et recouverte par des argiles et des marnes horizontales ; la direction des couches est d'ailleurs sensiblement celle des calcaires crétacés encaissants. La présence du sel gemme a en outre été constaté à 1500^{m} au S. S.-E., et celles de glaises salées à 3000^{m} dans la même direction, au S. de l'église de Villefranque ; la direction générale des gîtes de la concession serait d'après cela N. 160° E., comme à Urcuit, et on retrouve en ces deux points l'influence du soulèvement du Mont-Viso (N. N.-O), influence si marquée dans la région de Dax. Quant aux travaux d'exploitation, ils ont consisté en un puits d'une profondeur actuelle de 80^{m} donnant accès dans deux étages de galeries, aux niveaux de 45 et 75^{m}. L'étage inférieur est à peine commencé, et celui de 45^{m}, abandonné récemment, comprenait du côté du Nord une large galerie poussée jusqu'à 50^{m}, aux confins de la lentille, et du côté du Sud quatre longues galeries parallèles, de 10^{m} de largeur sur 9^{m} de hauteur, et dont l'une s'était avancée jusqu'à 180^{m} de puits, lorsque des éboulements dus à des infiltrations d'eau douce vinrent y arrêter les travaux; on s'occupe actuellement de remblayer avec soin cet étage. La saline de Villefranque est avantageusement située auprès des bords de la Nive, de même que celle d'Urt est placée sur le rivage de l'Adour.

De l'autre côté de la Nive, à Bassussary, un sondage avait été exécuté dès 1855 et poussé jusqu'à 35^{m} dans les marnes salées ; un travail analogue, repris aux environs, amena en 1884 la découverte du sel gemme à 40^{m} et l'institution de la concession de *Brindos ;* depuis lors un puits a été foncé, et on vient de commencer le traçage d'un étage de galeries à la profondeur de 60^{m}. D'autres sondages ont été exécutés sur la bande étroite de terrains salifères qui parait s'étendre à l'Ouest jusqu'à l'Océan. Deux d'entre eux ont été arrêtés dans les glaises un peu salées, l'un (1885) à 61^{m}, auprès de la Négresse, l'autre (1891) à 93^{m}, auprès du lieu dit Hondritz.

La production annuelle des mines de sel du département est d'environ 22.000 tonnes; la production totale du bassin salifère du Sud-Ouest, y compris les salines de Dax et de Salies-du-Salat, fait d'ailleurs peu de progrès et ne dépasse pas 40.000 tonnes. Ce peu d'essor provient de la situation défavorable de ce bassin, placé entre les marais salants de la Méditerranée, qui fournissent 250.000 tonnes, et ceux de l'Océan, qui en donnent 100.000. Le bassin de la Lorraine, bien isolé à l'extrémité opposée de la source, produit au contraire à lui seul 400.000 tonnes de sel par an, et, non loin de lui, les bassins secondaires de la Franche-Comté trouvent encore place pour 60.000 tonnes, grâce également à leur éloignement des marais salants, dont le prix de revient est notablement inférieur à celui des sels ignigènes. Il faudrait, pour donner à l'industrie du Sud-Ouest un développement réel et en rapport avec la puissance de production des gîtes, y introduire d'importants perfectionnements techniques et la faire bénéficier de tarifs de transport plus favorables que ceux dont elle dispose aujourd'hui.

VII. Carrières. — Le département des Basses-Pyrénées renferme des carrières de toute nature, mais dont les produits n'alimentent guère à l'heure actuelle que la consommation locale.

Le massif granitique du Labourd possède quelques exploitations de *feldspath* et de *kaolin,* maintenant très peu importantes, mais dont les travaux pénétraient autrefois, à Louhossoa et à Espelette, jusqu'à près de 200^{m} de profondeur, en suivant dans les gneiss les veines irrégulières de feldspath; ce dernier était même transformé, à Itsassou, en un engrais minéral riche en potasse et en chaux, spécialement destiné aux cultures qui exigent des terrains bien pourvus de sels de potasse, comme celles du lin, du tabac, du colza, de la vigne, de la betterave.

Les *schistes ardoisiers,* fréquents dans les montagnes, sont exploités souterrainement dans la vallée d'Aydius auprès de Bedous ; il existe, en outre, notamment à Eaux-Bonnes, Laruns, Louvie-Soubiron et Gère-Bélesten, de petites ardoisières à ciel ouvert.

Les *matériaux de construction,* toujours formés de pierre dure, sont extraits des grandes carrières de Came, Guiche et Bidache, de celles de Bellocq, Baigts et Orthez, de Sauveterre, Autevielle et Orion, de Gan, Rébénacq et Lasseube, d'Estialescq, d'Accous, des environs d'Arudy, Louvie-Juzon, Laruns et Gabas, de Bruges, Nay, Arros, Asson et Montaut, de Licq et Lichan, d'Ascain, Biriatou, Sare, Cambo et Espelette, de Bidart, St-Jean-de-Luz et Biarritz, d'Urt, Urcuit, Lahonce et Briscous. La plupart de ces exploitations portent sur des calcaires crétacés, plus ou moins compacts ou marneux, renfermant à Bidache des lits de silex noirâtres, gréseux aux environs de Gan et de Nay. Un grand nombre de ces calcaires sont propres à la fabrication de la chaux hydraulique ; les carrières de Lahonce et d'Urt (l'Aran) fournissent la castine nécessaire aux trois hauts-fourneaux des forges de l'Adour.

Les *marbres* sont très abondants dans la vallée d'Ossau, et cette industrie y aurait pris un plus grand développement depuis l'ouverture du chemin de fer de Laruns, si un certain état de pléthore ne pesait sur elle dans toutes les Pyrénées. Le marbre de Gabas, exploité vers 1840 et intercalé entre le granite et les schistes talqueux, n'avait malheureusement pas un grain assez fin et était parsemé de rognons quartzeux ; on a exploité plus tard à Laruns des marbres blancs et blancs veinés de bleu plus cristallins et plus homogènes ; il en existe d'analogues à Louvie-Soubiron, et la carrière de marbre blanc de Gère-Bélesten, ouverte en 1873, présente également de belles apparences. Enfin les marbres foncés d'Arudy, désignés sous le nom de marbre Ste-Anne (grand dessin, rubané ou granité), et les marbres noirs d'Izeste ou noir des Pyrénées, solitaire rubané et solitaire fleuri, sont assez activement exploités ; débités sur place au moyen d'un câble d'acier mû par une locomobile, ils sont travaillés dans la marbrerie Géruzet, à Bagnères-de-Bigorre. D'autres vallées du département, aux environs de St-Jean-Pied-de-Port et d'Iholdy, renferment des marbres inutilisés.

Le *gypse* ou pierre à plâtre existe en de nombreux points et est exploité au moyen de grandes excavations souterraines à Sare, Urcuit, Caresse, Accous, Sévignacq-Meyracq et le Lys. Ces excavations communiquent avec le jour par des puits munis de manèges d'extraction, et les travaux sont souvent gênés de certains côtés dans leur développement par la proximité d'anciennes excavations remplies d'eau. En relation avec le gypse existent presque partout des pointements ophitiques, mais l'*ophite* n'est exploitée que dans les importantes carrières à ciel ouvert de Villefranque, dont les produits sont utilisés pour l'empierrement des routes, surtout de celles de la Gironde.

La *terre à briques* s'exploite en de nombreux points, par exemple à Sauvagnon, Cescau, et notamment à Garos et Bouillon, où l'on fabrique beaucoup de poteries grossières.

Un très petit nombre de *marnières* sont exploitées pour l'amendement des terres argileuses qui couronnent les plateaux du Béarn ; il en existe cependant de nombreux gisements, notamment à la côte des Basques près Biarritz, dans les couches inférieures du nummulitique, et près de Buziet dans le crétacé. Des calcaires crétacés avaient aussi été exploités à Guéthary et à Urrugne pour la fabrication du *ciment*.

Enfin l'*albâtre* existe en masses abondantes dans la vallée d'Aspe, sur la rive gauche du ruisseau l'Espelungère, territoire de Borce, et ce gisement mériterait d'être l'objet d'une tentative sérieuse.

La situation actuelle des carrières du département peut se résumer dans le tableau suivant :

SUBSTANCES EXPLOITÉES		Nombre d'exploitations	Production	Nombre d'ouvriers
Calcaires	Matériaux de construction	75	41.000 tonnes	615
	Chaux hydraulique	2	11.000	118
	Chaux grasse	12	10.000	
	Castine	3	30.000	
Marbre grossier		5	1.200	52
Gypse		12	4.500	110
Ophite		3	30.000	90
Ardoises		11	»	43
Kaolin		3	»	6
Sable		2	»	6

VIII. Tourbières. — Les tourbières des environs d'Oloron, d'Ogeu, Buzy et Buziet, qui couvrent environ 60 hectares, contiennent plus de deux millions de mètres cubes d'un combustible précieux, de qualité excellente et d'une exploitation très facile.

On en extrait annuellement 2.000^{m3} pour les besoins locaux, mais il est regrettable qu'on n'en ait pas développé l'emploi pour la cuisson de la chaux, du plâtre et des briques et pour le chauffage des générateurs.

D'autres gisements, beaucoup moins importants, existent à Salies, Pontacq, Anglet et Biarritz et ne sont pas exploités.

M. Mettrier,

Ingénieur au corps des Mines.

CHAPITRE IX

LE

DÉPARTEMENT DES BASSES-PYRÉNÉES

INSTRUCTION PUBLIQUE

A L'ÉPOQUE de la fondation de l'Université de France en 1808, Pau devint le chef-lieu d'une Académie comprenant les trois départements des Basses-Pyrénées, des Hautes-Pyrénées et des Landes.

L'Académie de Pau fut supprimée en 1848 et le département des Basses-Pyrénées fut rattaché à l'Académie de Bordeaux, dont il fit partie jusqu'à la création, en 1850, des Académies départementales.

L'Académie des Basses-Pyrénées fut supprimée par la loi du 14 Juin 1854, qui rétablissait les Académies régionales, et, depuis cette date, le département des Basses-Pyrénées appartient au ressort académique de Bordeaux.

Nous allons étudier la situation actuelle de l'instruction publique dans ce département en décrivant l'organisation particulière qu'y présente chacun des deux ordres d'enseignement, primaire et secondaire.

I. — ENSEIGNEMENT PRIMAIRE

Historique. — L'histoire de l'instruction primaire dans les Basses-Pyrénées a été publiée sous les auspices de la Société des Sciences, Lettres et Arts de Pau par deux membres distingués de cette compagnie. Un long et intéressant mémoire de M. le Vicomte Sérurier, paru en 1874, a décrit l'état de l'Enseignement primaire en Béarn avant 1789. Une étude très complète de la question, publiée dans le *Bulletin de la Société* en 1881 et due aux savantes recherches de M. Soulice, bibliothécaire-archiviste de la Ville de Pau, poursuit jusqu'en 1880 cette description des développements de l'instruction primaire dans le département. Le résumé très succinct que nous allons faire de cette étude ne peut donner qu'une idée très imparfaite des renseignements très curieux qu'elle contient.

C'est à la fin du XIVe siècle, à l'année 1385, que remontent les documents les plus anciens mentionnant des écoles et des maîtres dans quelques localités, pas des plus importantes, de la région. Pour la plupart, ces premières écoles semblent avoir été fréquentées par des élèves se destinant à la prêtrise.

Dans le cours du siècle suivant, quelques nouvelles écoles sont signalées, sans qu'on puisse être renseigné sur la nature et l'étendue de l'enseignement qu'on y donnait. La première école installée à Pau remonterait à 1485. Pour Bayonne, c'est en 1498 qu'il est question d'un maître recevant *dix francs bordelais* pour rémunération d'une année d'enseignement. A partir de 1500, le nombre des écoles augmente ainsi que celui des régents qui, souvent venus de loin, en prennent la direction en vertu d'un contrat passé avec la Commune pour un délai assez court, quelquefois pour l'hiver seulement, dans la région montagneuse. Ce mouvement s'accentue encore sous le règne de Jeanne d'Albret et la situation matérielle des maîtres s'améliore, du moins dans les centres importants. Le principe de l'instruction obligatoire, que la loi de 1882 n'a pas fait accepter sans résistances, remonte à ces époques déjà bien reculées car, en 1576, on voit le Conseil de la Ville de Bayonne charger des commissaires de contraindre les familles à envoyer les enfants aux écoles. On est, d'ailleurs, encore peu exigeant en ce qui concerne les qualités professionnelles des maîtres ; il suffit qu'ils sachent chanter au lutrin et qu'ils puissent apprendre aux enfants à lire, écrire, chiffrer et prier Dieu. L'instruction religieuse resta, jusqu'à 1789, le but principal, sinon exclusif, des écoles catholiques ou protestantes. En 1668, un édit de Louis XIV limite à la lecture, l'écriture et le calcul l'enseignement donné dans les écoles protestantes, qui disparaissent après la révocation de l'édit de Nantes ; en 1695 un nouvel édit place les écoles et les régents sous l'autorité du clergé; les paroisses devaient, à titre de gages, assurer 150 livres à un maître et 100 livres à une maîtresse.

Peu de communes eurent une école de filles ; d'ordinaire les jeunes filles fréquentaient la même école que les garçons, sous un même maître, mais à des heures différentes; le plus souvent, elles étaient confiées à une femme, choisie par le curé, et chargée de leur apprendre la couture et le catéchisme. Alors aussi l'application du principe de l'obligation devient plus rigoureuse et on inflige « cinq sols d'amende pour chaque absence ». L'action du clergé ne s'exerçait pas seulement sous la forme d'un contrôle ou d'une surveillance; l'autorité religieuse imposait aussi la méthode d'enseignement, le régime disciplinaire et le local scolaire qui était le plus souvent le porche de l'église.

Les résultats d'un enseignement aussi rudimentaire étaient sans doute très médiocres ; il est pourtant permis de dire que l'instruction était assez répandue dans la région avant 1789. Le clergé, qui avait la haute main sur les maîtres, en même temps que la direction de l'éducation populaire, avait favorisé ce développement qui contribuait à fortifier son influence. Un grand nombre de paroisses avaient un régent à l'époque de la Révolution et, sans compter celles dont les documents scolaires n'ont pas été retrouvés, on a pu, d'après les archives communales ou départementales, dresser une liste de 114 localités où l'enseignement primaire était donné. Telle était la situation en 1789. Depuis cette époque l'organisation de l'enseignement primaire dans les Basses-Pyrénées comme dans la France entière, passe par les diverses étapes qui furent marquées par les décrets de la Convention, la loi Guizot (1833), la loi Falloux (1850) et la loi Duruy (1867). Dans son remarquable mémoire, dont nous ne donnons qu'un résumé très décoloré, M. Soulice suit pas à pas les progrès de l'instruction dans le département jusqu'en 1880 ; il nous conduit ainsi au début de cette dernière période décennale (1881-1891) qui a vu promulguer les lois fondamentales de l'organisation actuelle de l'enseignement primaire, ces lois scolaires qui sont l'honneur de la troisième République et qui ont relevé le niveau moral et intellectuel de l'éducation populaire, rehaussé la dignité professionnelle des maîtres et sensiblement amélioré la situation matérielle d'un personnel si méritant.

Dans l'exposé qui va suivre, des résultats obtenus pendant ces dix dernières années, nous nous abstiendrons, et pour cause, de toute appréciation personnelle, laissant aux chiffres le soin d'établir les progrès qui ont pu être réalisés dans l'organisation de l'enseignement primaire des Basses-Pyrénées.

Écoles. — Le nombre des établissements d'instruction primaire s'est accru de 63 écoles publiques et de 40 écoles privées ; on compte ainsi actuellement 1.189 établissements d'instruction primaire, dont 975 écoles publiques et 214 écoles privées, qu'on peut ranger comme il suit, en diverses catégories :

1° *Écoles maternelles.* — Les anciennes *salles d'asile* ont pris le nom d'*écoles maternelles* répondant plus exactement à la nature et au but de ces établissements. On y reçoit les enfants de 2 à 6 ans, non plus seulement pour leur offrir un asile, comme dans une *simple garderie,* mais bien pour leur procurer, avec les soins que comporte l'éducation maternelle, un développement physique, intellectuel et moral, approprié à leur âge. Des 27 salles d'asile publiques qui existaient en 1881, il ne reste plus que 17 écoles maternelles, dont 11 sont laïques et 6 congréganistes, les autres ont été transformées en *classes enfantines.*

On compte en outre 41 écoles maternelles privées, soit 18 de plus qu'en 1881. La population de toutes ces écoles de la première enfance s'élevait en 1881 à 6.680 élèves dont 4.708 dans les salles d'asile publiques et 1.972 dans les écoles libres de cette catégorie. — En 1891, les écoles maternelles ont reçu 6.022 enfants, dont 2.521 ont fréquenté les 17 écoles publiques, tandis que les 41 écoles privées en ont reçu 3.501.

2° *Classes enfantines.* — De création assez récente, les classes enfantines sont destinées à recevoir les enfants des deux sexes de 4 à 7 ans ; ce ne sont pas des écoles indépendantes, mais des classes formant le degré intermédiaire entre l'école maternelle et l'école primaire ; elles sont annexées à une école de l'une ou l'autre de ces deux catégories. Les enfants y reçoivent, avec l'éducation de l'école maternelle, un commencement d'instruction élémentaire. — 35 écoles publiques et 26 écoles privées possèdent une classe enfantine.

3° *Écoles primaires élémentaires*. — Ces établissements destinés à recevoir les enfants de 6 à 13 ans, période de scolarité obligatoire, sont à ce jour au nombre de 1.125, soit 952 écoles publiques et 173 écoles privées.

En 1881, le département ne comptait que 878 écoles publiques et 151 écoles privées, soit en plus, pour 1891, 74 écoles publiques et 22 écoles privées.

Des 952 écoles publiques actuelles, 311 sont spéciales aux garçons, 278 spéciales aux filles et 363, dites écoles mixtes, reçoivent les enfants des deux sexes.

Les 878 écoles publiques de 1881 se subdivisaient en 324 écoles de garçons, 246 écoles de filles et 308 écoles mixtes.

Le rapprochement de ces chiffres montre bien que pendant ces dix dernières années, la raison dominante des créations nouvelles a été la nécessité bien établie de donner plus d'extension à l'enseignement des jeunes filles, en augmentant le nombre des écoles où elles peuvent être reçues. C'est ainsi que, si 13 écoles spéciales aux garçons ont disparu, il a été créé 32 écoles de filles et 55 écoles mixtes, ces dernières destinées, pour le plus grand nombre, à desservir des sections de communes.

En 1881, les 878 écoles primaires publiques comptaient 1.063 classes; le nombre actuel des classes des écoles primaires est de 1.158, soit une augmentation de 95 classes dont la création a eu pour effet, dans quelques écoles, de réduire l'effectif scolaire de chaque division à des proportions n'excédant pas les forces d'un seul maître.

L'application progressive du principe de la laïcité du personnel des écoles primaires publiques a donné les résultats suivants :

Sur les 878 écoles publiques de 1881, 126 étaient congréganistes, dont 13 écoles de garçons, 109 écoles de filles et 4 écoles mixtes. En 1891, les 952 écoles publiques ne comprennent plus que 76 écoles congréganistes, dont 2 spéciales aux garçons, 73 spéciales aux filles et une école mixte ; il en résulte qu'un personnel laïque a été substitué aux congréganistes dans 53 écoles pendant cette période décennale.

Locaux scolaires. — En même temps que le nombre des écoles et des classes augmentait, leur installation matérielle s'améliorait aussi.

Sur les 878 locaux scolaires que l'on comptait en 1881, 672, dont 370 assez bien aménagés, étaient des propriétés communales. Aujourd'hui, sur 914 locaux scolaires, 723 appartiennent aux communes et, dans ce nombre, 482 sont convenablement installés, grâce aux sacrifices consentis par les municipalités et aux larges subventions de l'État.

Élèves. — En 1881, le nombre total des élèves fréquentant les écoles primaires s'élevait à 59.407, dont 49.565 dans les écoles publiques et 9.842 dans les écoles libres.

Le nombre total des élèves des écoles primaires attei gnait, en 1891, le chiffre de 60.878, avec une augmentation de 1.471 ; ceux des écoles publiques étaient au nombre de 48.765, tandis que les écoles privées en comptaient 12.113 ; les écoles publiques ont donc perdu 800 élèves et les écoles privées en ont gagné 2.271.

Les 60.878 enfants admis dans les écoles primaires en 1891 comprennent 30.741 garçons et 30.137 filles.

Maîtres. — Le personnel enseignant employé dans les 1.029 écoles primaires de 1881 se composait, en titulaires et adjoints, de 678 instituteurs publics et 66 instituteurs libres, de 397 institutrices publiques et 326 institutrices libres, soit en tout 1.467 maîtres ou maîtresses.

En 1891, pour 1.125 écoles primaires le total du personnel s'élève à 1.611, dont 681 instituteurs publics, 88 instituteurs privés, 473 institutrices publiques et 363 institutrices privées. D'où résulte, en faveur du personnel actuel, une différence de 194 membres, savoir : 9 instituteurs publics, 22 instituteurs privés, 76 institutrices publiques et 37 institutrices privées, ou 85 membres de l'enseignement public et 59 appartenant aux écoles privées. Le nombre des institutrices s'est accru de 113, tandis que celui des instituteurs n'a augmenté que de 31.

En 1881, les écoles publiques comptaient 52 instituteurs et 198 institutrices congréganistes, tandis que le personnel actuel des établissements scolaires publics ne comprend que 9 maîtres et 88 maîtresses congréganistes.

Par contre, dans les écoles privées, le personnel congréganiste a sensiblement augmenté puisqu'il est passé de 38 à 76 instituteurs et de 232 à 286 institutrices.

Nous avons dit plus haut que le personnel des écoles primaires publiques s'était accru, depuis 1881, de 85 membres, mais c'est surtout dans les garanties offertes par ce personnel, au point de vue des titres de capacité, que la situation s'est améliorée. En effet, au début de cette dernière période décennale 3 instituteurs laïques, 27 instituteurs et 187 institutrices congréganistes exerçaient sans brevet ; il n'y a plus aujourd'hui que 25 institutrices congréganistes dépourvues de brevet et bénéficiant, par leur âge et leurs années de services, des dispositions bienveillantes de l'article 4 de la loi du 16 juin 1881. J'ajouterai que le personnel actuel laïque des écoles primaires publiques contient 118 instituteurs et 64 institutrices pourvus du brevet supérieur. En outre, 192 instituteurs et 66 institutrices ont le certificat d'aptitude pédagogique, titre de capacité professionnelle créé par la loi du 30 octobre 1886.

Certificat d'études primaires. — Ce certificat est une

sanction de l'enseignement donné dans les écoles primaires et l'on peut se rendre compte de la valeur et des résultats de cet enseignement par le nombre des élèves jugés dignes d'obtenir ce premier diplôme.

En 1881, 808 candidats (579 garçons et 229 filles) se sont présentés aux examens du certificat d'études primaires. Le nombre des admis a été de 570 (400 garçons et 170 filles), soit une proportion de 70 °/₀.

La session de 1891 a compté 1.546 candidats (958 garçons et 588 filles), sur lesquels 1.246 (772 garçons et 474 filles) ont été reçus. Le nombre des élèves présentés s'est donc accru de 738, dans le rapport de 91 °/₀; la proportion des admis croissait en même temps pour s'élever de 70 à 80 °/₀.

4° *Cours complémentaires.* — On nomme ainsi des cours d'enseignement primaire supérieur annexés à certaines écoles primaires élémentaires; la durée des études y est de deux ans au maximum. Les 6 écoles de garçons de Bedous, de Monein, de St-Palais, de Sauveterre, d'Orthez et d'Arzacq possèdent un cours complémentaire. Le seul établissement d'enseignement primaire supérieur pour les jeunes filles existant dans les Basses-Pyrénées est le cours complémentaire de Garlin, auquel est annexé un pensionnat recevant des boursières de l'État.

Ces cours complémentaires ont été fréquentés par 160 élèves (137 garçons et 23 filles).

5° *Écoles primaires supérieures.* — L'enseignement donné dans ces établissements, tout en conservant son caractère primaire, a pour objet la culture générale de l'esprit des élèves et leur préparation, par des travaux pratiques, aux diverses professions industrielles, commerciales ou agricoles.

En 1881, le département comptait 7 écoles primaires supérieures ayant leur siège à Pau, Lembeye, Oloron,

Salies, Bedous, Hasparren et Laruns. Les trois dernières ont disparu, tandis que deux écoles nouvelles se sont créées, l'une à Bayonne et l'autre à Nay.

Les 6 écoles supérieures actuelles, celle d'Oloron exceptée, sont des écoles de plein exercice avec trois années d'études et l'enseignement y est orienté de manière à donner satisfaction aux besoins de la région. C'est ainsi que la 3e année comporte une section agricole à Lembeye, Nay et Salies, une section commerciale et une section industrielle à Pau et à Bayonne.

La population scolaire de ces écoles primaires supérieures s'est élevée en 1891 à 389 élèves dont 38 boursiers de l'État.

Il est intéressant de savoir ce que deviennent les jeunes gens préparés dans ces établissements.

Les 149 élèves qui ont quitté les écoles supérieures à la fin de la dernière année scolaire se répartissent comme il suit au point de vue des professions ou des carrières embrassées :

21 sont entrés dans le commerce et 39 dans l'industrie ;

21 se sont tournés du côté de l'agriculture et 17 sont entrés comme élèves-maitres dans une école normale ; ce sont là, d'ailleurs, les principaux débouchés de nos écoles supérieures.

En outre, 15 de ces jeunes gens continuent leurs études dans d'autres établissements d'instruction secondaire ou primaire ; 1 est maitre-surveillant dans une école privée ; 17 sont entrés dans une administration ou dans des bureaux ; 5 se sont engagés dans l'armée de terre ; 13 sont rentrés dans leur famille sans avoir encore fait choix d'une profession.

6° *Écoles normales.* — Le département des Basses-Pyrénées possède deux Écoles normales destinées à assurer un bon recrutement du personnel des Écoles publiques par les élèves-maîtres et les élèves-maîtresses qu'elles préparent aux fonctions de l'enseignement.

École normale d'Instituteurs. — Vers 1830, une *Association pour le développement de l'instruction primaire* se fondait à Pau et créait dans cette ville une école modèle où devaient être appliquées les nouvelles méthodes d'enseignement mutuel.

Sous la direction de M. Beigbéder, ancien instituteur à Salies, cette école devint très florissante et attira, à côté des élèves de la ville, des jeunes gens venus de la campagne pour s'y préparer aux fonctions d'instituteur et même quelques maîtres désireux de perfectionner leur instruction professionnelle.

Ce fut là le berceau de l'École normale d'instituteurs. En effet, dans ses séances du 9 juin 1832 et 7 février 1833, le Conseil général accordait à cette école modèle un secours qui, après la promulgation de la loi Guizot (28 juin 1833) fut transformé en bourses départementales ; l'école modèle devint l'École normale dès 1834, et il fut décidé qu'elle serait installée dans un immeuble départemental à construire sur les terrains de l'ancien bâtiment de « *La Foi* ».

En 1837 on prit possession de ces nouveaux locaux qui font actuellement partie des annexes de la Préfecture de Pau. Dès le début, le régime de l'École normale fut l'internat ; la durée des études était de 2 ans et on y recevait annuellement 20 élèves à partir de 1844. Cette durée fut portée à 3 ans, sans que le nombre total des élèves admis en fut augmenté.

C'est en 1845 que l'École normale d'instituteurs fut transférée à Lescar, dans l'ancien collège des Barnabites ; c'est là qu'elle est actuellement installée.

Le nombre des élèves-maitres a varié entre 40 et 60, suivant les besoins du service ; il était de 44 à la fin de 1891.

École normale d'Institutrices. — En 1838, le Conseil général des Basses-Pyrénées votait un crédit de 1.800 fr. destiné à l'instruction des aspirantes aux fonctions d'institutrices dans le département et créait une école préparatoire qui fut annexée à l'École communale de filles de Pau. Un arrêté préfectoral du 10 octobre 1842 fixait à dix le nombre des boursières à admettre dans cette école préparatoire où la durée des études était de deux ans. Placée sous l'autorité de l'Inspecteur d'Académie par décision du Conseil général en date du 31 août 1855, cette école préparatoire prit un peu plus tard le titre de *Cours normal* et reçut 12 boursières, dont quelques-unes entretenues par l'État.

Par arrêté du 31 décembre 1867, le Cours normal fut annexé au Pensionnat dirigé à Pau par Mme Guy, pour passer le 1er octobre 1875, sous la direction des Dames de St-Maur. Par application de la loi du 9 août 1879, le Cours normal fut remplacé en 1883 par une École normale d'institutrices qui fut établie provisoirement à Bizanos ; l'École normale fut transférée à Pau, le 1er octobre 1887, dans les bâtiments spécialement construits pour son installation. Le nombre des élèves-maîtresses de cet établissement réparties en trois années d'études était de 39 en 1891.

7° *Institutions auxiliaires de l'Enseignement primaire : Bibliothèques scolaires.* — Elles étaient, en 1881, au nombre de 441 et contenaient 51.669 volumes. Cette situation s'est sensiblement améliorée, car le département comptait, en 1891, 689 bibliothèques scolaires possédant 71.771 volumes ; il y a eu, pendant cette même année, 79.678 prêts, ce qui permet de supposer un plus grand nombre de lecteurs ; un livre emprunté à la bibliothèque scolaire est souvent lu, en effet, par plusieurs membres d'une même famille.

Bibliothèques pédagogiques. — Le département possède

38 bibliothèques pédagogiques cantonales, à l'usage exclusif des instituteurs et des institutrices ; le nombre des ouvrages de ces bibliothèques était de 5.810 en 1881 ; il s'élevait à 14.375 en 1891.

Cours d'adultes. — Pendant l'année 1881, 478 cours d'adultes avaient réuni 10.362 élèves. Le nombre de ces cours gratuits décroît sensiblement d'année en année ; il n'était plus, durant l'hiver de 1891, que de 131 pour 2.701 élèves. — La plus grande diffusion de l'instruction par l'école primaire est peut-être une des causes de ce dépérissement ; nous croyons pourtant qu'il faut en chercher le vrai motif dans la réglementation nouvelle qui laisse les frais d'organisation de ces cours à la charge des communes et n'accorde une subvention de l'État que sous certaines conditions bien difficiles à réaliser.

Caisses des écoles. — Instituées par la loi du 10 avril 1867 et confirmées par celle du 28 mars 1882, les caisses des écoles ont pour but de faciliter la fréquentation scolaire par des dons faits aux élèves indigents de fournitures classiques, de vêtements, quelquefois même par une distribution d'aliments chauds entre les deux classes du jour. Ces caisses des écoles n'existaient pas dans le département en 1881 ; elles étaient au nombre de 111 en 1891. Pendant l'année, leurs recettes se sont élevées à 25.119 fr. 35 et leurs dépenses ont atteint le chiffre de 23.158 fr. 97.

Caisses d'épargne scolaires. — 432 caisses d'épargne scolaires fonctionnaient en 1881, comptant 8.191 livrets sur lesquels était inscrite une somme totale de 122.092 fr. Le nombre de ces caisses s'est élevé, pendant la dernière période décennale, à 518, mais le nombre des livrets et des sommes inscrites a diminué puisque le capital d'épargne n'était, en 1891, que de 79.465 fr. 23 inscrits sur 6.894 livrets.

Société de secours mutuels entre les Instituteurs et les Institutrices. — Cette Société comptait, en 1881, 314 membres participants et possédait un actif de 15.947 fr. 28. Sous la direction d'un Président actif et dévoué, la situation de cette Société est de plus en plus satisfaisante, car elle possède aujourd'hui un capital de 33.300 fr., et compte 499 membres.

8° *Inspection primaire.* — Le département des Basses-Pyrénées est divisé en six circonscriptions primaires correspondant aux cinq arrondissements : celui de Pau en renferme deux. Chacune est placée sous la direction d'un Inspecteur primaire résidant au chef-lieu de sa circonscription.

La 1re circonscription de Pau comprend, avec la ville de Pau, les cantons de Pau (Ouest), de Lescar, de Nay (Est et Ouest), de Pontacq et de Thèze. Elle compte 82 communes, 144 écoles primaires publiques et 45 écoles privées.

Les cantons de Pau (Est), de Garlin, de Lembeye, de Montaner et de Morlaàs constituent la 2e circonscription de Pau avec 103 communes, 146 écoles publiques et 4 écoles privées.

La circonscription de Bayonne compte 53 communes, 130 écoles publiques et 59 écoles privées.

L'arrondissement de Mauléon contient 107 communes, 179 écoles publiques et 14 écoles privées.

On trouve dans la circonscription d'Oloron 79 communes, 167 écoles publiques et 21 écoles privées.

L'arrondissement d'Orthez est formé de 135 communes ; il contient 192 écoles publiques et 30 écoles privées.

L'enseignement primaire dans le Pays Basque. — Il est une région des Basses-Pyrénées, le pays basque, où l'usage à peu près exclusif d'un idiome particulier, les anciennes traditions, l'esprit de résistance à toute pénétration entretenu par des influences hostiles et puissantes, ont rendu plus difficile la propagation de la langue française et, avec elle, celle de l'esprit de la Société moderne. C'est naturellement par l'école que devait se faire la diffusion de la langue nationale. Quand on voulut, il y a vingt ans, résolûment entreprendre cette œuvre patriotique, on se heurta d'abord à l'inertie locale et à des difficultés dont les principales étaient l'insuffisance numérique des écoles et l'emploi de méthodes d'enseignement routinières et surannées.

Dans cette région où les agglomérations importantes sont rares, où les communes sont morcelées en nombreuses sections, souvent fort éloignées du bourg, il fallait créer des écoles de hameau ; c'est de ce côté que se porta la sollicitude du Gouvernement de la République, dont les effets se sont traduits, pour l'arrondissement seul de Mauléon, depuis 1870, par la création de 40 écoles nouvelles et par un accroissement de 1.200 élèves dans la population scolaire. Mais il ne suffisait pas de créer des écoles, il fallait les aménager convenablement et faire disparaître, pour bien des écoles déjà existantes, des installations déplorables, en plein cimetière, au dessus du porche de l'église. C'est ainsi que pendant la dernière période décennale, 40 maisons d'école ont été construites, dont une douzaine de groupes scolaires.

En ce qui concerne l'instruction, c'est principalement du côté de l'enseignement du français que, sous l'impulsion de leurs chefs, les instituteurs et les institutrices ont dû diriger leurs efforts. Il fallait tout d'abord trouver des maîtres qui fussent à même de se faire comprendre par des enfants qui, à leur entrée à l'école, ne connaissaient absolument que l'idiome local. On plaça donc à la tête des écoles des instituteurs du pays qui, familiarisés avec le basque, purent, par des exercices de traduction sagement conduits, initier leurs élèves à la connaissance de notre langue et les amener à la lire et à la parler assez couramment. Cette période d'initiation a été laborieuse, mais elle n'a pas été sans résultats. Aujourd'hui, le jeune élève qui entre dans une école s'y trouve dans un milieu où l'on ne parle que le Français. L'instituteur peut donc employer avec lui la méthode rationnelle, celle dont la mère se sert pour son enfant, et, sans avoir recours, comme intermédiaire, à la langue basque, il peut lui apprendre directement les mots français qui désignent les noms, les qualités d'objets connus, des actes ayant rapport à ces objets, etc.

Grâce à des exercices de langage bien gradués, à des lectures faciles, à des récits simples, dont il doit faire un compte-rendu oral ou écrit, l'élève arrive assez vite à parler et à écrire correctement la langue française.

En 1880, la proportion des élèves des écoles basques ayant quelque connaissance du Français ne s'élevait guère qu'à 35 °/₀ ; elle est certainement aujourd'hui de 80 °/₀.

En 1874, époque où l'institution du certificat d'études primaires commença à fonctionner dans la circonscription de Mauléon, 4 élèves seulement obtinrent ce certificat. En 1891, sur 149 élèves présentés, 123 ont été reçus.

Les bibliothèques des écoles ont aussi contribué aux progrès de la langue nationale.

En 1870, l'arrondissement de Mauléon en comptait 28 avec 920 volumes ; leur nombre est actuellement de 145 et elles contiennent 15.000 volumes ; le nombre des prêts s'est élevé l'an dernier à 12.700.

Ces progrès de l'instruction primaire dans le Pays Basque étaient intéressants à suivre comme ils sont agréables à constater.

Pour continuer cette œuvre, on s'étudie aujourd'hui, dans les écoles, à orienter l'enseignement du côté de l'agriculture ; on contribuera ainsi à développer la richesse du pays, à rattacher le paysan à la terre et à combattre l'émigration, ce fléau du Pays Basque, qui, sans parler des mécomptes qu'elle produit, enlève à la France de robustes et vaillants soldats.

II. — ENSEIGNEMENT SECONDAIRE

Dès le XVIe siècle, l'instruction secondaire, basée sur l'étude des langues anciennes, était donnée au Collège de Lescar. Cet établissement, fondé par les évêques de cette ville toute voisine de Pau, fut patronné par Henri d'Albret, roi de Navarre, qui, vers 1549, lui attribua des revenus. Jeanne d'Albret voulut y confier la direction des études à des ministres de la Réforme ; sur la protestation des jurats de Lescar, la Reine fit transférer le Collège à Orthez et l'installa en 1566 dans un couvent que, sur son ordre, les Jacobins durent évacuer. Nous lisons dans un très intéressant mémoire présenté à la Société des Sciences, Lettres et Arts de Pau par M. Adrien Planté sur l'Université protestante de Béarn, qu'on enseignait au Collège d'Orthez « les langues grecque, latine, hébraïque, la philosophie, la théologie, la physique, les mathématiques, l'écriture et la musique ».

Ce Collège, auquel un édit de Henri III de Navarre donna en 1583 le titre d'*Université de Béarn,* subit des pérégrinations fréquentes entre Orthez et Lescar, sièges alternatifs de cet établissement, jusqu'en 1620, époque à laquelle Louis XIII le supprima pour créer le Collège de Pau. C'est dans les bâtiments de ce Collège que fut installée l'*Université de Pau* créée en 1724 et comprenant une Faculté des arts, une Faculté de droit et, un peu plus tard, une Faculté de théologie. L'Université de Pau disparut en 1793.

Le département des Basses-Pyrénées possède actuellement seize établissements d'enseignement secondaire pour les garçons : les deux Lycées de Pau et de Bayonne, douze écoles secondaires libres et deux petits séminaires.

Le nombre total des élèves présents dans ces établissements à la fin de l'année 1891 s'élevait à 2.373, dont 1.371 pensionnaires, 161 demi-pensionnaires et 841 externes.

Parlons d'abord de nos deux établissements publics :

Lycée de Pau. — Par son ancienne et bonne renommée dans le Sud-Ouest, le Lycée de Pau méritait qu'on écrivît son histoire. Deux anciens fonctionnaires du Lycée, MM. Delfour et Lespy, l'ont publiée récemment et leur ouvrage, d'une lecture très attachante, abonde en renseignements très intéressants et très instructifs sur les origines de l'Établissement, sur ses transformations successives, sur les hommes, Administrateurs ou Professeurs, qui ont contribué à assurer sa prospérité. On y voit que le Collège de Pau fut institué, par lettres-patentes de Louis XIII, en 1622, et confié aux Jésuites. Ouvert peu d'années après, le Collège fut installé en 1640 dans des bâtiments édifiés à cet effet et encore occupés par le Lycée actuel. Au début, le régime du Collège fut l'externat; quelques élèves pensionnaires, appelés *scolastiques,* s'y préparaient à entrer dans la Société de Jésus.

Après 140 ans d'exercice dans l'Établissement, les Jésuites furent exclus du Collège de Pau en vertu d'un arrêt du Parlement de Navarre en date du 28 avril 1763. Le 24 novembre de la même année, Louis XV concédait le Collège aux Barnabites, qui possédaient déjà dans le Béarn quatre Collèges, dont celui de Lescar, deux séminaires et une maison de résidence. Sur une protestation du Parlement, les Barnabites ne prirent pas possession du Collège de Pau qui, par suite de dissentiments entre cette Assemblée et le Roi, resta fermé pendant trois ans. Il fut rouvert le 1er novembre 1766 et confié à des maîtres, séculiers ou laïques, désignés sous le nom d'*Éducateurs.*

Sur la demande de la Municipalité de Pau, les Éducateurs furent congédiés en 1776 et remplacés, dès l'année suivante, par les Bénédictins. Cet ordre religieux conserva la direction des études jusqu'en 1793, époque à laquelle furent fondées les Écoles centrales. Celle de Pau fut installée dans les bâtiments du Collège qu'elle occupa jusqu'en 1802. Le *Lycée* fut créé l'année suivante ; mais il ne fut ouvert que le 1er avril 1808 ; il devint *Collège Royal* sous la première Restauration et conserva cette dénomination jusqu'en 1848 ; il reconquit alors et a conservé depuis cette époque son titre de Lycée.

Les vieux bâtiments de 1640 dans lesquels se trouve installé le Lycée de Pau donnent à cet établissement un cachet tout particulier, de même que ses spacieuses dépendances, parc et jardins, lui créent une situation exceptionnelle au point de vue de l'agrément et de la salubrité. La population scolaire du Lycée de Pau comprenait, à la fin de 1891, 419 élèves, dont 139 internes, 34 demi-pensionnaires et 246 externes.

Lycée de Bayonne. — Le Lycée de Bayonne est de création récente ; les constructions nouvelles qui lui ont été affectées ont été édifiées à 1.500m environ en dehors des fortifications de la Ville, dans le voisinage des ruines du château de Marrac et dans une situation des plus heureuses ; de vastes cours et un beau parc en font un établissement modèle en ce qui concerne l'internat. Les difficultés relatives au recrutement des externes ont été sensiblement atténuées par la création d'un tramway entre la Ville et le Lycée. L'inauguration de cet établissement remonte au mois d'octobre 1879. A la fin de 1891, il comptait 203 élèves, dont 82 internes, 44 demi-pensionnaires et 77 externes.

Établissements secondaires libres. — Des 12 écoles secondaires libres du département, 9 sont dirigées par des ecclésiastiques et 3 ont un personnel laïque. Les 9 établissements ecclésiastiques comptent un total de 1.298 élèves, dont 819 internes, 69 demi-pensionnaires et 410 externes. Les 3 écoles laïques ont été fréquentées par 6 pensionnaires et 29 externes, en tout 35 élèves.

Petits séminaires. — Les deux établissements diocésains de Larressore et d'Oloron ont reçu 418 élèves, se répartissant en 325 internes, 14 demi-pensionnaires et 79 externes.

Cours secondaires de jeunes filles. — Le département des Basses-Pyrénées ne possède encore ni Collège ni Lycée de jeunes filles ; la seule institution créée pour donner l'instruction secondaire aux jeunes filles existe à Pau sous le nom de Cours secondaires.

Ces cours furent organisés en 1879 par une association de professeurs du Lycée, sous la présidence de l'un d'eux, et ils fonctionnent régulièrement, depuis cette époque, sous le patronage de la Municipalité et de l'État.

L'enseignement y est donné par douze professeurs, l'aumônier du Lycée et deux maîtresses, dont l'une dirige la classe primaire préparatoire et l'autre est chargée de quelques conférences ainsi que de la surveillance des études.

Les Cours secondaires comptaient, à la fin de 1891, 84 élèves. Bien que les études y aient un caractère désintéressé et visent surtout l'éducation et la culture générale de l'esprit, elles conduisent aussi un grand nombre d'élèves aux brevets élémentaire et supérieur, à l'École normale d'Institutrices et aux Écoles normales supérieures de Fontenay-aux-Roses et de Sèvres.

F. Fauré,
Inspecteur d'Académie.

CHAPITRE X

LE

DÉPARTEMENT DES BASSES-PYRÉNÉES

LINGUISTIQUE

I. Langue Béarnaise. — II. Langue Basque.

I — LANGUE BÉARNAISE

Les populations Béarnaises parlent un langage doux et sonore tout à la fois, se pliant à toutes les finesses de l'esprit béarnais, et, par sa richesse, en facilitant singulièrement l'expression imagée, souvent pittoresque, toujours nette et précise.

Ce langage est-il un patois ? Est-il une langue ?

On a voulu trouver, dans le langage béarnais, les souvenirs d'une occupation grecque, souvenirs plus qu'hypothétiques, et, à notre avis, absolument contraires à la vérité historique.

Notre savant maître, M. Lespy, l'auteur d'une grammaire et d'un dictionnaire béarnais auxquels l'Institut a justement décerné des récompenses méritées et sur lesquels nous reviendrons tout à l'heure, s'est élevé dans l'*Avertissement* de son dictionnaire contre cette idée souvent émise par des savants qui « *ne savaient pas ou avaient oublié que les Gallo-Romains et les Grecs ne furent jamais en contact* ».

Cette opinion étrange se basait sur la rencontre, absolument fortuite, à notre avis, dans notre langage béarnais, de certains mots que, grâce à des tours de force d'étymologie, on faisait dériver du grec, et de certains noms de lieu dont la terminaison en *os* rappelait bien des noms de l'Attique ou de l'Archipel : tels que Lagos, Gélos, Audéjos, Siros, Abidos....

On a discuté longtemps : on connait l'amour du convenu qui absorbe certains étymologistes et certains philologues.

Le Dictionnaire étymologique de M. Brachet, que M. Lespy cite dans son *Avertissement,* résout la difficulté et répond victorieusement à la thèse des Helleno-Béarnais en rappelant que « la seule ville qui eût pu nous mettre en » rapport avec l'idiome grec, Marseille, colonie phocéenne, » fut de bonne heure absorbée par les Romains, et le grec » originaire y céda vite la place au latin ».

Il faut donc exclure absolument l'origine grecque de notre langage béarnais.

Mais alors quelle est-elle ?

Nous l'avons indiquée dans la Préface de l'ouvrage de M. Dufourcet, *Les Landes et les Landais.*

Il paraît, disions-nous (et nous le répétons encore avec une confiance de plus en plus inébranlable), il paraît certain aujourd'hui qu'il faut aller la chercher, cette origine, dans les souvenirs du latin se combinant avec les traditions du langage celtique.

Cette combinaison si respectable par son ancienneté a donné aux Gascons et aux Béarnais le droit de réclamer, pour l'idiome qu'ils parlent, le titre de langue.

Le patois, en effet, n'est pas autre chose qu'une corruption de la langue nationale.

Or, la langue nationale des provinces formées par la Gascogne et le Béarn était une même langue romane, idiome alerte, vif, gouailleur, bravant parfois, comme le latin, l'honnêteté dans les mots, mais trouvant dans sa crudité naïve, dans sa féconde richesse, le terme propre à toutes les situations, l'expression voulue pour rendre toutes les délicatesses et toutes les énergies.

Montaigne n'a-t-il pas dit « *où le français ne peut, le gascon passera* » de ce langage qu'ailleurs il déclare être un langage « singulièrement beau, sec, bref, significatif, à » la vérité masle et militaire plus qu'aultre que j'entende, » nerveux, puissant et pertinent ».

Ce langage, l'auteur *des Essais* le place « sur les montagnes, bien au dessus de nous ». N'est-ce pas là une indication autorisée du berceau de notre béarnais.

C'était la langue parlée par nos souverains, depuis les Sanche et les Centulle, adoptée par eux dans tous les actes de leur vie officielle ou privée : *Fors, ordonnances, lettres* et *mémoires ;* la langue que l'on retrouve dans les monuments de notre jurisprudence béarnaise, depuis que Guillaume-Raymond de Moncade, vicomte de Béarn, la substitua dans les décisions de la justice, dès le commencement du XIIIe siècle, au latin de cuisine encore employé, en France, au temps de François Ier.

Jusqu'à la veille même de la Révolution les procès-verbaux des États de Béarn étaient rédigés en béarnais.

Nous le constations, il y a quelques mois, avec un de

nos plus érudits collègues, M. le chanoine de Carsalade du Pont, la langue écrite que l'on retrouve dans les archives de toute la Gascogne se rapproche encore plus du *béarnais* actuel que du *gascon* actuel : c'est le vieux béarnais des *Fors*.

Une observation fort judicieuse et fort intéressante m'était adressée, il y a quelques jours, par M. Pierre Yturbide, le savant avocat bayonnais sur l'état actuel du gascon.

Il constatait qu'en comparant le vieux gascon de nos textes avec celui d'aujourd'hui, on était amené à conclure que, *dans son ensemble*, la langue est restée la même ; mais que, dans les détails, elle a éprouvé diverses modifications.

En général, la prononciation s'est alourdie.

Le vieux gascon avait des lettres et des mots euphoniques aujourd'hui disparus.

Ex. : *Ad aquet, si d'augun*, aujourd'hui *a aquet, si augun.*

Le béarnais actuel les a conservés.

Certains mots ont absolument disparu du gascon actuel.

Ex. : *Sengles* (chacun), *entio* (jusqu'à) que nous retrouvons dans le béarnais actuel et ainsi de divers mots, expressions, tournures que l'on ne rencontre plus dans le *gascon* parlé à Bayonne et dans le reste de la Gascogne, et qui vivent encore dans notre béarnais.

Il ne faut pas s'en étonner.

C'est que le Béarn, terre libre et franche s'il en fut jamais, ne subit point d'amalgame avec un envahisseur ; la Révolution seule parvint à éteindre son autonomie et son particularisme ; il a donc pu conserver plus fidèlement, plus facilement que d'autres, pendant des siècles, la tradition de sa langue mère.

Le gascon actuel est forcément un dérivé du béarnais ; ce n'est pas lui faire une injure que de le constater ; il s'en rapproche infiniment et les différences, bien minimes en somme, qui les distinguent, ne sauraient détruire les affinités familiales que nous sommes heureux de leur reconnaître.

La longue occupation anglaise, le passage de l'Aquitaine et de la Gascogne dans le domaine de la couronne de France ; l'introduction forcée, dans les usages du pays, de la langue française qui en fut la conséquence nécessaire, expliquent les différences que nous relevons et confirment l'opinion, émise par nous sans aucun excès d'amour-propre national, que le *Béarnais* est le langage des vieux Gascons, et que protégé aussi bien par les montagnes que par le culte de l'autonomie, il est resté avec tous ses caractères premiers, méritant ainsi le privilège honorable d'être considéré comme une langue mère.

J'ai déjà dit que cette langue a sa grammaire et son dictionnaire.

La première édition de la grammaire de M. Lespy parut en 1858 et fut honorée d'une mention par l'Institut — Académie des Inscriptions et Belles-Lettres — concours de linguistique, prix Volney.

Imprimé à Pau, chez Veronese, cette édition est aujourd'hui introuvable. Nous en avons un exemplaire, doublement précieux pour nous, puisqu'il nous fut offert par l'auteur lui-même.

La seconde édition, considérablement augmentée et imprimée également chez Veronese à Pau, fut éditée par Maisonneuve et Cie, libraires-éditeurs à Paris, en 1880.

Le succès de cette double publication fut très grand.

Elle plaçait d'abord notre langage béarnais au rang, qui lui revenait de droit, de *langue mère ;* puis, elle fixait les règles et arrêtait l'orthographe d'un idiome dont le charme phonétique était assez puissant pour l'imposer encore de nos jours dans l'usage journalier de toutes les classes de la société : riches et pauvres, grandes dames et paysannes, hommes du peuple et grands magistrats, se faisant un point d'honneur de parler la langue nationale et d'en conserver les habitudes de spirituelle cordialité.

Nous étions étudiants, lorsqu'un jour, aux fauteuils d'orchestre d'un des grands théâtres de Paris, nous entendîmes derrière nous parler béarnais, mais le plus pur béarnais, avec ses finesses les plus exquises. En nous retournant, nous reconnûmes M. Lavielle, Conseiller à la Cour de Cassation, et M. Monsarrat, Conseiller à la Cour de Paris, deux fins Béarnais que leurs éminentes qualités avaient conduits aux postes les plus élevés de la magistrature française et qui, au milieu des traits d'esprit des vaudevillistes de l'époque aimaient, dans le rajeunissement de leur verte vieillesse, à se rappeler le génie, filialement respecté, de la langue qui avait charmé leur berceau.

Le *Dictionnaire Béarnais, ancien et moderne,* de M. Lespy, vint compléter, en 1887, l'œuvre inaugurée par la grammaire.

Commencé avec la collaboration de son ami, Paul Raymond, archiviste des Basses-Pyrénées, M. Lespy, à la mort de celui-ci, continua seul le laborieux monument élevé à notre langue béarnaise.

On se tromperait grandement si l'on supposait que ce dictionnaire n'est qu'une simple nomenclature de mots, un aride lexique, auquel on n'a recours que pour fixer sèchement l'orthographe d'un mot.

Chaque article est pour ainsi dire l'histoire du mot qu'il indique, avec ses divers emplois, avec l'indication du lieu qui le rattache soit aux institutions, soit aux mœurs et coutumes du pays : c'est l'histoire du Béarn par sa langue, histoire fort originale, très pittoresque et par dessus tout extrêmement instructive.

Par la publication de cette œuvre considérable, M. Lespy a bien mérité des philologues.

Il a surtout bien mérité de son pays dont la reconnaissance lui est acquise. L'on comprendra que nous ayons tenu à rendre ici un hommage bien légitime à ce Béarnais, intrépidement béarnisant, qui restera notre maître à tous, les amis de la linguistique nationale.

Dans un pays méridional, où tout le monde a un peu de soleil dans l'esprit et dans le cœur, les poètes devaient être nombreux : ils le sont, en effet, et nombreux aussi, comme en Italie, les improvisateurs.

Chacun apportant, dans ses productions, son tempérament particulier, dit comme il sent dans son idiome natal, qui présente diverses variations, selon les cantons auquel il appartient.

Ces variantes s'affirment surtout dans l'*article*.

A Oloron et dans la partie Sud de son arrondissement l'article français masculin *le* s'exprime en béarnais par *et;* le féminin *la* par *ere* et *era ;* les pluriels *les,* par *ets, ères, eras.*

Devant une voyelle le *t* final se transforme souvent en *r.* On dira *er aulhé* pour *et aulhé* — le berger.

Dans les arrondissements de Pau et Orthez, l'article se prononce, au masculin, *lou ;* au féminin, *la ;* au pluriel *lous* et *las.*

Nous ne pouvons donner ici un état complet des différences de détail que l'on constate dans les diverses façon de prononcer le béarnais dans les trois arrondissements qui constituent le Béarn.

Nous nous en tenons, la preuve nous paraissant très concluante, à la variété de l'*article,* ce « petit mot, qui selon la définition de Littré, précède ordinairement le substantif et qui a pour objet de le présenter comme défini ou comme indéfini ».

Son importance grammaticale est très grande : son rôle est prépondérant et ce que nous en disons suffit pour donner à ceux qui ne connaissent pas notre langue, une idée des difficultés que son étude peut leur présenter.

En dehors de certaines variantes, dans les mots, l'accent de celui qui parle peut encore faire connaître la partie du Béarn qu'il habite.

Tandis qu'Orthez termine les mots à *e* muet en indiquant légèrement cet *e*, Pau appuie sur l'*e* final, et l'ouvre au point de faire supposer qu'il prononce *o* : ainsi tout en écrivant dans ces deux villes de la même façon *ue bere gouyate* — une belle fille — Pau prononcera comme s'il était écrit *uo bero gouyato*.

Nous avons constaté cette même différence en Allemagne où selon l'accent du pays, par exemple, le mot *kelner* — garçon — est accentué *kelna* : et cette accentuation est tellement forte que le Français, qui balbutie la langue de Gœthe et de Schiller, peut s'y méprendre.

Toute notre antique législation, *les Fors*, nous l'avons déjà dit, est écrite en vieux béarnais.

Un manuscrit du xve siècle publié en 1876 par MM. Lespy et Raymond nous a transmis une Histoire Sainte volumineuse écrite en béarnais.

Les lettres de Gaston, de la reine Jeanne, d'Henri IV, restent comme des monuments curieux de notre vieil idiome.

Les catéchismes diocésains étaient rédigés en béarnais.

La poésie a surtout consacré l'expression délicate et fine de notre langue maternelle.

Donner la liste de tous les poètes béarnais depuis Gaston Phœbus jusqu'à Fondeville et Salettes, l'auteur des Psaumes traduits en béarnais ; depuis Despourrins le chantre des pastourelles du xviiie siècle jusqu'à Alexis Peyret, le poète du Roi Artus et de sa chasse éternelle, serait chose peu aisée ; nous risquerions d'ailleurs de commettre de regrettables oublis.

Nous nous permettrons de publier quelques pièces de vers qui permettront de se rendre suffisamment compte du charme de notre poésie béarnaise et de son caractère.

I

CHANSON DE GASTON PHŒBUS

(Chant National Béarnais.)

Aquères mountanhes qui ta hautes soun,
M'empéchen de bède mas amous oun soun !

Si sabi las bède ou las rencountra,
Passery l'ayguete chens poü d'em néga.

Aquères mountanhes que s'abachèran,
E mas amourettes que parechèran.

II

Deüs traits d'üe brunette
Moun cô s'ey alébat :
Soun oueils et sa bouquette
Touts mouns séns an charmat.
Sa gorye claréyante,
Resplandech coum lou sou ;
Sa taille trioumphante
Qué'm hè mouri d'amou.

Despuch que you t'ey biste,
You souy tout interdit
En tu, bère Caliste,
Soun moun cô, moun esprit.
En tu bé soun fixades
Mas richesses, mouns bès ;
En tu soun acoustades
Mas joyes, mouns plasès.

Ni las roses musquettes
Ni la flou deü brouchou
N'an pas de tas poupettes
L'esclat ni la blancou.
Hurouse la manette
Qui ü die aüra l'aünou
De tira l'esplinguette,
Qui las tien en présou !

Si tu n'ères estade
Dessus lou mount Ida
Quoan la poume daürade
Laüt cop s'y disputa ;
Per chic qui tousse espiade
Lou gentillet Pastou,
Eth l'at'auré baillade
Chens ha nade fabou.

DESPOURRINS.

III

Ma bite abans quin ère douce,
N'abi ni peine ni doulou ;
Calmabi quin chagrin qu'estousse
Dab drin dé bi de Yurançou.

Qu'en béby mantue bouteille :
Qu'ère ta bou... Souben pourtan
Coum mé dabe trop sus l'aüreille
Qué préférabi lou de Gan.

Adare quine différence,
Bi dé Gan, ni de Yurançou,
Nou podin calma ma souffrénce,
Nou pénsi plus qu'à moun amou !

PICOT.

IV

LA BISTANFLUTE

So qui-m desligue la paraule,
Qu'ey lou darré truc deu boussou ;
Lou me reyaume qu'ey la taule,
Lou bii qu'apère la cansou,
Sustout quoand ey de Jurançou.

Cadu ba soun try,
Soun refry,
Mes lou deu me clari (bis) :
Qu'ey la bistanflute
Flute, flute, flute,
Bou cop de flahute,
Truque tambouri.

Quoand la noeyt ha tenut sas tèles
Aus trabatès du cèu plaa caut,
Ta que nou-s truquen las estelles,
Bee cau qu'ous jogue quauque saut,
Lou briouloumayre de la haut !

Tout que ba soun try, etc.

Quoand lou couscrit ba ta la guerre,
De poü que he lou pas drin court
En audint brouni lou tounerre,
Mars qu'oü coundusex à la mourt
A truques de cops de tambour.

Tout que ba soun try, etc.

Las gouyatettes à la danse,
A mens d'habé lou coo de hac,
Ta mielhe segui la cadance,
Debat lou mouchoer, au soubac,
Qu'han l'arratet qui-oüs hé *tic tac.*

Tout que ba soun try, etc.

NAVARROT.

V

LES SOUVENIRS

Lou soubeni qu'ey ue malaudie
Qui hè lou coo mey triste que la noeyt,
Hé negreya la bère lutz deu die,
Et tout endret qu'eu hé parexe boeyt.
Qu'ey lou béré qui goaste l'aygue nete,
Oun lou sourelh es biené miralha ;
Qu'ey lou ben red qui torre la flourette,
Quoand au printemps s'anabe esparpalha.

Ah ! soubenis de case e deu bilatye,
Que m'arribatz de cap, tout u hardeu ;
Que bouletz dounc ? N'ey pas mey lou boste atye
De courre atau toutz curtz debat lou cèu.
Anatz droumi debat la terre grise
Dab toutz lous mourtz qui soun partitz d'acquiu
L'hibert que bien dab l'aurey e la bise
Anatz droumi sus la haute de Diu.

Nou bouletz pas ?... Y que tournatz encoère,
Birouleyant, dansant autour de you !
Coum bet ahoalh, o troupe haroulère
De que parlatz ?.... De plasés e d'amou....
Toutz, u per u, que desfilen adarc
Coum lous sourdatz hèn autourn deu drapèu.
Demouratz dounc e muchatz-me la care :
Qu'ep bau counta e sens ploura dilhèu.

Alexis Peyret.

Nous avons respecté l'orthographe de ces diverses pièces qui varie selon le poète : ce qui indique la nécessité d'un dictionnaire précis et les services que ce dictionnaire était appelé à rendre.

On ne pourra jamais déraciner du cœur des Béarnais l'amour de leur idiome natal, pas plus que le culte de leur petite patrie : l'un est la conséquence de l'autre.

Mais ni l'un ni l'autre ne sauraient leur faire oublier ce qu'ils doivent à notre chère langue française.

Nombreux sont les écrivains béarnais qui, tout en restant fidèles aux muses de leurs montagnes et de leurs gaves, se font un devoir d'honneur de travailler, chacun dans la mesure de ses forces, à l'accroissement du patrimoine intellectuel de la grande nation, dont la gloire est faite de l'amour, de l'abnégation et du dévouement de tous.

Adrien Planté,

Inspecteur de la *Société Française d'Archéologie.*

II — LANGUE BASQUE

La langue basque a de tout temps étonné et surpris les voyageurs ; et l'on a pu dire, avec quelque raison, qu'elle a, comme le bas-breton, dérangé d'honnêtes cervelles et fait dire bien des extravagances. Elle ne ressemble en effet à aucune des langues habituellement connues ; elle ne rentre pas dans le cadre des idiomes que l'on étudie d'ordinaire et les profanes la trouvent rebelle à toute étude systématique. Elle est cependant extrêmement logique et fort bien formée ; mais vouloir l'étudier par le même procédé que pour apprendre le latin ou l'anglais, c'est tout à fait comme si on voulait appliquer à certains métaux les lois physiques et chimiques qui en régissent d'autres.

Le basque est, pour parler le langage technique des linguistes, un idiome de la seconde catégorie, c'est-à-dire un idiome agglutinant; il est de plus partiellement incorporant et il offre des traces de polysynthétisme; il prend place, dans la série des langues de la même espèce, entre la famille ougro-finnoise d'une part et les familles nord-américaines de l'autre. En d'autres termes, le système grammatical s'y réduit à une perpétuelle composition à l'aide de préfixes et de suffixes qui ont chacun une signification indépendante souvent très sensible encore ; il peut de cette façon exprimer en un seul mot des idées complexes et il sait fondre dans son verbe les pronoms sujets et régimes ; enfin il offre plusieurs exemples remarquables de cette composition syncopée que présente le français populaire *Mamzelle* pour *Mademoiselle*.

Pour faire la grammaire du basque, il ne faut donc pas procéder comme s'il s'agissait d'une de nos langues analytiques modernes. Il ne faut point se préoccuper des mots isolés, mais il faut les prendre dans les phrases du discours, et par la comparaison des uns aux autres découvrir à la fois les *racines* principales, fondamentales, significatives, et les *suffixes* ou *préfixes*, les racines secondaires, expressions formelles qui servent à nuancer l'idée, l'intuition, la conception, et à marquer les rapports extérieurs dont elle peut être affectée suivant le temps ou l'espace. La décomposition des mots conduira à la reconnaissance des sons et des bruits qui constituent l'alphabet et aussi à l'histoire des variations de signification des mots. L'examen général de la phrase donnera les lois de la syntaxe.

L'alphabet basque *général* comprend — sans tenir compte des variations accidentelles ou locales — les éléments suivants : *voyelles simples : a, e, i, o, u* (c'est-à-dire *ou* français) ; les *voyelles diphtongues : ai, ei, oi, ui, au, eu;* les *semi-voyelles : y* et *w* ; les *consonnes explosives : k, g, tch, ts, t, d, p, b* ; les *nasales : ng, ñ* ou *gn, n, m* ; les *soufflantes : s, ch* français, *s* mouillé, *h* aspirée ; les vibrantes : *r* dur, *r* adouci, *l* ; et les *explosives aspirées : kh, th, ph*. Ces sons et ces bruits sont d'ordinaire aujourd'hui écrits à l'aide des signes que nous venons d'employer ; cependant *r* dur se représente par *rr*, *s* par *z*, *ch* par *s* et *s* mouillé par *ch*. Cette liste serait beaucoup plus longue si l'on y ajoutait les sons particuliers aux différents dialectes ; on peut signaler en passant la *jota* espagnole, le *j* français, l'*u* français ainsi que des *g, t, d, l* mouillés.

Les lois phonétiques du basque sont assez nombreuses ; il ne serait pas possible de les exposer ici. Il suffira de faire remarquer qu'une même consonne n'est jamais doublée ; que les groupes de consonnes sont évités, sauf ceux formés d'une nasale et d'une explosive ou d'une explosive et d'une soufflante ; que les explosives initiales sont toujours adoucies ; que *g, d, b, n* et *r* doux se suppriment entre deux voyelles ; que le *r* ne saurait commencer un mot, ce qui explique les transformations de *rationem* en *arrazoin,* de *roma* en *erroma,* de *risque* en *hirrisku,* etc.; que les voyelles finales s'élident devant les voyelles initiales, mais que dans le corps même d'un mot le hiatus est de règle avec cette particularité que l'une des deux voyelles en contact change et que quelquefois elles s'altèrent toutes deux, *ea* devenant *ie* par exemple. Il y a également de remarquables phénomènes de contractions ou de mutations par influences réciproques entre les consonnes finales et les consonnes initiales.

Quant aux formes grammaticales, la prétendue déclinaison du basque n'est qu'une simple adjonction de particules à la fin des mots à décliner ; ainsi là où le français dit : « de la femme », le basque dira : « femme la de » *emazte-a-ren.* Parmi les principales postpositions, on peut citer les suivantes : *en* « de » génitif, *i* « à » datif, *ko* « de, pour » marquant la position, *tik* « de » ablatif, *n* « dans », *z* « par », *kin* ou *gaz* « avec », *ra* ou *rat* « vers », *ik* partitif (ex. *ogi-r-ik* « du pain »), *no* « jusque », *gatik* « à cause de », *tzat* « pour », etc. Ces suffixes peuvent se composer comme nos prépositions : « jusqu'à la maison, jusque vers la maison » se traduit *etche-ra-no,* etc. Certaines particules paraissent réservées aux noms personnels, hominins si cette expression nous est permise. Il y a deux déclinaisons, l'une définie caractérisée par la présence de l'article, l'autre indéfinie sans article ; on trouve cependant une exception remarquable : les terminaisons ablatives et locales (de, vers, etc.) suppriment l'article au défini et intercalent un suffixe spécial à l'indéfini ; ainsi *etche* « la maison » fait *etcherat* « vers la maison » et *etchetarat* « vers maison ». Le pluriel n'existe que pour la déclinaison définie ; il est formé par l'addition finale d'un *k.* Il existe cependant une terminaison plurielle indéfinie *eta* qui supplée à l'autre devant les suffixes locaux et qu'on rencontre souvent dans les noms topographiques : *ezpeleta* par exemple veut dire « les buis », *harriet* c'est-à-dire *harrieta* « les pierres ». Lorsque les mots déclinés sont joints à des verbes, leur forme simple sert d'accusatif ou de sujet du verbe intransitif ; le sujet du verbe actif prend un *k* final et alors le nominatif pluriel devient *ek* dans certains dialectes : *gizona da* « l'homme est », *gizonak etchea du* « l'homme a la maison », *gizonek dute* « les hommes l'ont ».

Un grand nombre de syllabes terminales, mises bien entendu à la fin du radical et avant l'article, marquent l'augmentation, la diminution, l'abondance, la mauvaise qualité, l'excès, le défaut, l'attachement, la répugnance, et ainsi de suite. Il n'y a là rien de bien spécial au basque, car en français même on dit : une fillette, une femmasse, etc.

Comme on l'a vu ci-dessus l'article est *a* suffixé ; cet *a* n'est que l'ancienne forme du démonstratif éloigné. Anciennement, tous les démonstratifs devenaient ainsi des déterminants suffixés : on trouve, dans les vieux auteurs, à côté de *gaztena* « le plus jeune », des formes telles que *gaztenor* « ce plus jeune ».

Les démonstratifs sont au nombre de trois, un prochain, un éloigné et un indéfini ou intermédiaire. Il n'y a point de pronoms relatifs ; la langue moderne les remplace par les pronoms interrogatifs. Les pronoms personnels sont *ni* « moi », *gu* « vous », *hi* « toi », *zu* « vous » ; les Basques contemporains ont fait de *zu* un « vous » singulier honorifique et ils ont dû fabriquer un « vous pluriel » *zuek*. L'adjectif se met toujours après le substantif; il marque le comparatif de supériorité par le suffixe *ago* (« plus grand » est *handiago)* qui s'intercale par conséquent entre le nom et l'article. La numération est vigésimale, ce qui est généralement l'indice d'une infériorité sociale ; « trente-neuf » se dit « vingt et dix-neuf », « soixante » se rend par « trois vingt » : n'a-t-on pas en français « quatre-vingt, six-vingt, quinze-vingt » ?

Le verbe basque a surpris les amateurs étrangers à la linguistique par sa complexité ; beaucoup de gens du pays en admirent la précision. Pour nous, cette complexité n'est qu'un embarras et une imperfection, comme cette précision est imaginaire. A l'imitation de l'hébreu, du finnois, etc., le basque incorpore les pronoms sujets et régimes dans ses expressions verbales ; il y introduit même les pronoms régimes indirects et peut dire en un seul mot « je le vois » *dakusat,* « je les lui porte » *dakarzkiot,* « je suis à vous » *natzaitzu.* Mais il ne peut pas rendre l'idée active non transitive ni indiquer l'action réfléchie ; il faut une périphrase pour dire « je me flatte » et l'on ne saurait dire « j'aime » ; aussi, pour traduire « j'aime une femme », doit-on se servir de ce pléonasme : « je l'aime une femme » *maitatzen dut emazteki bat.* Chaque expression verbale a quatre ou même cinq formes : la forme générale indéfinie, par exemple *dakit* « je le sais » ; la forme respectueuse *dakizut* employée pour parler à une personne à laquelle on veut témoigner de la déférence, et qu'on affaiblit dans certaines régions en *dakichut* lorsqu'on s'adresse à des enfants ; la forme masculine *dakikat* « je le sais, ô toi homme » ; et la forme féminine *dakiñat* « je le sais, ô toi femme ». C'est le seul cas où le basque distingue les sexes ou, si l'on veut, les genres ; mais comme on vient de le voir cette distinction est purement objective. Il y a deux formes de seconde personne plurielle correspondant aux deux pronoms *zu* et *zuek.* Il y a une voix dérivée caractérisée par le suffixe *ke* ajouté au radical auquel il donne un sens aoristique ou conditionnel. On ne peut guère citer qu'un mode, l'indicatif, car l'impératif n'est que le radical du verbe et le conjonctif ou subjonctif est dérivé par l'addition d'un suffixe *n* dont la signification exacte nous échappe encore.

Les temps ne sont qu'au nombre de deux : le présent et l'imparfait. On compte sept personnes, en y comprenant les deux secondes du pluriel, et deux nombres ; le duel est inconnu. En ceci le basque est inférieur à beaucoup d'idiomes du même groupe, de même que par son incapacité à incorporer le possessif dans le nom ; il n'a rien qui corresponde au magyar *atyam* « mon père » par exemple. Les deux temps se distinguent, dans le verbe intransitif, par une nasalisation du radical : *niz* « je suis », * *nintz* « j'étais » ; dans le transitif par la position du pronom sujet : *duzu* « vous l'avez », * *zunu* « vous l'aviez ». L'addition de nombreuses terminaisons et de quelques préfixes rend diverses nuances vocales, modales ou conjonctionnelles.

Ce que nous venons de dire s'applique surtout au verbe théorique ou plutôt au verbe archaïque, primitif. Actuellement la conjugaison s'opère par périphrases, au moyen de noms et d'adjectifs verbaux déclinés et d'auxiliaires ; ainsi, au lieu de *dakusat* « je le vois » on dit *ikusten dut* « je l'ai en action de voir ». On comprend qu'on puisse ainsi nuancer et varier les temps et les modes ; le prince L. L. Bonaparte dans son *Verbe basque* (Londres, 1869), compte 91 formes temporelles usitées dans l'ensemble des dialectes. Voici quelques exemples : *egin dut* « je l'ai fait », *ikusiko zuen* « il l'aurait vu », *eroria izan dadin* « qu'il soit déjà tombé », *ikus baleza* « s'il le voyait », etc. Chaque temps ayant sept personnes et chaque personne quatre variations *allocutives*, comme nous l'avons dit ci-dessus, on peut donc dire que la conjugaison complète du verbe basque se compose de 2.548 formes personnelles différentes. Les deux auxiliaires principaux sont *naiz* ou *niz* « je suis » et *dut* « je l'ai » ; suivant que le même nom d'action est accompagné de l'un ou de l'autre de ces deux auxiliaires, il prend une signification intransitive ou transitive.

Les radicaux des verbes paraissent être généralement disyllabiques, mais la première syllabe est formée d'une voyelle qui semble adventice : *ikus* « voir », *eman* « donner », *ibil* « marcher », etc. ; cette voyelle est en tous cas très altérable : elle se sépare notamment du reste du radical, et prend après elle la syllabe *ra,* pour marquer le causatif : *eragin* « faire faire », *erabil* « faire marcher, conduire » et même *ezarri* pour * *erarri* « faire asseoir, placer, mettre » de *yarri.*

Nous voyons là un intéressant exemple de mutation phonétique ; nous en trouverions d'autres dans *yauregi* « château » de *yaun-tegi* « demeure du Seigneur », *artizarra* « la planète Vénus » de *argi-izarra* « l'étoile lumineuse », etc.

Des altérations du même ordre mais plus complexes ont amené quelques compositions syncopées qu'on a voulu assimiler au polysynthétisme américain : *ortzanz* « tonnerre » de *ortz* « nuage » et *azantz* « bruit », *sagarno* « cidre » de *sagar* « pomme » et *arno* « vin », etc. La plupart des exemples qu'on peut donner sont empruntés à des noms topographiques dont beaucoup, dans le pays basque, sont fort anciens et ont été tellement altérés qu'ils sont devenus réfractaires à l'analyse ; il est possible aussi qu'il s'y trouve des mots tombés en désuétude et depuis longtemps oubliés.

Dans son état actuel, le vocabulaire basque est assez pauvre. La plus grande partie en est formé de mots béarnais, gascons, latins, français, espagnols, celtes même et d'autre source ; les expressions purement originales ne semblent pas avoir de signification abstraite. De même, les expressions générales manquent : il n'y a pas de mot primitif pour « animal » ni pour « arbre » ; on ne dit pas non plus « sœur » mais « sœur de femme » *ahizpa* et « sœur d'homme » *arreba ;* il y a six noms différents pour désigner l'état de chaleur de la chienne, de la jument, de la vache, de la truie, de la brebis et de la chèvre. En revanche, le même objet, le même animal, est appelé, suivant les localités, de noms différents : on a relevé parait-il plus de trente synonymes locaux de « papillon » ; ces différences tiennent en grande partie à l'absence d'une véritable culture littéraire, car il n'y a que quatre siècles tout au plus qu'on a commencé à écrire le basque. Le prince Bonaparte a distingué vingt-cinq variétés caractérisées qu'il classe en huit dialectes, lesquels peuvent à leur tour être rapportés à trois groupes : 1° le *biscayen* ; 2° le *guipuzcoan*, le *haut-navarrais méridional*, le *haut-navarrais septentrional*, le *labourdin*, le *bas-navarrais occidental* ; 3° le *bas-navarrais oriental* et le *souletin*. Les noms de ces dialectes indiquent approximativement leur répartition géographique.

La limite du territoire où est parlée la langue basque est d'ailleurs assez facile à déterminer : partant de l'Océan un peu au dessous de Biarritz, la ligne rejoint l'Adour au bas de St-Pierre d'Irube, suit ce fleuve jusqu'au delà d'Urcuit, le quitte alors pour englober Briscous et Bardos (à l'exclusion de Labastide-Clairence), puis St-Palais et Esquiule pour aboutir au pic d'Anie ; entrant alors en Espagne, elle reste en dehors, à l'Est, de la vallée de Roncal, s'infléchit à Burguï vers Pampelune qu'elle contourne extérieurement pour redescendre jusqu'au delà de Puente-la-Reina, et revenir ensuite, presque en ligne droite, à Vitoria d'où elle remonte vers la mer qu'elle atteint un peu à l'Ouest de Portugalete. Ce territoire comprend, en France, la plus grande partie de l'arrondissement de Bayonne, celui de Mauléon presque tout entier, et une commune (Esquiule) de celui d'Oloron ; en Espagne, près de la moitié de la Navarre, le Guipuzcoa, à peu près toute la Biscaye et la partie Nord de l'Alava. On peut estimer à 630000 le nombre des habitants de ce territoire ; mais pour avoir le chiffre exact des personnes qui parlent le basque, il faudrait ajouter environ 220000 représentant les habitants du pays qui ont émigré pour des raisons diverses, dont au moins 200000 en Amérique.

Il n'y a pas de preuve historique ni même de probabilité

scientifique que le basque ait occupé anciennement une aire géographique beaucoup plus étendue qu'aujourd'hui. En France, nous n'avons aucune raison de croire que sa limite ait reculé ; en Espagne, au contraire, il est facile de constater qu'il a perdu du terrain depuis quelques siècles et l'on y trouve même une zone mixte où le basque est prêt à disparaitre car il n'y est plus parlé que par la minorité des habitants. Presque partout du reste, la langue tend à s'altérer de plus en plus sous l'influence grandissante du français ou de l'espagnol. Les dialectes les plus résistants sont ceux du centre, le guipuzcoan et le labourdin ; ce dernier parait même le mieux conservé au point de vue des formes grammaticales. L'opinion, longtemps admise sans conteste, que la péninsule Ibérique et même toute l'Europe sud-occidentale a été peuplée par une race ou des races dont les idiomes étaient apparentés au basque, ne s'appuie que sur des étymologies et elle ne saurait être considérée aujourd'hui que comme une pure hypothèse. En réalité, on ne sait point ce qu'était la langue des anciens Ibères.

Le nom propre et original du basque est *euskara, eskara, uskara, eskuara,* suivant les dialectes. On n'est pas d'accord sur la signification de ce mot ; l'étymologie la plus probable est celle qui l'explique par « manière de parler, langage proprement dit » de la racine **es*, **eus* « crier, aboyer, etc. » (cf. *erasi* « faire du bruit, jacasser, bavarder ») : on sait que beaucoup de peuples s'appellent « ceux qui parlent, ceux qu'on comprend » par opposition aux « barbares » étrangers.

La littérature euscarienne n'est ni ancienne, ni riche, ni originale ; elle comprend un millier de volumes et de brochures tout au plus. Avant le XIIIe siècle, on ne peut citer, comme spécimens de la langue, que des noms de lieux ou de personnes cités dans divers documents latins ou patois du pays. Au XIIe siècle, un pèlerin français de St-Jacques a recueilli dix-huit mots basques dans la traversée des Pyrénées ; son manuscrit est conservé à Compostelle. Un siècle après un pèlerin allemand apprit à son tour quelques mots et deux ou trois phrases. Puis, en 1530, Lucius Marineus Siculus en cite quelques autres dans son livre sur les choses mémorables de l'Espagne ; en 1542, Rabelais fait parler basque à Panurge. Le premier livre imprimé connu, publié à Bordeaux en 1545, est un recueil de poèmes moitié dévots moitié amoureux, œuvres d'un curé de la Basse-Navarre. En 1571, parut le livre le plus précieux, le plus important et le plus intéressant de tous, la traduction du *Nouveau Testament,* du *Catéchisme* de Calvin et des *Prières Ecclésiastiques,* imprimée à La Rochelle, par ordre de Jeanne d'Albret, aux frais du Parlement de Navarre. Les ouvrages publiés depuis sont pour la plupart des livres de piété, sans intérêt comme sans valeur.

Dans la rapide esquisse qui précède, il n'a pas été fait d'étymologies et il n'a point été parlé des affinités, des parentés possibles, des origines de la langue basque. C'est qu'aux yeux de la science, de pareilles questions sont oiseuses ou tout au moins prématurées. Il faut, toujours et partout, procéder avec méthode ; la synthèse ne doit venir qu'après l'analyse. Pour affirmer qu'un idiome se rapporte à celui-ci, pour reconnaître qu'il a des analogies avec celui-là, il faut tout d'abord l'avoir étudié complètement, en avoir reconstitué la forme exacte et l'organisme primitif ; pour arriver à ce résultat fondamental, il faut avoir exploré en détail chaque variété et chaque dialecte, et avoir déduit de ces types dialectaux la forme générale rudimentaire. Jusque là, on ne fera guère que des hypothèses inadmissibles, on aura seulement perdu un temps précieux. A dire vrai, tout ceux qui ont quelque habitude de la linguistique pressentent déjà que la recherche des affinités du basque aboutira seulement à une négation.

Il est vraisemblable que le remarquable idiome des Pyrénées Occidentales est tout à fait isolé et n'a jamais beaucoup rayonné au delà de son habitat actuel ; parmi les nombreux ilots de populations primitives et spontanées qui ont apparu çà et là en Europe, il est un de ceux qui ont survécu et qui ont résisté au grand torrent celto-aryen.

Quant aux étymologies, elles ne sauraient être entreprises sans la connaissance exacte des lois phonétiques d'une part, du vocabulaire de l'autre. Rien n'est plus important, rien n'est plus précieux ; mais rien n'est plus périlleux ni plus trompeur. On ne saurait trop hésiter à s'aventurer dans ces décompositions de mots où la fantaisie et l'imagination triomphent d'ordinaire de la science positive. Il en est pourtant quelques-unes que l'on peut déjà admettre : le nom de la planète Vénus, déjà cité ci-dessus, *artizarra* pour *argi-izarra* « l'étoile lumière », *emakume* « femme, celle qui enfante (*kume,* enfant, petit) », *bekhaizti* « jaloux » de *begigaitz* « œil mauvais, méchant » ; etc. Ici encore la science peut prévoir le résultat : les Basques étaient probablement, lorsque leur langue est entrée dans la vie historique, un peuple très jeune encore et d'une civilisation relativement très inférieure.

JULIEN VINSON.

CHAPITRE XI

LE

DÉPARTEMENT DES BASSES-PYRÉNÉES

SCIENCES, LETTRES ET ARTS

I. Société des Sciences, Lettres et Arts de Pau. — II. Société des Amis des Arts de Pau. — III. Société des Sciences et Arts de Bayonne. — IV. Biarritz-Association. — V. Musée de Pau. — VI. Bibliothèque de la ville de Pau.

Sans qu'il soit nécessaire de remonter jusqu'à Gaston Phœbus (1331-1390) qui, par la restauration du Château de Pau, entreprise en 1375, ses poésies béarnaises *Aquères Mountines* [1], et son ouvrage sur la chasse « Miroir de Phébus — Des déduicts de la

1. — Voir pour les paroles et la musique, *Chansons et Airs populaires du Béarn,* recueillis par Frédéric Rivarès. Pau, Vignancour, 1844, p. 67, 1re édition ; 1868, 2e édition, p. 44.

» chasse des bestes sauvaiges et des oyseaux de proie », commença la longue série des souverains qui brillèrent en Béarn, comme protecteurs des Lettres et Arts, nul n'ignore de quel lustre entoura la petite cour béarnaise, Marguerite de Valois, sœur de François Ier, que celui-ci se plaisait à appeler *sa mignonne* ou la *Marguerite des Marguerites,* et qui mérita d'être appelée par son épitaphe la *quatrième grâce* et la *dixième muse.*

Mariée à Henri II de Navarre, elle était venue en 1527 fixer sa résidence à Pau, où son premier soin fut d'embellir le Château qui devait être son séjour. Grâce à des ouvriers italiens qu'elle appela auprès d'elle, les appartements au Midi qu'elle fait construire, le grand escalier, la cour intérieure sont ornés dans le style de la Renaissance le plus pur ; puis, elle s'entoure de savants et de poètes, parmi lesquels Erasme, Jacques Pelletier du Maur, Nicolau Denisot, Pierre Boistuau dit Launay, Gruget, Clément Marot, Bonaventure des Perriers, ces deux derniers investis des fonctions de valets de chambre.

Il n'entre pas dans le cadre de cette notice de dire la protection dont elle entoura les partisans de la Réforme, Roussel, Calvin, Boisnormand et Dolet et tant d'autres novateurs, il me suffit d'ajouter qu'avant sa mort, survenue au château d'Odos, près de Tarbes, le 21 décembre 1549, elle avait réparé autant qu'il était en elle, le tort qu'elle avait causé à la religion de ses pères, et laissait une réputation qui justifie le jugement que Brantôme a porté sur elle : « Elle n'avait pas seulement une intelligence digne d'un » grand empire, elle était outre cela très bonne, fort » accostable, gracieuse, charitable et grande aumonière. »

Jeanne d'Albret, sa fille, ne se montra pas moins supérieure par son esprit et ses travaux : « Elle était, dit » Favyn, d'une humeur si joviale que l'on ne pouvait » s'ennuyer avec elle ; éloquente entre les personnes de » son siècle, selon les erres de la reine Marguerite, elle

» pouvait par les moyens de ses discours charmer les » ennuis et passions de l'âme. » Parlant facilement le latin et l'espagnol, elle avait quelque connaissance de la langue grecque, cultivait avec succès la poésie et les arts d'agrément et joignait à ses connaissances variées un caractère intrépide et ferme.

Est-il besoin d'ajouter que Catherine d'Albret, Henri IV et sa femme, Marguerite de Valois, furent, au point de vue littéraire et artistique, les dignes continuateurs de leurs mère et aïeule ; malheureusement pour le Béarn, l'élévation d'Henri IV à la couronne de France, en enlevant à Pau le siège de la Cour Souveraine de jadis, le priva des avantages et du relief dont la présence de ses souverains était la conséquence naturelle.

Est-ce à dire que l'éloignement de ces princes réduisit à néant le goût des Béarnais pour les Lettres, les Sciences et les Arts? L'existence d'une Université à Orthez d'abord, et à Pau ensuite, la création d'une Académie Royale qui dura de 1718 à 1788 sont là pour attester le contraire ; et, de nos jours, le département des Basses-Pyrénées, composé en grande partie de l'ancienne province de Béarn et qui se souvient du passé, compte à son actif quatre Sociétés littéraires et artistiques.

Deux de ces Sociétés ont leur siège à Pau : La Société des Sciences, Lettres et Arts et celle des Amis des Arts. — Une à Bayonne : la Société des Sciences et Arts, et une à Biarritz : Biarritz-Association.

Nous allons brièvement en retracer l'historique :

SOCIÉTÉ DES SCIENCES, LETTRES ET ARTS DE PAU

Bien qu'elle ne paraisse avoir été constituée qu'au mois de juin 1871, cette Société cependant n'était que la continuation de celle qui avait été créée en 1841, et toutes les deux se rattachent par leur origine à l'Académie Royale de Pau (1718-1788). De là découle pour nous la nécessité de diviser cette notice en trois paragraphes.

I

Le 6 décembre 1718, quelques membres du Parlement de Navarre et un chanoine de Lescar se réunirent pour fonder à Pau une Académie de musique, « sous les condi- » tions, est-il dit dans le procès-verbal à cette date », portées par les statuts de l'Académie de Bordeaux.

Ce modeste début n'empêcha pas la Société de prendre d'heureux et rapides développements, et, en 1720, le nombre des associés s'élevant à quinze, on songea à demander l'appui de l'autorité royale.

Présentée à l'agrément de Louis XV par le duc de Gramont, gouverneur de la Province, cette requête fut favorablement accueillie, et le 23 août 1720, intervenaient des lettres-patentes dont l'exposé et le dispositif présentent plus d'une particularité intéressante [1].

C'est ainsi que les Béarnais y sont représentés comme « désirant faire voir que, quoique habitant près des monts » Pyrénées, la nature ne leur a pas refusé autant de dis- » positions pour parvenir à la connaissance des Arts et » belles Lettres que ceux qui habitent les autres climats » du Royaume et que, si leur réputation à cet égard n'est

1. — Le texte de ces Lettres-Patentes et tous les documents relatifs à l'Académie de Pau font partie du fonds des Archives Départementales, Série D, n°s 13 à 19. Ils ont été mis en pleine lumière par M. l'abbé Dubarat dans ses *Études d'histoire locale et religieuse*, Pau, Vve Ribaut, 1889, T. 1er, p. 123 et 229. Voir en outre le discours prononcé par M. le Président François St-Maur dans la séance de la Société des Sciences, Lettres et Arts de Pau, du 18 janvier 1872. Bulletin, T. 1er, p. 7 et suiv.

» pas encore fort étendue, c'est faute seulement d'avoir
» eu dans la Province une Académie pour y polir et per-
» fectionner leurs talents naturels.

» Du reste, y est-il ajouté, la ville de Pau, si célèbre
» par la naissance et la première éducation d'Henry le
» Grand, paraît mériter une Société de personnes distin-
» guées qui puisse par eux-mêmes célébrer ses louanges
» et celles des fameux héros de sa postérité ».

Le Roi se laisse toucher par ces considérations, et, comme à ses yeux, « ces assemblées ne sauraient subsister, » *sans fondement solide*, par le défaut de son autorité, et » qu'elles deviendraient plus nombreuses et plus utiles au » progrès des Sciences et des Arts, si c'était son bon » plaisir d'ériger ces assemblées en forme d'Académie, il » permet et approuve les dites Assemblées et conférences » pour qu'elles soient continuées dans la ville de Pau sous » le titre et nom d'*Académies* ».

Ces Lettres-Patentes furent enregistrées au Parlement de Navarre le 28 novembre suivant, et l'Académie de Pau se trouva ainsi régulièrement constituée, composée qu'elle fut d'académiciens titulaires et d'associés honoraires dont le nombre ne pouvait cependant dépasser douze et qui ne devaient s'occuper *que des Sciences*, leur voix n'étant délibérative que « dans les occasions concernant les » dissertations académiques, l'examen des programmes et » des ouvrages et la dissertation du prix ».

Quatre *officiers* furent chargés de son administration : un *Directeur* et un *sous-Directeur* élus tous les ans, un *Secrétaire* et un *Trésorier* élus tous les trois ans.

Jusqu'alors l'Académie avait tenu ses séances au premier étage d'une maison formant aujourd'hui l'encoignure Est de la place de la Vieille-Halle et de la rue de la Préfecture, mais elle pensa que la modestie de ce local n'était plus en rapport avec la faveur royale dont elle venait d'être l'objet, et elle songea à construire un *hôtel*.

Dans ce but, elle sollicita de la ville l'abandon gratuit du terrain occupé jadis par les anciennes boucheries, sis rue des Cordeliers, et les jurats ayant accédé à ses vœux par une délibération du 7 décembre 1720, cette donation fut confirmée par Lettres-Patentes de janvier 1721. L'Hôtel de l'Académie, dont les archives départementales nous ont conservé les plans [1], fut donc élevé.

C'est là que désormais se donnèrent les concerts et les conférences littéraires ; car si, en 1718, les associés n'avaient eu en vue que la fondation d'une *Académie de musique,* le Roi cependant, dans des Lettres-Patentes de 1720, avait élargi la portée de son autorisation et l'étendait aux *Lettres et aux Sciences.*

Ce double objectif fut continué jusqu'en 1744, mais, à cette époque, les ressources de l'Académie ne purent plus suffire aux frais de la partie musicale.

Ces ressources ne se composaient que d'une subvention de 500 livres accordée par les États et de la cotisation des membres titulaires qui, fixée à 100 livres jusqu'en 1729, avait alors été réduite à 50, quoique portée à 60 en 1737 et 1738. Or, le nombre des sociétaires atteignait à peine 30 et les charges étaient d'autant moins en rapport avec l'actif que les cotisations rentraient très difficilement et qu'il fallait néanmoins payer les musiciens.

Le premier souci des Académiciens, en effet, avait été de se procurer de bons artistes, qu'ils appelaient *gagistes* par opposition aux *amateurs,* dans le talent desquels ils n'avaient qu'une médiocre confiance.

Le registre de l'Académie nous a conservé le nom de quelques-uns de ces gagistes et le traitement dont ils jouissaient. Nous y relevons, au hasard, un nommé Prospéro, 1er violon, 300 livres ; Carville, maître de musique, 300 livres ; Saintonge, 2e violon, 150 livres ; Sanson,

1. — Arch. Dép., Sie D, nos 16 à 19.

maître perruquier, flûte traversière, 150 livres ; Bayle (de Toulouse), basse viole, sa femme et ses deux filles, chanteuses, 1.200 livres. C'était là, on le voit, de fortes sommes à débourser.

Aussi, le 20 mars 1744, une délibération importante vint changer la vie intérieure de notre Académie, les concerts furent supprimés, « MM. les Académiciens ne goûtant plus » les concerts, soit parce qu'ils n'y assistent point, soit » par le retardement où ils sont de payer leur contribu- » tion, ce qui doit engager l'Académie à tourner ses vues » du côté des Sciences et des connaissances plus utiles ».

La partie littéraire n'avait pas cependant été négligée. Des conférences académiques, un concours de littérature soit en prose soit en vers, dont le prix était une médaille d'or frappée aux armes de l'Académie et de la Province [1], avaient été organisés depuis 1724 par la section de l'Académie dont le sort, nous l'avons vu, était confié aux membres honoraires, et qui prenait le nom d'*Académie des belles Lettres, Sciences et Beaux-Arts*.

Le *Mercure Français* du mois de janvier 1724, p. 109, nous a conservé le sujet de ce premier concours. « Le » bonheur de l'homme ne consiste pas à estre sans passion » mais à s'en rendre le maitre. » Le prix fut remporté par M. Roborel de Climens, avocat au Parlement de Bordeaux.

Désormais chaque année eut son concours dont les matières, relevées avec un soin tout particulier dans l'étude de M. Dubarat, ont fait de la part de M. le Président François St-Maur [2] un examen plein de finesse et d'esprit et nous ne pouvons qu'y renvoyer nos lecteurs.

Quant aux conférences proprement dites, le rôle des

1. — Cette médaille, dont il n'existe aucun spécimen, portait l'inscription suivante : *Ex munificencia Provinciæ* ou *Regiæ Academiæ Palensis donum*, et au revers les armes du Béarn avec ces mots : *Cui melius*.

2. — Voir note, page 398.

membres honoraires était ainsi défini par l'article 33 du règlement : « Le premier jeudy de chaque mois, à trois » heures après midy, chacun des associés honoraires sera » tenu tour à tour de porter à l'assemblée une dissertation » académique sur telle matière qu'il voudra, pourvu que, » dans les sujets et dans la manière de les discuter, il » n'entre rien de contraire à la Religion, à l'État et aux » bonnes mœurs. »

Le 20 février 1737, tous les membres de l'Académie furent admis à y prendre part, et comprenant, en outre, qu'ils ne pouvaient travailler utilement que s'ils avaient à leur disposition une bibliothèque, ils sollicitèrent des États de Béarn une subvention de 6.000 livres pour acheter des livres, ajoutant que la bibliothèque serait ouverte au public. Par une délibération du 18 juin 1737 [1] leur requête fut rejetée par ce motif « que la province est actuellement » engagée en des dépenses considérables et que le peuple, » qui n'est déjà que trop surchargé d'impositions, se trouve » dans un état de misère qui ne lui permet pas de suppor- » ter les frais de ce nouvel établissement quelque avanta- » geux qu'il ait paru ». Mais la décision prise le 20 mars 1744 de supprimer les concerts permit à l'Académie de consacrer toutes ses forces vives à la partie littéraire et scientifique.

Son premier soin, tout en réduisant à 12 livres la cotisation des Académiciens, fut d'attribuer cette contribution et la donation de la province, « à la distribution des prix » ordinaires et à l'achat des livres les plus utiles qui » seraient déposés dans l'hôtel pour l'usage des Académi- » ciens et ne pourraient être déplacés sans récépissé et » sans la permission expresse du Directeur, sous réserve » de prendre telle détermination qu'elle jugera convenable » pour rendre l'usage de ces livres plus utile au public ».

1. — Arch. Dép., C. 779.

Un hasard inespéré permit à l'Académie de réaliser immédiatement ce programme. L'abbé de Besga, professeur de droit à l'Université de Pau, lui proposa une nombreuse, belle et curieuse collection de livres qu'il possédait moyennant une rente viagère de 300 livres et la concession d'un logement dans une petite maison attenante à l'hôtel de l'Académie et que celle-ci avait acquise de M. d'Arripe, directeur de la Monnaie, le 22 octobre 1721. M. de Besga s'engageait, en outre, à prendre soin des dits livres et de ceux qui pourraient être acquis dans la suite, en qualité de bibliothécaire et d'ouvrir la bibliothèque au public deux jours par semaine.

Après une expertise contradictoire qui porta à la somme de 2.750 livres la valeur des livres de l'abbé de Besga, l'Académie accueillit le 19 septembre 1744 l'ensemble de ces propositions et le 24 décembre suivant le public était admis à jouir de la bibliothèque. « Le mardi et le jeudi de » chaque semaine, savoir jusqu'à Pâques depuis deux heu- » res après midi jusqu'à cinq, et après Pâques depuis neuf » heures du matin jusqu'à onze heures et depuis trois heu- » res après midi jusqu'à six. »

Presque en même temps, et le 3 août 1746, l'Académie décide de s'agréger, sous la qualité d'*Académiciens étrangers* ou correspondants, et sans qu'ils fussent tenus à la cotisation, les membres des autres académies ou les hommes de talent « dont la correspondance pourrait devenir » utile et avantageuse à la Compagnie ». Les premiers élus furent MM. Duclos, membre de l'Académie des Inscriptions et Belles-Lettres et Medalou, de l'Académie Royale de Chirurgie de Paris. Après eux, c'est le baron Secondat de Montesquieu, conseiller au Parlement de Bordeaux, et son ami l'abbé de Guasci qui sollicitent cette faveur (10 novembre 1746). — Tous s'empressent de remercier l'Académie et de lui envoyer les ouvrages dont ils sont les auteurs, ce qui augmentait le fonds de la bibliothèque. En anticipant de quelques années nous rencontrons MM. Brohier, docteur en médecine (1747) ; Busson, régent de la Faculté de Médecine de Paris (1748) ; Titon du Tillet, conseiller au Parlement de Paris (1751) qui envoya à l'Académie en avril de la même année une caisse contenant deux exemplaires in-f° du *Parnasse Français* dont il était l'auteur, un volume *Essays sur les honneurs et monumens* par le même. Des poésies diverses de M. Deforges-Maillard, deux estampes du Parnasse français, plus trente-deux médailles en bronze. Dix estampes de son portrait en grand papier et dix en petit, une lettre de M. Palmens père offrant à l'Académie une estampe iconologique représentant la Paix et une estampe allégorique d'Amasis en l'honneur de M. Michault, contrôleur général avec dix exemplaires d'un imprimé contenant l'explication de l'estampe iconologique de la Paix[1]. Voltaire, enfin, ne dédaigna pas lui-même de se mettre en rapport avec l'Académie et sous le nom de M. de La Visclède il écrivit en 1776 à M. le Secrétaire perpétuel de l'Académie de Pau, une lettre dans laquelle il lui fait connaître son appréciation sur La Fontaine, et où nous relevons cette phrase :

1. — Le 26 juin 1751, l'Académie admet M. Titon du Tillet comme associé étranger et décide que les estampes de son portrait seront distribuées aux Académiciens, sous réserve d'une grande qui sera placée dans la salle d'Académie et une petite dans la bibliothèque : — de deux estampes iconologiques avec l'explication, ainsi que des deux estampes du Parnasse français, des 32 médailles et de l'estampe d'Amasis. Que sont-ils devenus ? on l'ignore, mais les deux exemplaires du *Parnasse Français* faisaient partie de la bibliothèque de M. Manescau et ils sont aujourd'hui déposés à la Bibliothèque de la ville.

Ils portent cette inscription autographe : « Le **Parnasse françois :** *corrigé par l'auteur. Donné à l'Académie roïale des Belles-Lettres de Pau par son très humble et très obéissant serviteur,* Titon du Tillet » — et la DESCRIPTION DU PARNASSE FRANÇOIS : *à Messieurs de l'Académie des Belles-Lettres de Pau de la part de leur confrère très humble et très obéissant serviteur,* Titon du Tillet.

« Je ne veux point égaler le vol de la fauvette à l'aigle.
» Je me borne à vous soutenir que La Fontaine a souvent
» réussi dans son petit genre autant que Corneille dans le
» sien [1]. »

Le 24 février 1748 fut le point de départ d'une nouvelle réglementation pour les *conférences académiques,* en raison peut-être de ce que l'Académie, voulant imiter l'Académie Française, avait fixé à quarante le nombre de ses membres [2]. C'était à vrai dire, le règlement de 1737, mais l'époque des séances fut changée ; elles ne durent plus avoir lieu que les premiers samedis de chaque mois à l'exception du mois de janvier, août, octobre et novembre, et les conférences devaient durer de trois heures de relevée à cinq.

L'Académie continua depuis lors sa paisible existence, en se débattant cependant contre des embarras d'argent, provenant de ce qu'elle avait des dettes et que non seulement depuis 1772 les États lui avaient supprimé leur subvention de 500 fr., mais encore, que malgré la modicité de la cotisation, qui avait été cependant réduite à 12 livres, ses membres étaient de plus en plus inexacts à se libérer. Et à ce point de vue l'état des comptes dressé par le trésorier au 1er juillet 1785 présente une nomenclature des plus probantes. Les arrérages s'élèvent à 9.308 livres !

Pour comble de malechance l'hôtel de l'Académie a besoin de réparations urgentes, et l'argent manque pour les effectuer.

On propose aux États (1779) d'y tenir leurs assemblées

1. — *Œuvres de Voltaire.* — Ed. Beuchot, T. XLVIII, p. 261.

2. — Ce nombre fut atteint le 24 août de la même année, et pour ne pas éloigner les adhérents, il fut créé une classe d'*Académiciens aspirants* qui seront appelés à combler les vides dans l'ordre de leur réception, et qui, en attendant, jouissaient des mêmes avantages que les titulaires, mais ne pouvaient être élus aux charges.

à la charge de laisser à l'Académie une salle pour ses séances et une pour sa bibliothèque, mais de payer les dettes qui ne devront pas excéder 6.000 francs. Les États refusent. On tourne les regards du côté des Jurats et le 30 mars 1782, « attendu que depuis longtemps l'Académie » a désiré de se libérer de ses dettes et de se soustraire aux » embarras et aux dépenses que lui procure la propriété » de son hôtel ; que le projet qu'elle avait eu de la trans- » porter aux États de la Province ne peut être exécuté », on délibère que « comme la ville de Pau peut avoir quelque » droit de préférence sur cet immeuble, il paraît conve- » nable de s'en accommoder avec les Jurats ». — Le 8 mai 1783, la ville consent à la vente, à la condition qu'elle sera payée, sur le produit, de la valeur du sol et des murs qui lui appartiennent, valeur fixée contradictoirement à 3.000 livres. Mais on ne trouve pas d'acquéreur, et bien que l'Académie se décide à vendre à M. de Fanget, conseiller au Parlement, le 20 août 1783, la petite maison attenante à l'hôtel, moyennant 5.200 livres, la situation est de plus en plus précaire, car le 24 mars 1787 les dettes se montent à 16.000 livres !

Les Académiciens s'adressent de nouveau à la ville, et lui offrent leur immeuble pour y établir au moins provisoirement un hôtel de ville à la place de celui qui tombe en ruine. Si, le 30 mars 1787, des commissaires de la municipalité se transportent rue des Cordeliers, accompagnés de M. Desfirmins, Ingénieur en chef de la Province, la mort de celui-ci suspend les pourparlers, et bien qu'il soit remplacé le 3 mars de l'année suivante, par M. Boisot, les négociations n'aboutissent pas.

Il est vrai qu'un procès était alors pendant entre l'Académie et les religieuses de l'Union Chrétienne qui se plaignaient de ce que des jours avaient été ouverts dans le mur qui séparait à l'Est l'hôtel du Couvent de la Foi, et la perspective de soutenir ce procès n'était pas faite pour entrainer le vote de la municipalité.

C'est ce que révèle la dernière délibération passée par l'Académie à la date du 17 février 1788.

Elle conserva cependant une ombre d'existence, car son trésorier, M. Saubat, lui réclamait le 7 mars 1789 un dédommagement pour ses peines et soins.

Mais, l'orage grondait à l'horizon, et le moment n'était pas loin où toute étude devait cesser devant le bruit de la politique et de la guerre, le décret du 8 août 1793, devait, du reste, supprimer les Sociétés littéraires, que Dulaut, le Procureur Syndic de la commune de Pau, stigmatisait en ces termes :

« Des corporations persécutrices des talents et des » sciences, les *Académies*, la Sorbonne, existaient pour » le malheur des connaissances humaines. Dans les » premières, les productions du génie passaient au creuset » de l'orgueil et de la morgue littéraire; et lorsque les » livres soumis à leur censure excitaient par leur mérite » la jalousie de Messieurs les Académiciens ou qu'ils bles- » saient les principes d'un gouvernement despotique, ces » livres condamnés comme mauvais et dangereux étaient » perdus pour l'instruction des hommes................

» Les Français, en brisant leurs fers, ont rompu les » chaînes honteuses du savoir [1]. »

Telle fut l'Académie de Pau dont nous avons essayé de retracer l'existence un peu tourmentée, il est vrai, mais qui n'en avait pas moins fourni une carrière de 70 ans.

II

Moins heureuse que d'autres villes, la ville de Pau laissa cinquante ans s'écouler avant de prendre part au grand mouvement littéraire et scientifique qui sera comme la caractéristique du XIXe siècle.

1. — Rivarès : *Pau et les Basses-Pyrénées pendant la Révolution*. — Pau, Léon Ribaut, 1875, page 43.

En 1840, cependant, sous l'impulsion de membres jeunes, actifs et laborieux de l'Université, l'ancienne Académie de Pau sortit de sa léthargie, et le 23 janvier 1841 dix-huit habitants de la ville appartenant aux professions libérales et, réunis chez M. Manescau, dont le nom est resté le synonyme du dévouement au Béarn et aux choses de l'Intelligence [1], fondèrent une Société des *Sciences, Lettres et Arts.*

Elle avait pour but :

1° D'explorer les richesses naturelles des Basses et Hautes-Pyrénées et des Landes ;

2° De s'occuper de recherches sur les mœurs, l'histoire, les documents inédits et les monuments artistiques et archéologiques du pays ;

3° De former un centre d'émulation pour l'entretien des bonnes études.

Placée sous l'administration d'un Bureau composé d'un Président, de deux Vice-Présidents, d'un Secrétaire, de deux Conservateurs, l'un pour l'histoire naturelle, l'autre pour les objets d'art et d'archéologie et d'un Trésorier, elle devait publier ses travaux dans un Bulletin destiné à paraître mensuellement.

D'excellents travaux signalèrent les débuts de cette Société qui se réunissait tous les mois dans une des salles de l'Hôtel de Ville, mais le zèle ne tarda pas à se ralentir et l'indifférence aidant, elle mourut d'inanition au mois d'avril 1844, bien que cependant, dans la séance du 6 janvier précédent, elle eût renouvelé son Bureau et que rien n'indiquât que sa fin fût si prochaine.

1. — M. Manescau, décédé à Pau le 16 mars 1875 à l'âge de 83 ans, fut maire de la ville de 1843 à 1851, représentant du peuple de 1849 à 1851 ; il fit partie du Conseil général de 1853 à 1871. Bibliophile distingué il avait formé une bibliothèque de plus de 6.000 volumes qu'il céda à l'Empereur en 1867 pour le Château de Pau et qui est maintenant annexée à la Bibliothèque de la ville.

III

Nous passons sous silence une tentative de restauration de cette Société risquée en 1855 sous le nom de *Société Scientifique et Artistique des Basses-Pyrénées;* quoique soutenue à son début, elle n'eut qu'une existence éphémère.

Il était donné à l'année 1871 de voir renaître et l'Académie de Pau et la Société des Sciences, Lettres et Arts de 1841.

Sous l'impulsion de M. le Marquis de Nadaillac, alors Préfet des Basses-Pyrénées, et de M. Nogué, ancien Maire de Pau, un certain nombre de personnes désireuses de rétablir des réunions instructives pour tous, reconstituèrent ces anciennes Sociétés.

Réunis le 29 juin 1871, sous la présidence de M. de Nadaillac qui, dans une courte allocution, démontra combien il importait, après les malheurs de la Patrie, de relever en France le niveau des œuvres de l'esprit, ils confièrent la rédaction d'un règlement à une Commission composée de :

MM. Daguilhon, Premier Président de la Cour d'Appel ;
François St-Maur, Président de Chambre ;
Genreau, Ingénieur des Mines ;
Le Cœur, Conservateur du Musée ;
Marion, Professeur au Lycée de Pau ;
Nogué, ancien Maire ;
O'Quin, ancien Député, Receveur général des finances ;
Piche, Conseiller de Préfecture ;
Raymond, Archiviste du département,

Et le 5 juillet suivant, l'Assemblée adoptait un règlement dont l'article 1er est ainsi conçu :

« Une Société est constituée à Pau dans le but de contri-

» buer par les efforts réunis de ses membres au progrès
» des Sciences, des Lettres et des Arts. »

C'est dans cette voie, si simple en apparence et si étendue malgré sa concision, que la Société des Sciences, Lettres et Arts marche depuis 20 ans.

Elle compte à l'heure qu'il est de nombreux membres et échange son Bulletin avec plus de cent Sociétés savantes tant en France qu'à l'étranger.

Quant à ses travaux, un coup-d'œil jeté sur les vingt volumes de son Bulletin en atteste l'importance.

On y trouve, en effet, *en histoire locale et provinciale :* Les documents sur Alain d'Albret — Les Extraits de la Chambre des Comptes — Le Compte de la Ville de Pau de 1547 à 1548 — Le Règlement de la saison des Eaux-Chaudes en 1576 — Les origines de la Maison d'Albret — Les Sceaux des Archives du département des Basses-Pyrénées — Pau et les Basses-Pyrénées avant la Révolution — L'Histoire du Montanérez — L'ancien Évêché de Lescar — L'Enquête sur les Serfs en Béarn — Mémoire sur la Ville et la Communauté de Pau — L'Armée des Pyrénées Occidentales — L'Hôpital et la Maladrerie de Lescar — Documents pour servir à l'histoire des temps révolutionnaires dans le Sud-Ouest — Documents pour servir à l'histoire du Protestantisme en Béarn — Jean Ier, Comte de Foix — Pau et le Parlement de Navarre en 1788 — Les Imprimeurs et les Libraires en Béarn — Le Cartulaire de Ste-Foy de Morlàas — L'Intendant Foucault et la Révocation — Documents pour servir à l'histoire de l'Université protestante du Béarn — La Commanderie et l'Hôpital d'Ordiarp — L'ancienne Église de St-Martin de Pau — Les Cahiers des Griefs du Tiers-État d'Orthez et des Communautés de Béarn en 1789 — Le premier Journal imprimé à Pau 1778 — Notices historiques sur les Évêques d'Oloron — Dénomination et origines des rues de Pau — La Répression des Crimes en Béarn — La Charte d'Arsius

— La Bourgeoisie Bayonnaise sous l'ancien régime — L'Instruction publique à Orthez avant 1789 — Ronceveaux — Une grande Baronnie de Béarn — Les Milices Béarnaises, etc., etc., et comme se rapprochant de cette rubrique : L'origine des Basques — Les Dictons en Pays de Béarn — Remarque sur la Toponymie du Béarn et sur le nom des habitants de Pau — Le Calvinisme en Béarn, etc.

En matière *scientifique et philosophique :* Gîte de sel gemme à Dax — Les Tumuli de Garlin — Les Silex de Biarritz — L'Électromètre météorologique — Les Cagots des Pyrénées — Les Colliberts — La Botanique Pharmaceutique des Pyrénées — Les Parias de France et d'Espagne — La Paléontologie de Biarritz — Les terrains nummulitiques d'Orthez — La Statistique de l'Ignorance — Coupe géologique de Pau aux Eaux-Bonnes — Notes pour servir à l'histoire de l'Instruction primaire dans les Basses-Pyrénées — L'Universalité des notions morales — Les Explorations sous-marines de l'aviso à vapeur *Le Travailleur* — La Météorologie des Basses-Pyrénées — Les Rhicopodes réticulaires — La Faculté philosophique dans une Université allemande — Les Eaux potables de Pau — Essai de Synthèse des groupements Sociaux — Le Saurien de Cardesse (Leiodon-Anceps).

En *littérature :* De la Conversation au Moyen Age — Alexandrie sous les Ptolémées — Bagdad sous les Khalifes — Personnages de jeunes filles dans le théâtre de Molière, etc.

En fait d'*art :* Les Artistes en Béarn — Les Peintures murales au XVe siècle à Bœil — Le Musée de Don Sébastien — Les Tapisseries du Château — La Mosaïque de la Cathédrale de Lescar — Les Caron, sculpteurs Abbevillois en Béarn — La Cathédrale de Ste-Marie — Les Tapisseries, dites de St-Jean au Château de Pau, etc.

SOCIÉTÉ DES AMIS DES ARTS DE PAU

Au mois de mars 1863, une brochure de quelques pages, ayant pour titre : *De la fondation d'une Société des Amis des Arts à Pau,* était livrée au public. Elle était due à la plume d'un homme de goût, M. Ch. Le Cœur, devenu un Béarnais d'adoption, et avait pour but de démontrer l'utilité de cette fondation et la possibilité d'un fonctionnement régulier d'une institution de cette nature.

Le succès fut grand et rapide, et les adhésions surtout, nombreuses. En moins de quinze jours, en effet, cinquante-quatre adhérents s'étaient fait connaître, parmi lesquels le Préfet, le Maire, les Vice-Consuls étrangers, ce qui assurait à la Société naissante la protection de l'État, le concours bienveillant de la municipalité et le bon vouloir non seulement des habitants, mais encore de la colonie étrangère, qui, à Pau, dans une entreprise de ce genre, n'est pas un facteur à négliger.

Le 22 avril, une réunion préparatoire dans laquelle fut élaboré un projet de statuts fut tenue chez M. Le Cœur, et le 29 ces statuts ayant été adoptés, une Commission administrative chargée de veiller à leur exécution fut composée de la manière suivante :

MM. G. d'Auribeau, Préfet, Président d'honneur ;
Ch. Le Cœur, Président.

Membres de la Commission :

MM. Stewart, J. Brunton, Comte de Van der Straten, Manescau, Sers, Gérard, Nogué et le Comte de Beaumont.

Peu de jours après, un arrêté préfectoral donnait à ces statuts une existence légale et la Société des Amis des Arts de Pau était fondée.

Son but est ainsi déterminé par les articles suivants de ses statuts :

Art. 1er. — Une Société des Amis des Arts est fondée à Pau dans le but de propager le goût des arts et d'en favoriser la culture et les progrès au moyen d'expositions publiques et d'acquisitions d'objets d'art choisis parmi ceux exposés.

Art. 2. — Les objets d'art acquis par la Société sont partagés par la voie du sort entre tous les Sociétaires porteurs d'une ou plusieurs souscriptions nominales de 25 francs chacune.

Ces expositions devaient être *annuelles* et la première devait avoir lieu pendant la saison d'hiver de 1863-1864.

Le 15 mars 1864, la Société ouvrit les portes de sa première exposition qui avait été installée dans les locaux de l'ancien Palais du Parlement, rue Henri IV, et un grand nombre d'artistes de Paris et de la province ayant répondu à l'appel de la Commission, un véritable enthousiasme accueillit ces débuts.

Chaque année depuis lors a eu son exposition qui se tient depuis plusieurs années dans le local même du Musée, place Bosquet.

Nous donnons ci-après un tableau indiquant la marche de la Société tant au point de vue de ses membres que des exposants et des acquisitions.

Disons toutefois que soutenue à son début par une allocation de l'État, elle reçoit de l'Administration municipale une large subvention et que son existence a acquis une importance réelle depuis que, par son testament du 8 janvier 1873, un des premiers adhérents de la Société des Amis des Arts, M. Noulibos a légué au Musée de Pau, sa ville natale, un revenu d'environ 5,000 fr. qui doit être consacré à des acquisitions de tableaux figurant aux expositions annuelles de la Société.

Années	Sociétaires	Recettes	Dépenses	Tableaux pour la Loterie.
—	—	—	—	—
1864	251	7.884	7.227	29
1865	236	8.540	7.336	27
1866	235	7.225	6.975	25
1867	214	7.060	6.784	20
1868	225	7.440	7.313	18
1869	240	7.984	6.525	14
1870	265	7.738	7.285	23
1872	247	7.967	7.901	18
1873	187	6.282	5.707	11
1874	179	5.704	4.786	11
1875	195	6.854	6.698	12
1876	205	7.621	7.598	11
1877	207	9.137	9.135	18
1878	192	8.152	7.654	14
1879	184	8.404	7.620	12
1880	185	8.647	8.427	13
1881	178	9.072	8.654	15
1882	193	14.007	13.921	13
1883	264	12.874	11.949	22
1884	243	13.484	12.013	24
1885	222	13.914	12.498	22
1886	215	13.449	11.452	22
1887	194	11.728	10.190	21
1888	237	13.872	12.716	24
1889	216	12.189	10.998	21
1890	233	13.018	12.396	25
1891	228	12.265	11.285	21
1892	212	»	»	18

SOCIÉTÉ DES SCIENCES ET ARTS DE BAYONNE

Dans les premiers mois de 1873, quelques personnes de Bayonne, aimant l'étude et les explorations, à la suite de courses faites sur le littoral, à la recherche de plantes et de coquilles, conçurent le projet de travailler en commun, et, dans ce but, de fonder, sous le nom de *Société d'Exploration* des Grottes, une association ayant pour objectif d'étendre et de multiplier les excursions dans la région et d'y intéresser un plus grand nombre de chercheurs.

Une première réunion eut lieu le 19 août, et, pour mener à bien cette entreprise, une Commission fut chargée de préparer un règlement.

Cette Commission se mit à l'œuvre, mais elle reconnut bientôt que le but indiqué était trop exclusif et que, pour donner satisfaction à toutes les aptitudes, il convenait d'élargir le cercle des études.

Aussi le 8 novembre suivant, les organisateurs adoptèrent-ils la dénomination de *Société des Sciences et Arts de Bayonne.*

Composée de membres titulaires, de membres honoraires et de membres correspondants, elle est administrée par un Président, un Vice-Président, un Secrétaire, un Trésorier et un Membre de la Société. Les membres titulaires seuls paient une cotisation de 10 fr. et un Bulletin, rédigé par le Bureau, est envoyé gratuitement à tous les membres.

Présidée au début par M. le marquis de Folin, ancien officier de marine, capitaine de port à Bayonne, celui-ci est resté en fonctions jusqu'au mois de juillet 1877, époque à laquelle il fut remplacé par M. Arnaud Détroyat qui, au mois de mai 1880, céda le fauteuil de la Présidence à M. le docteur Delvaille. Celui-ci eut pour successeur, en mai 1883,

M. Durant, directeur honoraire des Douanes, membre de la Société des Gens de Lettres de Paris, et elle a actuellement à sa tête depuis le mois de septembre 1891 M. Félix Bergeret.

La collection des études et travaux de cette Société forme chaque année un volume in-8°.

La plus grande partie des matières qui y sont traitées portent sur des études historiques et archéologiques que justifient le passé de Bayonne et l'intérêt qui s'attache à son histoire civile et militaire.

L'incendie de 1889 qui, en détruisant l'Hôtel de Ville, a anéanti non seulement la bibliothèque de Bayonne, mais encore la collection des publications de tout genre appartenant à la Société des Lettres et Arts, avait ralenti sa marche en avant, mais elle paraît vouloir se réveiller de ce trop long sommeil, et son dernier Bulletin, en annonçant qu'il paraîtra tous les trois mois, promet une plus large part à la partie artistique, grâce à des séries d'eaux-fortes dues au burin de M. Courrèges.

BIARRITZ-ASSOCIATION

Une brochure portant la date de 1883, et ayant pour titre : *Biarritz-Association* — Encouragement à l'étude des Sciences, Lettres et Arts — Fondation d'un laboratoire de zoologie-maritime — Études sur la région environnant Biarritz, contient au sujet de cette Société les renseignements suivants :

Sur l'initiative de M. Henri O'Shea, MM. le Dr Augey,

Ardoin, A. Détroyat, Frois, Gindre, Alf. Lamaignère, marquis de Folin et Tisnès, convaincus qu'un laboratoire de zoologie-maritime, tel que ceux qui avaient été créés à Naples, à Douarnenez, Roscoff, etc., pourrait être utilement installé à Biarritz, en raison de sa situation extrême au fond du Golfe de Gascogne et de l'existence dûment constatée d'une vallée ou chenal profond de 1.000 à 1.200 mètres s'étendant non loin de la terre, du Cap Figuier à la Estaca de Varrer, et présentant une faune spéciale, résolurent, pour atteindre ce but, de fonder un groupe scientifique.

Après avoir, dans une réunion du 18 avril 1883, entendu une communication sur *les recherches sous-marines*, faite par M. le marquis de Folin qui, en sa qualité d'ancien officier de marine, avait toutes les aptitudes spéciales pour traiter un pareil sujet, la constitution d'une Société sous le nom de *Biarritz-Association* fut immédiatement résolue.

Un Bureau provisoire fut constitué ; il se composait de :

MM. le Docteur Augey, maire de Biarritz, Président d'honneur ;
Marquis de Folin, Président ;
H. O'Shea, Vice-Président ;
Arnaud Détroyat, Trésorier ;
E. Ardoin, Secrétaire.

Il fut décidé que les comptes-rendus des séances, les communications faites à l'Association, les mémoires qui lui seront adressés, les études qui lui seront soumises et qui devront être publiées, le seront sous le titre de Travaux ;

Que la publication des Travaux pour le premier semestre de 1883 se fera immédiatement ;

Qu'une prochaine réunion aura lieu à l'effet d'adopter un règlement et de faire le nécessaire pour soumettre à l'approbation de l'autorité l'existence de l'Association ;

approbation qui intervint, en effet, quelque temps après.

La Société put alors entrer résolûment dans l'accomplissement de son programme dont les grandes lignes peuvent ainsi se résumer :

« Former le noyau d'une Société destinée à encourager l'étude des Sciences, des Lettres, des Arts, indispensable comme auxiliaire du Laboratoire, et qui, par la suite, deviendrait un centre vers lequel les Étrangers se porteraient. Il y aurait, en effet, de l'attrait pour eux ou pour beaucoup d'entr'eux, à assister à des séances hebdomadaires ou bi-mensuelles dans lesquelles on lirait des travaux sur le Pays, sur ce qui se serait passé dans le Laboratoire, sur les découvertes que les récoltes d'animaux avaient amenées, sur la littérature, etc., etc. A défaut de tels matériaux, on pourrait faire des comptes-rendus scientifiques et littéraires, exciter l'étude des arts, dessin, peinture, musique, en exhibant quelques sujets dus à des membres, par l'exécution de quelques morceaux, etc., choses qui donneraient lieu à des discussions, à des avis donnés, à des progrès à faire faire. »

En 1884-1885, en effet, une exposition des Beaux Arts fut organisée par les soins de la Société et obtint un véritable succès, dû en grande partie à M. de Boutteville. M. le marquis de Folin ayant donné cette année-là sa démission de Président, les suffrages des sociétaires se portèrent sur la personne du Vice-Président, M. H. O'Shea, qui, depuis lors, n'a pas cessé de remplir ces fonctions.

En 1886, l'Association ouvrit un cours gratuit de dessin industriel qui fut fréquenté par des enfants appartenant aux Écoles communales et par des apprentis. Grâce à son initiative, des conférences furent faites par des professeurs du Lycée de Bayonne, et des concerts classiques organisés.

En 1887, elle organisa le premier Congrès international d'hydrologie et de climatologie, qui réunit à Biarritz, sous la présidence du docteur Durand-Fardel, plus de mille membres tant étrangers que nationaux. Grâce aux efforts de M. O'Shea, président du Comité d'organisation, secondé par le concours de nombreux souscripteurs au nombre desquels figuraient les villes et stations importantes des Pyrénées, ce Congrès obtint un plein succès. Ces travaux sont résumés dans un volume in-8° illustré, publié à Paris, chez Chamerot.

Une décision des plus importantes qui y fut prise fut l'institution de Congrès analogues devant avoir lieu tous les quatre ans dans des villes à déterminer. En raison de l'Exposition Universelle, cette époque a été anticipée, car le Congrès s'est réuni à Paris en 1889.

En 1888, c'est par ses soins qu'un observatoire météorologique a été fondé sur la plage de Biarritz, et qu'en 1891 une Bibliothèque populaire a été créée.

Grâce à une subvention de 500 fr. votée en sa faveur par la municipalité de Biarritz, l'Association, qui se compose actuellement de quarante membres payant chacun une cotisation de 12 fr., espère reprendre sous peu la publication de son Bulletin. En attendant elle publie tous les samedis dans le *Petit Courrier de Biarritz* un bulletin météorologique dont les résultats sont obtenus par des enregistreurs Richard.

Son Bureau est composé de MM. O'Shea Président; Vice-Président D. Jauléry; Secrétaire-Trésorier M. Sébie qui est en même temps le directeur de l'Observatoire, et ses réunions ont lieu soit à la Mairie soit dans l'Observatoire mis gratuitement à sa disposition par la ville de Biarritz.

MUSÉE DE PAU

La création d'un Musée à Pau ne remonte pas au delà de 1864. Elle a été la conséquence prévue et presque immédiate de la fondation de la Société des Amis des Arts dont l'initiative était due à M. Ch. Le Cœur, et celui-ci en est depuis lors le conservateur.

La coïncidence fortuite de la première exposition de la Société avec l'annonce du premier concours régional, amena ce résultat.

Désireuse de donner à ces fêtes agricoles et artistiques le plus d'éclat possible, l'administration municipale mit à la disposition de M. Le Cœur la salle des assises de l'ancien Palais pour faire transporter et installer à titre définitif les quelques tableaux appartenant à la ville et dispersés dans les salles de la Mairie.

Telle a été l'origine modeste de la collection à laquelle une confiance légitime dans l'avenir donna dès l'abord le nom ambitieux de Musée, nom qu'elle justifia depuis et qui lui a été officiellement reconnu en 1869, lors du classement des Musées de France.

L'ouverture du Musée permit de rendre à la lumière le beau tableau de la *Naissance d'Henri IV* par Deveria, qui reposait depuis plus de trente ans dans un grenier, et dont l'auteur lui-même, fixé à Pau, consacra ses soins et un temps considérable à sa restauration ; heureux même de voir revivre dans sa ville d'adoption, son œuvre capitale, il n'hésita pas à faire bénéficier celle-ci des dispositions testamentaires dont il avait gratifié Avignon, sa ville natale.

Aussi, à sa mort survenue le 3 février 1865, le Musée de Pau s'enrichit-il de ce chef de plusieurs œuvres.

Jusqu'en 1872, des dons particuliers, des envois de

l'État avaient augmenté ce nombre, mais l'exécution des volontés d'un amateur d'origine béarnaise, M. Louis La Caze, qui, en 1869, époque de son décès, avait légué à l'État une collection d'une valeur de plus de douze cent mille francs, en exprimant le désir que certains de ses tableaux fussent répartis entre plusieurs Musées de province et notamment celui de Pau, vint accroître cette collection. Il appartenait, enfin, à M. Noulibos, dont nous avons parlé à propos de la Société des Amis des Arts, de créer au profit du Musée une fondation importante qui dans un avenir peu éloigné en fera un des plus intéressants au point de vue de l'art contemporain.

C'est grâce à lui que l'embryon de Musée de 1864 peut, moins de vingt ans après, présenter un catalogue contenant une série de 179 numéros, nombre qui, chaque année, est appelé à s'accroître d'une façon normale, et sans que les finances de la ville aient à supporter les charges de cet accroissement.

Le chiffre de 179 ne se rapporte du reste qu'à la peinture proprement dite. Il est, en réalité, de 453 ainsi réparti :

Peinture	179	453
Peinture sur verre	1	
Dessins, Aquarelles, Pastels	28	
Sculpture marbre	7	
Bronze	11	
Plâtres, Terre-Cuites	43	
Moulages	46	
Gravures	133	
Photographies	5	

Dans des annexes du Musée ont été installées depuis quelques années des collections d'histoire naturelle, de minéralogie, d'archéologie, de monnaies, de poids, de sceaux et de paléontologie, dont le catalogue fournit le détail. Il y est, en outre, conservé des spécimens de vieux costumes de la vallée d'Ossau.

BIBLIOTHÈQUE DE LA VILLE DE PAU

Nous n'avons pas la prétention de refaire ici la notice si substantielle que M. Soulice, bibliothécaire-archiviste, a consacrée à la Bibliothèque de Pau, comme Préface au Catalogue des livres qui y forment le fonds de l'histoire locale [1].

En y renvoyant nos lecteurs, ils y trouveront la preuve matérielle de ce que nous avons avancé au commencement de cette étude, c'est qu'Henri II de Navarre et sa femme, Marguerite, sœur de François Ier « ouvrirent largement le » Béarn à cette rénovation des connaissances humaines, » à cette profonde modification dans les Arts, les Sciences » et les Lettres, qui ont valu à cette époque le nom de » Renaissance ». Ils se convaincront enfin que la Bibliothèque de l'Académie de Pau, dont nous avons plus haut raconté l'histoire [2], en passant dans les mains de la nation, est cependant restée en partie la propriété de la ville.

A la date où s'arrête cette notice (31 décembre 1885), la Bibliothèque de Pau comptait un peu plus de 34.000 volumes, ce chiffre est aujourd'hui de 46.126.

Si cet accroissement est dû en partie à un arrêté ministériel du 6 août 1888 qui a confié à la ville la Bibliothèque du Château dont le fonds principal était composé des 5.548 volumes que M. Manescau avaient cédés en 1867 à l'Empereur, et qu'il convienne d'y ajouter les dons généreusement faits par l'État, nous devons à la vérité de constater que grâce au legs fait par M. Noulibos et dont le produit doit annuellement se partager entre le Musée et la Biblio-

1. — Pau, Imp. Veronese, 1886 — In-8° carré de XXXVIII-393 pages.
2. — Voir page 403 et suiv.

thèque, celle-ci ne peut que continuer dans sa marche ascensionnelle.

A titre de preuve, nous donnons ci-après le tableau résumé de la situation de chacune des cinq dernières années, au double point de vue du nombre des volumes et des sujets qui y sont traités :

Augmentation annuelle

	1887	1888	1889	1890	1891
Gouvernement..........	75	86	246	394	7.168[1]
Échanges Internationaux	»	17	1	»	»
Auteurs................	44	43	76	26	48
Divers.................	96	248	118	608	69
Acquisitions....	364	467	380	400	292
Total........ .	579	861	821	1.428	7.577

Répartition

	1887	1888	1889	1890	1891
Théologie............	6	5	13	45	171
Jurisprudence.........	7	9	9	214	258
Sciences et Arts.......	189	324	217	352	1.210
Belles-Lettres	32	87	71	201	2.417
Histoire...............	273	363	378	562	3.426
Histoire locale...	72	73	133	54	95
Total.........	579	861	821	1.428	7.577

Récapitulation générale

	1887	1888	1889	1890	1891
Théologie............	5.585	5.590	5.603	5.648	5.819
Jurisprudence...	2.091	2.100	2.109	2.323	2.581
Sciences et Arts.......	5.464	5.788	6.005	6.357	7.567
Belles Lettres.........	4.834	4.941	5.012	5.213	7.630
Histoire..............	14.632	14.995	15.373	15.935	19.361
Histoire locale.........	2.812	2.486	3.019	3.073	3.168
Total.........	35.439	36.300	37.121	38.549	46.126

1. — Ce chiffre est représenté en grande partie par le fonds de la Bibliothèque du Château.

Comme indication pratique, nous ajouterons que la Bibliothèque est ouverte tous les jours, excepté les dimanches et les lundis, de neuf heures du matin à quatre heures de l'après-midi et pendant l'hiver de huit heures à dix heures du soir.

Pendant les cinq dernières années elle a été fréquentée :

1887..............	Jour	5.743	Soir	2.063	Total..	7.806
1888..............	Jour	4.816	Soir	2.074	Total..	6.890
1889..............	Jour	4.763	Soir	1.778	Total..	6.541
1890..............	Jour	5.066	Soir	1.458	Total..	6.524
1891..............	Jour	4.662	Soir	1.006	Total..	5.668

Cette Bibliothèque n'est pas la seule qui existe à Pau; il existe, en outre, une *Bibliothèque populaire* fondée par une Société dont le but est de répandre l'instruction populaire, en offrant à ceux qui en sont privés, de bons livres pour leur délassement et leur éducation (art. 3 des statuts).

Créée provisoirement le 20 mai 1870, cette Société a été approuvée définitivement le 11 janvier 1887, et, après avoir occupé un local Place des Écoles n° 1, de 1870 à 1880, elle est depuis lors installée dans une salle au premier étage de la Halle.

Elle est administrée par un Comité élu de douze membres qui choisit son Bureau et se compose de Sociétaires payant une cotisation annuelle de cinq francs et qui sont admis sans distinction de profession, de culte, de nationalité ou de sexe pourvu qu'ils aient atteint l'âge de dix-huit ans.

A l'heure actuelle, le nombre des Sociétaires est de 97 et celui des livres de 936.

Dans le cours de cette étude, nous n'avons fait aucune allusion à la partie du Pays Basque qui constitue l'arrondissement de Mauléon-St-Palais.

Cet arrondissement, en effet, ne compte aucune Société littéraire, scientifique ou artistique, mais il ne s'ensuit pas cependant que le goût des belles-lettres n'y ait été et n'y soit encore en faveur. Pour le démontrer, il nous suffit d'indiquer les œuvres de Bernard d'Etchepare, le curé célèbre de Saint-Michel, les travaux historiques d'Arnauld Oïhénard, avocat au Parlement de Navarre ; les mémoires du Chevalier de Bela et nombre d'ouvrages relevés avec un soin si particulier par M. Vinson, dans sa Bibliographie de la langue Basque [1], sans parler des concours de poésie qui sont en si grand honneur à Mauléon, St-Jean-Pied-de-Port et St-Palais. C'est là, du reste, un point qui se rattache d'une manière intime à la question de linguistique et qui sera traité avec plus d'autorité que nous ne saurions le faire dans le chapitre qui lui est spécialement consacré [2].

Avant de clore notre travail où nous nous sommes surtout attachés à mettre en relief l'état présent de la situation littéraire dans le pays appelé le Béarn, nous devons une mention particulière à une Société qui, sous le nom de *Société des Bibliophiles du Béarn,* fut créée en 1876 par M. V. Lespy, Secrétaire Général de la Préfecture des Basses-Pyrénées en retraite, et P. Raymond, archiviste du département [3]. Composée de vingt-cinq membres titulaires et d'un certain nombre de membres adjoints, tous payant une cotisation annuelle de 100 fr., elle avait pour but d'éditer, en grand luxe, des documents importants pour l'histoire du Béarn, enfouis dans les Archives du département ou provenant des Bibliothèques particulières. La mort de M. Paul Raymond, survenue en novembre 1878,

1. — Paris, Maisonneuve, éditeur, 1891. In-8° de XLIV-471 pages suivi de XII fac-simile de titres.

2. — Voir chapitre X.

3. — La longue liste des publications de Paul Raymond figure au *Bulletin de la Société des Sciences, Lettres et Arts de Pau,* vol. VII, pages 12 à 14. Quant à M. Lespy, il est, entr'autres ouvrages, l'auteur d'une *Grammaire* et d'un *Dictionnaire béarnais.* La première édition de cette Grammaire a été l'objet d'une récompense de la part de l'Académie des Inscriptions et Belles-Lettres.

en rendant à son collaborateur, M. Lespy, la charge trop lourde, a mis peu après fin à ces publications dont le détail qui suit démontrera toute l'importance :

1876 — *La Société Béarnaise au* XVIIIe *siècle* — Historiettes tirées des mémoires inédits d'un gentilhomme béarnais.................... 1 vol.

1876-1877 — *Récits d'Histoire Sainte en béarnais* traduits et publiés pour la première fois sur un manuscrit du XVe siècle.................... 2 vol.

1877 — *L'éducation du maréchal de Castellane* — Notes écrites par sa mère.................... 1 vol.

1877-1878-1879 — *Lettres du Maréchal Bosquet à sa mère* (1829-1858).............. 4 vol.

(Ouvrage non mis en vente.)

1878 — *Liste des suspects du département des Basses-Pyrénées*, dressée par le Comité du Salut Public de Pau.................... 1 vol.

(Non mis en vente.)

1878 — *Un Baron Béarnais au* XVe *siècle*. 2 vol.

1879 — *Un Curé Béarnais au* XVIIIe *siècle* — Correspondance de l'abbé Tristan 2 vol.

1879 — *Notice sur la Place Royale de Pau* (1688-1878).................. 1 vol.

1879 — *Lettres du Maréchal Bosquet à ses amis* (1837-1860).............. 2 vol.

(Non mis en vente.)

1880 — *Le Général Camou* — Esquisse biographique................ 1 vol.

L. Lacaze,

Président de la *Société des Sciences, Lettres et Arts.*

CHAPITRE XII

LE

DÉPARTEMENT DES BASSES-PYRÉNÉES

ARCHÉOLOGIE

I. Monuments mégalithiques. — II. Monuments antiques. — III. Monuments du moyen âge, de la Renaissance et des temps modernes.

L'HISTOIRE du Béarn et des provinces qui ont formé avec lui le département des Basses-Pyrénées devait laisser de nombreux souvenirs archéologiques.

Ils ont été précieusement conservés : à cet égard, notre département n'a rien à envier à aucun autre.

Notre richesse archéologique peut se diviser en deux parties également intéressantes : la première comprend les monuments historiques classés par la loi ; la seconde, les monuments et curiosités qui n'ont pas reçu la consécration du classement historique, mais qui présentent cependant un caractère suffisamment sérieux pour attirer l'attention des archéologues et des savants.

MONUMENTS CLASSÉS

(Décret du 3 Janvier 1889.)

I — MONUMENTS MÉGALITHIQUES

Le décret de classement comprend les cromlechs de Bilhères et le dolmen de Buzy.

LE DOLMEN DE BUZY

Le dolmen de Buzy, dans le canton d'Arudy, arrondissement d'Oloron, a été décrit pour la première fois dans la *Revue Archéologique*, par M. Paul Raymond, archiviste des Basses-Pyrénées.

Il était situé à trente mètres environ à gauche de la route départementale qui joint Buzy à Arudy, sur le quartier dit *dou Calhaü de Teberne*, — *calhaü*, en béarnais, signifie *rocher*.

Ce quartier de Buzy prend son nom d'un bloc erratique qui gît dans cet endroit et constitue déjà à lui seul une véritable curiosité archéologique.

C'est un dolmen sous tumulus. « Un bourrelet l'entoure, dit M. Raymond, et les pierrailles qui le recouvrent gisent dispersées à ses côtés. La pierre qui forme la partie supérieure ressemble à une écaille de tortue ; elle est de marbre gris comme les sept supports : un seul de ceux-ci est tombé dans l'ouverture, encore béante, faite sans doute par des chercheurs d'or. L'ensemble du monument n'a pas été ébranlé. »

Les dimensions sont les suivantes :

Longueur du couvercle................	2m75
Largeur du couvercle.................	2 55
Plus grande épaisseur du couvercle....	1 20
Hauteur de la cavité inférieure.........	1 60
Largeur de la cavité.................	1 50
Le plan des supports représente un triangle dont la base aurait..........	1 50

Telle était la situation du dolmen lors des premières constatations de M. Paul Raymond. Une épreuve autrement sérieuse que les tentatives des chercheurs d'or, menaçait ce vieux monument mégalithique, objet depuis tant de siècles de la vénération curieuse des gens de la contrée et des investigations des savants ; le chemin de fer de Pau à Oloron, section de Buzy à Laruns, devait passer non loin du *Calhaü de Teberne* et bousculer le vieux dolmen.

Heureusement que MM. les Ingénieurs Lemoyne et La Rivière, en hommes de science et de goût, donnèrent des ordres précis pour que le dolmen, sur l'emplacement duquel la ligne ferrée devait passer, fut soigneusement déplacé et reconstitué plus loin.

Deux membres de la Société des Sciences, Lettres et Arts de Pau avaient été délégués pour choisir, avec M. l'Ingénieur La Rivière, le nouvel emplacement et constater l'état des lieux avant le commencement des travaux.

Le déplacement devait permettre des fouilles que l'on n'eut pas osé tenter sans cette circonstance et qui ont donné de très satisfaisants résultats.

M. Récurt, sous-chef de section, fut chargé de ces travaux ; il s'est fort habilement acquitté de cette mission délicate.

Le dolmen a été reconstruit à 39m,50 de son emplacement primitif ; le couvercle pesait 15,000 kilogrammes ; la reconstruction du monument a coûté *1.070* francs.

Il est situé actuellement sur un petit monticule bien en vue de la route départementale n° 10 et de la ligne du chemin de fer.

M. Récurt, après l'enlèvement du couvercle et des supports, se livra à une série de fouilles fort minutieuses : elles amenèrent la découverte d'abord de fragments d'os et d'une dent qui lui parut être d'auroch ; puis, dans le terrain noir, on trouva *un léger fragment de poterie, deux rouleaux de pierre ;* enfin, en avançant du côté Est du monument, les fouilles mirent à jour : 1° *22 fragments de silex,* dont *10 couteaux, 1 poinçon, 3 racloirs, 3 pointes de flèches, 4 ébauchoirs, 1 nucleus ;* 2° *un poinçon en os ;* 3° *un fragment de grès façonné portant une rainure vers le milieu et qui n'est peut-être autre chose qu'une pierre à aiguiser.*

En continuant les sondages, l'explorateur découvrit les traces d'un foyer dans les débris duquel une certaine quantité d'ossements, des dents et une vingtaine d'instruments en silex. Une pierre concave qui, avec les rouleaux de pierre, complète le moulin primitif, était trouvée en dehors du dolmen ; c'est un bloc de granit offrant une série de cercles concentriques, en forme d'entonnoir, de 1m,70 de longueur sur 0,80 de largeur et 0,40 d'épaisseur.

Ces divers objets ont été soigneusement recueillis, catalogués et figurent aujourd'hui dans les vitrines du Musée de Pau.

Le dolmen de Buzy n'a plus rien à redouter ni des convoitises des hommes, ni des entreprises de l'industrie moderne.

LES CROMLECHS DE BILHÈRES

Les cromlechs dits de Bilhères se trouvent situés sur la limite des communes de Bielle et de Bilhères, à l'entrée du vaste plateau connu sous le nom *du Benou,* à l'extrémité duquel s'ouvre le col de *Marie Blanque* qui, à une hauteur de 1000 mètres environ au dessus du niveau de la mer, relie la vallée d'Ossau à la vallée d'Aspe. Ils sont au nombre de *quarante-trois,* partagés en trois groupes, connus dans le pays sous le nom de *Courraus de Hondas* — cercle de fontaines — en langue béarnaise, courrau veut dire *parc, bercail,* ce qui explique que les habitants du pays aient donné ce nom à ces cercles de pierres, dont l'aspect leur rappelle les enceintes qui protègent leurs troupeaux dans la montagne.

Les cromlechs du premier groupe, situés près de la fontaine, sont au nombre de vingt-quatre : les uns sont formés de treize pierres ; d'autres, de quatorze ; d'autres, de vingt ; leur hauteur varie de 25 à 60 centimètres. Ils sont ronds, à diamètres différents, dont le plus petit a $2^{m},60$ et le plus grand 5 mètres.

Au centre de chaque cromlech se trouve un foyer en cercle d'un mètre de diamètre contenant, à une profondeur de 30 à 60 centimètres, des débris carbonisés.

Le second groupe est situé près du ruisseau l'*Arriü-Beig ;* il comprend six cercles, deux sur la rive droite et quatre sur la rive gauche avec des diamètres supérieurs à ceux du premier et variant de $4^{m},50$ à $6^{m},80$.

Enfin le troisième groupe se trouve au quartier de *Courrège de Caüs,* sur le point culminant qui domine toute la vallée d'Ossau. On compte treize enceintes, sur une étendue de 200 mètres ; au centre, on retrouve le même foyer en cercle avec les mêmes débris : les pierres, plus grosses et plus rapprochées les unes des autres sont plus grandes ; leur hauteur varie entre 1m et 1m,40 ; les diamètres vont de 3 à 8 mètres.

Une remarque à faire : au premier groupe, de *Hondas,* les cromlechs sont massés autour de l'un d'eux qui, placé au sommet du tertre, les domine tous.

On s'est demandé quelle pouvait être et l'origine de ces cromlechs et leur destination. Paul Raymond constate « que la terre transportée a peu de profondeur ; que à 0m60 on rencontre le sol naturel ; que la surface est au même plan que le sol environnant ; qu'il n'y a ni ossements, ni traces d'inhumation. Les pierres qui forment les enceintes offrent une face unie à l'intérieur ou peu s'en faut : mais la face extérieure est brute.

» Les cercles de Caüs sont plus solidement construits que ceux des quartiers inférieurs : les pierres y sont plus hautes ».

Il nous semble — et cela est peut-être osé de notre part — que l'examen seul des lieux rapproché des souvenirs des premiers temps de notre histoire béarnaise, peut aider à la solution des problèmes posés autour des cromlechs de Bilhères, étant surtout donné que, jusqu'à ce jour, on n'a pas trouvé d'autres cromlechs dans nos hauts plateaux.

Fuyant l'invasion romaine, nous avons vu une partie des Béarnais se retirer dans les montagnes d'Ossau et échapper ainsi à l'amalgame avec l'envahisseur.

Les Osquidates, réfugiés dans la vallée, durent s'y fortifier, groupés, côte à côte, autour de chefs connaissant les ressources de la montagne et quel plateau pouvaient-ils choisir, plus en situation que celui *du Benou,* pour assurer, à eux d'abord, une défense naturelle et des ressources de vie commode ; à leurs troupeaux ensuite, des pâturages faciles et près de leur surveillance attentive.

Du *Courrège de Caüs* (du champ de Caüs), la vue porte sur toute la vallée ; l'armée d'invasion peut être aperçue de loin et les chefs qui occupent les cromlechs supérieurs peuvent prévenir les tribus qu'ils dirigent et donner le signal de la retraite ; les cromlechs situés sur les points les plus élevés sont plus larges et les pierres qui les forment, plus hautes. N'est-ce pas là un essai rudimentaire des premières fortifications de peuplades, dont la civilisation est encore dans l'enfance ?

Les cromlechs supérieurs n'étaient-ils pas destinés à abriter et les vieillards et les richesses de la tribu, comme dans la citadelle des camps retranchés ?

Les foyers constatés au centre de chacun d'eux n'indiquent-ils pas les habitudes de vie de la famille abritée dans le cromlech ? On se rapprochait du foyer pour préparer les aliments, les manger, et puis on se répandait dans l'enceinte et chacun y choisissait le coin préféré ? Les voyageurs n'ont-ils pas constaté dans les régions africaines ou océaniennes les mêmes usages, dont les documents humains semblent faire revivre les coutumes, des temps préhistoriques de notre vieux continent ?

Ceux d'entre nous qui ont parcouru, en touristes, les vallées et les plateaux de nos montagnes, ont pu constater, dans les habitudes pastorales actuelles, des analogies qui ne laissent pas de doute sur l'explication à donner à certaines particularités de ces monuments mégalithiques, que pendant longtemps tant de mystères semblent avoir entourés.

Du reste, nous ne prétendons pas résoudre un problème que tant d'autres n'ont pu expliquer. Nous nous permettons seulement une hypothèse, à laquelle les circonstances de lieu, de temps et de milieu peuvent donner une force sérieuse et sur laquelle nous appelons, sans aucun amour-propre d'auteur, la discussion des savants.

II — MONUMENTS ANTIQUES

LES MOSAÏQUES ROMAINES DE BIELLE

Découvertes par un paysan qui travaillait son champ, en juillet 1842, les mosaïques de Bielle excitèrent une vive curiosité et constituèrent pour les nombreux touristes de la vallée d'Ossau une véritable attraction.

M. Moreau, l'un des bienfaiteurs des établissements thermaux de cette vallée, fit commencer, à ses frais, des fouilles qui, poursuivies sous la direction du curé du village, M. l'abbé Chateauneuf, amenèrent le déblaiement de ruines attestant l'existence de constructions importantes dont l'élégance du pavement en mosaïque ne permettait pas de douter de leur origine romaine.

Consulté par M. Moreau qui lui en avait envoyé le plan et les croquis, M. Charles Lenormand déclara qu' « on ne saurait se tromper beaucoup en plaçant l'époque de l'exécution de ces belles mosaïques entre le milieu du IIe siècle et le commencement du IIIe de notre ère ».

En décembre 1842, un rapport de M. Bladé, Inspecteur des monuments historiques des Basses-Pyrénées, signalait au Ministre de l'Intérieur la précieuse découverte et la recommandait au haut intérêt de l'Administration supérieure.

A ce moment les murs déblayés présentaient encore une élévation de près d'un mètre, en divers endroits, et permettait de retrouver les dimensions d'un établissement de bains publics avec sa piscine et ses chambres de repos. Actuellement, on retrouve cinq pièces et une piscine assez grande, c'est-à-dire un atrium avec ses couloirs à droite et à gauche, donnant accès à une galerie plus basse qui prend la largeur de l'édifice et conduit à la piscine par une chambre centrale la séparant d'un cabinet dans lequel on a cru voir un *sudatorium*.

L'un des couloirs de l'atrium a conservé presqu'intact son pavé de mosaïque à entrelacs élégants, rouges, blancs et verts, partagés également par un carreau « bordé d'une guirlande de lierre à feuilles alternes. Chaque coin est garni d'un vase à deux anses : au centre, une couronne de lauriers verts à trois rangs de feuilles au dedans de laquelle un nœud élégant de cordons rouges, jaunes, noirs et verts ».

Les autres pièces n'ont conservé que des fragments qui permettent de se faire une idée de l'élégance de cet établissement. Des fûts de colonnes, un chapiteau font supposer que le toit de l'atrium était supporté par des colonnes qui se trouvent actuellement à l'église.

On raconte que ces colonnes de marbre avaient excité la convoitise d'Henri IV : il les fit demander aux Ossalois qui, n'étant pas en reste d'esprit avec leur Roi, lui répondirent sans hésiter : « Nos cœurs sont au Roi, qu'il en dispose. Les colonnes sont à Dieu, que le Roi s'arrange avec lui. Jusque là, elles resteront où elles sont. »

Dans la pièce où semble avoir été la piscine, on découvrit un sarcophage contenant encore un squelette encastré dans le mortier ; autour de l'Église, d'autres sarcophages en marbre blanc ont fait conclure à la présence, dans le lieu de Bielle, en Ossau, du centre important de l'occupation romaine dans les hautes vallées pyrénéennes.

Actuellement la mosaïque se trouve sous un petit couvert dépendant de l'école communale de filles. Elle est en assez mauvais état : les premiers visiteurs ne s'étaient fait aucun scrupule d'en détacher des parcelles, à titre de souvenir de leur excursion. On la visite peu, aujourd'hui, que la voie ferrée conduit directement les baigneurs aux Eaux-Bonnes et Eaux-Chaudes.

III – MONUMENTS DU MOYEN AGE

DE LA RENAISSANCE ET DES TEMPS MODERNES

LA CATHÉDRALE DE BAYONNE ET LE CLOITRE

L'église la plus remarquable de la région pyrénéenne avec ses trois nefs immenses aux voûtes élancées.

Chaque époque de l'art gothique, ayant laissé son empreinte sur le magnifique monument, on y retrouve tous les spécimens du style ogival depuis le commencement du XIIIe siècle jusqu'au XVe.

Aux époques de l'âge d'or de l'art ogival, les travaux allaient plus lentement que de nos jours ; des générations d'ouvriers se succédaient autour de l'œuvre qui s'élevait sous les efforts du génie de plusieurs siècles et chacun la signait : ce qui fait que le chœur et l'abside sont du XIIIe, la nef et les tours du XVe, les flèches du XVe, mais de construction moderne.

L'une des merveilles de la cathédrale de Bayonne est sans contredit le cloître qui y est accolé du côté du Sud.

Les trois galeries sont complètes : chacune est formée de six travées de voûte sur croisées d'ogives.

Le cloître s'ouvre sur le préau ou jardin par des arcades en arcs brisés : chaque baie est divisée par de petites colonnettes, supportant d'élégantes ogives que surmontent des rosaces bien découpées. Les baies sont fermées, les unes par des verres blancs plombés, les autres par de vulgaires chassis.

L'intérieur du cloître est sans ornementation : quelques

statues de prélats se rencontrent, de loin en loin, stupidement déshonorées par le marteau des révolutionnaires de 1793.

Une chapelle occupe la plus grande partie de la galerie de l'Ouest.

Il serait à souhaiter que l'État, qui a, à sa disposition, une partie des fonds légués par la générosité de M. Lormand pour la décoration de la cathédrale, complétât la restauration du cloître et préservât d'une ruine imminente certaines fenêtres de la cathédrale, dont l'effondrement entraînerait la perte de précieuses verrières.

ÉGLISE DE L'HOPITAL St-BLAISE

L'église de l'Hôpital St-Blaise doit son classement parmi les monuments historiques aux études et aux démarches de M. Paul Lafond, l'habile graveur, auquel la région pyrénéenne doit tant de travaux utiles, et l'art, de si curieuses productions.

L'Hôpital St-Blaise, village de l'arrondissement de Mauléon, doit son nom à l'un de ces nombreux hôpitaux ou hospices que l'on trouve sur le chemin des pèlerins de Compostelle.

Le village est situé entre Navarrenx et Mauléon.

L'église de l'ancienne abbaye, aujourd'hui totalement disparue, est un monument romano-byzantin, à proportions fort réduites, mais présentant un réel intérêt. Elle a la forme d'une croix grecque avec abside à pans coupés.

M. Paul Lafond, dans la savante étude qu'il a publiée, en 1880, dans le journal *l'Art,* donne la description suivante d'une particularité fort rare, de ce curieux petit monument : « Les six fenêtres qui éclairent la nef et les bras de la croix offrent une archivolte simple, dénuée de moulures : leurs proportions varient suivant la place qu'elles occupent ; ce qu'elles ont de tout particulièrement curieux et que l'on ne rencontre que très rarement, c'est qu'elles sont formées de pierres monolithes assez grossièrement travaillées et ajourées, de façon à donner différents dessins d'un style byzantin presque barbare, représentant des réseaux, des cercles, des étoiles, des losanges, enfin toute espèce d'agencement de lignes. »

Le centre du transept est formé d'un dôme à huit pans ; un vaste porche abrite le portail à voussures, dont le tympan, comme celui de Morlaas et de presque tous ceux de la même époque, montre l'image du Christ bénissant, dans une gloire elliptique, entouré des évangélistes.

L'éloignement de la voie ferrée laisse dans un très grand isolement cette intéressante église qui mérite, à tant d'égards, l'attention des archéologues.

ÉGLISE DE LEMBEYE

Chef-lieu de canton de l'arrondissement de Pau, Lembeye possède une église ogivale du xve siècle, d'une longueur de 32 mètres environ, d'une largeur de 17^{m},40. La grande nef ayant, entre piliers, 5^{m}, 80, les nefs latérales 8^{m}, 30.

Cinq arcades ogivales mettent en communication la grande nef avec les nefs latérales qu'achèvent des absides à pans coupés.

Trois fenêtres ogivales éclairent l'abside principale.

Le savant M. Le Cœur décrit de la manière suivante cette église, qui attend une restauration depuis longtemps sollicitée :

« Les trois nefs sont voûtées en ogive avec arcs doubleaux et arêtiers à nervures ; celles de l'abside viennent se réunir en un point central sur la clef.

» Les nefs sont basses et renfermées sous un toit unique à double pente, ce qui rend l'ensemble triste et lourd et ne laisse pas soupçonner l'aspect satisfaisant de l'intérieur. »

Lembeye était autrefois capitale de l'ancien parsan du Vil-Bilh et archiprêtré dépendant du diocèse de Lescar.

ÉGLISE DE LESCAR

Ancien évêché du Béarn, la ville de Lescar a un passé glorieux. Elle a revendiqué l'honneur d'avoir été *Beneharnum,* la première capitale du Béarn ; il semble que, désormais, on ne songe plus à le lui contester.

Beneharnum saccagé en 840 par les Normands vit, en 980, s'édifier sur ses ruines, Lescar qui, dit-on, prit son nom de *Lescourre*, ruisseau qui traverse son territoire.

L'évêché fut rétabli la même année ; les évêques de Lescar occupèrent le premier rang dans la hiérarchie béarnaise.

Ils siégeaient avec les évêques d'Oloron avant les Grands Barons et la présidence des États était dévolue au titulaire de Lescar, privilège qu'il conserva jusqu'à la suppression du titre en 1789.

L'église de Lescar est complète, avec trois nefs coupées par un transept et terminées par une abside circulaire.

Le plein cintre des fenêtres, les billettes des bandeaux qui relient les fenêtres et marquent la naissance des voûtes ; les chapiteaux, les uns à feuilles, à fruits, les autres avec des scènes de l'Ancien et du Nouveau Testament, affectent le style roman du XIe siècle, dont les marques incontestables ne permettent pas de croire à la destruction totale de ce bel édifice lors des guerres de religion.

L'église de Lescar fut endommagée, certaines de ses parties détruites, afin de rendre impossible l'exercice du culte catholique que Jeanne d'Albret venait de proscrire.

Mais l'ensemble du monument était resté intact : des restaurations intelligentes y ont été faites qui ont permis de lui conserver son véritable caractère.

Une très belle mosaïque s'étale des deux côtés du maitre-autel. Notre collègue de la Société française d'Archéologie, M. Hilarion Barthety, a publié de nombreux mémoires fort intéressants à consulter, sur cette antique mosaïque, autour de laquelle les savants ont multiplié leurs discussions. On est parvenu à se mettre d'accord sur son incontestable origine gallo-romaine et la belle restauration qui en a été faite sous la direction de M. Lafolye, architecte des monuments historiques, fait considérer désormais cette mosaïque comme l'ornement le plus remarquable de notre cathédrale béarnaise.

LA TOUR DE MONTANER

Le Montanarès est une ancienne Vicomté dont la capitale, Montaner, est, depuis la Révolution, chef-lieu du canton de ce nom.

Le château est bien connu des archéologues. Il a joué un rôle important dans l'histoire du Béarn à partir du IXe siècle. A dater de cette époque, les Vicomtes de Montaner sont pairs de Gascogne.

Au XIIIe siècle, la Vicomtesse Talèse épouse Gaston IV le Croisé et réunit ainsi la Vicomté à celle de Béarn. A partir de ce moment, le château de Montaner fut réputé l'une des plus solides forteresses de la Vicomté.

Théâtre de luttes nombreuses, le château était fort endommagé, quand Gaston Phœbus ceignit la couronne vicomtale. Ce prince fastueux n'hésita pas à restaurer cette imposante citadelle, qui montre encore au dessus d'une porte de la façade Sud, le témoignage irrécusable de la munificence du prince ; sur un cartouche de pierre, portant les armes de Foix et de Béarn on lit ces mots sculptés : *Phebus me fe.*

M. l'abbé Marseillon qui a publié une fort intéressante histoire du Montanarès, donne, en ces termes, la description de son célèbre château : « Bâti sur une éminence de difficile accès, défendu par une tour qui s'élevait au Nord et par une première enceinte en pierre, protégée par un fossé, large et profond, ainsi que par une redoute, ce fort dominait le village et les pays avoisinants. On avait construit, au Sud, au milieu de l'enceinte formée par la redoute, des logements pour les soldats, des magasins et des écuries...... Gaston Phœbus voulut qu'il y eut une seconde tour au Midi, beaucoup plus haute que la première et construite à l'instar de celle de Pau. Cette énorme tour forme un carré de treize mètres et demi de largeur extérieure sur une hauteur de quarante mètres. Elle renfermait six étages — y compris le rez-de-chaussée — auxquels on montait par un escalier en limaçon qu'on voit encore dans une tourelle construite dans l'intérieur de l'angle du Nord-Est. Les murs sont en briques ; ils ont deux mètres d'épaisseur ; quatre ouvertures l'éclairent au Midi et cinq au Nord ; on pénétrait dans l'intérieur avec des échelles et par une ouverture qui donne sur le rempart du côté de l'Est ; un escalier construit sur un arc boutant conduit à ce rempart et de là, à cette baie qui sert de porte pour entrer dans le donjon. On avait ménagé dans l'intérieur de la tour des appartements pour *Mossenhor le Comte,* et l'on avait adossé contre les remparts un grand nombre de petites chambres destinées à l'habitation des soldats. Les murs d'enceinte qui relient les deux tours forment un polygone : ils sont flanqués de contreforts en brique. »

Pour compléter cette description, nous citerons les lignes suivantes de M. Le Cœur, dans ses *Promenades archéologiques en Béarn :* « Le plan du château figure en quelque sorte, un anneau dont le donjon serait le châton... le contour extérieur du mur d'enceinte affecte la forme d'un polygone d'un grand nombre de côtés et qui, au premier abord, semble inscrit dans un cercle, mais qui en réalité est inscrit dans deux demi-cercles dont les diamètres ou cordes sont parallèles et distants entr'eux de 2m,50. Le grand diamètre mesure hors œuvre du mur 57m,38 et dans œuvre 52m,58.

» Ce mur d'enceinte est entièrement construit en grandes briques sans autres matériaux, du moins apparents. Sa hauteur mesurée du sol intérieur est de 7m,40 et son épaisseur de près de 3m (2m,90). »

La découverte qui fut faite aux archives départementales des deux marchés intervenus en 1375 entre Gaston Phœbus et deux maitres tuiliers qui s'engagent à fournir les tuiles pour la construction d'une tour comme celle de Pau, ne laisse pas de doute sur l'époque de la restauration du château et justifie pleinement la mention sculptée sur la porte. La tour a une élévation de près de 37 mètres et son sommet est couronné d'un cordon de consoles de faible saillie, réunies entr'elles par des arcs à plein cintre.

C'est un des vestiges les plus intéressants de l'architecture militaire du moyen âge.

LE PORTAIL DE L'ÉGLISE DE MORLAAS

Ancienne capitale du Béarn, découronnée par Orthez, Morlaas ne présente plus guère d'autre souvenir archéologique que l'église Ste-Foy et son superbe portail.

Fondée en 1079 par Centulle IV, vicomte souverain de Béarn, l'église Ste-Foy fut dotée par ce prince de nombreux privilèges. Elle a la forme traditionnelle de la croix latine, avec une nef médiane et deux bas-côtés se terminant par trois absides circulaires.

De style roman dans ses absides, le transept et la première travée de l'Ouest ainsi que dans la partie inférieure de sa façade, elle présente dans la partie supérieure et dans les nefs, les caractères de l'époque ogivale.

L'église Ste-Foy n'aurait pas grand'chose qui put retenir l'attention, sans le portail roman auquel le temps, aidé par les guerres de religion, a malheureusement fait subir de déplorables dégradations.

Incendié, mutilé par les Calvinistes, le portail historique était protégé, dans son délabrement, par un hangar formant péristyle assez vaste pour permettre la tenue d'un marché de légumes.

Une halle fut construite à Morlaas : le hangar, déclaré inutile, disparut et un mauvais abri de planches fut appelé à protéger très sommairement ce qui restait de ce riche spécimen de l'époque romane.

La porte géminée est surmontée d'un grand tympan au centre duquel le Christ, nimbé et bénissant, est entouré d'une gloire elliptique, flanqué de l'image symbolique, à droite, de l'apôtre St-Jean ; à gauche, de l'apôtre St-Mathieu. A ses pieds, un chrisme avec l'*Alpha* et l'*Omèga.*

Le portail est formé de huit colonnettes à chapiteaux — quatre de chaque côté ; — entre chacune d'elles on distingue les traces de statues disparues.

Ces colonnes supportent la large et magnifique voussure composée de neuf moulures, finement sculptées, représentant des sujets variés fort intéressants à analyser : palmettes, personnages en prière, rosaces, feuilles plates à grosses perles, vieillards de l'Apocalypse, feuilles d'acante, billettes et oiseaux.

L'église a été restaurée et a subi des peintures plus ou moins heureuses : le peinturlurage est une des maladies de notre époque et l'un des dangers qui menacent le plus les derniers restes de notre architecture religieuse.

La restauration du portail, sous la haute direction de

M. Boeswilwald a été commencée en 1867. Elle fut arrêtée en 1889 ; une modeste somme de 7,308 francs provenant du dernier secours accordé par l'État, figure encore dans les budgets de la ville de Morlaas ; mais cette subvention est à peu près absorbée par les beaux travaux de sculpture dus à M. Boué.

Il serait à désirer que cette restauration fût enfin complétée.

LA MAISON DE JEANNE D'ALBRET A NAY

En Béarn, on est généralement porté à voir un peu partout des traces du passage de la reine Jeanne, mère d'Henri IV ; il est peu de chef-lieu de canton qui n'ait sa maison de la Reine Jeanne.

Alors même qu'aucun titre ne vient confirmer cette prétention, il est une tradition devant laquelle il faut s'incliner, au risque de passer pour un contempteur de l'histoire locale et un adversaire de la dignité nationale.

La coquette ville de Nay n'a pas échappé à cette innocente manie. Elle nous offre un très curieux monument, dont elle appuie la qualification de *Maison de la Reine Jeanne* sur un acte en vertu duquel la Reine aurait acheté à Nay une maison : rien ne prouve que ce soit celle-là.

On appelle vulgairement cette demeure *la maison carrée*.

D'où lui vient cette appellation ? M. Le Cœur l'explique par la hauteur de sa façade qui est égale à sa longueur et « peut-être aussi, ajoute-t-il, parce que sur la place entourée de portiques en arcades, cette maison est la seule dont toutes les ouvertures du portique affectent la forme carrée ».

Une porte cochère donne accès dans une cour, qui présente une particularité d'un haut intérêt et constitue à elle seule l'importance du monument.

A droite de la cour, s'élève une construction formée d'un portique à trois étages à cinq arcades chacun.

M. Le Cœur en donne ainsi la description :

« Les arcades sont supportées par des piliers ornés de colonnes superposées, de trois ordre, dorique, ionique et corinthien. Tout ce travail est d'une grande élégance et d'une belle exécution. Au dessus de ces trois ordres s'élève un quatrième étage traité en attique et dont les colonnes sans arcades affectent une beaucoup moins grande hauteur que celle des colonnes qui les supportent. Un seul de ces ordres, le corinthien est couronné d'une corniche complète, composée de ses trois membres principaux. Les trois autres ordres, au contraire, sont surmontés d'une simple architrave. »

Pourquoi a-t-on construit dans des conditions pareilles ? Comment un seul côté de la cour présente-t-il cette particularité ?

L'élégance de certains détails, tels que la porte de l'escalier, l'escalier lui-même, le pavage particulièrement soigné, en petits cailloux du gave, de deux couleurs, deux têtes et un écusson incrustés dans un coin de la cour et remontant sûrement à une époque antérieure, font supposer qu'un riche propriétaire a commencé et n'a pu achever cette construction.

Par son style, elle se rattache au XVIe siècle ; M. Le Cœur ne croit pas que cette demeure ait été destinée à une princesse de Béarn : « Elle est construite dans des conditions peu princières et bâtie sur un emplacement beaucoup trop restreint. »

Étant données les habitudes de simplicité de Jeanne d'Albret, nous ne serions pas éloigné de croire que le peu d'étendue du terrain et les proportions générales du monument assez réduites aient pu lui convenir : s'il est vrai qu'elle ait habité quelqu'un des nombreux hôtels décorés du nom d'*Hôtel de la Reine Jeanne* que l'on rencontre sur divers points du Béarn, à Salies notamment, on peut conclure que l'austère mère d'Henri IV se contentait de peu.

D'autre part, le luxe d'architecture constaté à la maison carrée de Nay, pourrait faire supposer que cette demeure était destinée à la Reine Jeanne. Elle régna seule de 1562 à 1572 et il se peut bien, que sa mort inopinée, ait fait suspendre les travaux dont ceux de la cour portent, M. Le Cœur le constate, la marque certaine d'une époque postérieure à la première moitié du XVIe siècle.

ÉGLISE STE-CROIX D'OLORON

On a beaucoup écrit sur Ste-Croix d'Oloron et nous ne saurions mieux faire que d'emprunter à la plume si autorisée de M. Menjoulet, qui a présidé à sa restauration, la description qu'il en donne dans son bel ouvrage : *La Chronique d'Oloron.*

« L'église Ste-Croix qui remplaça la cathédrale de St-Grat occupe, dit-il, sur le sommet du monticule, la même place que l'ancienne dont nous avons retrouvé quelques fondements sous le pavé de la rue.

» Elle est bâtie en forme de croix, mais pourtant avec des bas-côtés qui longent la grande nef depuis la façade occidentale jusqu'au transept. A l'Est, règnent trois absides parmi lesquelles, celle du milieu, plus large et plus longue, monte seule à la hauteur de la voûte principale, formant ainsi la tête de la croix. Au milieu du transept, s'élève une belle coupole sans lanterne, appuyée sur quatre tringles sphériques et soutenu par huit fortes nervures qui, partant deux à deux de l'orifice, se croisent vers le milieu de la retombée de manière à laisser le centre de la calotte à découvert, comme une petite voûte octogone.

» Cette coupole est une trace de l'influence de l'art

byzantin, qui produisit vers la même époque St-Marc de Venise et St-Front de Périgueux : la même influence se fait sentir dans les chapiteaux historiés ou à feuilles, dans les fenêtres à portiques et dans la belle arcature du sanctuaire.

» Qu'on ne suppose pas néanmoins que nous voulions comparer notre église aux monuments qui viennent d'être cités : Ste-Croix n'est auprès de ces cathédrales qu'un grand oratoire ; mais bâtie d'un seul jet, elle mérite, du moins à l'intérieur, d'être signalée comme un spécimen très pur du style romano-byzantin. »

La décoration du sanctuaire et de la coupole est due à Romain Cazes, élève d'Ingres, dont les peintures murales s'harmonisent très heureusement avec le cadre dans lequel elles sont placées.

Une belle étude sur Oloron et ses monuments a été faite en 1883, — publiée par la librairie de l'*Art,* à Paris. La notice est de M. Louis, le savant ancien maire d'Oloron et les dessins et eaux-fortes de Paul Lafond que nous avons déjà cité et dont les travaux, justement appréciés, ont mérité de nombreuses récompenses.

TOUR DE MONCADE ET VIEUX PONT A ORTHEZ

I

Le château d'Orthez fut bâti en 1242, par Gaston VII de Moncade, sur l'emplacement du vieux château d'Orthez en ruines et d'après les plans de celui qu'il possédait en Catalogne. Il lui donna son nom de *Moncade.*

Les proportions en furent gigantesques, à en juger par la triple enceinte et par les imposantes murailles qui la défendent.

Il n'a jamais été possible de découvrir le plan de ce château. Les anciens qui l'ont vu au commencement du siècle alors que, quoique ruiné, il restait encore debout, y ont connu sept tours.

Aujourd'hui, seul, le donjon pentagonal se dresse sur la motte élevée qui domine Orthez, avec un massif de maçonnerie et un cordon rectangulaire de fondations qui nous donnent les proportions de la grande salle des fêtes des Princes Béarnais.

Si le château fut élevé en 1242, il est absolument certain que le donjon fut achevé au XIVe siècle ; le travail des diverses époques est facilement reconnaissable à la nature de l'appareil qui varie et au caractère des fenêtres.

La base est du XIIe siècle ; peut-être était-elle celle de l'ancien donjon dont « *le bruslement* » eut lieu à la fin du XIIe siècle d'après Marca, l'historien du Béarn. Deux archères prolongées et une étroite ouverture cintrée, avec large évasement extérieur, sont les seules ouvertures de cette partie — rez-de-chaussée et premier étage — qui s'élève jusqu'à une brèche à l'angle occidental du pentagone ; brèche qui marque d'une façon irrécusable la reprise des travaux de construction et le point de départ d'une modification dans le choix de l'appareil.

Au dessus, les trois fenêtres ogivales du second étage dont la morsure du temps a dévoré les trèfles ; et les trois fenêtres à croisillons du troisième.

En partie réédifié au XIIIe siècle par Gaston VII, ce donjon dut être achevé au XIVe par Gaston Phœbus.

Au Sud et à l'Ouest, l'esplanade est défendue par des fossés profonds, taillés dans le roc et pleins d'eau, qui en rendaient l'assaut impossible. Au Nord, de larges murailles couronnent la motte qui descend à pic jusqu'au fond du vallon.

Le château est donc inaccessible de trois côtés sur sa plate-forme de soixante mètres de long sur cinquante de large. Les fossés ont une largeur variant entre 7 mètres 50 c. et 16 mètres.

Abordable seulement par l'Est, le château présente, de ce côté, le bec saillant du pentagone — l'angle berlon — sur l'arête duquel les projectiles devaient venir se briser et glisser ensuite sur les parois lisses.

La base du pentagone présente au Nord-Ouest 13 mètres de long; les autres côtés $9^{m},50$ intérieurement ; l'élévation de la tour est de 33 mètres.

Le pont-levis faisait face au N. E. défendu par la barbacane qui s'ouvrait sur la voie, appelée rue de Moncade; la seule qui jusqu'au siècle dernier existât, dans la longueur totale, du Nord au Sud, de la ville d'Orthez.

L'intérieur du donjon est aujourd'hui ouvert à toutes les intempéries : il attend une restauration qui s'impose chaque jour davantage.

Il est à désirer que le Congrès de Pau émette le vœu que cette restauration ne se fasse pas trop longtemps attendre.

II

L'un des monuments les plus curieux du Béarn est assurément le vieux Pont d'Orthez.

Au mérite architectonique de ce témoin vénérable d'un autre âge, s'ajoute encore le puissant intérêt des divers problèmes qu'il nous offre à résoudre.

A quelle époque remonte-t-il ? A-t-il toujours été tel que nous le voyons aujourd'hui ?

Il est certain qu'il est du moyen âge et des XIIIe et XIVe siècles tout au plus. Il est non moins certain qu'à sa place il dut y en avoir un autre aux époques antérieures ; l'état des rives du Gave, sur l'étendue de l'itinéraire d'Antonin, permet de supposer que les Romains passèrent la rivière à Orthez : c'est là qu'elle est le plus étroite et que son cours est le plus fixe, encaissé profondément entre une double muraille de roches gigantesques ; c'est là qu'elle offrait le plus de garanties pour la construction des piles. Sur toute la ligne du Gave, dans notre région, on ne trouve trace d'aucun autre pont de pierre comme ceux dont les Romains nous ont laissé ailleurs tant de curieux spécimens. Mais faire remonter le Pont d'Orthez, comme on a essayé de le faire, à une époque plus reculée que celle que nous venons d'indiquer, serait commettre une véritable erreur. Il est, du reste, assez vénérable tel qu'il est. On a constaté la trace d'une architecture antérieure au XIIIe siècle dans les culées ou piles de la grande arche, construite en grand appareil. C'est sous cette arche à plein cintre, que passe le cours du Gave : les autres, en ogive et à niveaux différents, ne sont que des arches de dégorgement.

Elles sont construites sur la rive droite pour permettre à l'eau, qui monte progressivement, de s'écouler sans compromettre la grande culée qui lui barre le passage au milieu de son lit.

Entre la grande arche et la rive gauche se trouve une autre arche qui ne fait pas partie, par sa destination première, de ce système de défense contre les eaux.

Autrefois, le pont se composait de la seule grande arche : il était défendu par deux tours. La tour actuelle seule eut été sans grande utilité ; elle n'a pas le caractère d'arc triomphal comme celui qui décorait le pont romain de Saintes. C'était une tour de défense, contenant garnison, sans machicoulis au sommet, sans moucharaby au dessus de la porte. Les divers historiens du Béarn parlent de la garnison du Pont d'Orthez ; il y avait, de tout temps, un *commandant* du Pont d'Orthez.

Qu'aurait pu faire la garnison de la tour contre l'envahisseur, sans un ouvrage avancé qui lui aurait permis de développer ses moyens de défense ?

Il est incontestable que le Pont d'Orthez, comme celui

de Valantré, de Cahors, devait présenter à l'entrée du faubourg de Départ, une première défense, fermant le passage et permettant au pont-levis de fonctionner. Or, il est certain que la première arche appuyée sur la rive gauche était une arche mobile. Son tablier, aujourd'hui de pierre, était de bois au XVIIIe siècle. Une délibération du Corps de Ville, du 4 septembre 1768, ordonne *de rapprocher les poutres du pont du côté de Départ et de les appuyer par dessus par de la maçonnerie.* Il y avait donc là, à cette époque, une arche ou un anneau du pont, facile à détruire pour empêcher le passage de l'ennemi, et primitivement, un pont-levis. Où était, dès lors, la défense, soit de l'anneau de bois, soit du pont-levis ?

Elle était dans une première tour, assise sur la culée de gauche, qui présente des avant-becs comme celle du milieu et là même où de nos jours existent des retraits pour les piétons.

Telle était notre opinion. Elle fut confirmée par celle de Paul Raymond qui l'appuyait sur un monument irrécusable du XIIIe siècle ; un poids-quarteron de la ville d'Orthez — de 1254, — portant d'un côté, la vache de Béarn, de l'autre, *un pont à arche unique à deux tours et aux deux clefs.*

Les poids postérieurs ne portent plus que la tour unique sur le pont à trois arches inégales, accosté de deux clefs adossées au pennon en l'air. En science héraldique, tout a une signification voulue : les deux clefs sont significatives et parlent autant que les deux tours.

D'ailleurs, pas de trace de herse à la tour du pont. La voûte est ogivale, soutenue, au centre, par un arc doubleau ; deux seules archères sont percées dans la tour, au Nord et au Sud.

Nous avons connu le pont, qu'ont vulgarisé de nombreux dessins, estampes et photographies, avec sa couronne de lierre.

Le Conseil des bâtiments historiques en a ordonné la restauration. On a rétabli le toit plat de l'époque, surmontant les créneaux à volets ; si le pittoresque a perdu à cette restauration très habilement conçue par M. Bœswilwald, la vérité historique y a gagné, malgré certaines critiques irréfléchies.

Enfin, nous abordons le troisième problème, fort délicat, que ce vieux monument nous présente.

On montre à la tour du pont une ouverture qu'on appelle *la frineste dous caperaas* (la fenêtre des prêtres), perpétuant ainsi un des souvenirs les plus douloureux de nos discordes religieuses.

Ce serait par là que les soldats victorieux de la reine Jeanne, commandés par Montgommery, auraient précipité les religieux catholiques coupables de fidélité à leur foi : le fait historique est malheureusement établi. Ce qui l'est moins, c'est l'état civil de la fenêtre. En voici la preuve.

De même qu'au pont de Valantré, de hauts parapets reliaient les deux tours. Cela est incontestable : les dessins et les sceaux qui nous restent indiquent l'existence de parapets élevés, même après la démolition de la première tour. On remarquait encore une partie de ces parapets après la bataille d'Orthez, en 1814.

Au milieu du parapet et au sommet de l'arche, s'ouvrait une ouverture servant au déblaiement de la voie et donnant directement sur le fil de l'eau.

Au pont de Valantré, on constate cette ouverture : on la retrouve encore sur le *Pont Salaro,* à deux lieues de Rome, pont détruit par Totila, reconstruit par Narsès et sur lequel passe l'une des plus anciennes voies romaines, la voie Salara.

Ce pont construit sur l'Anio semble une véritable reproduction de notre vieux pont ; il présente ces particularités, que sa tour est postérieure aux arches, comme à Orthez ; que la grande arche embrasse, comme à Orthez, le cours normal du fleuve ; qu'elle est, comme à Orthez, flanquée d'arches de dégorgement, en cas de crue, et que la fenêtre qui permet de balayer et de déblayer la voie, est ouverte sur le parapet entre les arches.

Cela détruit absolument la légende qui s'attache, encore de nos jours, à l'ouverture étroite qu'on observe à l'angle Ouest de la tour du Pont d'Orthez.

L'ouverture historique était sur le parapet et sur le milieu de l'arche.

Nous en trouvions une preuve évidente dans la délibération du 4 septembre 1768, que nous avons déjà mentionnée : le Corps de Ville y déclare encore « *qu'il est indispensable de réparer le mur du pont* (et non de la tour) *sur la gauche allant de Départ* DANS TOUTE SA LONGUEUR DEPUIS LA FENÊTRE *et revêtir la totalité du dit mur de même que celui de droite* ».

S'il se fut agi de la prétendue fenêtre *dous caperaas*, ouverte dans la tour, le Corps de Ville n'aurait pas parlé de toute la longueur *depuis la fenêtre* qui est en l'air *à une douzaine de pieds* au dessus du tablier du pont. Ce qu'il est vrai de dire, c'est que la fenêtre s'ouvrait dans le mur sur le Gave : d'un pas, l'on tombait dans l'abime.

La fenêtre actuelle n'est que l'exutoire des latrines de la garnison du pont ; l'entrée en est tellement étroite que l'on ne voit pas comment victimes et bourreaux auraient pu y arriver.

Nous en étions restés là de notre certitude, quand un heureux hasard a mis dans nos mains une preuve nouvelle, et celle-ci absolument décisive.

Il y avait avant 1840, date de sa première restauration, dans l'église St-Pierre, un banc municipal, recouvert d'une tenture en velours rouge ; au centre, on voyait un écusson brodé, ovale, représentant le Pont d'Orthez avec la date de 1589.

Broderie et velours étaient fort délabrés et leur état indiquait un âge des plus respectables.

On supprima cette tenture et avant qu'elle n'ait disparu, un jeune dessinateur voulut conserver le souvenir du Vieux Pont à cette date reculée. Sans se douter qu'il préparait ainsi la solution d'un problème qui devait, de nos jours, vivement occuper les archéologues et les historiens, le jeune expéditionnaire, M. Pourtau, aujourd'hui secrétaire en chef de la Mairie d'Orthez fit un dessin très fidèle, l'encadra et le donna à un ami.

Ce dessin était sans doute oublié par son auteur qui ne nous en avait jamais parlé, quand, il y a peu de semaines, il tombe fortuitement sous nos yeux et nous est gracieusement offert.

Nous avons pu constater, non sans une réelle satisfaction, le bien fondé de nos déductions et nous avons fait reproduire ce vieux dessin dans ce volume.

Et il nous est doublement précieux, puisqu'il confirme l'opinion que nous avions, depuis longtemps émise dans diverses publications et dans des conférences, à savoir que la fenêtre *dous caperaas* a disparu pendant la bataille de 1814 et qu'aucun vestige apparent de la cruelle époque de nos guerres religieuses ne subsiste plus au Vieux Pont, qui peut revendiquer, sans en rougir, le souvenir plus consolant et plus glorieux du sang versé par les 45 voltigeurs de l'arrière-garde de Soult, barricadés dans la Tour du Pont. Pendant toute la journée du 27 février 1814, ils tinrent tête à l'ennemi ; le pont, trop solide heureusement, résista à la mine ; les parapets seuls furent détruits : mais l'Anglais n'entra pas à Orthez par le pont ; les voltigeurs ne le lui permirent pas.

LE CHATEAU DE PAU

Le Château de Pau a été trop souvent décrit, on a entre les mains trop de livres, de brochures et de guides en

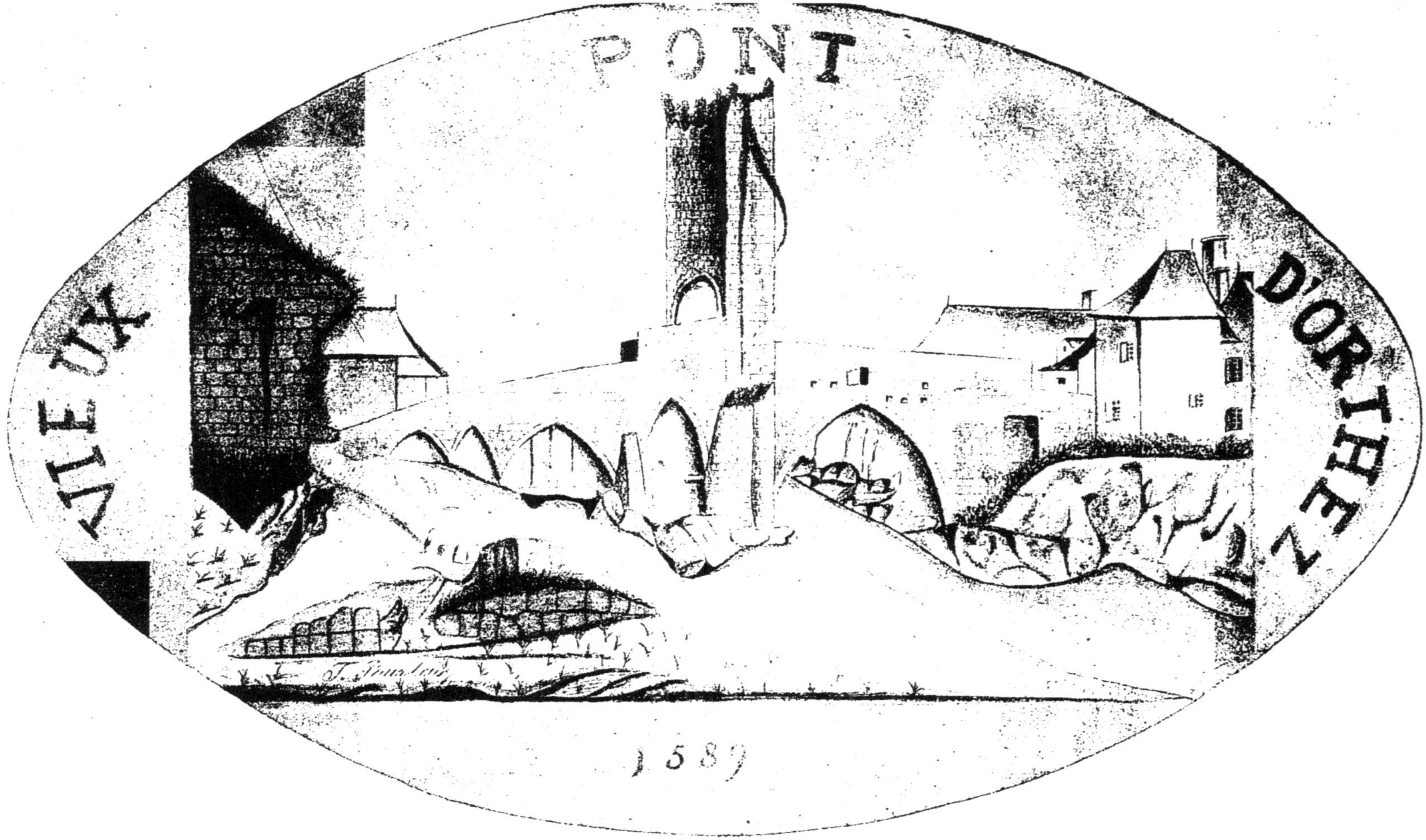
VIEUX PONT D'ORTHEZ
1589

rendant compte, pour que nous nous permettions d'en faire ici une description forcément restreinte.

Qu'il nous suffise de dire que construit par Gaston Phœbus, le prince magnifique qui allait volontiers d'Orthez à Pau se livrer au plaisir de la chasse, le Château de Pau devint, de simple rendez-vous de chasse, l'une des plus belles résidences seigneuriales du Midi de la France.

Lorsque les successeurs de Gaston Phœbus eurent installé, vers 1442, leur capitale à Pau, le Château fut agrandi, embelli par des princes fastueux, les plus puissants de l'Europe et le luxe de leur résidence rivalisa avec celui des plus grands seigneurs de l'époque.

De vastes jardins l'entouraient : François Phœbus, les deux Marguerite y donnèrent des fêtes inoubliées, après en avoir augmenté l'importance par des constructions nouvelles.

En y naissant — de par la volonté de son grand-père, Henri d'Albret, qui avait exigé le retour de sa fille Jeanne au moment de ses couches — Henri IV a définitivement consacré la gloire du Château de Pau.

Mais à partir de son règne, le silence s'y fait, jusqu'au jour où le vandalisme révolutionnaire menace le berceau d'Henri IV et ses superbes dépendances.

Une garde d'honneur du berceau s'organise; une société d'actionnaires se constitue pour acheter et conserver le beau parc témoin des premiers pas de *Nouste Henric !*

Une loi du 3 nivôse an IV, autorise la vente de tous les domaines de la liste civile ; celle du 28 ventôse vint menacer d'une ruine prochaine *la Forêt du Parc.*

L'administration municipale, dans son culte des gloires nationales, favorisa l'organisation de la Société qui devint propriétaire de ce beau parc, par contrat du 13 fructidor an IV. Le Château fut transformé en prison.

Le 7 janvier 1815, les propriétaires du Parc, dont les noms, conservés aux archives municipales, méritent l'hommage de la gratitude de leurs concitoyens, offraient à la Couronne, qui acceptait avec reconnaissance, de lui rendre gratuitement le Parc de Pau et sa forêt.

Souhaitons que, dans les nouveaux projets d'embellissement de la ville de Pau, on s'inspire à l'égard du Parc célèbre, des sentiments pieux de vénération et de respect des actionnaires de fructidor an IV !

Les divers gouvernements qui se sont succédés depuis 1815, fidèles à la promesse faite aux habitants de Pau par le roi Louis XVIII, ont toujours « *tenu le Parc et le Château dans le meilleur état* ».

C'est à partir de 1830, que de sérieux travaux de restauration et d'aménagement furent entrepris au Château de Pau.

Les belles tapisseries de Flandres, que l'on y admire encore et qui s'y conservent merveilleusement, furent restituées à ce château d'où on les avait envoyées à Paris.

Les travaux de restauration furent repris en 1853 et menés à bonne fin par l'habile architecte Lafolye.

Le Château de Pau devrait être considéré comme le reliquaire grandiose des gloires béarnaises : il devrait être complètement meublé avec des meubles ayant appartenu aux Princes Béarnais et qui sont éparpillés soit dans les divers palais de la liste civile, soit dans les salles du Garde Meuble National.

A côté des superbes collections de tapisseries, qui suffiraient à elles seules pour faire la réputation du Château de Pau, on voit jurer déplorablement des meubles modernes qui pourraient être utilement placés ailleurs.

La manifestation artistique dont les salles du Château ont été le théâtre, en 1891, ont permis de mettre en valeur la magnificence des unes et la pauvreté des autres ; des vœux ont été formulés et il est à souhaiter que — sans trop tarder — *le musée historique béarnais* soit constitué dans ce cadre magnifique que rehausse le splendide panorama de la chaine des Pyrénées.

L'ÉGLISE DE Ste-ENGRACE

Dans les montagnes de la haute Soule, dans le quartier appelé Bassa-Buria se trouve le pittoresque village de Ste-Engrâce.

Pour y arriver, il faut, à partir du poste douanier de Licq (arrondissement de Mauléon), gravir, à dos de mulet ou à pied, la montagne. Après une marche de trois heures, on arrive au plateau de Ste-Engrâce.

C'est l'extrême frontière : on touche à l'Espagne. L'intérêt de la France pour l'art, s'affirme jusqu'à ce point, inaccessible à beaucoup de gens, et par conséquent fort peu connu.

On ne regrette pas la fatigue quand on y est arrivé.

Une collégiale fut fondée à ce point extrême de notre pays, vers le milieu du xie siècle au lieu dit d'Urdaix, nom qui fut dès lors remplacé par celui de Ste-Engrâce du Port, en l'honneur de la patronne de l'église.

Il y avait là un *port* ou *passage* vers l'Espagne ; les chanoines réguliers de St-Augustin y avaient ouvert un hospice ou hôpital, dans lequel les pèlerins trouvaient une généreuse hospitalité.

De pieuses légendes firent établir à Ste-Engrâce un pèlerinage important.

Le manuscrit d'un religieux barnabite décrit ainsi le désert au milieu duquel était placée la collégiale : « Ce désert est, par sa situation, un des plus affreux des Pyrénées. On y voit un bourg et une belle église bien décorée, où l'on arrive par des sentiers quelquefois taillés dans le roc en ligne spirale : ils sont si étroits que si le pied venait à glisser, on tomberait dans des abimes. Les bords du Gave qui y roule étonnent par leur élévation et la chute de ses eaux à travers les rochers escarpés épouvante les voyageurs. On fait ainsi trois lieues dans ce chemin bordé de précipices et de temps à autre, on trouve des croix plantées qui annoncent que quelqu'un y a péri. Il est difficile de comprendre comment un chapitre composé d'un abbé, de douze chanoines et d'un sacristain, a été placé dans ce pays qui est la retraite ordinaire des ours. »

On y vit cependant fort bien. Un roi de Navarre attribua la propriété de cette collégiale à la célèbre abbaye de Leyre, en Navarre, qui recevait à titre de redevance annuelle des chanoines de Ste-Engrâce « deux saumons et une paire de bœufs propre au labour ». Cette redevance fut transformée en un seul saumon et quatre florins d'or.

De la fin du XVe siècle au milieu du XVIIIe, la redevance ne fut plus que de *40 sols jacquès*. — Neuf sols jacquès valaient un florin.

L'église de style roman, est à plein cintre, rappelant Ste-Croix d'Oloron. Comme dans celle-ci la base des colonnes est ornée de têtes de clous ou de têtes de monstres.

Les chapiteaux sont à sculptures variées, feuilles, fruits, animaux fantastiques, scènes du Nouveau Testament.

Le cintre du portail est formé de plusieurs moulures et sur le tympan se voit un chrisme supporté par deux anges.

RUINES DU CHATEAU DE MONTRÉAL

ET

RUINES D'UN PONT A SAUVETERRE

La ville de Sauveterre, située sur une haute colline que baigne le gave d'Oloron, possède de remarquables vestiges de ses fortifications. C'est un des points les plus intéressants du Béarn moderne ; ce fut une des quatre villes importantes de l'ancien Béarn.

Ces fortifications étaient imposantes ; la ville subit plusieurs sièges : prise et brûlée en 1523, par une armée Espagnole, elle fut saccagée par les Basques en 1569, pendant les guerres de religion.

Au XIIIe siècle, Sauveterre avait été le point de réunion d'une armée puissante, sous la conduite de Philippe le Hardi.

De ce passé historique, il lui est resté un ensemble de ruines, qui présentent un vif intérêt. Les jardins de la famille de Nolivos s'étagent dans ce qui était l'ancien château ; à l'extrémité occidentale et sous une épaisse couverture de plantes parasites, on retrouve la citadelle ronde, comme celle de Montaner, avec les cheminées des divers corps de garde appuyés contre le rempart ; la tour de vigie, les archères, etc... A l'extrémité orientale s'élève la tour *dite de Montréal,* tour carrée d'une trentaine de mètres d'élévation, ayant sur sa façade Sud plusieurs fenêtres géminées.

Construite en pierre et couverte presqu'entièrement de lierre, cette belle construction a été attribuée, selon l'habitude du pays, à la Reine Jeanne.

Cette princesse l'a-t-elle fait restaurer à une époque donnée de sa carrière agitée ? Cela est fort possible. Mais vu le passé de Sauveterre et l'état de cette tour, en même temps que sa position à l'Est du château qu'elle complète, il est facile de lui attribuer une date plus reculée que le règne de Jeanne d'Albret.

Un *demi* pont avec tour de défense rappelant la tour du Vieux Pont d'Orthez occupe une partie du lit du Gave, dont le courant principal passe sous l'arche unique. On s'est demandé si c'était là une ruine de pont ou simplement une tour de vigie, posée sur un ouvrage avancé, permettant de surveiller du milieu du bras principal du Gave, les menaces des Basques et des Espagnols ; aucune amorce d'arche secondaire ne se montre sur la pile qui soutient la tour.

A côté de l'arche unique et sur la même ligne qu'elle en aval, on voit un gros pilier en maçonnerie, que l'on a pris pour la pile d'un autre pont et qui pourrait bien avoir été « le pilori en pierre avec carcan *au dessous de la maison de ville* » qu'on trouve rubriqué lors du dénombrement de 1677. Au dessus, en effet, se trouve un amoncellement de constructions que l'on attribue à l'ancienne maison de ville de Sauveterre.

MONUMENTS NON CLASSÉS

Le département des Basses-Pyrénées possède, en outre, un nombre important de monuments qui, sans être *classés,* n'en présentent pas moins un réel intérêt historique.

Nous ne pouvons ici en faire une étude même sommaire : les proportions de ce livre ne nous le permettent pas. Nous nous contenterons d'en donner une liste forcément incomplète vu leur nombre, la divisant par arrondissement.

Arrondissement de Pau

L'église de Sévignacq. Elle est bâtie sur une éminence où l'on relève les traces fort apparentes d'un ancien camp romain.

Privé de toute communication directe avec les grands centres de population, éloigné de toute voie ferrée, perdu en pleine campagne béarnaise, le village de Sévignacq n'est visité ni par les touristes, ni par les architectes qui pourtant trouveraient dans l'étude de son église, antérieure au XIe siècle, de réelles satisfactions.

Il a fallu l'intrépidité de M. Le Cœur, le savant auteur des *Promenades Archéologiques du Béarn,* et le burin infatigable de Paul Lafond pour faire connaître ce monument.

Paul Lafond lui a voué un véritable culte et il en poursuit, avec son habituelle tenacité, le classement comme monument historique, rendant ainsi un nouveau service à l'art. Il prépare un important travail, avec de belles planches à l'appui, sur l'église romane de Sévignacq et il compte bien être aussi heureux avec elle qu'il l'a été avec celle de l'Hôpital St-Blaise.

L'église de Navailles-Angos et le château d'un des douze grands Barons du Béarn, devenu la propriété, il y a une cinquantaine d'années, de la famille de Gontaut-Biron.

L'église de Taron du XVe siècle avec les fragments fort intéressants de mosaïques romaines.

La porte de défense de la ville de Gan et la maison de l'historien Marca.

Le donjon en ruine et les mosaïques de Lescar.

Le château d'Artiguelouve avec ses tours toutes rondes et son énorme donjon.

Le château de Coarraze où Henri IV fut élevé, *à la paysanne,* et la chapelle de Bétharram avec son calvaire.

Arrondissement d'Orthez

L'église de l'Hôpital-d'Orion, dernier et seul vestige de l'ancien hospice où mourut Gaston Phœbus, au retour d'une chasse à l'ours.

Le petit château Renaissance de Brassalay, à Biron.

Les ruines du château de Sault-de-Navailles.

Celles fort imposantes du château de Bellocq qui joua un grand rôle pendant les guerres de religion.

L'église de Sauveterre, superbe monument du XIIe siècle, qui figurerait encore sur la liste des monuments historiques classés, si un coupable badigeonnage n'était venu enlever à ces beaux chapiteaux et à ces piliers leur véritable caractère; quand donc arrêtera-t-on la manie du peinturlurage dont nous avons déjà signalé le danger ?

A Orthez encore, en sus des deux monuments classés, d'un si puissant intérêt, l'église St-Pierre, édifice du XIVe siècle qui, achevée, eût été en Béarn au dire de tous les archéologues « le plus remarquable édifice de cette belle époque » ; les murailles de la ville avec les tours de défenses qui subsistent encore sur divers points de l'enceinte ; la maison offerte à la Reine Jeanne lorsqu'après le sac d'Orthez le château de Moncade était devenu inhabitable et enfin, le célèbre hôtel de La Lune, dans lequel se reposaient, en attendant leur admission au château, les notabilités de l'époque, venant rendre visite à Gaston Phœbus.

Arrondissement d'Oloron

La cathédrale Ste-Marie, que tous les styles se disputent et dont le curieux portail a été déshonoré par les yeux en verre que l'on a mis à ses statues et à ses animaux.

Les nombreux petits châteaux, la plupart en ruines, de la vallée d'Ossau ; les maisons à sculptures et l'église de Bielle avec ses colonnes célèbres.

Le sarcophage de l'ancienne abbaye de Lucq, le tympan de l'église de Boeil, la nef, la voûte et le haut clocher fortifié de Monein.

Arrondissement de Mauléon

Le vieux château de Mauléon et l'hôtel d'Andurain avec son immense toiture en bardeaux.

La citadelle de St-Jean-Pied-de-Port, surnommée la perle de Vauban.

Arrondissement de Bayonne

La citadelle et le vieux château de Bayonne.

Le château d'Urtubie où Louis XI s'arrêta quand il vint régler le différend du Vicomte de Béarn et du Roi de Navarre.

L'église d'Urrugne avec son bénitier et son célèbre cadran.

Enfin, pour terminer la série des monuments historiques non classés, qui, fort nombreux dans le département des Basses-Pyrénées, offrent un très réel intérêt aux investigations des savants, nous devons signaler :

1° Les *tumuli* situés au Pont-Long, à Andrein, Balansun, Garlin, Louvie-Juzon, Ste-Colomme, Pontacq ; ils ont fait l'objet de communications importantes, publiées dans le Bulletin de la Société des Sciences, Lettres et Arts de Pau ;

2° Les non moins nombreux Castra ou Castera, que l'on rencontre sur la ligne du Gave béarnais et aux approches des villes où l'occupation romaine a laissé des souvenirs.

Les plus importants sont ceux que l'on remarque autour de Monein, Labastide-Cézéracq, Vielleségure, Bérenx et les quatre d'Orthez connus sous les noms de *Montalivet, St-Boès, La Motte de Tury* et *Castetner*. Ils sont situés aux quatre points cardinaux de la vieille cité.

Tous ces *Castra* se commandent ; ils correspondent entr'eux et présentent tous la même configuration.

Ils ont fait l'objet de discussions intéressantes, auxquelles nous prîmes part, au Congrès Scientifique de Dax, en 1882.

Le savant président *des Antiquaires de l'Ouest*, M. Ledain décrivit, avec son autorité incontestée, les divers

Castra répandus, en si grand nombre, sur tout le territoire français, et connus sous des noms qui, pour varier de formes, n'en ont pas moins un radical identique : châteliers, châteaux, châtel, la châtre, camp de César, camp Romain, camp Sarrasin, etc., etc.

Ils sont tous d'origine romaine ; élevés à une même époque, au IVe siècle, pour répondre aux nécessités de la défense des villes contre les entreprises de l'insurrection des *Bagaudes*, insurrection engendrée par la fiscalité romaine dans les Gaules et en Espagne. Ces camps n'étaient pas grands : une demi-cohorte suffisait à les occuper ; ils avaient au centre une motte sur laquelle se dressaient la tente du chef et le tribunal.

Ce système de castramétation, ainsi inauguré par Constantin, est, de nos jours encore, facile à relever.

Depuis leur construction, ces *Castra* servirent, lors des diverses invasions dont la Gaule et, particulièrement la Gascogne, fut le théâtre, soit d'ouvrages de protection, soit de points d'attaque, aussi bien aux défenseurs qu'aux envahisseurs du sol national.

ADRIEN PLANTÉ,

Inspecteur de la *Société Française d'Archéologie*.

CHAPITRE XIII

LE

DÉPARTEMENT DES BASSES-PYRÉNÉES

AGRICULTURE

L'AGRICULTURE est la grande industrie du département des Basses-Pyrénées ou tout au moins la plus importante par le nombre de bras qu'elle emploie, par la somme des produits qu'elle fournit. Elle est très variée ; elle comprend l'élevage des animaux, chevaux, mulets, bœufs, moutons, chèvres, porcs ; elle fournit presque toutes les céréales cultivées en Europe, froment, maïs, avoine, orge, seigle. La culture du maïs est celle dans laquelle se spécialise principalement le département. Elle donne des vins généreux tels que le Jurançon, le Monpezat ; elle produit des pommes de terre excellentes, des betteraves, des haricots, qui enguirlandent le maïs, espèce de Soissons, plus fins et plus délicats que la plupart des espèces de jardin, en général tous les produits de la culture maraîchère, des fruits délicieux, la poire, la pomme, la cerise, la fraise, la pêche, le brugnon, la figue, ce fruit exquis des pays du soleil, que le Nord nous envie, la châtaigne.

J'ajouterais bien que nos fleurs, baignées de soleil, sont d'un incomparable éclat si je ne craignais de marcher dans des plates-bandes qui ne sont pas de mon domaine.

Une partie notable du département est en montagne ; elle fournit des pâturages abondants pendant la belle saison et une végétation forestière très remarquable. L'action conservatrice de l'Administration des forêts a su défendre la principale richesse de nos montagnes et dans bien des endroits la reconstituer. Les sombres masses de nos forêts de sapins sont aujourd'hui méthodiquement exploitées et fournissent des bois de construction dont la ville de Pau a largement profité pour ses édifices publics et privés.

Le sol du département n'est pas uniforme. L'agriculture exploite trois zônes de natures très différentes : 1° les vallées, dont la plus grande est celle du gave de Pau, les vallées de l'Ousse, du gave d'Oloron, du Saison ou gave de Mauléon, de la Bidouze, de la Nive ; 2° les côteaux ; 3° les landes.

Les vallées, formées de terrains d'alluvion, représentent incontestablement la plus riche fraction du département ; elles se prêtent admirablement à la culture de toutes les céréales. Seulement, à cause de leur valeur, elles sont partagées entre un nombre infini de propriétaires.

Au point de vue social on peut s'applaudir de cette extrême division de la terre. Au point de vue agricole, il n'en est pas de même, d'autant plus que les cultures intensives ne rachètent pas partout les empêchements que la petite propriété rencontre dans la poursuite rationnelle du progrès agricole. On peut s'étonner que le sol de ces vallées dominées par une chaîne de montagnes où le calcaire abonde, arrosées par les eaux qui découlent de ces montagnes, ne possède pas plus de chaux. Il en contient, mais en quantité généralement insuffisante. Malgré tout, les plaines du département, quand elles sont bien travaillées, soigneusement nettoyées, sont susceptibles d'une grande fertilité.

Le maïs, dont plusieurs agronomes ont blâmé l'abus dans nos cultures, présente pourtant de sérieux avantages. Comme plante sarclée il nécessite de nombreuses façons qui se pratiquent pendant l'été et préparent la terre aux ensemencements de l'automne ou du printemps. Ces façons ne suffisent pas toujours à débarrasser les champs des mauvaises herbes qu'un sol ordinairement argileux et par cela même très frais, sous un chaud soleil, engendre avec une déplorable fécondité. Les mauvaises herbes, qui poussent toujours si facilement, sont une des plaies de notre agriculture et la culture du maïs nous oblige à les combattre sans relâche. Le maïs entre pour une part notable dans l'alimentation de l'homme et dans celle des animaux. Autrefois dans quelques parties du département le paysan vendait son froment et se nourrissait presque absolument d'un certain pain de maïs appelé *mesture,* qui était lourd et peu digestif. Aujourd'hui le froment est la base principale de l'alimentation rurale, mais on le mélange encore avec du maïs, qui le tient frais plus longtemps et le rend très savoureux. La bouillie de maïs, la *broye,* est encore une des grandes ressources de la famille rurale et mêlée soit avec du lait, soit avec de la graisse elle donne, surtout aux enfants, un aliment sain et nourrissant.

Les animaux consomment presque tous du maïs quand on les prépare pour la vente. Les volailles engraissées au maïs sont excellentes. Aux concours de la Société d'agriculture on expose des oies et des canards, qui sont des phénomènes d'engraissement. Que dira-t-on donc du porc de la plaine de Nay, de sa finesse et du poids qu'il atteint, jusqu'à 330 kilogrammes, sous un volume relativement médiocre !

La mule préparée pour l'Espagne, le poulain destiné à la remonte, mangent du maïs concassé : l'acheteur comme le vendeur s'en trouvent très bien. Le bœuf de boucherie n'est amené au fin gras qu'avec la farine de maïs.

Malgré l'emploi utile que fait du maïs le cultivateur des Basses-Pyrénées, il en exporte encore par le port de Bayonne une quantité notable. C'est ainsi que se justifie l'extension d'une culture qui occupait, en 1890, 62.940 hectares et donnait 1.007.040 quintaux métriques.

Le froment vient régulièrement bien dans les plaines ; il vient aussi dans les terres de coteaux, où souvent il atteint un poids supérieur, mais il y est plus exposé aux intempéries, surtout à l'humidité du printemps qui le fait verser. Les années sèches, le froment réussit parfaitement sans que dans notre pays on ait obtenu, à part de rares exceptions, ces fabuleux rendements de 40 hectolitres à l'hectare que font miroiter dans leurs comptes-rendus des agriculteurs du Nord de la France ou de l'étranger. Plus modestes, nous sommes contents d'un rendement de 22 à 25 hectolitres à l'hectare. Par exemple notre grain pèse régulièrement 80 kilogrammes l'hectolitre et les productions forcées ne donnent pas souvent ce poids. La culture du froment n'est pas une quantité négligeable dans un département qui en a ensemencé en 1890 49.020 hectares. Nos pères, qui ne plaignaient pas leurs peines, amendaient beaucoup leurs terres avec de la marne dont ils obtenaient d'excellents résultats. De nos jours on aime davantage le travail facile. La marne ne se trouve pas partout : elle se cache dans les coteaux ; il faut la découvrir, exploiter la marnière, porter l'amendement à une distance quelquefois assez grande : enfin il faut en mettre beaucoup. Aussi le marnage est-il un peu abandonné et dans les terres qui n'avaient pas assez de cœur, comme disent les Normands, pour porter la chaux, le sol arable s'était fort amaigri. Ce qui manquait essentiellement à nos terres, surtout à nos argiles de coteaux, c'était la chaux et l'acide phosphorique. L'emploi des engrais chimiques est venu nous donner ce qui nous manquait. Les superphosphates de chaux, les scories de déphosphoration principalement font merveille dans nos terres. Les exemples que nous avons sous les yeux prouvent d'une manière éclatante que nos plus mauvaises terres sont amendables et qu'avec l'emploi combiné des engrais chimiques et des engrais de ferme on peut obtenir des rendements des plus rémunérateurs en céréales et des fourrages absolument plantureux, qui permettent de développer la taille des animaux de travail.

Qu'il me soit permis de citer un exemple qui m'est personnel. Dans 20 ares d'un terrain paraissant exécrable où rien ne voulait venir que la fougère, j'ai mis au mois de mars 1890 trois mètres cubes de chaux grasse de Montaut. J'ai eu cette même année une très bonne récolte de maïs ; en juillet 1891 j'ai récolté 6 hectolitres et demi de froment pesant 80 kilogrammes, ce qui fait 32 hectolitres à l'hectare ; sur le froment j'ai semé du farouche qui est encore sur pied, qui est magnifique et d'où j'ai retiré au mois de février et de mars des raves énormes. Plusieurs de mes honorables collègues de la Société d'Agriculture attesteront avec moi ces résultats, que je leur ai fait constater. Je pourrais montrer, à l'heure qu'il est, des prairies naturelles fournies des meilleures légumineuses obtenues dans des terrains des plus médiocres avec du superphosphate de chaux à raison de 500 kilogrammes à l'hectare la première année et une couverture en fumier de ferme l'hiver suivant.

Le nitrate de soude a produit aussi de bons effets ; il a

été moins employé que les superphosphates par le petit cultivateur ; il n'a pas dit encore son dernier mot. L'amélioration des prairies naturelles a une importance considérable dans un département qui en contient 58.809 hectares ayant produit en 1890 1.411.416 quintaux métriques de foin et 352.854 quintaux de regain. Remarquons à ce sujet que si les prairies de coteaux, grâce à leur sol argileux, donnent presque toujours une seconde coupe bonne ou mauvaise, les prairies dans les vallées ne rendent pas toujours les quantités qu'elles devraient produire en regain, si l'irrigation était mieux entendue et plus soigneusement pratiquée.

La vigne est l'apanage des coteaux ; elle y donnait autrefois une forte production avant que l'oïdium lui eût porté ses premiers coups. La décadence de nos vignobles date de cette première invasion. La pratique du soufrage, qui ne s'est généralisée qu'en 1861, neuf ans après l'apparition de l'oïdium, avait contribué à relever beaucoup de vignobles dans les régions où la vigne avait été depuis longtemps la culture principale, mais dans nombre de communes, où le petit propriétaire ne faisait du vin que pour ses besoins, le vignoble a été abandonné ; on en rencontre trop souvent qui sont restés en friche. Quoiqu'il en soit, le soufrage avait relevé la partie la plus importante ; on faisait moins de vin que par le passé, on le vendait quatre fois plus cher. L'aisance revenait donc au foyer du viticulteur lorsque un nouvel ennemi se présenta, le mildew, bientôt suivi de la gamme de tous les fléaux qui sous formes d'insectes ou de parasites attaquent la vigne dans son existence ou dans sa production, l'antrachnose, la chlorose, le black-rot, la pyrale, la cochylis et enfin le terrible phylloxéra. Aux premiers, nos viticulteurs ont opposé avec un plein succès la bouillie bordelaise, à la dose de 3 kilogrammes de sulfate de cuivre et 3 kilogrammes de chaux grasse sur cent litres d'eau, l'arrosage des ceps au moyen de pulvérisateurs étant pratiqué deux fois et se combinant avec les deux ou trois soufrages nécessaires pour vaincre l'oïdium. Le mildew depuis quatre ans a presque toujours cédé à ces deux sulfatages bien faits et en temps opportun ; on a même remarqué que la vigne avait recouvré une force très grande. — Le black-rot, si redoutable, n'a pas résisté non plus, ou du moins n'a pas causé de dommage appréciable ; l'antrachnose, moins dangereuse dans ses effets, s'est montrée plus tenace ; on lui oppose des mélanges dans lesquels entre le sulfate de fer. En un mot la lutte était engagée contre tous ces fléaux et non sans succès quand l'année dernière la cochylis a envahi nos vignobles vers la fin d'août et nous a enlevé un tiers de la belle récolte qui nous paraissait assurée. Les moyens de combattre ce nouvel adversaire, qui fait son apparition en deux fois, ne sont pas encore affirmés d'une manière certaine et pratique. On espère que cet insecte, dont les invasions ne sont pas nouvelles, mais ne se sont reproduites qu'à de longs intervalles, nous laissera quelques années de répit. Pour parer à son retour prochain des viticulteurs essaieront cette année du soufre sulfaté, espérant ainsi détruire les œufs de l'insecte.

Le phylloxéra s'est montré dans le Nord de l'arrondissement de Pau, il y a une dizaine d'années, venant probablement du Gers, où il sévissait depuis assez longtemps et d'où les colonies ailées se sont abattues sur le Vic-Bilh. Il a déjà fait de nombreuses victimes, mais pourtant on peut s'étonner que sa marche n'ait pas été plus rapide. On ne peut raisonnablement espérer qu'il ne franchira jamais cette région de landes qui semble une zône protectrice pour le reste de l'arrondissement. La marche lente et assurée du phylloxéra inspire les craintes les plus sérieuses aux viticulteurs encore indemnes. *Carpe diem,* peut-on leur dire avec Horace : jouissons des belles récoltes que nous avons eues depuis 4 ans et que nous avons très facilement écoulées. Les vignes phylloxérées ont été traitées par le sulfure de carbone. Les résultats ne semblent pas très favorables et les propriétaires des cantons de Garlin, Lembeye, Montaner s'occupent activement de reconstituer leurs vignobles avec des cépages Américains. La partie phylloxérée était désignée en Béarn sous le nom de Vic-Bilh ; elle avait une réputation très méritée pour ses vins délicats et généralement très liquoreux. On vantait surtout les crus de Portet, de Monpezat, de Crouseilles, de Conchez.

La partie viticole du département encore indemne est considérable. Il est difficile de préciser la part qui lui revient exactement sur les 19.927 hectares ayant donné en 1890 un produit de 144.720 hectolitres. Ce rendement est bien modeste comme quantité ; mais les viticulteurs de Jurançon, de Gan, St-Faust, Monein, Lasseube, Aubertin peuvent être fiers de leur généreux vin. N'est-ce pas d'une goutte de Jurançon qu'Henri d'Albret trempa les lèvres de son petit-fils naissant qui devait être Henri IV? L'enfant, au lieu de crier, sourit, ce qui fit dire à son heureux grand père : tu seras un vrai Béarnais. L'enfant tint parole. Le vin de Jurançon, que je prends comme type parce qu'il tient la tête de la production, est rouge ou blanc. Le plus célèbre est le blanc. Il est fin, parfumé, souvent liquoreux, très alcoolique, moins cependant que certains vins qui n'ont pas la réputation d'être aussi capiteux. Il a de 12 à 14 degrés, ce qui lui assure une conservation sans fin, s'il est bien soigné. La culture de la vigne se développe depuis quelques années dans le pays Basque ; le vin récolté se consomme dans la région même, où il est fort apprécié et remplace des liquides importés dont la pureté est très suspecte. Certains vins, particulièrement celui de Sauguis, qui est tout à fait pétillant, pourraient bien faire tourner les makilas si l'on en abusait.

En résumé, le vin est le vrai produit des pays de côtes comme le maïs est la grande récolte des plaines.

Venons maintenant aux landes. Quel est la composition de leur sol ? Nous nous abstiendrons à cause de notre incompétence scientifique d'entrer dans le vif de cette questions que nous laissons entière aux géologues. Nous dirons seulement que tout le pays couvert d'ajonc épineux, de fougères et de bruyères n'est pas de même nature. Les landes en côtes, et il y en a beaucoup, me paraissent reposer sur un sol presqu'exclusivement argileux. La lande qui s'étend derrière Pau et porte le nom de Pont-Long me paraît toute différente. Sur un sous-sol argileux, imperméable, se trouve une couche de terrain de décomposition.

Les eaux ont séjourné dans cette vaste plaine, où l'on rencontre sans aller à une grande profondeur des cailloux de la même espèce que ceux du lit du Gave et cependant ce n'est pas un terrain d'alluvion. Laissons ce côté scientifique de la question et tenons-nous-en uniquement à la question agricole. Un des reproches qui ont été faits le plus souvent à l'agriculture des Basses-Pyrénées a été d'avoir laissé inexploités ces immenses terrains. Ces reproches ne sont pas absolument fondés. D'abord on a beaucoup défriché depuis trente ans et tel champ qui donne aujourd'hui de belles céréales était couvert autrefois de fougères et d'ajoncs. La propriété très morcelée dans notre pays ne comporte pas de grandes fortunes. Les améliorations agricoles, surtout les défrichements, exigent des mises de fonds considérables dont nous ne disposons pas. Les défrichements, qui ont très bien réussi autour de Pau, se sont faits successivement et à mesure que le propriétaire pouvait y consacrer une plus grande quantité de fumier de ferme qu'il empruntait souvent aux écuries de la ville voisine.

Tous les terrains de nos landes ne sont pas propres à la culture. Une puissante Compagnie avait entrepris vers 1864 le défrichement d'un millier d'hectares dans une lande achetée à très bon compte au Syndicat du Bas-Ossau.

On essaya dans cette entreprise les instruments les plus perfectionnés, entre autres des charrues à vapeur dont les câbles cassaient vingt fois par jour. On couvrit les semailles de noir animal et avec tous ces efforts on n'obtint que quelques maigres récoltes d'avoine et quelques pâturages dont l'herbe acide ne profitait pas aux bestiaux. Au bout de peu d'années la Compagnie fut mise en liquidation et en très peu de temps les terrains défrichés et cultivés, aussitôt qu'ils furent abandonnés à eux-mêmes, se couvrirent d'ajoncs et revinrent à l'état de *touyas*, nom donné dans le pays aux champs d'ajonc. Cet essai n'était pas encourageant. On aurait pu en faire un autre plus fructueux dans la lande de Belair à Oloron. Le terrain paraissait argileux et non tourbeux ; l'amendement indispensable pour fertiliser cette belle plaine était tout près, dans le coteau, où le percement du tunnel du chemin de fer a mis à découvert un gisement de marne très riche. Que n'eut-on pas fait en défrichant les communaux de Buzy et de Buziet et en les amendant avec les marnes qui ont fait les remblais si glissants du chemin de fer de Pau à Oloron ? Quelle force agricole perdue ! Nous ne défendrons pas partout et quand même la conservation du touya, seulement nous croyons qu'une partie doit en être réservée pour fournir la litière des animaux, que les plaines ne peuvent produire. Il est peu de pays qui portent leur paille, pour employer une expression très connue; dans les meilleurs pays à blés, pour peu que le cultivateur trouve dans ses environs un prix avantageux de ses pailles, les litières de l'étable sont bien pauvres. Or, ces terres à blé n'exigent pas de beaucoup des fumures aussi abondantes que les nôtres. La culture du maïs prend beaucoup de fumier, occupe un très grand espace et ne donne aucune paille. Il faut donc de toute nécessité que nos agriculteurs trouvent quelque part les litières que leurs champs ne peuvent leur fournir. Où les trouveraient-ils à de meilleures conditions que dans la lande, au Pont-Long? Nous connaissons des propriétés de la vallée de l'Isle, dans la Dordogne, qui vont chercher de la bruyère pour leurs litières à 25 et 30 kilomètres, en Limousin. La bruyère n'a jamais constitué un élément de fumure bien riche. Dans les montagnes du Gard, de la Lozère, de l'Aveyron on emploie le buis parcimonieusement ménagé pour faire le lit des animaux. Un agronome, sans doute fort savant et qui considérait nos touyas comme un reste des âges barbares, quand je lui demandai avec quoi nous pourrions remplacer l'ajonc puisque nous n'avions que juste assez de paille pour nos chevaux, me répondit que nous devrions cultiver des plantes qui pussent faire des litières, *des pois*, par exemple.

Il sera difficile de persuader à nos agriculteurs de mettre le Pont-Long en petits pois pour fournir de la litière aux nombreuses étables qui se multiplient de jour en jour autour de la ville de Pau. Terminons par cette observation, c'est que le fumier d'ajonc est riche en carbone; que de plus il divise, il soutient nos terres argileuses et compactes. Son action est double, celle du fumier de paille est une. Enfin la décomposition du fumier d'ajonc est plus lente que celle du fumier de paille qui est bu par nos terres.

Défrichons donc autant que nos moyens nous le permettront les parties de lande dont le sol peut être amendé avec de la marne, avec de la chaux, avec des engrais chimiques; conservons-en une quantité suffisante pour la litière de nos étables.

Le département des Basses-Pyrénées possède de bonnes races d'animaux de travail, qui se distinguent par deux qualités essentielles : leur énergie, leur rusticité. A tout Seigneur tout honneur. Commençons par le cheval, la plus belle conquête de l'homme.

Le Béarn possédait autrefois une petite race, dite navarrine, qui était citée parmi les meilleures pour la cavalerie légère. Il existe au Ministère de la Guerre un rapport de notre compatriote, feu le général Larrieu, qui établit la résistance offerte pendant les dernières campagnes du premier Empire par les chevaux de son régiment, qui étaient de race navarrine. D'où venait-elle? Il est probable qu'elle venait d'Espagne et devait ses qualités de vigueur, d'endurance au sang arabe que les Maures avaient introduit chez nos voisins. — Si nos navarrins étaient bons, ils n'étaient pas parfaits. — Leur conformation laissait fort à désirer ; ils étaient généralement plats et serrés dans leur arrière-main ; ils avaient les jarrets clos, l'épaule droite, l'encolure courte ; ils n'avaient pas conservé la silhouette de leur ascendant Arabe. Tels qu'ils étaient, ils suffisaient parfaitement aux besoins d'une époque où notre pays comptait plus de sentiers de mulets que de grandes routes. J'ai entendu bien des Béarnais déplorer la disparition de la race navarrine par les croisements avec l'Arabe ou l'Anglais. On ne remarque pas assez que les animaux créés pour le service de l'homme doivent être modifiés à mesure que les besoins de l'homme changent. La loi de 1836, qui a fondé la vicinalité en France, a porté un coup fatal au cheval exclusivement de selle. Aujourd'hui que le pays est sillonné de voies carrossables, on ne monte plus à cheval que pour son plaisir. Pour ses affaires, on va en voiture. Il fallait donc que le cheval de service acquît de la taille, de la force et du volume. Autrefois un cheval en trotinant portait son homme au marché ; aujourd'hui il en traîne quatre, souvent plus dans une carriole. On a donc bien fait d'améliorer notre race primitive et cette amélioration est principalement due à l'Administration des Haras, bien que cette administration n'ait pas toujours assez tenu compte des vœux des éleveurs. Dans ce moment on semble se préoccuper uniquement de faire le cheval de cavalerie légère. C'est une erreur. La remonte militaire ne peut pas prendre tous les chevaux que nous pouvons produire. Nous allons le prouver par des chiffres. La population chevaline du département des Basses-Pyrénées était au 31 décembre 1890 de 25.315 têtes. Étant admis que beaucoup de juments de service sont en même temps poulinières, on peut fixer le nombre de ces dernières aux deux tiers, soit 16.876. — Les mules, adultes et jeunes, c'est-à-dire de 6 mois et 18 mois, étant au nombre de 7.952, prenons la moitié de ce chiffre pour déterminer celui des juments consacrées à l'élevage du mulet.

Voilà 3.976 mulassières et pour compter largement en y ajoutant celles qui n'auront pas produit dans l'année, mettons cinq mille juments à distraire de la production du cheval. Il en restera environ douze mille, qui donneront au moins dix mille poulains par an. Or, la remonte militaire, qui prend aujourd'hui plus de chevaux de 3 ans que de tout autre âge, l'éleveur cherchant à se débarrasser de ses animaux le plus tôt possible, la remonte militaire a pris en 1890 dans les Basses-Pyrénées 138 chevaux de 3 ans. — Admettons qu'elle en ait pris autant de 4 et 5 ans, c'est donc moins de 300 que le département a fourni sur une production de dix mille poulains. Que deviennent les autres? Trop petits, trop minces pour être utilisés au trait léger, ils n'ont presque aucune valeur et constituent l'éleveur en perte. Il n'en serait pas de même si l'on faisait, ainsi qu'on l'a fait avec succès de 1850 à 1860, le cheval de commerce.

Avec nos fourrages améliorés, comme nous l'avons dit plus haut, par une combinaison d'engrais chimiques et de fumier, on peut faire d'excellents chevaux de taille moyenne, d'un mètre 52 à 56, même d'un mètre 58, pouvant s'atteler et se monter. La remonte en les payant convenablement prendra ceux dont elle aura besoin en temps de paix ; ils auront des allures, ils ne disparaîtront pas sous le paquetage, ils porteront le poids énorme, 128 kilogrammes, qu'on impose au cheval de cavalerie légère et ceux que la remonte n'aura pas pris feront de jolis attelages de victoria, de phaéton, de dog-kart ; ils trouveront leur emploi dans tout le Midi, à Toulouse, à Bordeaux. Le jour où la guerre réclamera une remonte extraordinaire, on aura, prête à entrer en campagne, une population chevaline robuste, énergique. On ne trouvera nulle part de meilleurs chevaux de cavalerie légère.

En 1859, lorsqu'éclata la guerre d'Italie, la remonte Française enleva en quelques jours 830 bons chevaux dans les Basses-Pyrénées et la remonte italienne, arrivant après, ramassa ce qui restait, qui était encore fort bon. On peut douter qu'elle ait jamais été aussi bien montée.

Voilà ce qu'on pourrait obtenir si l'on voulait renoncer à certaines fausses légendes, que dans les Basses-Pyrénées on ne peut faire que le cheval de remonte, qu'on ne doit chercher à faire que des petits chevaux parce qu'on les nourrit mal, comme si le vrai progrès ne consistait pas à faire de meilleurs fourrages pour avoir de meilleurs animaux ; qu'enfin le cheval Anglais a perdu notre race, cliché qui est encore constamment répété et que démentent tous les procès-verbaux de distribution de primes, où l'on peut remarquer que les premières primes vont presque toujours aux fils d'Anglais, quand il y a eu de bons reproducteurs Anglais dans la région. Nous avons invoqué le rapport du général Larrieu constatant les qualités du cheval navarrin dans les armées du premier Empire. Il existe aussi au Ministère de la Guerre des rapports établissant que pendant la campagne de Crimée les chevaux des Basses-Pyrénées ont démontré des qualités d'endurance au moins égales à celles des chevaux d'Afrique sans présenter les inconvénients ordinaires aux agglomérations de chevaux entiers. Or, les chevaux pyrénéens, dont quelques-uns montaient le 1er régiment de lanciers et avaient par conséquent une certaine taille, provenaient de la production de 1848 à 1850, époque où le dépôt d'étalons de Gelos, sur 70 reproducteurs, en comptait 23 de pur-sang Anglais. Ce qu'il faut pour faire de bons chevaux dans les Basses-Pyrénées, ce sont de bons étalons, qu'ils soient Arabes ou Anglais, indigènes ou Anglo-Normands, des mères plus amples que la plupart de celles que nous conservons actuellement, enfin de bons herbages pour la mère et le produit et sur ce dernier point il y a une réforme complète à faire. Le poulain n'est nourri qu'à l'écurie et alors il l'est d'une manière insuffisante. Il ne faut pas se dissimuler que l'élevage à l'avoine est trop cher pour que le propriétaire puisse trouver un prix rémunérateur de son élève. Mais si, au lieu d'abandonner poulinières et poulains dans des landes qui n'ont aucun élément calcaire, dans des communaux épuisés par les bestiaux, dans de mauvaises prairies qu'on ne leur livre que parce qu'elles ne peuvent donner du foin à faucher, on les mettait à l'herbe dans de bonnes prairies phosphatées et fumées, la poulinière jeune se développerait, elle prendrait du bassin ; elle aurait un lait abondant et nourrissant ; le poulain naîtrait plus grand et plus fort, sa charpente osseuse se formerait mieux et acquèrerait de la densité. Je le répète, avec les fourrages que nous pouvons faire rendre à nos terres convenablement amendées, grâce à une température vivifiante, nous pouvons faire le cheval de taille moyenne, de selle et de trait léger le plus résistant et le plus élégant, nous pouvons fournir à la cavalerie légère un instrument merveilleux.

La race bovine des Basses-Pyrénées n'est pas homogène. On peut établir d'abord deux grandes divisions, la race d'Urt et la race dite Basque ou Béarnaise, qui renferme plusieurs variétés parfaitement marquées, la race Basquaise proprement dite, la race barétonne à poil rouge foncé, la race dite de Bedous ou de la vallée d'Aspe, enfin la race Béarnaise à poil froment clair, que l'on rencontre principalement dans les arrondissements de Pau et d'Orthez. L'ensemble de ces races donnait au 31 décembre 1890 le chiffre très respectable de 148.525 têtes, sur lequel 410 taureaux, 61.234 vaches, 14.039 génisses.

La race d'Urt, que l'on trouve surtout dans les arrondissements de Bayonne et de Mauléon, mais qui gagne beaucoup de terrain dans tout le département, est bonne pour le travail, suffisante pour le lait, excellente pour la boucherie. Quoiqu'elle soit de création récente, on n'en connaît pas exactement l'origine et son beau pelage blanc déroute fort les chercheurs. On dirait des Charolais diminués de volume, égarés dans les pâturages basques. Le pays lui-même n'a pu la créer par la raison qu'en 1814, lors de l'invasion de cette région par les armées alliées, tous les bestiaux furent réquisitionnés et mangés. D'après une légende du pays Basque, il n'y serait resté que trois vaches dans la commune de St-Barthélemy. Seulement, comme l'armée Anglaise payait bien ce qu'elle prenait, les cultivateurs purent acheter de nouveaux animaux, qu'ils durent évidemment aller chercher un peu partout. C'est de là que date cette admirable race d'Urt qu'on ne saurait conserver avec trop de soin, qu'on ne doit chercher à améliorer que par la sélection, ce qui lui donnera la qualité qui lui manque encore, la fixité. On a remarqué en effet que les animaux d'Urt se transforment facilement quand on les éloigne de leur lieu d'origine. Transportés dans l'arrondissement d'Orthez, qui n'est pourtant pas bien éloigné, ils perdent souvent leur pelage blanc et prennent la couleur froment clair. Cette transformation indique une race de formation récente. Il n'est guère possible d'attribuer au sol et aux herbages du pays Basque la robe blanche des vaches d'Urt, car dans ces mêmes herbages on rencontre beaucoup de sujets de race Basquaise qui ont conservé sans altération leur robe froment.

Quoiqu'il en soit, la race bovine d'Urt est appelée à devenir avec les soins intelligents dont elle est entourée, une des premières races du Midi.

Les autres races du département comprises sous la qualification générale de race Béarnaise se composent de familles très distinctes. La race Barétonne, dont le siège principal est dans la riante vallée de Barétous, peuple l'arrondissement d'Oloron. De pelage rouge foncé, de petite taille, très osseuse, elle est très énergique et très estimée pour le travail. Comme elle est légère, elle ne peut produire une traction un peu forte que par ses efforts musculaires qu'elle ne ménage pas. Si on pouvait lui donner plus d'ampleur et de poids, on lui rendrait la traction plus facile et par là elle deviendrait plus apte qu'elle ne l'est aujourd'hui aux travaux à exécuter avec de bons instruments, travaux d'autant plus essentiels que, hors les terrains d'alluvion, notre sol arable a besoin d'être incessamment approfondi. La race Barétonne réclame aussi des améliorations au point de vue de l'engraissement et de la production du lait.

La race dite de Bedous a toutes les qualités de la précédente et beaucoup d'autres. Elle est plus large dans ses hanches, plus fine, meilleure laitière.

La race d'Ossau se distingue surtout par sa rusticité. Elle est très souvent formée en troupeaux qui vivent l'été sur la montagne, l'hiver dans les landes du Pont-Long, où les communes d'Ossau ont un droit de dépaissance qu'on dit leur avoir été concédé par Henri IV en récompense des services que les Ossalois auraient rendus à la cause royale. Il y a peu d'années encore ces mêmes communes exerçaient un droit de stationnement pendant la nuit sur une des places de la Ville de Pau, à la Basse-Ville. Enfin, il existe sur le faite des coteaux reliant les premiers contreforts des Pyrénées à la vallée du Gave, un chemin à peine praticable en certains points, qu'on appelle encore en Béarnais par une corruption sans doute du mot latin *Via,* la *Vio Ossaloise.* C'était par ce chemin tombant à Narcastet, sur le chemin de Pau à Nay, que devaient passer les troupeaux se dirigeant sur Pau, probablement pour y passer la nuit, à la Basse-Ville, et de là gagner la lande.

La race Béarnaise est bonne, mais elle manque d'homogénéité. Aussi courageuse pour le travail que toutes les autres du département, elle est meilleure pour le lait sans qu'on puisse pourtant la classer parmi les races laitières. Elle varie de canton à canton.

Du côté de Montaner elle donne de grands bœufs excellents pour le travail ; du côté de Sauveterre-de-Béarn, de jolis animaux très fins, qui s'engraissent bien. Aux environs des villes, principalement de Pau, Bayonne, Biarritz, qui consomment beaucoup de lait, on a cherché, soit dans des croisements avec des races étrangères, soit dans l'introduction de races étrangères pures, des vaches donnant une meilleure production que les vaches du pays. Le croisement avec la race suisse du Simenthal, commencé il y a 60 ans, renouvelé il y a vingt-cinq ans, avait donné des animaux réunissant presque complètement les trois aptitudes au travail, au lait, à l'engraissement. Peut-on s'en étonner quand on voit cette race-mère du Simenthal former des sous-races comme la Ferrandaise, dans le Puy-de-Dôme, la Comtoise en Franche-Comté, la race de Montbeliard, toutes conservant dans leur conformation, leurs qualités, leur pelage, le type de la race-mère, type si fermement confirmé qu'il ne se perd pas après de nombreuses séries de croisements. En Béarn on a renoncé au croisement avec la race du Simenthal par la difficulté de faire venir des taureaux de Suisse. On a beaucoup croisé la race Béarnaise avec le Lourdais, qui est si bon dans la vallée d'Argelès. Malheureusement cette excellente race ne conserve pas tous ses mérites en s'éloignant de ses montagnes.

En fait de races étrangères pures on se sert beaucoup aux environs de Bayonne de la vache Bretonne, qui arrive par mer et ne coûte pas cher. Elle donne très suffisamment du lait fort crèmeux en raison du peu de nourriture dont elle se contente. Autour de Pau on a employé des Hollandaises, des Cottentines, des Ayr, des Devon, des Suisses, race de Schwitz, des Tarines. Les premières générations ont donné d'assez bons résultats ; mais il n'est pas prouvé qu'au bout de peu de temps ces races, par le fait du changement de climat et d'alimentation, ne se transforment et ne s'assimilent plus ou moins heureusement aux races indigènes. Garderont-elles leurs qualités lactifères ? C'est ce qu'il n'est pas possible de préjuger.

L'élevage du porc tient une place considérable dans l'agriculture des Basses-Pyrénées. Aussi compte-t-on dans le département 81.912 sujets de l'espèce porcine. Je ne saurais mieux faire pour définir la place qu'occupe le porc dans la maison du cultivateur Basque ou Béarnais que d'emprunter à Henri Taine le petit tableau suivant si spirituellement peint :

« Pourquoi ne parlerais-je pas de l'animal le plus heu-
» reux de la création ! Un grand peintre, Karl Dujardins, l'a
» pris en affection ; il l'a dessiné dans toutes les poses, il a
» montré toutes ses jouissances et tous ses goûts. La prose
» a bien les droits de la peinture et je promets aux voya-
» geurs qu'ils prendront plaisir à regarder les cochons.
» Voilà le mot lâché. Maintenant songez qu'aux Pyrénées
» ils ne sont pas couverts de fange infecte, comme dans nos
» fermes ; ils sont roses et noirs, bien lavés, et vivent sur
» les grèves sèches, auprès des eaux courantes. Ils font des
» trous dans le sable échauffé et y dorment par bandes de
» cinq ou six, alignés et serrés dans un ordre admirable.
» Quand on approche, toute la masse grouille ; les queues
» en tire-bouchon frétillent fantastiquement ; deux yeux

» narquois et philosophiques s'ouvrent sous les oreilles
» pendantes ; les nez goguenards s'allongent en flairant ;
» toute la Compagnie grognonne ; après quoi on s'accoutume
» à l'intrus, on se tait, on se recouche, les yeux se ferment
» d'une façon béate, les queues rentrent en place et les
» bienheureux coquins se remettent à digérer et à jouir du
» soleil. Tous ces museaux expressifs semblent dire fi aux
» préjugés et appeler la jouissance ; ils ont quelque chose
» d'insouciant et de moqueur ; le visage entier se dirige du
» côté du groin et toute la tête aboutit à la bouche. Leur nez
» allongé semble aspirer et recueillir dans l'air toutes les
» sensations agréables. Ils s'étalent si complaisamment à
» terre, ils remuent les oreilles avec de petits mouvements
» si voluptueux qu'on en prend de l'humeur. O vrais
» épicuriens, si parfois en sommeillant vous daignez réflé-
» chir, vous devez penser, comme l'oie de Montaigne,
» que le monde a été fait pour vous, que l'homme est
» votre serviteur et que vous êtes les privilégiés de la
» nature ! Il n'y a dans toute leur vie qu'un moment
» fâcheux, celui où on les saigne. Encore il passe vite et
» ils ne le prévoient pas. »

Henri Taine — (*Voyage aux Pyrénées*).

La petite race noire de porcs du pays devait être bien bonne puisque c'est elle qui a fondé la juste réputation du jambon de Bayonne. Néanmoins depuis quelques années elle a été soumise à de nombreux croisements, principalement avec les races Anglaises, qui lui ont donné de la précocité et de la facilité d'engraissement. Le triomphe du porc gras est dans la plaine de Nay, où l'on arrive à des poids extraordinaires, en conservant à la viande sa finesse et sa fermeté. Dans cette région l'engraissement ou la préparation à la vente de tous les animaux se fait avec autant d'intelligence que de succès.

Nous ne pouvons passer sous silence les 431.343 sujets de l'espèce ovine qui peuplent presque exclusivement nos montagnes excepté quand ils viennent hiverner dans les landes des Basses-Pyrénées, du département des Landes et du Gers. Sur ce gros chiffre on compte 248.523 brebis que l'on rencontre aux mois de juillet et d'août sur les pics les plus élevés, à la limite des neiges éternelles, sur les bords des lacs glacés, broutant le serpolet et autres herbes parfumées sous la garde de leur grand pasteur, qui tricote philosophiquement son bas, appuyé sur son bâton, et sous la surveillance de ces beaux chiens des Pyrénées, qui font semblant de dormir sur des gros rochers, comme de grand garde, mais dont le nez est toujours ouvert pour deviner l'approche de l'ours, sur lequel ils se ruent avec un courage sans pareil. Lorsque l'été décline, et cela arrive de bonne heure à ces altitudes, les troupeaux descendent et retrouvent sur les plateaux inférieurs un pâturage rajeuni pendant leurs excursions en haut lieu. Enfin, l'hiver approche, quelques bourrasques de neige se sont déjà abattues sur la montagne. Alors le berger charge son petit âne de sa batterie de cuisine et de son mobilier de campagne, ce n'est pas considérable ; il siffle ses labris, qui n'auront pas à combattre l'ours, mais à diriger le troupeau dans les rues des villages, dans la traverse des villes, à travers mille dangers, surtout pour les petits agneaux. Tout ce monde se met en route et tintant, cahotant, bêlant arrive aux quartiers d'hiver. En voilà jusqu'au printemps. Cette odyssée pastorale est fort pittoresque. Est elle aussi rémunératrice ?

On peut se le demander. Les grandes brebis de la vallée d'Ossau ont un mérite. Elles sont fort rustiques. Elles supportent les brusques changements de température qui se produisent fréquemment dans la montagne, où un tourbillon de neige succède sans transition à une forte chaleur. Mais elles ne donnent qu'une laine fort commune et leur lait sert à confectionner ces fromages, d'un goût piquant, fort appréciés dans le pays et dont l'exportation serait difficile. Il faut y avoir été habitué très jeune pour l'apprécier. La viande de ces brebis n'est pas bonne. Si l'on pouvait leur donner plus de finesse, sans diminuer leur force de résistance aux intempéries, rendre leur laine meilleure et leur chair plus délicate pour la boucherie, on aurait résolu un progrès énorme, on aurait augmenté de beaucoup la valeur de ce capital pastoral qui ne produit aujourd'hui qu'un mince intérêt. Le pays Basque possède une race plus petite, qui fournit de très bons moutons pour la boucherie. Est-ce la différence de climat ou les habitudes du pays qui produisent cette diversité ? C'est là une question qui préoccupe à juste titre la Société d'Agriculture des Basses-Pyrénées au moment où le relèvement des tarifs douaniers sur l'introduction des viandes abattues peut offrir de grands avantages à l'élevage du mouton Français.

Nous avons parlé du sol, de ses produits, des animaux qu'il entretient. Nous ne pouvons pas ne pas parler de celui qui lui donne la vie, de l'ouvrier agricole. Nous ne nous étendrons pas sur ce sujet pour ne pas empiéter sur le domaine d'un des plus compétents rapporteurs auprès du Congrès. Nous ne parlerons donc pas de l'origine de ces races qui peuplent le département des Basses-Pyrénées ; nous nous en occuperons uniquement au point de vue de leurs aptitudes agricoles et nous dirons que le Basque comme le Béarnais est un travailleur robuste, patient, sobre et économe. Le Basque déserte malheureusement trop souvent le champ paternel pour aller chercher en Amérique une fortune qu'il y trouve rarement. Les insuccès de ses prédécesseurs ne l'arrêtent pas : il part comme s'il était soumis à un besoin instinctif de déplacement ; il laisse famille, intérêts, foyers sans avoir rien d'assuré au delà des mers. Pour un qui réussit, cent échouent dans leur entreprise, trop heureux s'ils peuvent se faire rapatrier et rapporter au pays des désillusions qui n'influencent aucunement leurs compatriotes. Nous ne nous étendrons pas davantage sur le caractère du paysan Basque. Les Basques, ces descendants des Ibères, sont un peuple. Ils méritent une longue étude.

Le paysan Béarnais est plus abordable. Quoique parlant familièrement un langage, qui est presque une langue, qui a eu son éminent grammairien, M. Lespy, ses annalistes, ses poètes, une langue en laquelle était écrite cette superbe constitution qu'on appelle les Fors de Béarn, le paysan Béarnais comprend toujours le Français ; aujourd'hui il le parle et cela sans cet accent imprégné d'ail, qui est propre à certaines populations du Midi de la France. Il est laborieux, alerte, adroit au travail. Je trouverai des contradicteurs, je le sais, surtout parmi les étrangers qui ne l'ont pas étudié dans l'intimité de sa vie. Mais à cela je répondrai comme l'abbé Maury : « Qu'êtes-vous donc ? Peu quand je m'estime, beaucoup quand je me compare. » Je ne prétends certainement pas déprécier la classe rurale en France quand j'avance que le paysan Béarnais est au premier rang. Il est foncièrement religieux et honnête, il est courageux, courageux de parti-pris, car par sa nature il est prudent, il craint de se compromettre, il pratique volontiers ce joli proverbe Béarnais, cet *arépourè :*

« *De darè plech ni sègue, nou diguat jamey paraoüle pègue.* » « De derrière haie ni buisson, ne dites jamais parole légère », ce que nous traduirions par le proverbe : « Les murs ont des oreilles ». Mais le même homme qui aura si prudemment retenu sa langue et comprimé sa pensée pour ne pas se faire un ennemi, vienne le danger nécessaire, il s'y jettera résolûment. Dans un incendie vous le verrez au plus fort des flammes pour sauver un enfant ; il se précipitera sans savoir nager dans le courant terrible du Gave pour lui arracher un être humain qu'il ne connaît pas et comme il est fort adroit, comme il ne perd pas la tête, il s'en tirera et ramènera son épave sur la rive.

Le Béarnais est un des meilleurs soldats de l'armée Française et tous les chefs de corps s'applaudissent quand le recrutement leur attribue le contingent des Basses-Pyrénées. Sans remonter bien loin n'était-ce pas un Béarnais ce brave général Barbanègre que Detaille, le peintre du soldat, nous représente sortant d'Huningue, qu'il a si vaillamment défendu, le front haut, acclamé par trente mille ennemis, à la tête d'une garnison réduite à cinquante hommes ? Est-ce à dire que le paysan Béarnais est sans défauts ? Il en a un qui malheureusement produit des conséquences graves au point de vue agricole. Il a trop d'amour-propre et de confiance dans sa propre science.

De là sa répugnance à accepter les méthodes nouvelles ; de là son obstination à conserver quelquefois des pratiques routinières. « *C'est, à la vérité, une violente et traitresse » maistresse d'eschole que la coustume* », a dit Montaigne. Cet amour-propre vient chez lui de l'excès d'une vertu, du sentiment de sa dignité. Le Béarnais de nos jours est bien le fils émancipé de celui qui ne courba jamais la tête que devant le Seigneur jurant, comme Gaston de Foix en 1436, qu'il lui serait *bon, juste*, fidèle et loyal Seigneur..... et qu'il ferait droit et jugement au pauvre comme au riche, au riche comme au pauvre, serment renouvelé à chaque changement de règne et que nous retrouvons prêté le 2 avril 1582 par Henri-le-Grand, ainsi nommé dans le vieux livre des règlements et privilèges du pays de Béarn. Le cultivateur Béarnais ne se rend que devant la preuve faite. Il ne va pas au devant ; il faut qu'on la lui apporte ; il est plus observateur qu'investigateur. Il avance peut-être trop lentement, mais sûrement ; il n'a pas l'exubérance ordinaire du Méridional ; il ne vous dira pas tout ce qu'il pense, mais il n'est jamais hâbleur. Avec ce caractère-là ne doit-on pas avoir pleine confiance dans l'avenir du progrès agricole, surtout quand il est soutenu par tant de bonnes volontés ? Les associations agricoles sont nombreuses dans les Basses-Pyrénées. Sans parler de la Société Centrale d'Agriculture, qui se préoccupe des intérêts de tout le département, les comices cantonaux de Morlaas, Monein, de la vallée d'Ossau, de Mauléon-Tardets, du pays de Cize, d'Ustaritz-Espelette, de Lagor-Arthez exercent une action très réelle chacun dans sa région. Pendant longtemps l'effort principal de ces associations s'était concentré sur l'amélioration des races d'animaux. Aujourd'hui elles propagent avec succès l'emploi des engrais chimiques, admirablement secondées par le Syndicat des Agriculteurs des Basses-Pyrénées, lequel, après quatre années d'exercice, compte 2.583 adhérents et a fait venir 1.152.639 kilogrammes d'engrais chimiques en 1891.

Le Syndicat Agricole des Basses-Pyrénées, créé par la Société d'Agriculture en 1888, a fait une œuvre encore plus utile. Il a développé dans les populations rurales l'esprit d'association, l'esprit de progrès.

Avec un pareil concours de dévouements et de bonnes volontés, avec l'intelligence réfléchie du cultivateur Béarnais agissant sur un sol essentiellement amendable, avec une température qui ne connait aucun excès, l'agriculture des Basses-Pyrénées retiendra, il faut l'espérer, les bras qui tendraient à s'écarter d'elle pour aller chercher fortune soit dans les villes, soit à l'étranger ; elle donnera au cultivateur qui lui restera fidèle le bien-être dans l'indépendance et la liberté.

A. de Castarède,

Président de la ***Société d'Agriculture des Basses-Pyrénées.***

CHAPITRE XIV

LE DÉPARTEMENT DES BASSES-PYRÉNÉES

LES FORÊTS

I. De la superficie boisée. — II. Des propriétaires de bois. — III. Répartition des forêts suivant les terrains géologiques. — IV. Essences forestières. — V. Traitements et modes d'exploitation. — VI. Production en matière.

Le département des Basses-Pyrénées présente toute l'échelle des hauteurs depuis le niveau de la mer jusqu'à 2.976^{m}, cote du Pic Mourrous ou Cuje de Palas qui se dresse à l'intersection de la frontière Espagnole et de la limite des départements des Hautes et Basses-Pyrénées.

Cette diversité d'altitudes a naturellement pour corollaire une variété correspondante dans le climat et la végétation. Ces deux derniers éléments ne peuvent, par suite, être définis d'une manière générale pour l'ensemble du département. Toutefois, aux basses altitudes dans lesquelles est comprise la majeure partie de la superficie, on peut dire que le climat, adouci en hiver et rafraichi en été par les précipitations aqueuses qui sont la conséquence du voisinage de l'Océan et des montagnes, a pour caractères essentiels d'être plus calme, plus tempéré, plus frais, en un mot plus septentrional que ne le comporte la latitude moyenne du département, qui est celle des Bouches-du-Rhône et de la partie méridionale des Alpes-Maritimes.

L'influence de ce climat se traduit dans les forêts par le manque des essences caractéristiques des régions chaudes, telles que le chêne Yeuse et le pin d'Alep. La latitude méridionale du département n'est guère accusée que par quelques Chênes Occidentaux, que l'on trouve sur le littoral, et surtout par ces pins piniers (pins parasols) disséminés un peu partout qui, par les tièdes et belles journées d'hiver, donnent au paysage un cachet presque italien lorsque, plantés au sommet de quelques coteau en saillie sur une vallée, ils se profilent sur le ciel bleu.

Entre les région basses, à climat tempéré, et les régions élevées, à climat polaire, la nature et la distribution des végétaux et en particulier des essences forestières, sont dues exclusivement à l'altitude et à la configuration du sol.

Considérée à ce point de vue, la superficie du département peut être répartie en deux zones distinctes et parfaitement tranchées :

Au Sud, une région des montagnes, constituée par la chaîne des Pyrénées, qui embrasse une étendue d'environ 223.000 hectares. Elle est caractérisée, au point de vue forestier, par la présence du hêtre et du sapin qui, soit à l'état pur, soit en mélange plus ou moins intime, constituent à peu près seuls les massifs.

Au Nord, une région des plaines et coteaux, qui comprend tous les terrains d'une altitude inférieure à 500^{m} et s'étend sur 539.000 hectares environ. Les plaines, dans lesquelles on pourrait classer les terrains dont l'altitude ne dépasse pas 200 mètres, ne constituent pas une région distincte ; elles sont tellement enchevêtrées avec les coteaux, qu'il a paru inutile d'établir une distinction que ne justifierait d'ailleurs aucune différence bien notable ni dans la végétation ni dans les cultures.

On a aussi classé dans cette région les hauts coteaux ou basses montagnes[1], qui représentent les dernières ondulations des Pyrénées, lorsqu'ils sont séparés de la grande chaîne par des cols de moins de 500^{m} d'altitude.

Ces hauts coteaux forment ainsi, dans la région des plaines et côteaux, des îlots de terrain dont l'altitude atteint 700^{m}, 800^{m} et même exceptionnellement 900^{m} : la similitude du relief et la nature de la végétation les rattachent d'ailleurs plus naturellement à la région des coteaux qu'à celle des montagnes ; ils se distinguent des bas coteaux en ce que, chez ces derniers, les sommets sont presque toujours couronnés, soit de cultures, soit de bois, tandis que les points culminants des hauts coteaux et même la majeure partie de leurs versants sont généralement nus ou plutôt recouverts seulement d'une mince couche de gazon sous laquelle on voit souvent se dessiner,

1. — Ces hauts coteaux ou basses montagnes, en désignant sous ce nom les terrains séparés de la chaîne des Pyrénées par des cols de moins de 500^{m} et de la région des plaines et coteaux par des cols de plus de 200^{m} d'altitude, occupent une superficie d'environ 102.000 hectares, dont 54.000 hectares compris dans l'arrondissement de Mauléon et les 48.000 autres dans les arrondissements de Bayonne et d'Oloron. Ils sont caractérisés surtout par le mélange du hêtre avec le chêne dans les massifs ; le tauzin y est très abondant ; il y couvre, à l'état buissonnant ou rabougri, de vastes étendues de terrain, qui, incessamment parcourues par les troupeaux, méritent plutôt le nom de vagues ou landes que celui de forêts.

de part et d'autre des lignes de crête, les couches géologiques toujours plus ou moins redressées et parfois même verticales.

C'est le chêne pédonculé qui, à l'exclusion du rouvre, caractérise la région des plaines et coteaux, où il forme des massifs généralement purs, ou mélangés soit de tauzins ou parfois de châtaigniers dans les plaines et bas coteaux, soit de hêtres dans les hauts coteaux.

I — DE LA SUPERFICIE BOISÉE

Le département des Basses-Pyrénées est un pays d'élevage plutôt que de culture : les terres labourées n'y occupent en effet qu'une proportion de 20 °/₀ de la superficie totale qui est de 762.266 hectares, au lieu de 49 °/₀ qui est la moyenne de la France, tandis que les bois, pâtures et terres vagues s'étendent sur 63 °/₀ au lieu de 30 °/₀. Même dans la région agricole du département, celle des plaines et coteaux, la proportion des labours (26 °/₀) reste très inférieure à la moyenne de la France entière, et celles des bois, pâtures et terres vagues (53 °/₀), très supérieure. La différence est naturellement plus accentuée encore dans la région des montagnes où, pour la proportion insignifiante de 5 °/₀ de terres labourables, il y a 7 °/₀ de prés et 84 °/₀ de bois et pâtures.

Les bois et forêts proprement dits couvrent une superficie de 156.147^{h} dont 92.350^{h} en plaine et coteaux et 63.797^{h} en montagne.

La proportion des forêts pour la France entière est de 17,8 °/₀ : cette moyenne est dépassée pour l'ensemble du département (20,4 °/₀) et pour la région des montagnes (28,6 °/₀) ; elle est à peu près exactement atteinte dans la région des plaines et coteaux (17,1 °/₀).

Le département est donc bien boisé ; il l'est même plus que ne le marquent ces proportions qui, s'appliquant seulement aux massifs, ne donnent pas une idée complète du boisement : les terres cultivées sont en effet bordées ou parsemées d'une multitude d'arbres, principalement de chênes têtards, dont le produit entre pour une part importante dans la consommation des propriétaires ruraux.

Mais d'autre part il faut observer qu'une portion considérable (20 °/₀ environ) de la superficie indiquée comme boisée mérite à peine le nom de forêt ; elle serait plus exactement qualifiée par la dénomination de lande boisée, car elle n'est peuplée que de têtards de chêne ou de tauzin émondés tous les 8 ou 10 ans, généralement très clairsemés et en tout cas assez espacés pour que le sol reste propre au pâturage et à la production du soutrage.

Généralement exclus du fond des vallées, qui est réservé aux terres arables, les bois sont presque tous confinés dans les terrains de qualité inférieure et de profondeur moyenne ; ils s'étendent sur la zone intermédiaire entre celle des cultures, à sol profond, et celle des pâtures et terres vagues à sol superficiel et sec ; leur extension est si bien réglée par la profondeur du sol qu'on les voit toujours apparaître au milieu des pâtures dans la plupart des plis de terrain où la dislocation des couches géologiques a permis la formation et favorisé le maintien d'une certaine quantité de terre végétale.

D'ailleurs la transition entre les bois et les autres propriétés, presque toujours très tranchée du côté des cultures, se fait d'ordinaire insensiblement du côté des pâtures, soit à cause de la ruine des bordures par les abus du pâturage, soit par suite de la diminution progressive de la profondeur du sol.

De ce mode de distribution suivant les sols, résulte pour les forêts une grande différence de groupement topographique dans les deux régions du département : dans la montagne, la continuité des versants ayant pour conséquence une continuité correspondante dans la distribution des terrains, les forêts sont groupées par grandes masses et forment une bande presque ininterrompue qui sépare les vallées des pâturages ; dans la région des coteaux, les forêts, nécessairement disséminées entre les innombrables ramifications des vallons, occupées par les cultures, et les lignes de faîte ou plateaux qui séparent les vallons et qui sont couvertes de pâtures, sont au contraire extrêmement éparpillées.

II — DES PROPRIÉTAIRES DE BOIS

Les communes et les particuliers se partagent à peu près par moitié la presque totalité des 156.147 hectares de bois du département mais en proportion très différentes suivant les régions, les communes possédant presque tous les bois de montagne (85 °/₀) et les particuliers la majeure partie (73 °/₀) des bois de la région des plaines et coteaux. Ces proportions résultent du tableau ci-après, qui indique comment les forêts se répartissent entre les divers propriétaires :

DÉSIGNATION des PROPRIÉTAIRES	SUPERFICIE DES FORÊTS		
	TOTALE	EN PLAINE ET COTEAUX	EN MONTAGNE
État..................	298 h	298 h	» h
Établissements publics .	72	72	»
Communes............	78.346	24.409	53.937
Particuliers...........	77.431	67.571	9.860
TOTAUX......	156.147 h	92.350 h	63.797 h

On sait que tous les bois de l'État sont soumis au régime forestier et gérés par l'Administration forestière ; il en est de même de ceux des communes et des établissements publics lorsqu'ils remplissent certaines conditions déterminées par la loi.

Considérées à ce point de vue, les forêts sont réparties de la manière suivante :

	SUPERFICIE DES BOIS		
	TOTALE	EN PL. ET COT.	EN MONT.
Bois soumis au régime forestier..	56.691 h	16.640 h	40.051 h
Bois non soumis.	99.456	75.710	23.746
TOTAUX	156.147	92.350	63.797

On voit par ce tableau que la proportion des bois soumis, qui est de 36 °/₀ pour l'ensemble du département, varie beaucoup suivant les régions, car elle s'abaisse à 18 °/₀ dans la région des plaines et coteaux et s'élève au contraire à 62,5 °/₀ en montagne.

A part les 298 hectares de bois domaniaux et les 72 hectares appartenant aux établissements publics, toutes les forêts soumises au régime forestier sont communales.

D'ailleurs, toutes les forêts communales sont loin d'être soumises, comme on peut le voir en comparant les deux tableaux ci-dessus et mieux encore par le suivant :

	SUPERFICIE DES BOIS COMMUNAUX		
	TOTALE	EN PL. ET COT.	EN MONT.
Bois comm. soumis au régime for.	56.393 h	16.342 h	40.051 h
— non soumis..........	21.953	8.067	13.886
TOTAUX	78.346	24.409	53.937

Ainsi 28 °/₀ des bois communaux sur l'ensemble du département, 33 °/₀ des bois de la région des plaines et coteaux et 25 °/₀ des bois de montagne échappent au régime forestier soit qu'ils n'y aient jamais été soumis, soit qu'ils en aient été distraits : ce dernier cas est le plus fréquent, car de nombreuses distractions ont été prononcées dans le département pendant les premières années du second Empire.

Bois Domaniaux. — Les 298 hectares de bois domaniaux sont groupés en un seul massif désigné sous le nom de forêt de Bastard et situé à 5 kil. au Nord de Pau. Cette forêt provient en grande partie ($242^{h}\,89^{a}$) de l'ancien domaine royal antérieur à 1669 ; le reste ($54^{h}\,94^{a}$) est d'origine ecclésiastique.

Bois d'Établissements publics. — Leur étendue, d'ailleurs insignifiante, se partage entre 39 établissements. Aucun d'eux n'est soumis au régime forestier.

Bois Communaux. — Sur les 559 communes du département, il n'y en a que 71 qui ne possèdent pas de bois : les 488 autres sont propriétaires de forêts dont l'étendue varie entre quelques ares et plusieurs milliers d'hectares.

Le nombre des communes propriétaires, soit en particulier, soit par indivis est de 366 pour les forêts non soumises et de 210 pour les forêts soumises ; 88 communes possèdent à la fois des bois soumis et des bois non soumis.

C'est dans la région des montagnes que se trouve la majeure partie (69 °/₀) des bois communaux ; c'est aussi dans cette région que ces forêts sont le mieux groupées en grands massifs, ainsi que l'atteste dans une certaine mesure le petit nombre de parcelles cadastrales entre lesquelles elles se répartissent : ce nombre est de 1831 parcelles pour 53.937 hectares, ce qui attribue à chaque parcelle une contenance moyenne de plus de 29 hectares.

La région des plaines et coteaux, quoique deux fois et

demi plus étendue et huit fois plus peuplée que celle des montagnes, ne renferme que 31 °/₀ de la propriété communale boisée ; celle-ci y est, comme le reste de la propriété foncière, beaucoup plus divisée qu'en montagne : le nombre de parcelles cadastrales s'y élève en effet à 4.185 pour 24.409 hectares, soit moins de 6 hectares par parcelle ; il y a cependant encore quelques grands massifs, dont trois de plus de mille hectares.

BOIS PARTICULIERS — MORCELLEMENT DE LA PROPRIÉTÉ FORESTIÈRE. — Presque toute la propriété forestière des particuliers (près de 88 °/₀) est située dans la région des plaines et coteaux ; elle est extrêmement morcelée, presque autant que le reste de la propriété agricole.

Les deux tableaux ci-après ont été dressés dans le but de donner une idée de ce morcellement.

Parcelles cadastrales en nature de bois possédées par les particuliers.

	NOMBRE DE PARCELLES CADASTRALES		
	TOTAL	EN PL. ET COT.	EN MONT.
Parcelles de 1 à 24 ares......	36.434	33.157	3.277
— de 25 à 49 —	19.817	18.043	1.774
— de 50 à 99 —	16.321	14.834	1.487
— de 1 à 2 hectares..	10.479	9.586	893
— de 2 à 5 — ..	5.317	4.900	417
— de 5 à 10 — ..	1.085	988	97
— de 10 à 20 — ..	302	281	21
— de 20 à 50 — ..	88	75	13
— plus de 50 hectares..	15	10	5
TOTAUX.........	89.858	81.874	7.984

Il résulte de ce tableau que la superficie moyenne d'une parcelle cadastrale de bois particulier est de 0h 86a pour l'ensemble du département, de $0^h\ 82^a$ pour la région des plaines et de 1^h 23 seulement dans la région des montagnes où cependant la propriété forestière est en général peu divisée ; c'est que, dans la montagne, les particuliers ne possèdent guère que les boqueteaux situés dans le voisinage du fond des vallées : tous les grands bois de la montagne proprement dite sont, à de très rares exceptions près, la propriété des communes.

D'ailleurs ces nombres sont simplement un indice et non pas la mesure de la dissémination des bois ; beaucoup de parcelles sont en effet groupées côte à côte de façon à constituer des massifs ; mais ceux-ci sont presque toujours de très faible étendue et, s'il n'a pas été possible d'en calculer exactement le nombre, on peut affirmer que ce nombre est certainement très considérable.

Le tableau suivant se rapporte non plus au nombre de parcelles cadastrales mais à celui des propriétaires, qui possèdent souvent et même presque toujours plusieurs parcelles.

Particuliers propriétaires de bois.

PROPRIÉTAIRES POSSÉDANT :	NOMBRE DE PROPRIÉTAIRES		
	TOTAL	EN PL. ET COT.	EN MONT.
	—	—	—
De 1 à 24 ares	8.705	8.043	662
De 25 à 49 —	6.460	5.935	525
De 50 à 99 —	7.098	6.426	672
De 1 à 2 hectares	6.475	5.819	656
De 2 à 5 —	5.174	4.628	546
De 5 à 10 —	1.878	1.702	176
De 10 à 20 —	701	658	43
De 20 à 50 —	228	216	12
Plus de 50 hectares	41	33	8
TOTAUX	36.760	33.460	3.300

Bien que les nombres ci-dessus aient été relevés avec

soin sur les matrices cadastrales, ils sont forcément inexacts dans une certaine mesure ; ils présentent en effet des doubles emplois résultant de ce que chaque propriétaire, qui possède des bois sur une ou plusieurs communes, a été compté dans chaque commune comme propriétaire distinct et figure ainsi dans le tableau autant de fois qu'il y a de communes sur la matrice desquelles il est inscrit. On conçoit facilement qu'il a été impossible d'éviter cette cause d'erreur et qu'il est tout aussi impossible de fixer avec précision dans quelle mesure elle entache l'exactitude des nombres du tableau. Cependant il parait très vraisemblable que, en évaluant à un dixième environ le nombre des doubles emplois, on est à coup sûr au dessus plutôt qu'au dessous de la vérité ; on peut donc assurer que les propriétaires de bois particuliers sont au nombre d'au moins 33.000 dont 30.000 dans la région des plaines et coteaux et 3.000 dans celle des montagnes.

La moyenne de la superficie boisée, par propriétaire particulier, serait ainsi de 2^{h} 35^{a} pour l'ensemble du département, de 2^{h} 59^{a} pour la région des plaines et coteaux et de 3^{h} 29^{a} pour la région des montagnes.

Sur les 41 propriétaires possédant plus de 50 hectares, aucun n'arrive à 300 hectares, 2 dépassent 200 hectares, 3 dépassent 100 hectares, sans atteindre 200 hectares ; les 36 autres ont moins de 100 hectares.

Si l'on ajoute que ces grandes propriétés forestières, aussi bien que les propriétés moyennes de 10 à 50 hectares, sont rarement d'un seul tenant et trop souvent peuplées, soit de têtards, soit d'arbres disséminés provenant de plantations de haute tige et ne sont pas susceptibles d'exploitation régulière, on voit que les particuliers du département possèdent beaucoup d'arbres, mais peu de forêts.

III — RÉPARTITION DES FORÊTS SUIVANT LES TERRAINS GÉOLOGIQUES

Il n'y a pas pour le département d'autre carte géologique que la carte générale d'Elie de Beaumont ; celle-ci, déjà ancienne, contient, paraît-il, de nombreuses erreurs. Quelque soin que l'on ait apporté à sa rectification, ainsi qu'au calcul des surfaces et à la détermination de l'emplacement des forêts, il ne faut pas se dissimuler que les nombres recueillis aussi bien que les dénominations adoptées pour les terrains sont quelque peu sujets à caution ; même pour les bois soumis au régime forestier, la désignation des terrains, bien qu'elle ait été faite forêt par forêt, laisse souvent à désirer, car la géologie du département est encore assez obscure.

Il convient donc de n'attacher aux nombres ci-dessous d'autre valeur que celle d'un simple aperçu.

DÉSIGNATION des TERRAINS GÉOLOGIQUES	SUPERFICIE BOISÉE		
	TOTALE	non soumise au régime forestier.	soumise au régime forestier.
Terrain granitique	4.200h	2.653h	1.547h
— de transition inférieur	31.609	5.127	26.482
Grès bigarré	8.468	6.427	2.041
Grès vert	66.681	44.774	21.907
Craie et Calcaire grossier	528	528	»
Terrain tertiaire moyen et supérieur	38.647	35.473	3.174
Terrain quaternaire et alluvions modernes	6.014	4.473	1.541
Totaux	156.147	99.455	56.692

La terre végétale résultant, soit de la décomposition sur

place, soit du transport des roches désagrégées, est en général siliceuse et légère ; elle est malheureusement presque partout très pauvre en calcaire : c'est ce qu'attestent toutes les analyses chimiques des terres arables ainsi que la composition de la flore tant forestière (châtaignier, tauzin, chêne occidental, pin maritime) qu'arbustive, (genêt, bruyère, ajonc) qui est nettement calcifuge.

IV — ESSENCES FORESTIÈRES

A part le chêne occidental et le pin maritime, qui se montrent sur une zone étroite le long de cette minime partie du département qui est attenante à l'Océan, on ne rencontre dans les Basses-Pyrénées, du moins à l'état spontané, aucune des essences ni aucun des arbustes ligneux caractéristiques de la région chaude de la France ; on y trouve, au contraire, les essences et arbustes de la région forestière moyenne et de la région forestière froide, représentée ici par la chaîne des Pyrénées.

Sur les 36 principales essences forestières [1], 13 man-

1. — Aune blanc, Aune commun, Bouleau, Charme, Châtaignier, Chêne chevelu, Chêne liège, Chêne occidental, Chêne pédonculé, Chêne rouvre, Chêne tauzin, Chêne yeuse, Erable champêtre, Erable à feuilles d'obier, Erable de Montpellier, Erable plane, Erable sycomore, Frêne, Hêtre, Micocoulier, Orme champêtre, Orme diffus, Orme de montagne, Peuplier tremble, Tilleul, Epicea, Mélèze, Pin d'Alep, Pin cembro, Pin laricio d'Autriche, Pin laricio des Cévennes, Pin laricio de Corse, Pin maritime, Pin de montagne, Pin pinier, Pin sylvestre, Sapin pectiné.

quent[1] ; 23 sont représentées dans le département[2]. Ce sont :

L'Aune blanc, très rare.
L'Aune commun, assez abondant (0 à 800m).
Le Bouleau, très rare.
Le Charme, très rare (150 à 350m).
Le Châtaignier, peu répandu dans les forêts (50 à 600m).
Le Chêne occidental, très rare (0 à 60m)
Le Chêne pédonculé, très commun (0 à 1.100m).
Le Chêne rouvre, rare.
Le Chêne tauzin, commun (0 à 700m).
L'Erable champêtre, rare.
L'Erable à feuilles d'obier, très rare.
L'Erable plane, très rare.
L'Erable sycomore, très rare (350 à 1.000m).
Le Frêne, peu répandu (0 à 1.500m).
Le Hêtre, très commun (70 à 1.900m).
L'Orme champêtre, peu commun.
L'Orme diffus, très rare.
L'Orme de montagne, très rare.
Le Peuplier tremble, peu répandu.
Le Tilleul, assez répandu.
Le Pin maritime, rare.
Le Pin de montagne, rare.
Le Sapin, assez commun (800 à 2.000m).

Quatre de ces essences se partagent la presque totalité de la superficie boisée ; deux d'entre elles en occupent à elles seules les 83 °/₀, savoir : le Chêne 50 °/₀ et le Hêtre

1. — Chêne chevelu, Chêne liège, Chêne yeuse, Erable de Montpellier, Micocoulier, Epicea, Mélèze, Pin d'Alep, Pin cembro, Pin laricio d'Autriche, Pin laricio des Cévennes, Pin laricio de Corse.

2. — Ces renseignements sont extraits, avec quelques légères rectifications, de la statistique forestière de la France dressée pour l'Exposition universelle de 1878. — Paris, Imprimerie Nationale.

Les nombres entre parenthèses indiquent les altitudes extrêmes de l'aire d'habitation de chaque essence.

33 °/₀, laissant loin derrière elles le Sapin (6 °/₀) et le Chêne tauzin (7 °/₀), qui vivent en mélange : le premier avec le hêtre dans la région des montagnes et le second avec le chêne dans la région des plaines et coteaux ; le Pin maritime s'étend sur 1 °/₀ et les 18 autres essences, qui complètent la flore forestière du département, ne couvrent ensemble que 3 °/₀ de la superficie.

Le tableau ci-après donne en hectares, pour les forêts de toutes catégories et pour les forêts soumises au régime forestier, les superficies dont les proportions viennent d'être indiquées.

	SUPERFICIE OCCUPÉE DANS LES FORÊTS			
	SOUMISES ET NON SOUMISES ENSEMBLE			soumises au régime forestier.
	TOTALE	EN PL. ET COT.	EN MONT.	
Chêne pédonculé......	79.183	73.261	5.922	9.902
Chêne tauzin.........	10.076	8.676	1.400	1.522
Hêtre................	51.943	5.206	46.737	33.528
Sapin............ ...	9.738	»	9.738	6.791
Pin maritime.........	1.707	1.707	»	246
Essences diverses.....	3.500	3.500	»	1.039
Vides constatés dans les forêts..	»	»	»	3.663
TOTAUX........	156.147	92.350	63.797	56.691

Les surfaces indiquées dans ce tableau représentent non pas celles des forêts dont les essences formeraient le peuplement unique ou principal, mais bien les surfaces que ces essences occuperaient si tous les pieds qui les représentent se trouvaient réunis ; surface fictive, il est vrai, mais exprimant néanmoins le véritable coefficient d'importance de chacune d'elles.

Pour déterminer la surface occupée, l'importance d'une essence, il suffit de connaître l'étendue de la forêt où celle-ci se rencontre et la proportion, énoncée en dixièmes, suivant laquelle elle entre dans le peuplement. Avec ces

34

données, on trouve aisément la surface qu'elle recouvre dans une forêt, puis successivement dans toutes les autres.

L'addition de tous les résultats partiels donne le coefficient général cherché.

Cette marche, dont l'exposé est textuellement extrait de la statistique forestière de 1878 (page 75), a été suivie pour trouver les nombres inscrits dans le tableau ci-dessus pour les forêts soumises au régime forestier, parce que les contenances boisées, déduction faite des vides constatés et les peuplements, en sont bien connus.

Un procédé analogue a été suivi pour les forêts non soumises ; la surface de ces forêts a été relevée, dans chaque arrondissement, par région de plaine et bas coteaux, de hauts coteaux et de montagnes ; onze groupes naturels ont été ainsi constitués et pour chacun d'eux on a évalué les proportions des essences, en tenant compte des renseignements recueillis et des données acquises pour les forêts soumises comprises dans chaque groupe.

Cette méthode, qui laisse une part peut-être trop large à l'appréciation personnelle, est la seule qui puisse conduire à des résultats, sinon exacts, du moins un peu approchés de la vérité ; généraliser purement et simplement comme l'ont fait, d'ailleurs sous toutes réserves, les auteurs de la statistique forestière de 1878, les nombres obtenus pour les forêts soumises pour les appliquer à celles qui ne le sont pas, cela est possible à la rigueur soit pour l'ensemble de la France, à cause des compensations d'erreurs qui se produisent, soit même pour un département où les conditions de sol et de climat sont à peu près homogènes; cela n'est pas possible, sous peine de commettre des erreurs graves et même grossières, pour le département des Basses-Pyrénées où les trois quarts des forêts soumises sont situées en montagne et peuplées surtout de hêtre, tandis que les forêts non soumises, dont la contenance est presque double, sont presque toutes en plaine où la prépondérance du chêne est encore plus marquée que celle du hêtre dans la montagne. C'est ce dont il sera facile de se convaincre si l'on compare aux nombres donnés ci-dessus pour l'ensemble du département ceux qui sont relatifs aux forêts soumises et qui ont été à dessein insérés en regard sur le même tableau pour faciliter la comparaison.

Le Chêne pédonculé. — C'est le chêne pédonculé qui, à l'exclusion du rouvre, tient le premier rang parmi les essences forestières : il occupe en effet à lui seul plus de la moitié de la superficie totale des forêts ; dans la région des plaines et coteaux, qui est sa station naturelle, il couvre même près des huit dixièmes du sol boisé ; il se montre à l'état de massif depuis les basses plaines voisines du niveau de la mer jusqu'à une altitude d'environ 600 mètres et, par pieds isolés, jusqu'à 1.100 mètres environ ; au dessus de 600 mètres jusque vers 900 on le trouve souvent à l'état broussailleux et mélangé de coudriers et d'arbustes divers, sur les versants secs et rocailleux exposés au Midi, où le hêtre ne peut prendre pied.

A la faveur d'un climat exceptionnellement doux, frais et lumineux, à l'abri des grands froids et de la sécheresse, le chêne végète et se propage avec une vigueur et une facilité surprenantes.

Dans les fonds de vallée à sol riche et surtout dans les bas-fonds inondés, il n'est pas rare de lui voir atteindre jusqu'à 3^m de tour à 60 ans; aussi donne-t-il un bois de service sans rival, autrefois bien connu dans les constructions navales et encore très recherché sous le nom de chêne de l'Adour ou chêne de Bayonne. En revanche et à cause de ses qualités mêmes, c'est un mauvais bois de travail auquel on préfère, dans la région même, les chênes du Nord, dits de Dantzig, qui sont importés par le port de Bayonne.

A raison de son extrême abondance et de la fréquence de ses glandées, le chêne fournit un appoint précieux et indispensable pour la nourriture des porcs que l'on élève en très grand nombre dans le département et qui, vivant presque toujours en plein air, acquièrent cette chair fine et savoureuse qui a fait la réputation des jambons dits de Bayonne.

Enfin l'écorce du chêne pédonculé alimente, concurremment avec celle du tauzin, de nombreuses tanneries qui produisent des cuirs d'excellente qualité, très recherchés par le commerce.

Le Hêtre. — Moins répandu que le chêne relativement à l'ensemble de la superficie boisée, dont il occupe à peu près exactement le tiers (33 %), le hêtre tient dans la région des montagnes la même place que le chêne dans les régions basses : il y couvre les trois quarts du sol boisé.

Son aire d'habitation est plus étendue que celle du chêne, sinon en surface, du moins en altitude, car il apparaît à moins de 100^m au dessus du niveau de la mer et s'élève jusqu'à 1.600^m, parfois même jusque vers 1.800 ou 1.900^m, c'est-à-dire jusqu'à l'extrême limite supérieure de la végétation forestière.

Grâce à la fréquence des pluies, qui entretiennent dans le sol une fraicheur dont il a besoin, on le voit parfois se substituer au chêne dès l'altitude de 200^m dans les vallons et sur les versants exposés au Nord : un des exemples les plus frappants de ce fait, et en même temps des plus faciles à vérifier, est fourni à Pau même par la promenade du Parc du Château. Mais, en somme, les faits de ce genre ne sont pas la règle dans la région des plaines et coteaux, où le hêtre n'acquiert quelque importance forestière que dans l'arrondissement d'Oloron et au Sud de l'arrondissement de Pau, c'est-à-dire sur 1/5 environ de cette région.

Dans la montagne, où il prospère à partir de 500 mètres,

il paraît redouter, même aux plus hautes altitudes, les expositions méridionales ; à toutes les autres expositions et sur tous les sols, mais principalement sur les sols calcaires, il constitue de magnifiques massifs ; il produit du bois d'industrie de premier ordre qui malheureusement se vend à vil prix, tant à cause de l'insuffisance des débouchés que des difficultés de la vidange et de l'absence de voies de communication.

On en tire surtout de la boissellerie, du sabotage et du charbon ; la fabrication des avirons, autrefois très répandue, est maintenant à peu près abandonnée.

Le Sapin. — Bien que ne venant qu'au quatrième rang au point de vue de l'importance superficielle, le sapin passe avant le tauzin et même avant le hêtre par la valeur de ses produits.

Il apparaît à 800^m environ et peut s'élever jusque vers 1.800^m et même parfois jusqu'à 2.000^m, ainsi qu'on peut l'observer dans les parties élevées de l'arrondissement d'Oloron et notamment dans la haute vallée d'Ossau sur les contreforts du Pic du Midi ; mais il est rare qu'à ces dernières altitudes, trop voisines en général des hauts cols et des sommets, il trouve un sol de profondeur suffisante pour prospérer ; aussi s'arrête-t-il presque toujours à une hauteur bien inférieure et variable suivant que la hauteur même de la chaîne ou la configuration du terrain permet la formation d'un sol assez profond à une altitude plus ou moins grande.

Il est d'ailleurs facile de reconnaître, dans chaque cas particulier, si la limite de végétation est déterminée par l'altitude ou simplement par le défaut de profondeur du sol : dans le premier cas, le peuplement de sapins est mélangé dans sa partie supérieure, puis surmonté de pins de montagne, tandis que, dans le second cas, il est généralement plus ou moins mélangé de hêtres dans les parties hautes, et presque toujours surmonté de futaie rabougrie ou de broussailles de hêtre, qui occupent entre le sapin et les pâtures toute la zone de terrain où la profondeur du sol est encore suffisante pour porter des végétaux ligneux.

Le sapin ne fait son apparition dans la montagne qu'à l'Est de Saint-Jean-Pied-de-Port, dans les hautes vallées des affluents de la rive droite de la Nive ; il commence à se montrer à l'altitude d'environ 1.000 mètres par pieds d'abord très disséminés, mais dont le nombre augmente progressivement et qui descendent à une altitude de plus en plus basse au fur et à mesure qu'on s'avance vers l'Est et que l'altitude générale et la largeur de la chaîne deviennent de plus en plus grandes.

Les sapins que l'on rencontre ainsi en plus ou moins grand nombre jusque vers le Pic d'Anie, noyés au milieu de peuplements de hêtre, sur toute la longueur de l'arrondissement de Mauléon, sont des arbres de second ordre ; leur fût conique est trop court proportionnellement à leur diamètre qui est souvent très considérable ; s'ils étaient exploités, et ils ne le sont pas en général à cause de leur situation peu accessible, on ne pourrait en tirer que du sciage ou des pièces de moyenne dimension.

La véritable station du sapin commence aux environs du Pic d'Anie et s'étend, au Sud de l'arrondissement d'Oloron, sur la haute région montagneuse qui comprend environ la moitié des cantons d'Accous et de Laruns. Le sapin constitue là soit à l'état pur (rarement), soit (presque toujours) en mélange avec le hêtre, des massifs importants aussi bien par leur étendue que par la qualité des arbres qui les composent. Les sapins de la vallée d'Ossau, en particulier, quoique un peu moins élancés, peut-être, que ceux de l'Aude et du Jura, donnent un bois aussi estimé et propre à tous les usages. A la fin du siècle dernier, pendant la guerre de l'Indépendance Américaine et antérieurement sous les règnes de Louis XIV et de Louis XV, ils furent très recherchés pour les constructions navales; ils sont aujourd'hui employés à l'égal des meilleurs produits du Nord et trouvent un débouché facile dans les Basses-Pyrénées et les départements limitrophes.

Le Chêne Tauzin. — Répandu sur toute la région des plaines et coteaux, le tauzin s'élève en montagne jusqu'à l'altitude de 600 à 700 mètres et peut même exceptionnellement dépasser 800 mètres aux expositions méridionales.

Presque toujours mélangé au chêne, on ne le rencontre, dans les forêts, que rarement à l'état pur ou dominant si ce n'est au milieu ou sur les bords des pâtures et terres vagues et alors sous forme de broussailles généralement très claires.

Le tauzin est très recherché pour son bois de chauffage, qui est classé au premier rang, et surtout pour son écorce à qui les tanneries du département doivent en partie la bonne réputation de leur cuir; son bois d'œuvre est au contraire placé au dernier rang, parce que, formé principalement d'aubier, il est très sujet à la vermoulure. Aussi le tauzin est-il répandu surtout dans les peuplements de têtards ou la valeur de ses produits prime souvent celle du chêne.

Cette essence pourrait devenir pour les particuliers une bonne source de revenus si on la propageait, pour la traiter en taillis simple, sur les trop nombreuses landes peuplées d'ajonc qui couvrent les plateaux ou les sommets des coteaux.

Le Pin Maritime. — Le pin maritime ne se trouve à l'état de massif que sur les bords immédiats de l'Océan et ne sort pas de la région des sables, qui est sa station normale. Il fournit du bois de boulange, des cotrêts, quelques sciages et enfin des poteaux de mine qui sont exportés par mer soit vers le Nord de la France, soit, plus généralement, en Angleterre.

Essences diverses. — Parmi les diverses essences spontanées qui se rencontrent dans les forêts après les cinq dont il vient d'être question, le châtaignier vient en première ligne : on le rencontre surtout dans l'arrondissement de Pau, soit en mélange avec le chêne dans les taillis sous-futaie, soit à l'état pur et alors traité en taillis simple à courte révolution. Il est d'ailleurs cultivé pour son fruit sur toute l'étendue du département.

Toutes les autres essences apparaissent soit par pieds isolés, ainsi le frêne, l'orme, le bouleau (très rare), les fruitiers, soit par taches de peu d'étendue, ainsi les bois blancs en général, sans qu'il y ait rien à signaler de particulier ni dans leur végétation, ni dans leur manière d'être.

V — TRAITEMENTS ET MODES D'EXPLOITATION

Bien que la majeure partie des bois (les deux tiers au moins) soit traitée en futaie, il n'y a pas sur toute l'étendue du département une seule futaie régulière ; parmi les forêts soumises au régime forestier, il y en a bien quelques-unes qui sont traitées par la méthode du réensemencement naturel et des éclaircies, mais c'est par suite d'aménagements récents et elles sont encore en transformation.

La futaie jardinée est l'unique mode de traitement appliqué, non seulement à la presque totalité des bois de la montagne, où il est commandé par la situation et parfaitement approprié aux essences (hêtre, sapin), mais encore à la majeure partie des bois de plaine et de coteaux. Ici la prédominance du jardinage trouve son explication naturelle dans le morcellement de la propriété, qui ne permet pas d'autre mode de culture pour la production des bois d'œuvre : d'ailleurs grâce à l'abondance des glandées et à la fréquence des pluies qui empêche le dessèchement du sol, le chêne se prête mieux qu'on ne pourrait le croire à l'application de cette méthode si contraire à ses exigences culturales.

Sur la cinquantaine de milliers d'hectares qui ne sont pas soumis au jardinage, on peut évaluer à 15.000 hectares environ l'étendue traitée en taillis simple ou en taillis sous-futaie, ce dernier mode de traitement n'étant guère appliqué qu'à des forêts soumises au régime forestier.

Les trente-cinq mille hectares restants sont peuplés de têtards.

Ces forêts de têtards sont nées de la nécessité de concilier la production du bois avec les besoins de l'agriculture locale. Celle-ci roule principalement sur la culture de deux céréales, le blé et le maïs, qui se succèdent année par année suivant l'assolement biennal. Le maïs, qui est une plante sarclée, ne produit pour ainsi dire pas de litière et celle que fournit le blé est à peine suffisante pour la seule fumure des terres emblavées. Le complément de litière indispensable est fourni par la coupe des ajoncs, genêts et fougères qui croissent spontanément en grande abondance sur les sols (touyaas) trop maigres ou trop secs pour être cultivés avec avantage. Ces mêmes sols fournissent aussi pendant l'hiver un peu de pâturage, très maigre il est vrai, mais très utile au nombreux bétail qui se nourrit facilement pendant l'été dans les vastes pâturages de la montagne, mais que la récolte presque toujours insuffisante des prés ne permettrait pas d'entretenir pendant la mauvaise saison.

C'est sur les sols de qualité inférieure que, par une sorte de compromis avec les nécessités de la culture agricole, les têtards représentent la culture forestière par un mode de traitement qui seul permet d'obtenir à la fois sur le même terrain le bois, la pâture et la litière.

Les grandes forêts jardinées du département sont toutes en montagne ; peuplées exclusivement de hêtre et de sapin, elles s'exploitent d'ordinaire entre 100 et 120 ans. Quant aux futaies jardinées de chêne, qui sont toutes aux particuliers, aucune règle ne préside à leur exploitation, qui est uniquement déterminée par les besoins du propriétaire en matière ou en argent ; cependant l'âge ordinaire d'exploitation paraît être de 60 à 80 ans.

Les taillis sous-futaie sont tous dans la région des plaines et coteaux et à peu près tous soumis au régime forestier : ils s'exploitent à 25 ou 30 ans ; le chêne, souvent mélangé de hêtre, y est partout l'essence dominante.

Les taillis simples, relativement peu nombreux, s'exploitent vers 10 ou 12 ans ; ils sont presque exclusivement peuplés de chêne. On trouve cependant quelques taillis de châtaignier, d'acacia (très rares) et enfin des taillis de saules sur les alluvions de cailloux roulés que les divagations torrentueuses des gaves ont déposées dans le fond des vallées.

Quant aux têtards ils s'émondent tous les 8 ou 10 ans dans les bois non soumis au régime forestier et tous les 12 à 15 ans dans les bois soumis, où leur âge d'exploitation est un peu reculé en vue d'obtenir des produits de plus forte dimension, dont la vente est plus fructueuse.

De toutes les essences du département, le chêne est celle qui se plie le mieux à tous les modes de traitement, qui lui sont appliqués avec un égal succès.

Le hêtre ne se rencontre guère qu'à l'état de futaie jardinée, du moins en montagne, où il n'est plus traité en taillis depuis que la disparition des forges au bois a fait abandonner la fabrication en grand du charbon. On ne le trouve en taillis que dans la région des coteaux où d'ailleurs il prospère, en mélange, avec le chêne. Il supporte assez bien l'émondage en montagne, où il est souvent traité en têtard, mais par pieds isolés et non par massifs.

Le sapin a été jusqu'à présent partout jardiné et exploité, suivant les altitudes, entre 100 et 160 ans. Quelques massifs seulement, tous soumis au régime forestier, sont ou vont être mis en transformation pour être traités par la méthode dite naturelle. Bien qu'il soit exclusivement un arbre de futaie, le sapin paraît avoir été étêté systématiquement dans la forêt de Bielle et Bilhères (vallée d'Ossau) dont les curieux et énormes têtards sont cités par de Chausenque dans ses *Promenades pédestres dans les Pyrénées*.

Le chêne tauzin est presque exclusivement traité en têtards ; on ne le rencontre que très rarement à l'état d'arbre de futaie, et rarement aussi en taillis si ce n'est sous forme de broussailles clairièrées.

VI — PRODUCTION EN MATIÈRE

La production ligneuse des forêts soumises au régime forestier est facile à déterminer avec la plus grande exactitude en dépouillant les sommiers tenus à jour par l'Administration forestière ; les nombres portés ci-dessous pour cette catégorie de forêts ne prêtent par conséquent à aucune discussion. Il n'en est pas de même pour les forêts non soumises au régime forestier, où les nombres sont fournis non par des relevés effectués sur des documents authentiques, mais par des évaluations dont la valeur est nécessairement subordonnée à la compétence de leur auteur.

Le tableau ci-après se rapporte à l'année 1886 et donne exactement pour cette année la production des forêts soumises ; pour les forêts non soumises, on a accepté les nombres donnés par la statistique forestière de 1878 comme représentant approximativement, en temps ordinaire, la moyenne de la production ligneuse ; on a tenu compte toutefois des grandes exploitations qui ont eu lieu pendant les dernières années pour des fournitures de traverses aux Compagnies de chemin de fer et on a forcé en conséquence le volume du bois d'œuvre de chêne et celui du bois de feu. Ces deux volumes doivent donc être considérés comme anormaux ; il en est de même, dans les forêts soumises, pour le produit du pin maritime qui, ordinairement insignifiant, s'est trouvé porté en 1886 à près de 3.000 mètres cubes par suite de l'exploitation d'un massif à blanc étoc.

			PRODUCTION EN MÈTRES CUBES		
			TOTALE	DANS LES FORÊTS soumises.	DANS LES FORÊTS non soumises.
Arbres feuillus.	Bois d'œuvre.	Chêne	41.041	2.866	38.175
		Essences diverses.	4.224	3.050	1.174
	Bois de feu		205.925	52.334	153.591
Arbres résineux.	Bois d'œuvre	Sapin	9.779	7.806	1.973
		Pin maritime	3.000	2.732	268
	Bois de feu		8.544	4.018	4.526
Produit total en bois			272.513 m. c.	72.806 m. c.	199.707 m. c.
Écorces			6.196 quint.	1.720 quint.	4.476 quint.

De la comparaison de ces volumes avec les contenances des diverses catégories de forêts, il ressort que la production à l'hectare (vides compris) est de :

1^{mc} 745 pour l'ensemble des forêts ;
1^{mc} 284 pour les forêts soumises ;
2^{mc} 010 pour les forêts non soumises.

La supériorité des forêts non soumises tient en partie à la circonstance accidentelle qui en a augmenté momentanément la production, tandis que le produit des forêts soumises restait stationnaire, réglée qu'elle est par des aménagements ; elle est due aussi à ce que plus des deux tiers des forêts soumises, situées en montagne, sont réellement dans des conditions d'infériorité naturelle dues tant à leur moindre fertilité qu'au peu de valeur de l'essence (hêtre) qui les peuple presque à elle seule, infériorité aggravée encore par le défaut de voies de transport et de débouchés.

D'ailleurs la production de l'ensemble du département et même celle des forêts non soumises reste inférieure à la moyenne (2^{mc} 750) de la France entière.

J. Dubreuil,

Inspecteur des Forêts à Mauléon.

CHAPITRE XV

LES PYRÉNÉES OCCIDENTALES

Au point de vue pittoresque, le seul qui frappe la grande majorité des hommes, les Pyrénées sont partagées en trois zônes si distinctes et si nettement caractérisées, qu'elles semblent être des fragments de plusieurs continents. Au centre, où elles arrivent à 3.400 mètres d'altitude, il y a la Sibérie ; à l'Est, l'Afrique ; à l'Ouest, l'Europe avec tous ses climats, sa flore, et sa verdure intense, où se devine le voisinage humide de l'Océan. La chaine est si panoramique, si droite, et elle occupe relativement si peu de place, qu'à une certaine distance, sur la plaine de Toulouse, par exemple, on la voit toute entière, et on saisit d'un seul coup d'œil un merveilleux ensemble de sommets chauves et décharnés, de neiges et de glaciers à perte de vue, et de forêts bleuâtres et vaporeuses, où dorment les nuages. Aussi la variété est-elle un des grands charmes des Pyrénées.

Tout y fleurit, depuis le laurier-rose et le palmier, jusqu'à la renoncule glaciale. Elles ont tous les climats imaginables : et si, comme on l'a dit souvent, l'homme est la traduction de son climat, à bien plus forte raison est-ce vrai de l'aspect général d'un pays, et même de son relief.

Examinons les Pyrénées, de l'Est à l'Ouest.

Les Pyrénées Méditerranéennes, les premières à saluer chaque matin un soleil éblouissant, représentent le Midi et l'Orient. Malgré les lacs et les lambeaux épars de neige dont elles sont constellées, malgré les fleurs gracieuses et rares modestement cachées dans l'ombre de leurs vallées ou dans la solitude et le silence de forêts rabougries, qui ne sont plus que des oasis, ces belles montagnes brûlées rappellent l'Afrique. Elles sont arides et calcinées comme le sable d'un désert, ou la cendre des volcans. La lumière est intense, le ciel reste bleu pendant des semaines entières, et il n'y a pas un seul glacier, même au-dessus de 3.000 mètres, à l'Est des Monts-Maudits.

Passons aux Pyrénées Centrales. C'est l'autre extrême : c'est un autre monde, et on dirait qu'on a franchi en quelques heures quarante degrés de latitude, en allant vers le Nord. Même dans la plaine, au mois d'août, on est pris d'une espèce de frisson, lorsqu'en levant la tête, on aperçoit à l'horizon du Sud les mornes blancheurs d'un hiver éternel, et la patrie sublime des neiges et des glaciers, d'où sortent des rochers noirs et désolés. C'est une espèce de Laponie, où l'on peut faire en toute saison dix ou douze kilomètres sur la neige, en côtoyant des lacs lugubres, couverts de glaces flottantes.

D'immenses forêts où domine le sapin, symbole austère et sombre des régions boréales, descendent dans les vallées, dessinent des arabesques autour des lacs, couvrent les montagnes moyennes d'un majestueux manteau de velours vert ou azuré, couronnent souvent les pointes les plus hardies, et ne s'arrêtent qu'aux neiges. Quand il fait beau, quand le soleil fait flamboyer les mille hectares de neige des Monts-Maudits, sous le ciel bleu ou empourpré de l'Aragon ou de l'Andorre, on est forcé de convenir que c'est bien là la plus splendide région des Pyrénées, celle qui ressemble le plus aux Alpes, celle en un mot qui charme et qui fascine plus qu'aucune autre la race spéciale des solitaires et des rêveurs. C'est le *Pamir* des Pyrénées, car tout s'abaisse autour de ses colosses de neige et de granit, et ils dominent la chaîne entière.

Mais si les Pyrénées Centrales l'emportent en majesté et en effets neigeux sur leurs voisines, si leur grand âge et leur hauteur leur donnent plus de prestige, elles laissent beaucoup à désirer au point de vue atmosphérique : leur ciel a des caprices terribles et désolants, et si leurs belles journées sont merveilleuses, elles sont bien rares pendant les mois d'été..... C'est la patrie par excellence de la grêle, des éclairs et des nuages : c'est le grand arsenal des orages, c'est là, plus que partout ailleurs, que naissent et se concentrent ces effroyables tourmentes de neige qui font rugir et trembler les montagnes, les démolissent, et ravagent les vallées, en les couvrant de ruines et de terreur, comme si la mort avait passé dessus. Malgré l'admiration et l'enthousiasme qu'inspirent toujours la sauvagerie sublime et la blancheur des monts glacés qui se hérissent autour des sources de la Garonne, le mauvais temps y rend souvent la vie extrêmement dure, bien qu'en Espagne, il y ait plus de soleil qu'en France. Il brille souvent sans nuages pendant sept ou huit jours de suite sur les glaciers des *Monts-Maudits,* alors que le brouillard et les orages sont continuels en France, sur ceux de *Clarabide,* du *Lys,* et *d'Oo.*

Aussi les ascensions manquées autour de Bagnères-de-Luchon par cause de mauvais temps, sont innombrables. C'est comme en Suisse.

Les Pyrénées Centrales n'en sont pas moins la terre

promise, le Paradis terrestre des montagnards ardents, aventureux et romanesques, épris des ascensions vertigineuses et des blancheurs magiques de la nature polaire.

Ils y reviennent toujours; ils l'aiment avec passion : et quant à moi, les innombrables journées que j'ai passées sur les plus grands glaciers des Pyrénées, par tous les temps et souvent seul, sont parmi les plus belles, les plus douces et les plus émouvantes de ma vie. Je voudrais les revivre ! Mon ami M. Packe, qui m'y a précédé, les préfère à la Suisse.

Mais il est clair que pour aimer des lieux aussi stériles, pour explorer avec plaisir leurs chaos désolés de granit et de glace, en se privant de tant de choses, pour vivre par goût dans des neiges éternelles, il faut une vocation spéciale ; il faut être à moitié Patagon ; il faut aimer la vie sauvage, passion dangereuse et heureusement peu répandue, surtout en France. Aussi les Pyrénées Centrales sont-elles abandonnées des étrangers pendant les trois quarts de l'année. On va là comme on va au Cap Nord pour y voir le soleil de minuit. C'est un spectacle, et pas un domicile.

La seule partie des Pyrénées qui plaise à tout le monde, et dans toutes les saisons, c'est celle qui, descendant à l'Ouest du méridien de *Lourdes* et du *Vignemale* (3.298 mètres), s'abaisse très graduellement à l'Ouest-Nord-Ouest vers l'Atlantique, en face duquel se dresse solitairement la cime modeste, mais gracieuse et célèbre de *la Rhune* (900 mètres), battue et dénudée du haut en bas, par tous les vents du ciel. C'est le dernier enfant des Pyrénées Occidentales, qui s'abîment à ses pieds dans les flots.

Pourquoi sont-elles si populaires ? Pourquoi tant d'étrangers sont-ils fixés dans le Sud-Ouest ? Cela tient à bien des causes. Il y a d'abord dans cette région privilégiée une énorme variété de climats, d'habitants, de couleurs, de montagnes et d'aspects.

Il y a de vastes forêts, encore presque vierges, et des rivières pour tous les goûts, depuis les plus soporifiques, qui coulent à peine, comme la Bidouze et la Joyeuse, jusqu'aux torrents les plus fougueux, qui tombent en cataractes fumantes au milieu des sapins et des fleurs. Il y a des pics superbes, dépassant 3.000 mètres, et couverts de frimas éternels. Il y a le voisinage de Pau et de Biarritz, et leur mille séductions. Il y a le charme des habitants, les mœurs aimables et douces, l'esprit, la grâce et la beauté de la race Béarnaise, les mâles vertus des Basques, et le mystère qui couvre encore leur origine antique, lointaine et nébuleuse. Il y a tous les souvenirs guerriers, tragiques et romanesques, dont est remplie la longue et mémorable histoire de cette partie de la Gascogne, où se sont succédés tant de peuples, tant d'illustres conquérants, Charlemagne, Henri IV et Napoléon : où se sont déchaînées tant de haines et de guerres, et où se sont livrés, même dans les temps modernes, des combats héroïques, vraies batailles de géants dont il existe encore des survivants.

Il y a encore autre chose, qui parle à l'imagination, sans être pour cela imaginaire. Jusque dans la pente très accentuée, mais douce et uniforme, de ces charmantes contrées vers l'Ouest, vers le soleil couchant, vers les immensités désertes et solennelles de l'Océan qui mène au Nouveau-Monde et qui touche aux deux pôles, il y a une poésie qui, bien que difficile à définir, n'en est pas moins réelle. C'est sur les cimes neigeuses des Pyrénées Occidentales que le soleil jette ses derniers rayons quand il sombre dans la mer, et c'est de là qu'il part pour l'Amérique. Ce sont elles qui reçoivent tous les soirs ses adieux à l'Europe : et quand la chaîne entière des Pyrénées a disparu dans l'ombre austère et silencieuse du crépuscule, le *Grand-Vignemale* est encore incendié : il se couvre d'une rougeur désolée, bien plus intense le soir que le matin : toute son hermine se change en pourpre, et c'est sur lui que meurt enfin le jour, alors que toute la France est déjà dans la nuit.

Si l'Orient symbolise le matin, la jeunesse et la joie, il y a un charme encore plus grand dans le mystère et la tristesse de l'Occident, quand on y voit dormir une mer sans bornes et lumineuse, quand c'est sur l'Océan que descend pompeusement le soleil, en rougissant les neiges lointaines d'une grande chaîne de montagnes, à la fin d'un beau jour. Le soir est l'heure des larmes : les brises de l'Océan gémissent toujours, et la musique des flots n'est qu'une longue élégie : et cependant, n'est-ce pas vers l'Ouest, vers les mers écarlates du couchant, que sont presque toujours tournés les peintres, les amoureux et les poètes, comme si la joie était moins naturelle à l'homme, moins douce et moins aimable que la mélancolie ?

La majesté de l'Océan, sa voix tantôt tragique et tantôt mélodieuse, sa toute-puissance et son écume, l'air toujours pur qui s'en exhale, et la salubrité de ses rivages, voilà encore des causes qui font venir et bien souvent rester, tant d'étrangers dans les Basses-Pyrénées, où l'influence de l'Océan se fait sentir, au point de vue atmosphérique et sanitaire, très loin des côtes, et même à Pau, dont le climat a quelque chose de « maritime ». Bien que le vent y soit très rare (ce qui veut seulement dire qu'il ne souffle guère dans la ville même), on sent bien cependant que l'air est en mouvement, et que neuf fois sur dix, il vient de l'Ouest, c'est-à-dire de la mer, comme on peut s'en convaincre en se promenant sur le pont de Jurançon, où règne généralement une jolie brise de l'Ouest : en sorte que le climat de Pau est légèrement « Océanique ». Il est « Pyrénéen » aussi : on y sent l'influence des montagnes, et c'est peut-être à cause de ce mélange qu'il est si sain.

Comment ne le serait-il pas ? Quels miasmes, quels éléments impurs ou délétères pourraient rester ou naître dans un pays où le vent ne souffle guère que de l'Ouest et du Sud, de l'Océan et des sommets immaculés des Pyrénées ? Il n'y a rien d'aussi sain, d'aussi rajeunissant et d'aussi pur que le vent de la mer et celui des montagnes. Il n'y a pas d'antidotes comme ceux-là, contre les microbes et les poisons de l'atmosphère. En Béarn, les vents d'Est et du Nord ne comptent pas : ils sont trop rares pour cela : et s'il est vrai que le froid vienne toujours avec eux, c'est un froid innocent et spécial. Il a bon caractère : il ne mord pas, et n'a rien d'enragé. On peut sourire du chauvinisme d'un respectable et spirituel Palois, le regretté Gardères, qui prétendait qu'à Pau, la neige n'était pas froide, et que la pluie ne mouillait pas..... Mais on peut dire sans plaisanter et sans mentir, qu'il y a beaucoup d'espèces de froids : de même que deux jumeaux, en apparence absolument semblables, peuvent différer autant qu'un ange et un démon.

Le Béarn est aussi le pays du bon vin, de l'hospitalité et de la bonne humeur. C'est un pays trop agréable : car une fois qu'on y est, on ne veut plus rentrer dans sa patrie. On est hypnotisé.

Mais revenons à notre point de départ, l'aspect et la splendeur des Pyrénées Océaniques. L'âme la plus froide et la plus prosaïque s'enthousiasmerait devant cette longue chaîne de montagnes bleuâtres et blanches qui, des sommets les plus neigeux, descend mollement et graduellement vers l'Atlantique comme une armée de vierges et de Titans, avec une pente si uniforme, qu'une ligne joignant les cimes serait à peine brisée.

Cette régularité de la descente, sur une longueur d'au moins cent kilomètres, a quelque chose de majestueux : elle flatte les yeux et les captive.

Quand la nature fait des choses rectilignes, quand elle devient géométrique, elle nous étonne et nous confond plus que jamais, en nous prouvant sa supériorité sur nous. Elle nous défie et nous écrase, en nous forçant de comparer ses œuvres aux nôtres. Si les gradins à pic du

Cirque de Gavarnie font tant d'effet, c'est parce qu'ils donnent l'idée d'un colysée transformé en montagne : et par sa ressemblance avec une pyramide, le Mont-Cervin paraît encore plus grand qu'il n'est, parce qu'il rappelle la petitesse de celles des Pharaons.

Dans leur ensemble, les Pyrénées ont donc trois caractères nettement tranchés, trois aspects qui diffèrent d'une manière étonnante, et trois manières de plaire. Les Pyrénées Méditerranéennes, dont les plus beaux représentants sont le *Puigmal* (2.909 mètres), le *Canigou* (2.785 m.), et le *Carlitte* (2.920 m.), éblouissent comme le soleil : c'est une terre à peu près Africaine. Les Pyrénées Centrales, dont le monarque est le *Néthou* (3.404 mètres), inspirent un enthousiasme mêlé d'effroi et de respect, comme tout ce qui rappelle ou symbolise la mort. Les Pyrénées Occidentales, moins lumineuses que les premières, plus accessibles, moins orgueilleuses et moins sauvages que les secondes, ont seules le don d'inspirer une espèce de tendresse qui ressemble à l'amour. Elles charment le cœur, autant que l'imagination, et on les pleure en leur disant adieu. On peut les parcourir, et même les habiter, en toute saison. *Gavarnie* (1.346 mètres), a 400 habitants ; *Cauterets* (980 mètres), en a 2.000 ; un omnibus y monte tous les jours de l'année : et tous les « cols » de cette partie des Pyrénées, situés à l'Ouest du méridien de Pau, sont assez bas pour être utilisables en plein hiver. Mais si on cherche la grande nature Alpestre, avec sa sauvagerie et sa splendeur, on la retrouve dans toute sa gloire au Sud et au Sud-Ouest de Lourdes et de Cauterets, où se hérisse un monde neigeux plein de glaciers, de lacs qui ne dégèlent jamais, et de sommets superbes dépassant 3.000 mètres, tels que le *Pic d'Enfer* (3.080 mètres), la *Fache* (3.020 mètres), les *Arualas* (3.073 mètres), le formidable *Balaïtous* (3.146 mètres), le *Grand-Vignemale* (3.298 mètres), etc., etc., etc.

On trouve un peu de tout dans le Sud-Ouest. C'est là

qu'il y a le plus de vie, d'endroits célèbres et de richesses : et si Luchon mérite encore, par son site admirable, ses plaisirs et son luxe, le titre fameux de « Reine des Pyrénées », que lui donna jadis Strabon, n'a-t-elle pas des rivales redoutables dans Bagnères-de-Bigorre *(aimable et fortuné séjour)*, dans Cauterets, Argelès, les Eaux-Bonnes, les Eaux-Chaudes, Pau, Salies et Biarritz ? Voilà des noms sonores et bien illustres, dans la géographie des Pyrénées Occidentales. Ils rappellent et résument toutes leurs gloires, leurs climats, leur histoire, en un mot tous leurs charmes et tout le bien qu'on peut en dire.

Ces villes célèbres doivent leur réputation et leur prospérité à bien des causes. Les unes la doivent à leurs eaux minérales, les autres à leur fraîcheur dans la saison brûlante : d'autres, comme Pau et Biarritz, à leur climat d'abord, mais tout autant à la vie de plaisirs incessants qu'on y mène en hiver : vie mondaine et de *sport*, vie dévorante, fébrile, et souvent folle, mais quelquefois sérieuse et même utile, car non seulement les arts, mais les Sciences et les Lettres y trouvent place et y sont en honneur. Ce sont de vraies syrènes.

Chacune a sa spécialité, son climat, sa saison, sa coquetterie particulière, et ses adorateurs.... Mais leur vraie gloire, la source réelle de leur grandeur, et le secret de leur succès, c'est *la montagne*. Cette gloire leur est commune à toutes. Si l'harmonie n'est pas toujours parfaite entre tant de villes rivales, s'il y a parfois des discordances, la montagne est leur « note dominante », et elle leur sert de trait-d'union. C'est elle qui les remet à l'unisson et les rend sœurs : car c'est leur mère, et toutes portent son empreinte. En face de Pau, les Pyrénées forment un panorama sublime, un horizon magique de neige et de forêts auquel on pense toujours et vers lequel on a toujours les yeux tournés, même quand il est couvert de nuages. C'est un instinct, une habitude, et un besoin. Si la boussole regarde le Nord, le Palois est toujours attiré vers le Sud, comme s'il était mesmérisé par ses montagnes. Quant aux villes d'eaux, elles en sont entourées : elles sont au cœur des Pyrénées, qui alimentent leurs sources, et même des bords de l'Océan, des plages lointaines de Cap-Breton et de Biarritz, on aperçoit encore à l'Est-Sud-Est une ligne radieuse et disloquée de pics, sauvages et blancs, qui resplendissent à une distance énorme (140 kilomètres) comme un chaos de neiges et de glaçons. Il sont si loin, que la convexité du globe ne laisse paraître que leurs sommets : mais on les voit très bien, à cause de leur blancheur, qui leur donne l'air d'*Ice-bergs* livides, échoués sur la verdure de l'horizon. C'est une vision polaire, sur une terre enchantée, où la nature sourit toujours, même en hiver, et à travers les nuages.

Bien que mon affection pour le Béarn m'ait inspiré ces pages, je ne crois pas devoir m'en excuser. L'amour n'est pas toujours aveugle, et tous les étrangers fixés à Pau et à Biarritz ne prouvent-ils pas éloquemment par leur présence qu'ils sont de mon avis ?

Comte Henry Russell.

TABLE DES MATIÈRES

IMPRIMERIE-STÉRÉOTYPIE GARET
11, rue des Cordeliers
PAU

LE CHATEAU DE PAU